해방공간, 일상을 바꾼 여성들의 역사

해방공간, 일상을 바꾼 여성들의 역사

제1판 제1쇄 발행일 2015년 11월 7일
제1판 제2쇄 발행일 2017년 10월 30일

지은이 —— 이임하
기 획 —— 책도둑(박정훈, 박정식, 김민호)
디자인 —— 장원석
펴낸이 —— 김은지
펴낸곳 —— 철수와영희
등록번호 —— 제319-2005-42호
주 소 —— 서울시 마포구 월드컵로 65, 302호(망원동, 양경회관)
전 화 —— (02)332-0815
팩 스 —— (02)6091-0815
전자우편 —— chulsu815@hanmail.net

* 이 저서는 2007년 정부(교육과학기술부)의 재원으로 한국연구재단의 지원을 받아 연구되었음 (NRF-2007-361-AM0005).

ISBN 978-89-93463-84-2 93910

철수와영희 출판사는 '어린이' 철수와 영희, '어른' 철수와 영희에게
도움 되는 책을 펴내기 위해 노력하고 있습니다.

제도와 규정, 억압에 균열을 낸 여성들의 반란

해방공간, 일상을 바꾼 여성들의 역사

이임하 지음

철수와영희

머리말

물살을 거슬러 가는 연어이기를 바라며

대학원에 들어와 현대사 공부를 시작한 지 25년이 지났다. 전근대 역사는 고등학교 때까지 배웠지만 딱히 기억에 남아 있지 않다. 아마 시험을 치르기 위한 공부는 언제나 그 목적을 이루면 잊어버리기 때문이리라. 질문하고 이해하려고 노력했던 공부는 대학원에서 시작한 해방공간의 역사가 처음이었다. 해방공간, 그 짧은 시간에 왜 그렇게 단체와 사람, 사건들이 많은지 해도 해도 끝이 없었고 그때의 주장과 주의를 이해하기 힘겨웠다. 그렇게 석사과정 몇 년 동안 해방공간을 공부했지만 여전히 방향을 가늠할 수 없었다.

그래서 석사학위논문으로 해방공간을 쓰겠다는 말을 지도교수였던 서중석 선생님께 꺼내지도 못했다. 그 대신 잡은 석사학위논문 주제는 「1950년 제2대 국회의원 선거에 관한 연구」였다. 이 주제도 선행 연구가 없어 자료를 찾는 과정이 쉽지 않았다. 1950년 5월 30일에 치러진 제2대 국회의원 선거는 제헌국회의원 선거와 달리 거의 모든 정치세력이 참가했다. 경쟁률은 평균 10대 1이었고 농촌에서는 3,000~5,000표로도 국회의원 당선이 가능했다. 그리고 입후보자의 69%인 1,525명, 당선자의 60%인 127명이 무소속이었다. 그래서 선거결과를 분석하기 위해 당선자들의 이력을 조사했는데, 작업 내내 '왜 이런 작업을 해야지?'라는 찜찜함에서 벗어나지 못했다.

여하튼 석사학위논문을 마치고 박사과정에 들어갔다. 나는 박사학위논문 주제를 정하지 못하고 여러 주제들을 전전긍긍하며 돌아다녔다. '1950년대 선거'나 '자유당'을 준비하려고 자료를 수집하기도 했고, 농업협동조합을 중심으로 한 1950년대 농촌문제에 관심을 갖고 「이승만정권의 농촌단체 재편성」이란 글로 정리하기도 했다.

그렇게 떠돌다 뜻 맞는 후배들과 여성사 세미나를 시작했다. 내가 여성사에 관심을 갖게 된 계기는 다른 사람과 맺은 가족관계, 결혼 때문이었다. 결혼 전, 넉넉한 형편은 아니었지만 부모님이 나에게 공부를 그만두고 경제활동을 하라, 다른 형제의 학비를 벌어오라 강요하지 않았다. 여자라고 차별받은 기억도 별로 없다. 그렇지만 결혼은 많은 부분을 바꾸어 놓았다. 일상생활의 변화는 자연스럽게 여성들의 삶과 역사로 쏠렸다. 그렇게 후배들과 여성사 세미나를 하면서 「1950년대 여성의 삶과 사회적 담론」이라는 주제로 박사학위논문을 썼다.

그러나 잊지 않았던 주제는 해방공간이었다. 그 열망은 『역사비평』에 실린 「(한국현대사의 증언, 박헌영의 아들 원경스님)혁명과 박헌영과 나」(1997년 여름호)라는 글을 읽으면서 깊어졌다. 원경스님과 남조선노동당 지도자였던 김삼룡·이주하의 마지막 눈인사 장면을 읽으면서 그들이 꿈꾸었던 세상이 궁금했다. 그렇게 나의 관심은 해방공간을 살았던 여성들의 이야기를 담아야겠다는 생각으로 점점 굳어졌다.

해방공간의 역사로 나를 이끈 또 다른 계기는 대학원에서 만난 안준범 선배의 영향이다. 선배는 후배들에게 이론 공부를 게을리 하지 않도록 끊임없이 질문을 던졌다. 여성사 공부를 시작했다는 나에게 선배는 한국에도 '이런 책이 나와야 하지 않겠느냐.'라며 『CREATING A NATION』이란 책을 건네주었다.[1]

그런 열망 속에서 박사학위논문을 쓰기 전부터 해방공간에서 발행된 신문, 잡지, 단행본을 읽고 조금씩 정리해 두었다. 오랫동안 자료를 정리했지만 글을 쓰지 못했던 까닭은 여전히 어렵고 갈피를 잡지 못했기 때문이었다. 이는 지금도 마찬가지이다.

해방 70주년을 맞아 여성들의 이야기를 역사로 써야겠다는 생각이 간절했고, 비록 거친 문제의식이라도 그 자체로 꺼내놓고 싶었다. 그렇지 않으면 나는 영영 이 글을 쓰지 못할 테니까. 덜 익은 문제의식으로 '여성들'을 주제로 해방공간을 말한다는 것은 어떤 의미일까?

해방공간에서 흑인 노예의 역사를 시로 표현했던 배인철은 경계짓기를 이렇게 말했다.

> 쇠사슬 느리어
> 흑노黑奴의 아들로서 시장에 팔려온
> 이제는 고이 쉬는 할아버지는
> 시아고市俄古에 활발한 인종선에
> 무지한 백인이 던지는 벽돌에
> 집 앞에서 쓰러졌으며
> 이리하여
> 원수를 갚겠다는 미친 아버지마저
> 식칼에 찔리어
> 길바닥에 자빠져 버렸다
> ……

쫀슨이여

홀어머니의 자식이여, 그렇다

인종선은 늬 곳에만 있는 줄 아느냐

동모들이 찬미하든 이 땅에서도

나라 있는 곳마다

온 세계에 전선은 펼쳐 있는 것이다.[2]

인종선은 나라가 있는 곳마다 펼쳐져 있다는 시인의 절규는 오늘날에도 크게 다르지 않은 것 같다. 국가는 국민을 분류하고, 나누고, 줄 세우고, 규정하고, 배제하는 체계와 구조를 만든다. 그것이 국가를 버티게 하는 힘이다. 국민과 비국민, 주류와 비주류, 정규직과 비정규직 따위로 수많은 인종선들이 국가 안 구석구석에 그물망처럼 펴져 있다. 인종선에 짓눌린 비주류는 그 자리에 머물러 신세한탄만 해야 하는가? 다행히도 비주류는 세상을 파악하는 그들만의 눈이 있다. 비정규직이기에, 여성이기에 불공평한 한국 사회가 분명하게 다가오듯이 세상을 다르게 이해하고 볼 수 있는 것은 오직 내가 가질 수 있는 능력이다. 너른 바다를 경험하며 다 자란 물고기가 되어 물살을 거슬러 온 연어는 아니지만, 이 능력이 해방공간 여성들의 역사를 쓸 수 있게 한 힘이다.

그래서 난 해방공간, 내가 읽을 수 있는 방식으로 찬란하고 아름답고 격정적이었던 해방공간 여성들의 역사를 쓰고자 한다.

이임하

차례

제1장

서천꽃밭인 해방공간

새벽, 서울의 거리

열 시! 여름날 열 시란 벌써 해는 하늘 한가운데 있다. 시세 없는 구루마꾼 …… 피곤한 몸으로 끌어 간신히 정거장 뒷골목까지 찾아는 왔건만 즐비하게 늘어 논 채 할 일 없이 턱을 받치고 '어디 돈벌이 할 데는 없나?' 하고 정신 빠진 사람 같이 앉아 있고.

열두 시! 서울의 다방은 열두 시만 되면 마카오 양복에 기름진 신사, 그리고 양풍 유행의 최첨단을 자랑하는 빨간 입술에 눈부신 복장을 한 유한 여인네들로 초만원이다. 금시계를 내어 한 번 쓱 쳐다본 모리배 신사는 막 럭키 양담배를 입에 물려고 하는 마주앉은 여인에게 '점심은 무엇으로 할까?' 하고 묻는다.

한 시! 중점 배급 덕분에 오늘도 아침밥을 먹는 둥 마는 둥 한 사람들은 도저히 더위를 극복할 수 없는 시간이다. …… 늦은 잠을 깬 젊은 남녀, 행복스러운 유한 부부는 식당에 몰려와 양식 잡숫기에 바쁘다.

세 시! 벚꽃이 만개하던 한때는 공일날마다 인산인해로 아우성을 치더니 요즈음은 지극히 한산하다. 골프하는 친구들에게는 꽃이나 사람

많은 것이 도리어 방해가 되는 것이다. …… 어느 날 창경원 풍경. '파고다'공원은 실업자 대학이다. …… 일터 없어 굶주린 사람들은 아침부터 이곳에 운집하여 세 시쯤 되면 초만원 성황이다. 정치가도 있고, 웅변가도 있고, 서울의 정치는 파고다공원으로부터!

오후 여섯 시! 다섯 시부터 술도 팔게 되자 오늘도 풍성거리는 요릿집, 그 문전에 닥치는 소고기 한 차. …… 번잡한 오후 여섯 시의 시장. 조기 한 마리, 콩나물 20원어치. 이렇게 사들고 쌀가게 앞에 멍하니 서있던 한 부인.

오후 여덟 시! 서울 거리는 다섯 시만 되면 소년들의 '내일 아침 신문' 마라톤이 시작되어 거리는 일대 소란하다. 이 대회에 낙제한 놈은 여덟 시가 되도록 아직 신문을 팔지 못하고 있다.

아홉 시! 황혼이 소리 없이 조용조용 온 대지를 덮기 시작한다. …… 화신 앞, 단성사 골목을 걸어가면 얼마든지 눈에 띈다. '좋은 데 있지요?' '갑시다. ××만 원 주세요.' 이로써 문답은 끝, 문제는 해결. 사람을 태운 인력거는 어딘가 컴컴한 골목을 달려간다. 그러나 이 사람들은 대개가 이튿날 아침에는 유지 장문에서부터 출근하는 것이다. 아! 병든 서울이여![1]

1949년 5월 아무 날, 오전 10시부터 오후 9시까지 서울 거리 하루 동안의 풍경이다. 대한민국 정부가 수립된 지 1년도 되지 않은 때이다. 여전히 일자리를 얻을 수 없는 일용 노동자들, 실업자로 넘쳐나는 파고다·남산공원의 정경과는 사뭇 다른 골프 치는 사람들이 모여든 창경원, 풍성거리는 요릿집, 고학생들. 이것이 서울의 일상이라며 병든 서울이라고 한탄한다.

해방 4년 만에 맞는 서울의 여름은 이렇게 생기를 잃은 병든 시공간으로 변해갔다. 여기저기에서 쿵쾅거리는 소리가 요란하게 들려올 법도 한데 요란한 곳은 일자리를 찾아 붐비는 공원과 흥청거리는 요릿집뿐이다. 해방공간의 격정, 흥분, 열광, 긴장, 불안 따위가 사라져 버린 대한민국 서울의 모습이다.

거리로 쏟아져 나왔던 사람들의 열기와 흥분, 열정은 어디로 사라진 걸까?

해방공간, 서울의 시공간은 정부 수립 뒤와 크게 다르지 않았다. 시인 오장환은 "춤추는 바보와 술취한 망종이 다시 끓는다."라며 해방공간을 병든 서울이라 했다.[2] 그렇지만 병든 서울의 한 곳에 새 나라를 세우려는 사람들이 있었기에 오장환은 '미칠 것 같이 아름답다.'라고 했다. 새벽이 사라진 1949년의 시간과 다르게 새벽이 있는 해방공간의 사람들에게 그는 이렇게 외쳤다.

> …… 어둠을 타서 벽보를 붙인다. ……
> 풀칠을 했는가
> 음,
> 도리어 내가 한눈을 팔았구나
> 벽보는 한 장 한 장 온 거리의 담을 차지한다.
> 이 벽보는
> 아침이 있는 사람만이 보는 것이다.
> 먼동이 트기 전부터 일하러 가는 사람 우리의 동무들
> 이 벽보는
> 아침을 밤으로 삼는 무리들을 위한 것은 아니다

한 동무의 외침이
만 사람의 소리 없는 아우성으로
우리는 다만 틔워오는 먼동을 위하여 벽보를 붙인다.
풀칠을 했는가
음,
도리어 내가 한눈을 팔았구나.[3]

해방공간의 서울은 도시가 내품는 악취들로 여느 도시와 다르지 않았다. 그러나 해방공간 서울에는 새로운 국가 건설의 꿈을 안고 그 꿈을 실현하기 위해 뛰어든 사람들로 넘쳐났다. 그 꿈들은 서울의 악취를 쓸어버리기에 충분했다. 그것이 해방공간의 의미이기도 하다. 도시의 악취가 아닌 해방공간 서울의 힘을, 다시금 해방공간의 찬란하고 아름다운 시간을 읊어야 하는 이유도 여기에 있다. 그래서 찬란하고 아름다운 꿈들이 활짝 피었던 해방공간을 일상성, 단절과 연속, 여성주체라는 틀로 이야기하고자 한다.

일상성과 역사

1990년이 되어서야 한국 현대사 박사학위논문이 처음 나올 정도로 한국 현대사가 역사학의 연구 대상이 된 때는 그리 오래되지 않았다.[4] 그 뒤 역사학 연구자들은 한국 현대사를 연구 대상으로 삼았으며, 특히 해방공간 연구는 현대사 연구자들로 붐볐다. 이들의 연구는 정치, 경제, 노동, 조직, 운동, 문화, 교육 등 여러 분야에 걸쳐 국내에서 생산된 자료뿐만 아니라 미군정이 생산한 자료를 바탕으로 진행됐다. 이 때문에 후학들이 비집고 들어갈 틈이 없어 보이는 것도 사실이다. 그러나 이제 해방공간의 꿈과 균열들을 읽어내기 위해 다른 형태의 해석이 필요한 때이다. 일상성이란 틀은 이런 문제의식에서 가져왔다.

일상성이란 무엇인가? 팀 에덴서Tim Edensor는 일상을 정의하는 데 어려움이 있다면 그것은 일상이 너무나 명백하기 때문이라 한다. 곧 일상은 재생산을 계속하는 데 필요한 반복적 행위만 이루어지는 변화 없는 시간, 곧 단조로운 시간으로 여겨진다.[5] 그러나 에덴서는 일상성의 범위에 단조로운 시간뿐만 아니라 기념식이나 축제, 예외적인 상징적인 이벤트가 벌어지는 시간도 포함시켰다. 일상생활은 로봇 같은 경직된 실천들로만 채워진 것이 아니라 다양한 가능성을 담고 있다. 이런 측면에서 일상은 유연하고 양면적이고 변화무쌍하다.[6]

독일 일상사 연구자 알프 뤼트케Alf Ludtke도 일상성이 갖는 무제한성, 비종결성을 이렇게 지적했다. "일상이란 경계가 없다. 인간의 모든 행위와 활동은 탐구되어야 한다. 즉 인식과 경험, 해석과 자기표현, 그리고 의도적이거나 무목적적인 '행동'이 탐구되어야 한다. 그것이 주중에 벌어지든, 밤에 일어나든 낮에 일어나든 말이다."[7] 일상성의 무제한성과 비종결성은 사소한 물질뿐만 아니라 일상적 실천의 다양성과 다층성을, 지루한 시간의 순환을 멈추고 다르게 살아갈 가능성을 제시한다.

실비아 페데리치Silvia Federici는 "마을로 도망치는 공공연한 저항뿐만 아니라 언제 어디서나 농노들이 취하기로 유명했던 다양하고 눈에 띄지 않는 저항의 형태로서 '꾸물거림, 시치미, 거짓 순종, 무식한 시늉, 의무 방치, 좀도둑질, 밀렵'이 있었다. 끈질기게 이어진 이와 같은 '저항의 일상적 형태'는 중세에는 수없이 많았던 것으로, 이것을 고려해야만 계급관계를 제대로 파악할 수 있다."라며 중세 농노들이 일상에서 벌인 다양한 저항과 그 의미를 지적했다.[8] 중세 농노의 다양한 저항의 지점들이야말로 계급관계를 제대로 파악할 수 있는 길이라는 페데리치의 지적은 일상생활에서 실천의 다양성과 가능성이 어떻게 현실을 변화시켰는지 가늠하게 한다.

데틀레프 포이케르트Detlev Peukert의 "일상사는 기존의 역사학 저편에 새로운 연구 영역을 개척하는 것이 아니다. 일상사는 새로운 전망이다."라는 지적처럼[9] 해방공간에 펼쳐진 일상의 다양성, 다층성, 가능성은 해방공간 민중의 만개한 꿈을, 희망을, 행위와 실천을, 전망을 읽어내기 위함이다.

해방공간의 화두는 '일제 잔재의 청산'과 '국가 건설'이었다. 이는 모든 사회단체·정당의 정강과 선언에 빠짐없이 등장했고, 모든 일간 신문·잡지도 이를 근거로 문제를 제기했다. 정당·사회단체가 정강과 선언으로, 새로운 국가 건설이라는 과제로 일제의 질서와 맞섰다면 '작은 사람들'의 행위는 선언과 다르게 일상에서 어떻게 실천됐을까?

동양방직 여성 노동자는 메이데이 기념식 단상에 올라 "나도 노동자입니다."라고 외쳤다. 짧은 순간이지만 노동자로서의 정체성을 경험하는 순간이었으리라. 작업장에서 여성 노동자들은 '원족(소풍)을 가자.', '외출의 자유를 달라.', '기숙사 안에서 자유로운 행동을 보장하라.' 따위의 요구 조건을 내걸고 파업을 일으켰다. 그들의 요구는 일상생활에서 잠깐의 휴식과 자유였지만, 이는 일제 강점기의 동원에 의한 노동력 착취에 맞서는 행위였다. 잠깐 동안의 휴식과 여유 그리고 한가로움을 허용하지 않는 일상과 비록 한나절 정도의 외출이지만 휴식을 취하는 일상은 분명 다르다. 그리고 그 일상은 사람들의 생각을 변하게 만든다.

파업의 열풍은 홍등가에도 불었다. 기생들은 미군정의 일방적 성병 검진에 반대해 몇 차례에 걸쳐 파업을 단행했다. 물론 그들의 파업은 기생들을 성 판매 여성으로 취급한 데에 대한 분노의 표시였다. 그러나 이들의 행위는 미군에 접근 가능한 모든 여성을 성 판매 여성으로 여기는 점령군의 일방적이고 폭력적인 태도와 정책에 대한 항의였다.

이런 점에서 작업장에서의 휴식의 요구, 미군 범죄에 대한 항의, 성병 검진 반대 따위의 행위나 '3·8 부인의 날'이나 '여성대회'·'메이데이 기념식'에의 참가는 일제 강점기와 다른 일상을 살아가고자 했던 해방공간 여성들의 요구이자 열망이고 꿈이었다. 일상에서 이들의 실천 행위와 전유양식은 일제에 의해 강요된 규율, 규제, 제도, 억압에 흠집을 내고 균열을 내는 행위이다.

해방공간의 작업장, 거리에서의 실천과 주체들의 목소리는 단일하지 않고 다양했다. 그런데도 해방공간의 작업장에서의 노동쟁의나 파업을 '정치투쟁이냐, 경제투쟁이냐?' 하는 단어로 성격 짓는다면 지나가는 행인을 프로크루스테스의 침대에 맞추는 행위와 다를 바가 없다. 또한 작업장이라는 생활공간에서 터져 나온 다양한 균열들, 질서를 바꾸고자 했던 다양한 행위를 제거하는 것이다. 작업장에서 내뿜었던 사람들의 열기, 고난, 희망, 갈등과 그러한 가치와 감성의 속살을 없애고 딱딱한 표지만을 읽는 것과 같다. 일상성은 해방공간의 작업장에서 또는 거리에서 행해졌던 작지만 큰 실천들과 행위들을 읽어내게 한다.

8개월 동안 투쟁했던 화신백화점 노동자들, 400여 명이 서울로 올라와 관리인의 부당성을 알렸던 동양방직 인천공장 노동자들. 그들이 파업 과정에서 느꼈을 감정과 가치를 모두 이해할 수 없지만 일상성은 날개 없이 날아야 하는 뱀의 절박한 상황을 짐작할 수 있는 것처럼 그 상황만이라도 짐작하게 할 것이다.

단절과 연속

해방공간은 민중의 사회 진출과 정치 참여가 활발하게 이루어졌던 격정의 공간이었다. 미군에게 행정권을 이관하기까지 여전히 일제의 관료들이 행정기관에 머물러 있었지만 한순간이나마 일제의 강압적 통제 규율이 느슨해진 열린 공간이었다. 따라서 개인들은 새로운 국가를 건설하고 각자의 정치 이념과 가치를 실현하려 거리로 쏟아져 나왔고 목청껏 외쳤다. 해방공간은 공산주의, 사회주의, 무정부주의, 국가사회주의, 국가주의, 개인주의, 민족주의, 자유주의, 자본주의, 전체주의 등 온갖 종류의 주장과 주의가 교차했다.

이러한 주의와 주장은 목소리를 내는 것에 그치지 않았고 단체의 조직과 실행으로 이어졌다. 그런데 대한민국 형성 과정에서 단일한 정체성, 단일한 이데올로기, 단일한 경험과 공유기억을 갖는 국민이 필요했다. 곧 국민 되기 프로젝트는 한국 현대사에서 국가의 중요한 과제였다.

국민 만들기/되기 프로젝트는 '대한민국 국민'이라는 단일성을 유지하기 위해 해방공간 역사의 일부는 단절, 다른 일부는 연속시켰다. 단절은 개인들(여성들)의 목소리뿐만 아니라 일상의 변화를 꾀했던 다양한 활동을 잠재웠다. 왜냐하면 다양한 일상의 저항은 일제의 강제와 규율 또는 가부장 질서에 맞섰기 때문이다.

단발을 예로 들어 보자. 단발은 신여성의 상징으로 여겨졌는데 그 의미는 단순하지 않다. 단발의 행위는 유교적 가부장 질서에 맞서거나 신념이나 주의를 지키기 위한 행위이거나 사랑을 지키려는 정표이기도 했다. 다음의 '단발 토론'에서 벌인 두 여성의 입장을 들어보자.

김활란 | 나는 결코 단발을 하였기 때문에 단발을 주장하는 것은 아니올시다. …… 어디까지든지 단발의 필요를 말하고 싶습니다. 제일에 단발은 위생상으로 보아 좋습니다. …… 제이는 시간상으로 보아 퍽 경제가 됩니다. …… 제삼으로 단발은 미적 방면으로 보아서도 좋습니다. …… 제사는 단발은 세계 대세에 순응하는 것입니다. …… 우리 조선은 단발하였던 여자들이 도로 장발을 하니 도리어 기괴한 현상이라 할 수 있습니다. …… 소위 여성운동이니 하고 떠들던 그이들이 모두 의식적이 아니고 기분적이었던 것을 통탄치 않겠습니까? …… 제오 단발은 여성해방에 유일한 조건으로 생각합니다.

정종명 | 내가 단발을 반대하는 것은 결코 케케묵은 옛날의 도덕관념이나 습관을 가지고서 머리털을 무슨 부모의 유체이니까 깎을 수가 없다든지 선왕의 예법이 아니니까 깎을 수가 없다든지 하는 말은 아니올시다. …… 조선의 일반 여성은 아직까지도 가정에 갇혀 있는데 그들을 우리가 끌어내서 서로 손을 잡고 일을 하자면 먼저 그들과 친하고 이해가 있어야 할 것이 아닙니까? 그런데 만일에 우리 운동선상에 나온 여자들이 먼저 머리를 깎는다면 그들은 우리를 보기를 아주 딴 세계의 사람과 같이 보아 서로 의사를 소통함은 고사하고 먼저 경이원지敬而遠之하려고 합니다. 이것은 결코 내가 토론을 하기 위하여 하는 말이 아니라 여러 해 경험상으로 보아 확실히 그러한 것을 깨달았습니다. …… 셋째로 단발은 위생에 좋다고 합니다. 그러나 그것은 한 구실에 불과한 말이지 무엇이 그리 위생에 좋을 것이 있습니까? 쪽진 머리보다 깎은 머리는 흩어지기를 잘하니까 단발 여자가 음식을 만든다면 반드시 음식에 머리카락이나 머리때가 들어갈 것은 물론 …… 사람이 그대로 먹기가 쉬울 터이니까 위생에 해로울 것이오.[10]

김활란은 위생, 시간 절약, 현대미, 세계 대세, 여성해방을 가져온다며 단발을 찬성했다. 반면 정종명은 단발이 시간 절약, 경제성, 위생상 반드시 좋은 것은 아니라며 반대했다. 그런데 정종명이 단발을 반대하는 가장 큰 까닭은 여성 대중에게 다가가기 위함이었다. 그녀는 자신의 경험을 사례로 들면서 여성운동을 할 여성들은 '단발하지 말라.'라고 충고한다. 한편 김활란은 단발을 한 계기를 이렇게 말하고 있다.

> 1928년 4월, 국제선교회가 예루살렘에서 열릴 예정이었다. 나는 교회의 주선으로 그 회의에 참석하게 되었다. …… 사이공에 배가 닿았을 때다. 배가 닿자 수많은 쿨리들이 몰려들었다. 화물을 져 나르려는 것이었다. …… 길게 풀거나 땋아 늘인 머리채만이 몸을 움직일 때마다 등허리며 어깨 위에서 마구 건들거렸다. ……
> '아니 힘든 일들을 하면서 저렇게 걸리적거리는 머리를 왜 잘라 버리지 못하는 겁니까?'
> 나의 질문에 대한 그 사람의 대답은 분명했다.
> '자기들의 관습에 집착해 있는 거죠. 비록 현대식 부두에서 일을 할망정 정신까지 빼앗기지는 않겠다는 고집스러운 상징일 것입니다.'
> '그거 참 쓸모없는 집착이군요.'
> 발전을 위해 또는 진보를 위해 장애가 되거나 쓸모가 없는 전통이라면 굳이 고집할 필요가 없는 것이다. 배가 마르세유에 닿자마자 호텔을 정하고 내가 제일 먼저 찾아간 곳은 이발소였다.[11]

단발에 대한 찬반이라는 문구만 나열한다면 김활란은 신여성이요, 정종명은 구여성이라 여겨질 것이다. 단발을 찬성하느냐, 반대하느냐는 단순한 물음은 신여성이냐 구여성이냐로 여성들을 나눈다. 그러나 그 주장의 이면으로 들어가면 민족, 계급, 문명, 진보에 대한 생각과 경험에 따라 다름을 알 수 있다. 김활란은 대한여자기독교청년연합회YWCA 창설에 참가했고, 1930년 컬럼비아대학에서 철학박사 학위를 받았다. 해방 뒤 그녀는 독립촉성애국부인회, 대한여학사협회, 한국여성단체협의회 조직에 관여했으며 오랫동안 이화여자대학교 총장으로 재직했다. 정종명은 간호사이자 산파로 사회주의 사상 단체 여성동우회 결성에 참가했고, 근우회 창립을 주도했으며 신간회에서 활동했고, 1934년에 징역 3년을 선고받고 서대문형무소에서 복역했다. 해방 뒤 그녀는 건국부녀동맹 전국 부녀단체 대표자 대회 준비위원이었으며, 조선부녀총동맹 함남 대표위원이었다.

고루한 전통을 고집할 필요가 없다고 생각해 단발을 찬성한 김활란과 대중들과 만나 여성운동을 하기 위해 단발을 반대한 정종명. 한국 사회에서 김활란은 잘 알려져 있지만 정종명은 흔적조차 없다. 일제 강점기, 정종명은 "남이 무어라든 조선 여성운동계에서는 괄시 못할 인물이요 앞으로도 적지 아니한 활약이 있을 것은 의심 없는 사실이다."라고 평가됐던 여성 활동가였다.[12]

여성들의 역사를 아는 것이 왜 중요한지 글로리아 스타이넘은 이렇게 강조했다. "우리는 자매들의 역사를 알아야 한다. 영감을 얻기 위해서, 그리고 모든 아이디어를 축적해 두기 위해서이다. 그리고 그중에서 지금도 활용할 수 있는 것은 최대한 실천해야 한다. 완전히 새로운 전술도 없고 완전히 구식인 전술도 없다. 여성들 개개인이 그것을 새롭게 활용할 능력을 모두 소진한 후라도 다른 여성운동가들이 그것을 반복하고 확장시키고 변화시킬 수 있다."[13] 먼저 살아간 사람들의 역사와 이야기는 현재를 살아가는 사람들에게 힘이 되거나 도움이 되고 또는 위로가 되는 역사 자원이다. 오늘날 한국 여성들은 일부 여성들의 삶과 경험·격정을 전달받지 못했으며 그 흔적도 찾을 수 없다. 단절된 여성들의 역사를 찾아내는 것은 후대 연구자의 일이다.

여성주체들

니라 유발-데이비스는 페미니즘의 관심사를 크게 세 가지 질문으로 정리했다. "왜/어떻게 여성들은 억압받는가?", "남성과 여성의 차이는 생물학적인가, 사회학적인가, 둘의 조합에 의해서 일어나는가?", "여성들 안에서의 차이, 남성들 안에서의 차이, 그리고 이들이 젠더 관계의 일반 개념들에 미친 영향들에 관한 문제는 무엇인가?"[14]

서유럽과 미국의 페미니즘 연구는 역사적 맥락 안에서 여성 억압의 기원, 구조, 차이들로 이어졌다. 그들의 연구는 대안의 마련, 과거의 재발견, 백인 여성들과 흑인 또는 유색인종의 차이 따위로 현실과 조응하면서 연구됐다. 반면 한국의 경우 가부장 질서에 맞선 여성(들)의 활동과 목소리는 일찍부터 나왔지만 일부만 전승됐고, 역사적 맥락과 조응하지 못했다. 곧 서구 여성사는 여성 억압의 기원, 구조, (여성들)차이에 대한 물음과 이에 대해 답하는 긴 역사 과정이었다면, 한국 여성사는 이들 문제가 한꺼번에 제기됐다. 이는 한국 현대사가 식민 경험이라는 역사와 분단, 탈식민의 현실이 중첩됐기 때문이다. 일제는 조선 여성들에게 이등 황국신민의 자리도 내어주지 않으면서 의무만 강요했다. 곧 권리는 부여하지 않으면서 식민지 동원의 대상으로만 여겼다.

식민 이후, 곧 해방 뒤 여성들은 이중적/양면적인 위치를 가졌다. '부엌에서 나와 새 나라 건설에 나서라.'라는 요구와 함께 '여성의 역할을 넘어서는 과도한 활동을 해서는 안 된다.'라며 행위와 활동의 한계를 분명하게 규정 당했다. 대한제국기 계몽주의자들이 조혼법과 축첩제를 공격했던 까닭은 여성들을 "국권운동에 참여시키기 위해서는 봉건적 굴레에서 해방시키기 위한 제도적, 관습적 조처가 요구"된 것으로 "오직 공적으로 인정된, 제도가 보장해주는 투명하기 이를 데 없는 관계만이 인정받게 된 것이다. 이렇게 해서 성은 해방된다기보다 한층 더 철통같은 울타리 안으로 들어가게 된 셈"이라는 지적은 해방공간 여성들에게도 해당된다.[15] 공/사 영역 그리고 자연/문명의 이분법은 해방공간에서 국가 형성, 노동, 섹슈얼리티, 조직, 활동 등 모든 영역에 적용됐다. 이런 도식과 이분법의 적용에도 해방공간 여성들이 벌인 일상에서의 실천과 행위는 일제 강점기의 규율과 규제에 균열을 낸 저항이자 다른 사회를 꿈꾸었던 행위의 지점들이다.

"우리들이 국가로 회수되는 무수한 회로를 확실히 응시하고 그 회로에서 몸을 빼기 위한 궁리와 노력을 하는 것. 그리고 그 지점에서 발견되는 다양한 착취와 차별에 대해 최대로 가능한 이의를 제기하는 것"과 "그러한 궁리와 노력의 결과로 자신이 조금씩 변해가고 그것에 따라 새로운 세계가 조금씩 모습을 드러내는 것"이라는 니시카와 나가오의 제안은 해방공간의 '작은 사람들', 여성들의 일상의 반란과 가치를 전달하는 일이 왜 필요한지 알려준다.[16] 곧 여성들은 빨간 립스틱을 바르고 거리에 나섰다며 민족의 이름으로 무시당했지만 파업의 앞자리에 있었고, 다종다양한 꿈을 실현시키려 다양한 정치활동을 했다.

자신을 버린 아버지를 살리려고 머나먼 서천꽃밭으로 갔던 바리공주가 약과 꽃을 가져와 이미 죽은 아버지를 살려냈듯이 해방공간의 여성들은 성역할의 규제와 규정에도 거침없이 거리로 나섰다. 바리공주가 이승과 저승의 경계를 넘나들었듯이 해방공간 여성들은 정치에 뛰어들었으며 이로 인해 그녀들은 좌절하고 갈등하고 절망했고 심지어 목숨을 잃기도 했다.

해방공간에 여성 지식인이나 여성단체들의 목소리만 울려 퍼졌던 것은 아니다. 여성 노동자뿐만 아니라 가난한 하층 여성들은 자신들이 처한 상황을 말하고 바꾸려고 했으며 자신들의 시선에 대한 문제를 제기했다. 그런 의미에서 해방공간은 한국 현대사에서 열린 공간이고 기존의 제도와 규정, 억압에 균열을 낼 수 있었던 공간이자 시간이었다.

제2장

유엔의 첫아들, 대한민국의 탄생

새 조선 건설과 배제

국치랑을 일소하자

새 조선 건설의 전제, 국치랑의 일소

좌익이든 우익이든 중간파이든 모든 정치 집단들은 해방공간을 새로운 국가를 건설해야 하는 비상시기로 여겼다. 이들 집단은 여기에 맞춰 여성들을 불러냈다. 여성들에게 요구된 임무는 국가 건설의 일반적 전제조건과 견주어 제기됐다. 해방공간, 국가 건설의 전제조건은 일제 잔재의 청산과 친일파, 민족반역자의 배제였다.

> 우리는 어떠한 방향으로 애국운동을 전개할 것인가? 첫째로 우리는 불구대천의 원수 일본 제국주의의 잔재 요소를 철저하게 근절하지 않으면 안 된다. 또한 그의 대변자인 친일파, 민족반역자를 깨끗이 청소하지 않으면 안 된다.
>
> 둘째로 3천만 동포 각자가 모두 자기의 맡은 임무에 충실해야 한다. …… 지식계급은 옳은 조선 문화의 재건에 매진하여야 하며 자본가와 지주는 노동자, 농민과 협력하여 조선 산업경제의 부흥에 돌진하여야

할 것이다.[1]

『조선인민보』의 위 사설은 새 조선 건설의 전제조건을 잘 제시하고 있다. 전제조건의 하나는 '우리-타자'의 설정이고, 다른 하나는 '각자 생업의 장소로 돌아가 일하라.'이다. '우리-타자'의 설정은 '타도 일본'이 목적이었을 때 '우리(조선)-타자(일본/적)'이었지만, 새 조선 건설이 목적이었을 때 "적이 물러서고 보니 민족의 눈은 자연 안으로 돌아서게 된 것이다. 여기에는 사상의 대립이 있다."라며 '우리-타자(민족반역자 또는 공산주의자)'로 설정됐다.[2] 이러한 조건의 제시는 1946년 4월, 미소공동위원회 개최에 맞춰 기획된 '민주 정부 수립 촉진'과 '민주주의민족전선의 신정부 설계'라는 연재에도 잘 드러났다. 조선문학가동맹 소속 문인들인 임화, 윤세중, 안회남, 이동규, 김광균 등은 "정부를 세우자. 반민주적 분자의 가면을 벗겨라. 민주주의는 현명하다. 식량대책에 관하여. 정권을 인민위원회에 주라. 인민의 선두에 서시라."라는 주제를 『조선인민보』에 게재했다.[3] 이들의 주장은 인민위원회를 기반으로 해 민족반역자 또는 친일파는 배제하고 김구를 중심으로 한 임정 요인을 견인해 강제가 아닌 민주주의를 원칙으로 하는 정부를 수립하는 것으로 모아졌다. 민주주의민족전선 관련자들인 이강국(사무국장, 상임위원), 박문규(선전부장, 상임위원), 박극채, 강진(중앙위원), 최익한(중앙상임위원, 기획부장), 김원봉(공동의장)은 "주권은 인민에게, 토지는 농민에게, 경제적 자주 독립, 민주적 외교 방침, 사회 문제의 해결, 민족반역자의 처단" 따위의 주제로 수립될 정부의 주권, 토지, 경제, 외교, 사회 문제를 제안했다.

새롭게 수립될 정부의 기본 원칙과 방향에서 중요한 전제 가운데 하나는 역시 배제였다. 김원봉은 "민족반역자 및 친일파 규정에 있어서 주의할 것은 규정 범주와 기준을 너무나 편협하게 혹은 너무 광범하게" 해서 문제를 일으켜서는 안 된다며 "친일파, 민족반역자의 정치적 배제와 그 법률적 처단을 혼동하여서는 안 된다."라고 제기했다.[4]

국가 건설의 일반적 전제조건이 친일파, 민족반역족자의 배제였다면, 국가 건설 과정에서 배제되어야 할 여성들은 '국치랑'國恥娘들이었다. 국치랑은 글자 그대로 나라를 치욕스럽게 만든 여성들로 그들의 치장과 행위는 매국의 행위로 단죄 받았다. 방탕한 부인도 민족반역자라 여겨졌다.[5]

미군이 주둔하는 때에 체면을 더럽히는 자는 용납해서는 안 된다며 '서울 거리를 더럽히는 국치랑을 일소하자.'라는 구호까지 등장했다.[6] 국치랑을 없애야 하는 까닭은 그것이 일제 잔재이며, 새 국가 건설에서 일제 잔재를 허용할 수 없기 때문이었다.

> 최근에 일본의 못된 정치 밑에서 그들의 아름답지 못한 풍습에 물들었기 때문에 옛날부터 가졌던 훌륭한 습관이 퍽 엷어졌지만 그러나 조선의 부녀자는 결단코 무절조한 그 어느 나라의 여자와는 다르다. …… 큰 국민이 되려면 국민의 반수나 되는 부녀자가 남자에 지지 않게 훌륭하여야 한다. …… 이런 생각만 철저히 갖는다면 길에서 풍기를 문란케 하는 난잡한 행동을 하지 않을 것이다. 거리에서 난잡한 행동을 하는 부녀자는 명예를 내버리고 나아가 전 조선 부녀의 명예를 더럽히는 것이다. 앞으로 일부 아름답지 못한 행동을 해온 부녀자는 크게 삼가야 할 것이다.[7]

이러한 행위는 일제의 못된 정치에서 비롯된 아름답지 못한 풍습이라는 것이다. 일제에서 비롯된 풍습이기 때문에 그 교정 방향, 곧 풍속 통제는 '사회불안(자)'에 대한 통제와 감시보다 여성 일반을 통제하고 감시하는 방향으로 전개됐다.

> 일부의 부랑한 여자 때문에 조선 여자들은 모두 그런 것 같이 그들에게 인상을 주는 일이 있게 된다면 더 큰일이다. …… 또 그런 풍경은 곧 우리 전래의 풍속을 뜻 없이 파괴하는 것이 되는 것이라 일반은 이 점에 대하여 엄정한 비판을 가지고 먼저 우리네 젊은 여자들에게 각별한 각오를 촉구할 것과 동시에 일부 행색 모호한 여자들에게 엄격한 경고와 단속을 하도록 하여야 할 것이다.[8]

> 아름답고 굳세고 정숙해야 할 조선 여성의 고귀한 명예를 몇몇 속없는 부녀자의 값싼 행동으로 말미암아 더럽히는 일이 있다고 하면 이는 조선 여성의 수치일 뿐 아니라 결백한 우리 민족의 건국 사업을 배반하는 일이라고 할 것이다. …… 조선 여성 전체의 명예를 생각할지어다. 그리고 먼저 조선 여성의 아름다움을 찾아 돌아갈지어다. 종로 네거리 빌딩 담벼락에 하루에도 몇 장씩 갈리는 포스터 속에서 '여성이여 자각하라.'라는 이 소리를 허수히 생각지 말지어다.[9]

이 풍속을 개선하는 방향은 '전래의 풍속'에 기대는 것이다. 여성들은 변화의 상징이 아닌 '전통 운송자'의 역할 속에 구성된다. 곧 여성들이 전통을 따르는 것에 민족 문화의 본질을 보호하는 안전 장치가 있다고 보는데, 이러한 작용은 이와 같은 실천들을 중심으로 타자성을

구성하는 식민의 시선이 반영된 거울이미지이다.[10]

국치랑의 외모와 행위

해방 뒤 국치랑의 발생이 일제의 부도덕에서 비롯됐다는 지적은 신문과 잡지에서 넘쳐났다. 그러나 일제의 부도덕성과 국치랑의 도덕적 문제가 어떻게 연결되는지, 도덕성이 어떤 문제인지는 분명하게 지적되지 않았다. 분명한 것은 국치랑이 조선의 옛 풍습을 무너뜨리는 행위자라는 지적이다. 그렇다면 국치랑은 어떤 여성들인가?

> 썩은 다리를 이끌고 어울리지도 않는 양춤을 추고, 길거리로 껌을 씹고 다니고, 언어도 잘 통하지 못하는 사람과 팔을 끼고 다니고, 갑작스럽게 검은 머리를 노랗게 그슬리는 등 이것이 자유라고 하면 우리는 너무도 기막히지 않으냐![11]

> 지프를 탄 여자는 마치 옛날 일제 시대의 왜복한 여자보다도 더 품격이 없어 보인다고 한다. 그것은 지프가 나쁜 것이 아니라 그것을 탄 여자가 나쁘다는 것에 이유가 있는 모양인듯![12]

> 검정안경, 노랑머리도 숭 없고 천하지만 거기에 한 술 더 뜨려고 드는 것은 앉아서나 걸으면서 또는 혼자서나 남과 이야기하면서나 질근질근 껌을 씹기 좋아하는 여자다. 그 위에 담배까지 떡 피워 물고 두 다리를 포개고 걸터앉은 꼴이란 그 여자의 다른 백 가지 점이 모두 아름답고 훌륭하다고 하더라도 이 한 가지 것으로 그만 전체가 천박해 보이는 것이다. …… 자기 혼자의 자유 행동이 조선 여성 전체의 명예에

관계된다는 것을 생각하라.[13]

모두 옷차림이나 외양에 치중해서 논의되고 있다. 화장, 파마, 종아리 노출, 굽이 높은 구두의 착용 따위의 여성 외양뿐만 아니라 남자와 팔짱을 끼고 다니거나 지프차를 타는 행위, 길거리에서 껌을 씹는 행위까지도 도덕적 비난의 대상이 됐다.

국치랑의 외모와 행위를 비난하는 목적은 일반 여성들이 이를 본받지 말고 배척하도록 하는 데에 있다. 또 다른 목적은 "요새 들으니 미국 군인들이 조선 가정부인과 화류계 여성을 무엇으로 구별하느냐고 한답니다. 어디까지도 우리의 유풍을 지켜서 고상하고 점잖게 해야겠"다며 미군을 향한 걱정이다.[14] 곧 미군들이 조선 여성 가운데 가정부인(착한 여성)과 '창부형' 여성(나쁜 여성)을 구분하지 못하리라는 염려였다. 가정부인은 '창부형' 여성처럼 하고 다니지 말아야 하는데, 이는 미군이 식별하도록 하기 위함이었다. 이런 현실에 대해 노만 프리쉬는 "조선의 여자 가운데는 …… '좋은 여자'와 '나쁜(직업적) 여자' 두 가지만이 있는 것이다. 매춘부나 기생 같은 '나쁜' 여자에게 미국인이 어떤 짓을 하든 조선 사람에게는 하등 문제가 되지 않는 듯하였다."라고 기술했다.[15]

> 이 월계관 머리를 어느 미학자가 고안하였는지 모르지만 이것은 분명히 창부형에 속하는 것이다. 이런 것은 근본을 캐면 일본 제국주의 시대의 유물이라고 아니할 수 없다. 여성의 화장 중에도 창부형이란 것이 있다. …… 건국 도상에 있는 오늘에 있어 추한 화장은 참으로 보기 싫은 것의 하나라고 아니할 수 없는 것이다.[16]

이들 여성을 '창부형' 여성이라 규정짓고 여성운동은 비국민이자 민족반역자라 지칭된 이들을 박멸하는 운동이어야 한다고 주장한다. 이들을 박멸해야 하는 까닭은 이들의 행위가 풍기문란에 그치는 것이 아니라 민족 순혈에 어긋나기 때문이다. 곧 국치랑은 감시와 통제를 넘어 민족의 이름으로 박멸해야 하는 존재였다. 여성의 풍기 문란에 대한 처벌과 사회적 배제는 비국민에 대한 추방의 구조로 전환되고 이어졌다. 곧 사회 풍기를 바로 잡기 위해 일반 여성과 다른 외양 곧 양장을 입어 표시하게 하거나 삭발시켜야 한다며[17] "이웃집 사람들과 주부들은" 국치랑들을 "동리에서 쫓아내야 한다."라고 주장됐다.[18]

풍기문란을 일으키는 원인과 대상이 여성일 때 도덕적 비난에 머물지 않고 절멸의 정치로까지 이어졌다. 해방공간에서 이런 논의는 아무런 제재 없이 광범위하게 확산됐다.

> 신생 조선의 민족 순화를 위하여 감연히 일종의 민족반역자군을 박멸하여야 한다. 반면의 이유로 역시 해를 보는 것은 미군 장병이다. 남의 군대의 군기를 문란케 하고 이국 이성의 유혹에 의한 충동적인 행동에서 일어나는 불상사로 인하여 그들로 하여금 공연한 형벌에 고생하게 하고 이어 조선인 사회와 미군 사이에 불요한 반감을 양성하여 모처럼의 연합군 환영을 조미이간朝美離間으로 만들어 놓은 일도 없지 않다. …… 부인운동 지도자 제자諸姉여, 여성해방 부인 참정도 찬성이다. 그보다 먼저 우선 당면의 문제인 이 비국민적인 여인군의 박멸을 위하여 일대 부인운동을 전개하시면 어떻소? 이 문제는 결코 단순한 풍기 문제에 그치는 것이 아니라 조선의 장래를 좌우할 민족 순혈 유지 정책의 성패의 문제인 것이다.[19]

여성들은 대개 집단체 안에서 양가적 위치에 있다. 한편으로 여성들은 올바른 행위, 올바른 외양으로, 집단체의 경계를 의미하는 선을 구현한다. 이는 집단체의 통일과 명예와 같은 특정 국가 및 민족 기획의 존재 이유를 상징한다. 그러나 반면 이들은 종종 정치 통일체인 '우리'라는 집합에서 배제되고, 주체의 위치가 아니라 오히려 대상의 위치에 남게 된다.[20]

해방공간, 이들을 국치랑이라 부르며 배제한 담론 형성은 민족공동체에서 '우리'와 '그들'로 구분하는 방식과 국민과 비국민으로 구분하는 방식과 닮아 있다. 국치랑은 "민족이라는 상상의 공동체의 신화적 일치는 세상을 '우리'와 '그들'로 구분하고, 사람들을 특정 집합체의 구성원 아니면 비구성원으로 규정한 경계수비대들"이었다.[21]

조선의 아내와 어머니로의 호명

부엌에서 나와라, 민족이 부른다

1945년과 1946년, 거의 모든 정치집단은 국가 건설을 위해 여성들이 가정을 벗어나 활동해야 함을 주장했고 이런 활동이 애국운동이라고 부추겼다. 반면 1947년과 1948년에는 여성들의 지나친 사회 활동을 비난하면서 가정을 돌보라는 담론이 지배적이었다.

국가 건설을 위해 여성들이 사회에 나와야 한다는 담론은 어떻게 전개됐는가? 먼저, 여성들에게 부엌과 출산에 얽매인 가정의 노예에서 벗어나 여성해방을 가져올 사회 건설로 나아가야 한다고 요구했다. 이 행위는 생산 활동이자 여성해방을 가져올 수 있는 길이라는 것이다.

젊은 조선의 어머니는 모든 재질과 기능을 빼앗았던 오랜 가정의 문을 박차고 나와야 할 것이다.[22]

민족의 운명이 결정되는 중요한 이 순간에는 조선의 여성으로서 그 우수한 지력, 의지력을 국가의 신 건설과 민족의 자주권 획득에 전적으로 공헌하여야 할 것이다. …… 여성해방이라는 얼토당토않은 문제로 평지풍파를 일으키며 풍기, 도덕상 재미롭지 못한 현상을 자아낼 필요가 어디 있느냐? …… 현모양처에서 진화하여 우국애족의 여장부를 요구한다.[23]

전자는 가정 문을 나오라고, 후자는 여성해방이 중요한 것이 아니라 애국부녀운동을 일으켜야 하는 시기라고 강조한다. 애국부녀운동을 해야 하는 까닭은 현 시기가 민족의 운명을 결정할 중요한 시기이기 때문에 여성도 여기에 공헌해야 한다는 것이다.

이러한 요구에 맞춰 여성들도 하루바삐 국가 건설에 나서야 한다고 주창됐다. 조선부녀총동맹 중앙위원 이경선은 "우리의 개인적 요구가 단순히 남성에 대한 항쟁이 아니고 국가에 대한 과욕이 안 됨을 확신한다. 오히려 우리들 여성의 참가 없이 전 민족 해방의 완성은 어려운 일이다."라며, 이 길이 일제의 여성 강압 체제를 개혁하는 길이라고 주장했다.[24] 조선부녀총동맹 중앙위원 이순금은 "민족적 문제, 토지문제, 이 근본적인 전체 문제가 해결되는 마당에서만 여성 문제도 해결될 것이다. …… 여성 동포들 뒤떨어진 우리들의 지위 향상을 위하여 구속과 압박을 박차고 경제적·사회적·정치적·문화적 완전한 해방을 확보하기 위하여 각 사회단체에 적극적으로 참가하며 신 국가 건설에 있는 힘을 다 제공하여야 한다."라고 밝혔다.[25] 황현숙도 "국가 건설에 공헌해야 한다는 것이 여성들이 발휘시켜야 할 국민으로서의 당연한 책임이라고 믿는다. …… 우리 여성들의 책임은 중대한 것이니 가정에서 사회에서 국가 건설에 이바지해야 한다."라고 언급했다.[26]

부엌에서 나와야 하는 까닭은 여성해방의 계기 또는 국민의 의무라며, 사상에 따라 달랐지만, 이들은 여성들이 모두 부엌에서 나와 국가 건설에 이바지해야 한다고 주장했다. 이러한 요청은 조선과 결혼한 심정으로 활동하라는 요구로 나아갔다. 민족청년단 여성단부 결성과 관련해 지식 여성의 임무가 이렇게 강조됐다.

> 실로 조선의 전 여성은 조선과 결혼하는 심경과 의기로 일어서야 하겠다. 한 가정의 아내에 그치지 말고, 한 가정의 어머니에 그치지 말고 조선의 아내, 조선의 어머니가 되어주기를 조선은 요구한다. …… 조선의 여성들이여! 과거에 사로잡히지 말고 현재를 살피라. 현재에 집착하지 말고 또 미래를 모색하라. 아장아장 걷는 맵시도 좋지만은 뚜벅뚜벅 걸어야 할 시대다.[27]

> 여성이 허락하는 환경과 입장에서 건국의 대업을 방조함으로써 우리의 선배들이 피를 흘리며 싸우고 지켜온 광복의 열매를 우리는 우리의 모든 것을 희생하더라도 사수하여 나갑시다(정동채).
> 나를 죽이지 않는 곳에 독립은 찾아올 리 없다. 욕심도, 명예도, 분함도, 원통함도 민족을 위함이거든 견디고 참고 나가자(모윤숙).[28]

'조선과 결혼한다는 심정'으로 사회활동을 하라는 요구에 맞춰 우익 여성활동가들은 개체로서 개인을 죽이고 희생해서 사회활동을 하라고 강변했다. 이들의 주장은 다양한 지위와 위치에 있는 여성 개인들을 단일한 여성으로 규정하면서 정해진 틀에 모든 여성들을 맞추는 것과 큰 차이가 없다. 이는 젠더에 의한 여성 역할의 강조로 나아갔다.

여성운동이 단일 노선과 단일 목적을 갖고 과감한 투쟁을 한 것은 여성의 순결한 애국심에서 유래했기 때문이라며 여성성이 애국운동의 중요한 기초임을 강조하고 있다.

> 우리 여성들이 갈수록 일치단결하고 상화상애하는 비결은 어디 있는가? 이것은 오로지 첫째도 둘째도 셋째도 때 없는無垢 애국단심을 우리 여성들이 소지하였기 때문이다. 이 순결하고 불타는 애국심이야말로 모든 정사正邪를 투시할 수 있고 권세나 지위를 탐하는 민족 반역 행위를 억제할 수 있고 매국적인 모략을 분쇄할 수 있을 것이다. 끝으로 우리 여성의 낙후된 지위 역시 민족의 비원인 민주주의 완전 자주 독립을 전취하는 날에야 달성할 수 있는 까닭이다.[29]

대한제국기 계몽주의자들이 여성들을 국권운동에 참여시키기 위해 봉건적 굴레에서 해방시키기 위한 제도적·관습적 조치를 요구했지만, 그것은 그때뿐이었다. 그 임무가 끝나면 여성은 언제든지 여성의 본성 또는 본연의 모습으로 돌아갈 것을 요구받았다. 그 근저가 남녀의 성별 차이에 기반했기 때문에, 이 요구들은 비상시가 지나면 다시 가정으로 돌아가 여성의 직분을 다하라는 담론으로 변경 가능했다.

> 요즈음 남녀평등권을 주장하는 것은 좋으나 일부 경박한 여성들은 집

> 일을 소홀히 하고 극장, 음식점, 백화점 같은 곳을 무상출입하는 데만 흥미를 가지고 있는 모양이다. 그리고 또 일부의 여성들은 식사나 침선 같은 것을 손수 하는 것 따위는 여성의 수모라 치부하고 사회활동만을 하는 것을 마치 남녀평등으로 오인하고들 있다. 이는 여성의 위치를 몰각하는 행동일 뿐더러 오히려 여성의 숭고한 지위를 허물어뜨리는 소위 자수자상自手自傷과 같은 결과를 초래하는 것이다. 그러하니 여성은 가정에 있어 남성을 오히려 리드하고 충실한 자녀의 교육과 취사, 침선을 천직으로 삼아 가정의 질서를 유지하고 건설적인 정신으로 매진한다면 여성의 위치는 국가의 반석이 될 것이다.[30]

1945년과 1946년 모두 국가 건설이 먼저이니 여성도 국가와 민족을 위해 부엌에서 나설 것을 요구받았고, 이런 요구에 여성들도 희생이니 애국심이니 하는 언어로 답했다. 그러나 1947년과 1948년 '밥도 할 줄 모르는 여성들이 어떻게 정치를 하느냐?'라며 여성들의 사회활동에 비판이 가해졌다. 앞의 내용처럼 남녀평등을 주창하며 집안일을 소홀히 하는 여성, 곧 여성의 직분을 소홀히 하는 여성은 오히려 여성의 지위를 무너뜨린다는 것이다.

조선의 아내와 어머니

해방공간의 여성들은 조선의 아내와 어머니 또는 딸이라 불렸다. 조선의 어머니, 아내라는 호칭은 좌·우익을 막론하고 사용됐다. 물론 사용방식과 강조점은 조금 차이가 있지만 여성을 민족성으로 영토화하는 데에는 다르지 않았다.

해방 후 1년도 못되어 나는 또다시 쫓기어 다니게 되고 죄 없는 당신의 집안 세간부스러기와 함께 철없고 무지한 젊은 놈들 손에 머리가 깨지고 다리가 상하고 하지 않았겠소? …… 잘 먹고, 잘 입고, 베니 칠하고, 살찐 몸뚱이를 안고 …… 그 속스러운 '마담'들의 초조가 당신의 것일 리 없고, …… 현모양처가 되겠다고 집을 지키면서 이 안타까운 봄날에도 돌아오지 않는 남편을 원망하고 기다리고 그래도 믿는 어리석은 '마담'의 비극이 당신 것일 리 없으니 …… 자- 당신의 남편을 당신의 조선으로 자신 있게 마음껏 안아 보시오!![31]

무엇보다 먼저 남편을 이끌어 줄 수 있는 것, 그것이 아내로서 최대의 임무입니다. …… 새로운 시대의 부인은 아내가 남편을 위해서 일어나지 않더라도 적어도 대등한 지위에 서지 않으면 안 된다고 새롭게(색다르게) 생각하는 부인이 있으나 무턱대고 그래서는 안 됩니다. 그런 것을 생각하는 시간에 좀 더 자신을 돌아보고 신시대에 접한 부인으로서 거기에 따로 교양과 기능을 닦고 큰 체하지 말며 시퉁거리지 말며, 이때까지 남편을 따라 같이 돕고 또 도움을 받아가는 …….[32]

전자는 정치범으로 쫓기는 남편이 아내에게 주는 글로 현 상황을 비관하지 말라고 당부한다. 왜냐하면 자신의 아내는 현모양처도 유한마담도 아니고 조선과 결혼한 아내이기 때문이다. 반면 후자는 아내의 최대 임무와 역할은 교양과 기능을 배워 남편 돕기라고 강조한다. 위의 글은 여성들에게 전자는 '현모양처가 되지 말라.'라고 말하고, 후자는 '현모양처가 되라.'라고 지시한다. 그런데 여성을 대상화하는 방식은 같다. 곧 남편 없이 일상생활을 하는 여성의 곤경과 역경이 조선의 아내이기 때문에 참아야 한다는 것은 남편을 돕기 위해 교양을 배우라는 것과 다르지 않다. 다만 여성이 헌신해야 할 대상이 '조선' 또는 '남편'일 뿐이다. 여성을 개체로서의 독자성을 소거시킨, 아내나 어머니로의 호명은 가족주의 본연의 성격 그대로 남성 중심적이다.[33]

또한 조선의 어머니 또는 아내 그리고 누이로의 호명은 여성을 대상화하는 주요한 방식이다. 이는 여성을 정형화시켜 여성들이 그렇게 살아가길 바라는 것과 같다. 조선의 어머니론은 '나라는 민족이요, 어머니다.'로 귀결됐다. 민족 혹은 국가는 어머니라는 주장은 "내 나라를 위하여, 내 나라의 번영을 위하여 착한 아내요, 어진 어머니로 자처해야 한다. …… 남편보다, 자식보다 더 큰 조국의 여성으로 임무를 다할 때가 왔다. …… 나라를 떠난 아내나 어머니는 죽은 아내요 죽은 어머니다. 그러므로 이 도탄에 빠진 삼천리를 한 데 합치게 하는 노력도 우리 여성이 짊어져야겠다."라며 가정 밖으로 나가 할 일을 찾자는 논의로 전개됐다.[34] 특히 우익 여성 지식인은 여성의 모든 활동은 국가와 일체화하는 길을 찾아야 한다고 주장한다.

> 우리 여성들은 위대한 아내와 어머니가 되어서 굳센 새 나라 건설의 기초가 되어야겠습니다. 먼저 우리 어머니들이 건전한 사상을 가져야 하겠습니다. 과거에 가졌던 개인주의적 생각을 버리고 모든 것을 나라를 위해서만이라는 국가제일주의 사상을 가지고 하나부터 열까지의 전부를 오직 나라를 위해서만 살아야 할 것이올시다. 우리가 밥을 먹는 것이 다만 나의 생명 지지를 위함만이 아니요, 오직 밥 먹고 얻은 힘을 나라를 위하여 일하는 힘이란 것이어야 하겠고 또는 내 아들을 기르는 때에도 내 한 가정을 대대로 대를 누린다는 것보다, 나의

아들이라는 생각보다, 국민의 한 사람으로서 훌륭히 양육하여 나라를 위한 유용한 인물이 되도록 양육하는 헌신적 정신이라야 하겠습니다.[35]

그리고 우리 준비 큰 목표는 무엇보다도 우리의 정신적 준비 그것이다. 곧 '사사를 희생하여 공공을 위하여', '개인을 던져서 전체를 살린다.'는 그 정신이었다. 그래서 내 나라와 내 민족을 위하여서는 일신과 사욕을 초개같이 내던지고 용감 돌진한다는 애국심에 불타는 인재로 우리 자신이 그리 될 것은 물론이오.[36]

이러한 국가와 개인의 일체화, 국가제일주의의 근거는 모성애에 기반하고 있다고 강조한다. 곧 여성은 선천적으로 모성애를 갖고 있는데 이 모성애는 애국심과 동포애로 발전될 수 있다는 것이다. 그러므로 여성들이 남성보다 애국심이 더 강한 위치에 있다는 논리로 전개됐다. 모성은 문명의 기초, 민족주의의 근간이 된다. 결혼의 문제, 개인의 성적 욕망에 대한 문제는 철저히 국가와 민족의 지평 위에서 영토화됐다.[37] 여성성이 모성성으로 영토화되고, 부부간의 열정조차 허용되지 않는 상황이 해방공간에도 적용됐다.

…… 오직 여성만이 가질 수 있는 그 모성애입니다. 이와 같이 순결한 사랑의 소유자인 여성은 조국애와 동포애가 남자에 비하며 몇 배나 더합니다. …… 조선의 어머니요 딸인 여러분! 최대의 깨끗한 사랑의 소유자인 여러분이 아니면 이 땅 백성들에게 조국애와 동족애를 깊이 넣어줄 수 없습니다. 조국애와 민족애는 실로 조선 백성의 흥망 문제

> 요 생사 문제입니다.[38]

이러한 논의의 일부는 "자기 남편은 자기만의 남편이 아니라 동시에 천하 여성의 남편이며 따라서 자기 자신은 자기 남편만의 아내가 아니라 동시에 천하 남성의 아내라 하는 그러한 대승적 심혼으로 새로운 도덕관을 세워야 할 것입니다. …… 이것이 신현모양처주의의 골자"라며 신현모양처론을 제기했다.[39] 지금은 새 조선 건설기이기 때문에 가정의 현모양처에서 국가의 현모양처로 긍지와 실력을 갖추어야 한다는 것이다. 이러한 신현모양처론에 입각해 어머니의 역할이 중요하게 부각됐다.

반면 국가의 토대를 가정이라 여기고 여성의 임무와 직분은 가정 지키기라고 강조되기도 했다. 국가 건설의 기초가 가정이므로 가정을 지키는 것이야말로 국가 건설에 이바지한다는 논리는 가정을 어떻게 지켜낼 것인가로 모아졌다. 곧 주부로, 아내로, 어머니로 어떠한 미덕과 도덕 윤리를 갖추어야 하는지 강조한다. 일제 강점기의 현모양처론자는 여성은 가정 내 역할을 수행함으로써 비로소 사회적 지위를 얻을 수 있다고 여겨 여성의 사회 진출을 우선시하는 남녀동권주의를 비판적으로 보았다. 현모양처 역할에 여성해방으로 향하는 길이 있고, 조선 민족을 구하는 길이 있다며 현모양처를 여성의식이나 민족의식과 연계해 이념적으로 더 공고히 하고자 했다.[40] 이러한 주장은 해방공간에도 이어졌다.

> 아무리 남녀동등 자유인권을 부르짖고 찾는 민주주의라고 해서 여성이 여성 본래의 선천적인 임무와 사명을 몰각해서는 아니 되는 것이

며 또 아니 될 것입니다. …… 어머니는 적어도 …… 그 자녀들을 단순한 자기의 한 아들이나 딸로만 여기는데 그치지 않고 크게 한 국민, 세계 인류의 한 사람으로서 떳떳한 한몫 사람이 되도록 그 인격적 도야와 공민적 연성鍊成에 부단히 유의 노력해야 할 것입니다. …… 한 국민으로서의 자각이나 충성이 없는 어머니 아래서 옳은 애국심이 싹틀리 없으며, 나라와 겨레를 위하여 그 가정적 사생활을 희생하지 못하는 어머니의 생활 태도 아래에서 그 자녀들이 자라서 조국을 위하여 일체의 사심과 당파심을 버리고 희생적으로 헌신 노력하는 사람이 되기 어려울 것입니다.[41]

신현모양처론이든 가정 지키기가 여성의 직분이라고 주장하든 개인이 아닌 국민으로서 조선의 어머니, 아내로서의 역할이 강조됐다. 개인의 성장을 기반으로 한 국가 건설보다는 개인의 욕망 억압과 규제를 바탕으로 한 국가 건설의 요구는 대한제국기 애국계몽운동을 비롯한 근대 국가 건설과 관련한 논의에서 비롯됐다. 곧 개인(여성)의 모든 열정을 국가에 헌납해야만 진정한 국민의 일원이 될 수 있다는 논리이다.[42] 개인의 열정을 국가를 향한 열정으로 환원시키는 것은 근대 계몽기 사유의 기반이다. 그러나 근대 계몽기 국가 형성에 대한 사유는 널리 퍼져 있지도 않았고 현실적인 것도 아니었다.

한편 해방공간에서 국가 형성은 사유에 머무는 것이 아니라 실현 가능한 현실이었다. 따라서 국가 형성의 목표는 개인을 조선 민족이라는 이름으로 동일화한 뒤 국민으로 탄생시키는 데에 있었다.[43] 이 과정에서 여성들은 '조선의 어머니, 아내 그리고 누이'로 불렸고, 조선의 어머니론은 여성의 국가와의 일체화를 지향했다. 국가와의 일체화가 여성이 국민으로 포섭되는 과정이었는데, 이는 일제 강점기의 영향으로 더 강화됐다. 일제 말기 교육의 규율에는 황국신민화 이데올로기와 개인의 의지를 전체의 의지 아래 구속시키고 속박시키는 파시즘적 성격이 동시에 내재해 있었다.[44]

해방공간 여성의 역할에는 자신뿐만 아니라 '조선의 어머니, 아내'가 되어 자녀를 국민으로 탄생시켜야 하는 과제가 주어졌다. 결국 조선의 어머니, 아내론은 여성을 또다시 타자화했고, 그 역할을 충실하게 수행할 때에야 비로소 국민으로 포섭할 자격이 주어졌음을 알려준다. 그렇다면 여성에게 국민/공민으로서의 자격 조건은 어떤 것이었을까?

일상의 변화와 공민으로 구성될 여성

공민의 자격 – 생활 개선

해방공간의 정치적 주체에 대한 호명 가운데 자주 쓰인 용어는 공민共民이었다. 공민에 대한 당대의 사전적 의미는 '한 나라의 국민으로서 독립생활을 하는 사람' 또는 '나라에 붙어서 독립으로 생활하여 가는 자유민'이었다.[45] 이같은 정의에는 '독립생활'과 자유민'의 의미가 불분명하여 공민이 어떤 용도로 쓰였는지 분명하지 않다. '국민'이나 '인민'은 국가 형성의 주체와 관련한 용어이고, '시민'은 도시 이외의 지역을 포괄할 수 없기에 전 지역을 아우르면서 주체와 직접 관련되지 않는 '공민'이란 용어를 사용한 듯하다.

마셜에 따르면, 시민권이란 한 공동체의 모든 구성원들에게 부여된 지위이다. 이 지위를 소유한 모든 이들은 이 지위로 부여된 권리와 의

무의 측면에서 평등하다.[46]

이러한 권리와 책임들은 공민권, 정치권, 그리고 사회권과 관계있다. 공민이든 시민이든 이들 용어는 권리를 부여받은 집단이 누려 온 권리 형태와 함께 역사적으로 확대됐다. 따라서 역사적으로 공민권은 의무를 말하기 전에 권리가 앞선 개념이다. 그러나 해방공간의 공민은 이와는 달리 권리보다 의무와 통제, 규율과 관련 있었다.

> 공민증은 경기도와 서울시의 2개소에 발급하되 경기도는 농촌을, 서울시는 도시민을 대상으로 시험적으로 행하는 것이다. 이것은 배급과 경찰에 대한 협력, 민선民選 등에 큰 도움이 될까 하여 실시하는 것이다.[47]

해방공간에서의 공민증 발급은 역사적으로 발전해 온 공민권과는 거리가 멀다. 그것은 공민을 통제하고 관리하기 위한 수단이었다. 공민권이 권리보다 의무를 강조하는 것이라면 누가 공민이 될 자격이 있는지 또한 논란의 대상이었다. 공민의 자격 조건으로서 문교부는 문맹 퇴치를 강조했다. 문맹 퇴치는 성인 교육의 핵심으로서, 성인 교육은 "국민 지식의 계발과 진보, 국민 의식의 앙양 그리고 공민 자격의 함양을 목적으로 하는 것"이었다.[48] 성인 교육의 목적은 국가 건설 과정에서 공민의 자격을 취득하기 위함이고, 공민 자격을 취할 까닭은 국민 의식과 민족의식이 필요하기 때문이었다. 이러한 성인 교육은 1946년 5월부터 문교부에서 적극적으로 추진됐는데, 이를 위해 문교부는 『초등공민』, 『중등공민』, 성인용 『공민독본』을 발간했다.

문맹 퇴치와 함께 시행된 것이 생활 개선 운동이었다. 문맹 퇴치가

의식에서의 공민 자격 조건을 마련하는 것이라면, 생활 개선은 일상생활에서 공민 자격 조건 갖추기이다.

공민이 지향해야 할 일상생활의 변화란 어떤 것이었는지 해방공간의 생활 개선 좌담회를 통해 살펴보자. 『생활문화』, 『부인』, 『신천지』 등의 잡지사가 개최한 생활 개선 좌담회 참석자들은 해방공간에서 생활 개선의 목적과 방법은 무엇인지, 생활 개선으로 일상을 어떻게 바꾸어야 되는지, 새로운 질서는 어떻게 만들어야 되는지를 말하고 있다.

생활문화사는 1945년 12월, 「생활문화를 말하는 좌담회」를 개최했다. 참석자는 박경호(음악가), 임학수(시인), 배상명(상명고등여학교장), 김호식(숙명여전 교장), 김영택(여자의전 소아과장), 정칠성(조선부녀총동맹)이었다. 주최 측은 "새로운 조선을 건설하자면 우리의 생활부터 재건해야 되겠고, 새 생활을 건설하자면 과거 지나支那적 요소와 일본식 요소에 침식되었던 구훼舊毁을 깨트려 부숴버리는 동시에 우리 생활면에 견실한 문화를 도입시키는 것이 선결 문제라고 생각해서"라고 좌담회 개최 이유를 밝혔다.

> **김호식** | 활동복으로서는 역시 양복이어야 하고 양복 중에서도 뭔가 그 소위 국민복 같은 것이 좋다고 생각합니다.
>
> **배상명** | 몸뻬를 입히자고들 했더니 남자 선생님들이 반대하시더군요. 해방된 후까지 그 몸뻬를 입힐 필요가 뭐냐고요.
>
> **김영택** | 조선 음식은 미개한 상태에 있습니다. 조선 음식이란 것은 원시적입니다. …… 조선에서는 김장, 고추장 등 일 년 내내 먹는 음식도 집에서 만듭니다. 이런 것은 당연히 공장에서 제조해서 각 가정에 배급해야 될 성질의 물건입니다. …… 가공 식품과 상식을 분리하는

것이 절대로 필요하다고 생각합니다. 앞으로 반찬 그릇의 변화성, 요리 조리 방식의 기본 확립 …… 이런 것들이 우리의 식생활 개선의 당면 과제라고 생각합니다.

정칠성 | 우리의 당면한 일은 여성해방입니다. 여성이 직장으로 진출할 수 있도록 하여야 합니다. 그것을 위해서는 부엌도 누구든지 쓸 수 있도록 개조하고 남편이든지 아내든지 먼저 집에 돌아온 사람이 밥을 짓도록 해야 합니다. 우리가 우선 만들고자 하는 것은 직장으로 가는 부인을 위한 탁아소입니다. …… 공동세탁소에서 빨아 입을 수 있는 옷감을 선택해야 합니다. …… 국가에서 민주적인 것을 존중하고 특히 여성에게 필요한 기관을 설치하게 될 것입니다. …… 한 가지 근로여성을 위한 산원을 설치할 것입니다.[49]

생활 개선의 주제는 크게 의식주와 관련된 것이었다. 그러나 주최 측이 제안한 지나적(유교적)·일본적 요소를 제거한 견실한 문화로서 생활 개선에 대한 심도 있는 토론은 진행되지 않았다. 참석자 대부분이 좌담회에서 제기한 의생활과 식생활에서의 유교적·일본적 요소란 몸뻬 착용이나 조선 음식의 미개 또는 원시성이었다. 그 대안으로 양복이나 국민복의 제정, 가공 식품의 보급과 조리 방식의 변화 따위를 제안했다. 이들의 제안은 일제 강점기 생활 개선과 다르지 않다.

반면 조선부녀총동맹 대표로 참석한 정칠성은 생활 개선은 여성해방에 맞게 이루어져야 함을 강조했다. 그녀는 그 방법으로 공동탁아소, 세탁소, 산원을 설치하고 여성 문제를 해결할 수 있는 여성 전담 기구의 설치를 제안했다.

한편 1946년 2월, 『부인』 편집부에서 개최한 생활 개선 좌담회에는 박순천, 양한나, 박영복, 노지신, 황기성, 박승호, 박경숙, 송옥선 등이 참가했다.

황기성 | 8월 15일 해방 이후로부터 오늘날까지에 있어서 경제 문제는 가장 긴급한 것이며 이 혼란 상태에 있는 우리네 살림살이를 어떻게 규정을 지어나가며 또한 여러분들은 어떠한 방책으로서 극복시켜 나가시는지요?

송옥선 | 생활 보장이란 반드시 직장에서 보장해주어야만 되지요. 5인 가족이 한 달에 최소한도로 3천 원은 가져야 되겠더군요.

박승호 | 월사금이 6개월분이 6백 원이라 하는데 별안간 낼 형편이 못되고 보니 바깥양반은 그나마 재봉틀 하나 있는 것을 팔아서 대라고 하고 나는 못 그러겠으니 당신 책이나 팔아서 주라는 둥 싸움판이 터졌습니다.

박경숙 | 돈은 많으나 시골 여자란 돈을 쓸 줄 모르고 남자는 투전이나 하고 집에 있는 여자들이란 방구석에서 떡을 만든다, 술을 만든다 하여, 또한 점을 친다, 무구리를 한다 갖은 난잡이지요. 이러고 보니 그저 곤란스러운 것은 중류계급의 월급 생활입니다.

송옥선 | 구혈탄 발매하는 사람도 아, 하루에 3백 원씩 번데요. 그리고 기타 노동자들도 하루 평균 60~70원은 번다는데요. 거기다 자녀 교육이란 중류계급이 더 힘들을 써서 어떻게 해서든지 시키려 한단 말예요.

노지신 | 참, 부인도 좀 벌기 위하여 회사에 나가든지 바느질품을 판다든지 무슨 대책을 했으면 좋을 것 같아요.

송옥선 | 조선 부인에는 영양에 있어서는 아무 지식이 없이 덮어놓고

음식을 만들어 상에 놓는 분들이 대부분일 거예요.

양한나 | 정말이지 가사를 전문으로 하는 가정학교가 필요하다고 생각합니다. 또한 가정교육과 학교교육이 일치되어야만 해요. 집에서 얌전하게 손님을 대접할 줄 알아야 하겠는데 요새 학교에 다닌다는 색시들이란 그리 못되니 참 민족성의 비애를 느낍니다.[50]

참석자들은 쌀 문제가 심각하고, 빚을 얻어 생활할 정도로 월급 가지고 생활할 수 없는 현실을 토로한다. 그런데 생활의 어려움은 그뿐이다. 이런 생활을 벗어나기 위한 대책이나 방법을 고민하거나 제기하지는 않는다. 심지어 '중류계급'과 노동자 계급의 경제 생활을 비교하면서 노동자들보다 못한 생활을 하고 있다고 토로한다. 참석자들이 제기한 생활 개선 대책이란 영양에 대한 지식 없이 상을 차리는 행위를 막기 위한 가정학교의 설립, 젊은 여성의 손님 대접을 위한 예절 교육, 의복의 남녀 구분, 위생 관념의 필요 따위였다.

이 좌담회는 '중류계급' 여성들의 수다(잡담)로 끝나버렸다. 실생활의 곤란을 말하면서 그것이 어떻게 해결될 수 있는지에 대한 언급이 없다는 것은 그저 말뿐이고 절박한 현실이 아니라는 추측도 가능하게 한다. 또한 "집에 있는 여자들이란 방구석에서 떡을 만든다, 술을 만든다 하여, 또한 점을 친다, 무구리를 한다 갖은 난잡"이라며 '중류계급'으로 분류되지 않는 여성에 대한 혐오감까지 드러낸다.

이들의 좌담회는 1947년 광주부 교화계가 주최한 '부인 좌담회'에서 제기된 내용에도 못 미친다.[51] 광주부 교화계 좌담회의 주제는 식생활, 의생활, 문맹 퇴치였지만 식생활 중심으로 논의됐다. 식생활의 주요 개선 방향은 아침 식사의 간소화와 음식 가짓수의 제한 등을 통한 시간의 절약이었다. 이는 지식인 여성이 일제 강점기 내내 주장했던 식생활의 경제성 문제를 다시 제기한 것이었다.

생활 개선의 기준은 새로운 질서의 확립과 관련 있다. 그 기준은 대개 위생, 시간 절약을 기반으로 간소화와 경제성을 강조하는 맥락에서 이루어졌다. 이러한 기준은 대한민국 수립 뒤에도 큰 변화는 없었지만 그 시행 방식은 해방공간과 크게 달랐다. 1950년 1월, 『부인』 편집부는 「생활의 개선」이라는 주제 아래 좌담회를 개최했다. 박인순(서울시 부녀과장), 정태숙(초등학교 교사), 황기성(부인사 사장), 황신덕(중앙여중학교장), 최정희(소설가), 곽경봉(여자경찰서 서장), 장문경(의사) 등이 좌담회에 참석했다.

장문경 | 생활 개선에 필요한 것은 식사 시간의 통일이라고 생각합니다. …… 시간의 경제적 활용은 주부의 자각과 치밀한 연구만 있으면 될 수 있어요. …… 구역별로 지도원을 둔다든가 하는 것이 좋은 것 같습니다.

최정희 | 저는 시골에서 와서 처음으로 반상회에 나가 보았더니 여간해서는 모이지 않습니다. 배급 물건을 준다고 하면 꼭꼭 모이는 사람도 돈만 내라고 해봐요, 한 사람도 나오지 않습니다.

장문경 | 우리 동리는 반상회라고 해 본 일이 없어요.

황기성 | 그 문제에 있어 대한부인회나 시청 부녀과에서 동회를 통하여 한 집에서 꼭 한 사람씩만이라도 출석하도록 하여 과거의 부녀운동보다도 적극적으로 문맹 타파뿐만 아니라 비과학적인 비민주적인 생활 문제를 개선하는 것이 선결 문제라고 봅니다. 문제는 이만 그치고 그 실천 방법을 말해주세요.

정태숙 | 일제 때 모양으로 시골에는 군마다 여자 지도원을 배치하고 강력하게 실천했으면 좋겠어요.

곽경봉 | 제가 보고 느낀 것은 여성들의 자각이 너무 부족하다는 것입니다.

황신덕 | 모든 면에 있어서 검소화, 간소, 사무화의 세 가지라고 보겠는데 각 계몽단체, 문화단체에서 실천 방법을 강구하고 적극적으로 나와야 하겠습니다. 그리고 음력 과세 문제와 같은 인습에 젖은 것은 배급을 안 준다든가 또는 벌금을 물린다든가 하여서 정치적으로 해결하는 것이 좋을 것 같아요.[52]

식사 시간의 통일, 시간의 활용, 생활 개선을 위한 계몽 따위가 제기됐으며 이를 시행하기 위해 일제 강점기처럼 여자 지도원과 하부 단위인 반상회의 이용을 모두가 강조했다. 이들은 강력한 실천의 요구뿐만 아니라 배급의 제한과 벌금이라는 형태의 징벌을 제안했다. 이들의 주장은 전체주의의 색채까지 띤다. 1950년 2월 신천지사에서 개최한 좌담회에 참석한 박순천은 "기왕 신생활을 만들려면 빨래를 할 때 비누가 덜 든다든지 때가 덜 묻는다든지 이렇게 합리적으로 만들어주었으면 합니다. …… 위생적으로 보아서도 남는 것이 없도록 그리고 식사 시간을 국민 전체가 같은 시간에 할 수 있도록 통일하였으면 좋겠습니다."라고 제안했다.[53]

대한민국 정부가 수립된 뒤, 여성 지도자들이 생활 개선을 어떻게 다루었는지 짐작가는 대목이다. 곧 국가기구가 나서서 통제와 관리, 징벌하는 강제적 방식의 실행이었다. 해방공간에서 생활 개선의 목적은 새 국가 건설에 맞는 새 생활 건설로 그 방향이 일제 잔재의 청산이었지만, 대한민국 수립 뒤 생활 개선은 일제 강점기와 마찬가지의 징벌과 통제를 중심으로 한 강압적인 방법이었다.

강압적인 방식은 여성들의 자발적 동의와 다양성을 이해하기보다는 여성을 계몽의 대상으로 보고, 여성의 단일성만을 이해하는 태도이다. 그래서 여성 지도자들이 여성들을 계몽의 대상으로 여겼기 때문에 여성 지도원을 두어 마을마다 돌아다니며 감시하고, 모든 국민이 같은 시간에 식사하도록 강제하자고 제안하고 이를 지키지 않을 때에 징벌해야 한다는 말이 나오는 것이다. 이들에게 일상은 일정한 틀에 맞춘 규율, 통제였다.

생활 개선 운동은 여성을 계몽의 대상이 아닌 독립된 주체로 삼고 여성이 자활할 수 있는 조건 마련에 집중해야 한다. 각종 좌담회에서 일상생활을 변화시키는 근거와 논의 기준은 모두 시간, 경제성, 효율성의 향상을 출발로 삼고 있다. 그러나 그것을 어떻게 실현시킬 것인가의 문제로 나아가면 여성 주체들을 대상으로 간주하느냐 자활의 주체로 간주하느냐에 따라 차이가 발생한다. 곧 생활 개선 운동의 목표, 실현 방법은 주체들에게 다르게 다가온다. 일제 강점기에도 일상생활을 변화시키기 위한 논의의 출발은 대개 이러한 기준에서 출발했다. 그런데 일제 강점기에 시행된 일상의 변화 전제는 식민지 대상으로 조선 여성이었다. 따라서 이를 시행하는 데 강제와 억압이 따를 수밖에 없었다. 결국 해방공간 생활 개선 운동은 대한민국 수립과 함께 일제 강점기의 방식을 답습하는 길로 나아갔다.

'국민'으로 거듭나기 – 시간과 과학

생활 개선 좌담회에서 일상생활을 변화시키는 기준 가운데 하나는 시간이었다. '시간을 아끼자.', '약속 시간에 늦지 말라.' 따위의 말들은 어떻게 일상생활과 연결되어 있으며 그것의 목적은 무엇인가?

> 우리의 의복은, 그 제도가 많은 시간과 노력을 요한다는 것은 우리들이 잘 알고 있는 바입니다. …… 의복의 가짓수가 준다면 거기에 따라 시간이 남을 것은 사실입니다. …… 조미료의 자가 제작으로 인하여 많은 시간을 소비하는 한편 하루에 두끼 혹은 세끼의 밥을 짓고 여러 가지 반찬을 장만하고 식구가 모두 각각 상을 받아 먹게 되었습니다. 그러면 우리는 여기에서 반찬을 간단하게 하고 공동 식탁을 사용하는 시간의 절약을 단행할 것입니다. 우리의 주택도 방에서 마루로, 마루에서 마당으로, 마당에서 부엌으로 왔다 갔다 하여 허비되는 시간이란 말할 수 없는 것입니다. …… 이렇게 우리 힘으로 할 수 있는 일부터라도 한 가지씩 점진적으로 개량해 나간다면 가정부인이 사회생활의 새로운 처지를 개척해 나갈 수 있을 줄 압니다.[54]

> 우리가 재래로 살아온 우리 조선의 가정을 들여다보면 너무도 질서가 없고 불규칙하여 주부는 아침부터 저녁까지 조금도 쉴 시간이 없다. …… 우리의 가정생활에 능률을 내려고 하면 먼저 의복 제도와 가족 제도를 좀 개량하여야 하겠다. …… 우리는 가정 일을 하기에 좀더 능률적으로 할 수 있을 것이다. 좋은 가정은 좋은 일꾼을 잘 길러낼 수 있고, 좋은 일꾼이 많이 생기면 그 나라는 자연 번창할 것이다.[55]

> 독립을 하려는 국가의 여성은 전시 생활과 같이 긴장이 풀려서는 안 될 것이다. …… 시간을 절약함으로써 자녀 교육과 자기의 시간적 해

방을 요구한 것이다. …… 단연코 새 나라 국민의 임무는 생활 개선이 라기보다 생활 혁명이 전개되어야 할 줄 안다.[56]

저는 해방이란 부엌으로부터의 시간적 해방이라고 말하겠습니다. 저는 부엌으로부터의 시간적 해방 없이는 여성해방이란 불가능하다고 생각합니다만 그러면 여성을 해방시켜 줄 자는 그 누구이겠습니까. 오로지 주택 구조와 생활 양식을 포함한 생활의 개선만이 여성을 해방해 준다고 확신하며 또 여성해방의 의미를 다르게 해석하시는 분도 여성해방과 생활 개선과의 관계가 하늘을 나는 새의 두 날개와 같은 관계가 있음은 자타가 다 인정하시는 사실인 것입니다.[57]

의식주와 관련한 생활 개선의 대안은 의복의 가짓수 제한, 가족구성원의 공동 식사, 주택의 동선 단축 따위이다. 이러한 개선의 이유는 시간 관리이다. 시간 관리를 위해 가정에서도 학교생활처럼 시간표를 짜서 생활해야 한다고 제안하거나 "기계의 작용을 머릿속에 여러 가지 각도로 지닐" 수 있는 "무형의 계량기"가 될 것을 제안한다.[58] 시간 관리는 가정생활의 능률성을 향상시키고 일상생활을 과학화할 수 있는 길이라는 것이다.

그렇다면 왜 시간 관리를 해야 하는가? 시간 관리를 해야 하는 까닭은 자녀 양육과 아내로서의 역할에 힘쓸 수 있어 좋은 가정, 좋은 일꾼을 잘 길러내 새 나라 건국에 이바지할 수 있기 때문이다. 곧 국가 건설 과정에서 여성의 역할은 '좋은 가정'을 꾸리는 것이었다.

시간 관리는 근대 생활의 주요한 지표이다. 하루를 24시간으로 나누어 관리하는 것은 근대인으로 거듭나는 과정이다. 근대적 시간성은 이전과 달리 사람들마다 갖고 있는 삶의 고유성과 이질성을 허용하지 않는 삶의 리듬을 강요—정말로 그것은 강요이다—한다고 말할 수 있다.[59] 모든 국민이 같은 시간에 식사를 해야 한다는 제안, 국민복의 제안, 비슷한 가옥 구조 따위는 차이와 이질성을 제거하는 작업이며, 이 제거는 단일한 경험과 일상생활을 구성하고자 하는 국민의 형성과 밀접한 연관이 있다. 그리고 시간 관리의 주체는 누구인가를 묻지 않을 수 없다. 공장의 시간, 학교에서의 시간, 사회에서의 시간은 자본가, 국가기구(학교)가 관리자이며 이는 노동자의 생산을 관리하고 국민 형성에 이바지하기 위함이다. 가정주부는 가정의 시간을 관리하는 주체이자 대리자이다. 가정주부의 시간 관리는 좋은 일꾼을, 곧 양순한 국민을 양성하는 출발점이기 때문이다. 따라서 이들의 논의는 모두 국가 건설로 향해 있다.

> 이제 우리는 해방되어 앞으로는 자유로이 발전할 수 있으며 신 국가 건설이란 위대한 과업을 수행할 의무를 갖게 되었습니다.[60]

> 이제 새 조선을 건설하는 데 특히 모든 생활의 토대인 의식주, 이 세 가지를 비롯한 가정생활에서부터 개혁해서 민족적인 내용을 가진 자주적인 국가 사회를 건설해야겠습니다. …… 우리 여성은 그것을 가정에서부터 사회에 미루어 새로운 사회를 건설하는 데 힘써야겠습니다. 생활 문화의 건설이야말로 건국에 가장 큰 또한 기본적인 과업입니다. 민족의 어머니인 여성, 생활의 주재자인 우리 여성들의 손으로 민족을 포옹하고 우리네 살림에서 잃어버린 생활을 다시 찾아서 풍부하고도 아담하고도 힘찬 생활 문화를 건설하십시다.[61]

여성이 모든 정치 경제 운동, 즉 사업 부분에 적극 참가하며 생산에 근로하며 일상생활면에서 소비에 절약·검소·저축함으로써 명실상부한 정치동권도 확보하고 인간으로서 살 수 있고 국민으로서의 임무도 다하는 것이다.[62]

생활 개선의 또 다른 방향은 "신생활 질서의 수립과 생활 윤리의 발양"이었다.

국가 질서가 미정하고 민족생활이 불안한 오늘에 있어서 생활의 윤리라든지 규범이라든지의 자각이 지극히 요구되는 것이며 …… 이 모든 문제의 해결은 과도적 신생활 질서의 수립과 각자의 생활 윤리의 발양을 요구하는 바 큰 것이다. …… 민족적 위기에 처하여 안이한 시민적 태도와 평민간토平民間土의 요해협정了解協定이라는 자유주의적 태도를 버리고 좀 더 근본적으로 생활 속으로 뛰어들어 그 정당한 생활을 탈환하는 데서 조선의 어지러운 현실은 구해질 수 있을 것이다. …… 일거수일투족에도 사회를 보고 민족을 느끼는 양식을 길러야 하며 민족 전체가 현실 생활을 전체적, 종합적으로 할 수 있는 길을 걸어 나감으로써 오늘 조선의 모든 사회 문제는 해결될 것이다.[63]

위의 사설은 해방공간은 아직 질서가 확립되지 않았으므로 생활 윤리나 규범의 확립이 필요함을 주장한다. 생활 윤리란 개인의 창의에서 나오는 것이 아니라 민족 정신에서 나오기 때문에 개인이 자기 분야에서 민족과 사회와의 연계 안에서 고민하고 실천할 때 생활 윤리가 마련된다는 것이다.

이를 실현하기 위해 안재홍 민정장관의 지시 아래 문교부에서는 국민생활 재건운동을 전개했다. 그러나 1947년 11월부터 실시하려던 신생활 운동은 순조롭게 진행되지 않았다. 미국인 고문관은 신생활 개선 운동이 관념적이며 성과를 기대할 수 없으므로 성인 교육에만 집중할 것을 요구했다. 1948년 들어 생활 개선을 목적으로 하는 신생활 운동 본부의 조직은 총선거 활동 하부 기관으로 변했다.

> 경기도에서는 일제 시대의 소위 애국반이라는 조직체를 근본적으로 개혁하여 새로운 구상 아래 국민운동을 전개하고자 그간 준비 중이던 경기도 신생활 운동 본부의 조직을 보게 되어 방금 지방 조직으로 부-군-읍-면의 본부 설치는 이달 내로 끝맺고, 동-리 지부 설치는 2월 중, 통-반의 조직은 3월 중으로 조직하게 되었는데 동 운동은 도의적, 경제적, 문화적 민주 국가 사회 건설이라는 목표 아래 민족정신의 앙양, 국민 재훈련, 경제 재건이라는 3대 실천 목표를 내걸고 나서기로 되었다. …… 신생활 운동은 총선거를 앞두고 크게 활동할 것으로 기대되는 바 큰 것이다.[64]

이는 신생활 운동이 어떻게 변질될 수 있는지 알려주는 사례이다. 결국 신생활 운동을 전개하기 위해 만든 조직은 일제 강점기 국민반을 활용하고자 했고, 국민반은 인보반 또는 애국반 따위로 명칭을 변경하면서 1948년에 이르러서는 선거에 대비한 조직으로 변모했다. 이에 대해 '사회화'가 이러한 변질에 대한 대안이라고 제기됐다.

> 국민의 소비자로서의 자각과 조직화가 되지 못했다는 점은 국민생활

민주화의 저해의 거대한 요인이 되고 있다. …… 소비자로서의 국민 조직은 생각지도 않고 겨우 '반'·'통'제의 일제의 귀풍을 답습하여 '인보부조隣保扶助'의 구제관으로 대치하려고 한 데에 소비생활의 민주화가 진전치 못하는 원인이 잠재하고 있다. 소비자로서의 자주적인 조직을 만들 능력과 수단을 상실하여 버릴 것이다.[65]

위의 주장에서는 소비자는 협동조합을 조직해 생활의 민주화를 이뤄내 생활 개선이 사회화되어야 함을 강조하고 있다. 위의 글에서 사회화는 자본주의 이전과 이후를 동시에 해결할 수 있는 대안인 셈이다.

국가기구의 젠더화

보건후생부 부녀국 창설

'부인국설치령'

미군정청은 1946년 9월 14일 법령 제107호 부인국설치령을 발표했다. 부인국설치령은 총 4조로 이루어져 있다.

> 제1조 부인국의 설치
>
> 조선 정부 보건후생부 내에 부인국을 설치함. 부인국장은 부인으로써 이에 임명하며 군정장관이 임의 임면할 수 있음. 국장은 필요한 직원을 임명하며 국에 필요한 장소와 용도품을 조달할 권한이 있음
>
> 제2조 직능 및 임무
>
> (가) 조선 부인의 사회, 경제, 정치 및 문화적 개선에 관하여 군정장관에게 진언함
>
> (나) 조선 부인의 지위 및 복지에 관한 자료를 모집하여 그 조사연구 결과를 발표함
>
> (다) 조선 부인의 복리 증진을 위하여 좌기 사실에 관한 의견을 정부

기관에 구신具申하며 그 표준과 방책을 제정함. 단 좌기 각 항은 예시에 불과함

(1) 부녀 노동 조건 개선

(2) 부녀의 직장 확대

(3) 공업, 농업, 교육, 기예 등 직업 및 가정에 처한 부녀의 복지

(4) 관청 사무에 대한 부인의 활동 범위

(5) 보건, 특히 부녀의 보호 및 분만

(6) 부인의 참정권

(7) 매소부의 취체와 그 제도의 폐지

(8) 불량 부녀와 그 교정 방법

(9) 부녀자의 여행에 대한 일반의 보호

제3조 경비의 지출

본령은 시행에 필요한 경비는 조선 정부 재무부에서 이를 지출함

제4조 유효기일

본령은 공포 후 10일부터 효력이 발생함

1946년 9월 14일

조선 군정장관 미 육군 소장 아서 L. 러치[66]

부녀국 설치와 관련한 보도는 법령 제107호 발표 이전부터 있었다. 『가정신문』, 『동아일보』, 『조선일보』는 일제히 '제2조의 직능과 임무'를 중심으로 부인국설치령에 대해 보도했다. 언론들은 '조선에 있어서도 부녀자의 사회, 경제, 정치, 문화 등 각 방면에 걸친 완전하고 동등한 민주주의 이념을 실현하기 위하여' '이 부녀국은 최초의 목적한 바와 같이 후생 사업에 관한 임무를 담당할 터'라고 평가했다.[67] 또는 '부

녀국 신설, 남녀동등의 초 단계', '조선 부녀의 정당한 지위 향상과 민주주의 이념을 실현하기 위하여 본국을 새로 설치', '조선의 남녀평등의 민주주의적 이념을 실현하기 위한 첫 계단'이라며 부녀국 설치를 환영했다.

> 부녀국 설치에 관한 법령 제107호에 의하면 그 기능과 직무는 다음과 같다.
>
> ……
>
> (3) 조선 부녀의 후생과 이익의 증진에 관한 기구와 정책을 세워 각 정치단체, 군정청, 기타 각 기관에 추천할 것
>
> 또한 당면 과제는 다음과 같다.
>
> (가) 부녀 노동 상태 개선, (나) 직업여성의 승진 기회 촉진, (다) 공민, 교육, 기예 교수 및 가정에 있어서의 후생 사업, (라) 부녀의 관청 직원으로서의 활동, (마) 부녀의 건강, 영아의 분만에 대한 보호, (바) 부인 참정권, (사) 유곽 관리 및 철폐, (아) 부녀와 아동 여객에 대한 보호[68]

신문에 보도된 내용은 법령의 핵심인 제2조와 관련된 내용들이다. 그런데 설치령의 '예시에 불과'한 항목이 신문에는 모두 부녀국의 '당면 과제' 또는 '직무 내용'으로 보도됐다. 그 항목의 내용도 '부녀의 직장 확대'가 '직업여성에 대한 승진 기회의 촉진'으로 이해되는 등 설치령과 강조점도 약간 다르다. 설치령의 아홉 개 항목과 관련해 "이러한 사항은 단지 사례에 불과하다고 덧붙임으로써 부녀국의 업무가 더욱 폭넓게 확장될 수 있음을 시사"한다고 해석할 수도 있다.[69] 신문에도 부녀국의 당면 과제나 직무인 것처럼 보도됐는데 이는 오해에서 비롯

된 것이다. 오히려 '예를 들자면 이러 저러한 항목이 있다.' 정도에 해당하는 항목이다.

설치령의 9개 항목은 예시에 불과하며 이 항목의 실행이 아니었으므로 여성 권익의 보장보다는 소개에 그쳤다. 이는 미군정이 상정했던 부녀국의 지위와 위상 그리고 당면 임무와 관련해 커다란 입장 차이를 드러낸 지점이었다.

법령 제107호에 따르면 부녀국은 세 가지 기능을 수행하기 위해 설치됐다. 여성과 관련된 여러 사항을 군정장관에게 알리고 이에 대한 자료 수집과 조사 그리고 정부기관에 표준과 정책의 제시이다. 이러한 사항은 부녀국 설치와 지방의 부녀계 설치 과정을 살펴보면 더 분명하게 드러난다.

1947년, 부녀국은 기관지인 『새살림』을 창간했다. 창간호에서 부녀국 창설에 관여했던 헬렌 닉슨Helen Nixon, 보건후생부장, 부녀국장은 부녀국이 왜 필요한지를 이렇게 설명했다. 먼저 헬렌의 이야기를 들어보자.

> 국가는 가정이 모여서 이루어진 것이며 세계는 국가가 모여서 이루어진 것입니다. 여러분의 한 살림은 좀 더 나은 세계를 만드는 최소 단위라고 하겠습니다. 우리들은 힘써 우리의 가족들로 하여금 풍부한 생활을 가지도록 할 것이며, 우리의 가정 안에 정신적 가치를 높여 조선이 세계 어느 국가에 대하여도 손색이 없고 상당한 지위를 가지도록 노력해야겠습니다.[70]

미국 적십자사에서 일했던 헬렌 닉슨은 부녀국 설치 과정에서 큰 역할을 했다. 그녀는 가정은 국가의 최소 단위라며 가정 안에서 여성들이 지식이 높고 생활을 향상시키면 국가의 지위를 향상시킬 수 있다고 역설하면서 가정에서의 여성 역할의 중요성을 지적하고 있다. 그리고 가정에서의 여성 역할의 강화가 부녀국 창설과 깊은 관련이 있음을 제시하고 있다. 그녀는 공사 영역의 구분에서 사적 영역은 여성의 역할이라는 점을 강조하고, 사적 영역에서 조선 여성들의 역할을 강화하기 위한 방편으로 부녀국 설치에 관여했다.

보건후생부장과 차장은 더 구체적으로 가정에서의 여성의 역할을 제시했다.

> 우리 가정생활의 주인공이 되시는 여러 부녀자를 위하여 그들을 계몽하고 그들을 보호하고 그들을 지도하여 그들로 하여금 훌륭한 여자가 되게 하는 것이 무엇보다 급합니다. 부인들이 훌륭해야 가정생활이며 자녀 교육 특히 가정교육 같은 것을 적당히 하여 우리 어린아이들을 바른 정신, 바른 습관으로 양육하여 좋은 인물이 많이 날 것입니다.[71]

> 첫째 …… 동국 관계 법령의 불비라든지 기구 재정 등의 부족 같은 점에 너무 구애하지 말고 오히려 이러한 것을 타개하고 극보克補하는 제위의 지금까지의 그 희생, 그 열의를 지속 배가하여 유종의 성과를 거두도록! 다음 일반 여성계 제위로서는 …… 적극 과감한 물심직간物心直間 총 협력을 아끼지 말아야 하되 다만 여러분은 이제까지 조선의 여식이요, 조선의 처모妻母이요, 조선의 여성이란 극히 평범하고도 극히 과오하기 쉬운 이 자숙자계를 잊지 말도록![72]

여성 정책의 방향으로 계몽과 보호라는 담론이 제시되어 있다. 곧 여성들을 계몽하고 보호하는 까닭은 훌륭한 여성을 만들기 위함이고 좋은 여성이 좋은 아이들을 양육할 수 있기 때문이다. 부녀국의 설치는 그러한 역할을 수행하기 위함이라고 이들은 밝히고 있다. 보건후생부 차장은 법령이나 재정 등 모든 측면에서 부족하지만 이를 불만삼지 말고 희생과 열의, 총력을 기울여 줄 것을 여성들에게 당부하고 있다. 또한 '조선의 딸이요 조선의 어머니'라는 사실을 잊지 말고 자숙자계하라는 충고도 잊지 않는다. 곧 이들은 보건후생부의 일개 국으로 창설된 부녀국의 위치와 현황을 밝혔다. 보건후생부 차장은 부녀국에 관한 재정과 법령이 제대로 갖추어져 있지 않기 때문에 여성들의 희생과 총력을 바쳐야 한다고 했다. 이는 부녀국 운영과 지방 부녀계가 조직되는 과정에서 무엇이 문제인지 분명하게 드러나는 지점이다.

한편 부녀국장 고황경은 부녀국 설치의 목적을 아래와 같이 제시했다.

> 건국에 이바지하려고 하는 것입니다. 한마디로 요약해서 말씀드린다면 여성으로서의 천직을 다하고 인간으로서의 신성한 권리를 가지며 국민으로서 국가의 필요한 방면에 적극적 공헌을 하려고 하는데 개인의 힘으로써 어찌 할 수 없는 위력이 있어서 그것을 굽히고 희생을 당하면 그것은 여성 자신의 비애가 될 뿐만 아니라 유기적 사회에 있어서 그 해가 사회 전체에 미치는 고로 그 지장을 물리치기 위한 자세한 조사와 연구를 할 것과 연구의 결과로서 개선할 필요가 있는 제도는 개선하고 폐지해야 될 제도는 폐지하고 또는 적극적 방면으로 결함에 대한 개량을 향해서 용감히 나가는 개인이나 단체에 대해서는 여러 가지로 협력과 원조를 하도록 힘쓰고 관·공·사 각 방면에 연락하여

극력 장려하려고 하는 것입니다. …… 부인단체로 말하면 여자초등·중등학교, 여자전문대학 동창회 외 각 학교 모자회, 영아부 유치원의 자모회, 각 종교단체 교회 소속한 부인여전도단, 여자정당, 각종 과학 예술단체 일반을 다 포함합니다. 하루 바삐 부녀국에 등록하여 주시길 바랍니다.[73]

부녀국장은 여성의 제반 문제를 조사·연구·개선하려는 목적으로 부녀국이 설치됐다고 지적한다. 이는 부녀국설치령과 보건후생부 차장이 밝힌 부녀국 설치 이유와 같다. 여기에 부녀국장 고황경은 부녀국의 다른 목적을 제기했다. 부녀국장은 유형과 관계없이 모든 여성단체는 부녀국에 등록하라고 요구했다. 이는 강제 사항은 아니었지만 부녀국이 해방공간의 다양한 여성단체를 통제하려는 의도를 갖고 있었음을 짐작할 수 있다.

여하튼 부녀국의 임무는 현 실정에 대한 자료 수집과 조사 그리고 결과 보고와 건의였다. 그렇기 때문에 보건후생부 안에 일개 국으로 설치됐던 것이다. 여성에 관한 다양한 정책을 수립하고 현실을 개선하는 일은 일개 국의 재정과 인원으로는 담당할 수 없다. 부녀국은 처음부터 여성 전반에 걸친 여러 문제를 해결하기 위해 만들어진 행정 기구가 아니라 자료 수집과 조사를 담당할 부서의 필요에서 조직됐다. 그렇다면 어떤 자료의 수집과 조사가 필요했는가? 그리고 부녀국이라는 행정 기구를 설치하지 않더라도 그 일을 수행할 수 있었을 텐데 굳이 부녀국을 창설한 까닭은 무엇일까? 지방 부녀계 설치 과정을 통해 그 답을 찾아보자.

지방 부녀계 창설 과정

1946년 12월, 닉슨과 고황경이 지방을 방문해 좌담회를 개최하고 그 자리에서 부녀국 지방조직실행위원회와 위원을 선출했다. 그런데 이 위원들의 활동이 곧장 지방 부녀계 조직으로 이어지지는 않았다. 부녀계 설치 과정의 두 번째 단계는 1947년 10월부터 11월까지 부녀국장 고황경과 수행 직원 김용련이 지방을 방문해 직접 부녀계를 설치하는 방법이었다.

1946년 12월, 닉슨과 고황경은 강원도, 경상남도, 경상북도를 방문했다. 이 자리에서 그들은 아래와 같이 부녀계 설치를 강변했다.

> **닉슨** | 우리 미국의 농가를 보면 퍽 문명하고도 다 부유한 생활을 합니다. 농촌 향상의 이면에는 농촌 부녀들이 합심 단결하여 전진하고 있는 것을 볼 수 있습니다. …… 건설도상에 있는 여러분들은 어머니나 교원이나 학생이나 누구를 물론하고 동등에서 여러분의 힘을 합하여서 나가면 그것을 더 잘 밀어주기 위하여 생긴 부녀국을 이용하시기 바랍니다.
>
> **고황경** | 첫 딸을 잘 시집보내야만 집안이 잘 되는 것처럼 강원도 춘천의 여러분은 부녀국 지방 조직에 제일착인 동시에 이와 같은 큰 임무와 사명이 있습니다.[74]

> **닉슨** | 이번에 여러 조선 부인들에게 러치 장관께서 좋은 기회를 주셨습니다. 법령 107호가 부인에게 특권을 주었습니다.
>
> **고황경** | 지금 세계가 혁명기에 있습니다. 이 혁명이라는 것은 마음의 혁명입니다. …… 실력을 가지고 조선 재건에 힘쓰지 않으면 뒤떨어

지게 됩니다. 제가 그것을 보고 우리 조선은 어떻게 하면 이러한 일을 해볼까 하고 부러운 마음을 가지고 왔더니 이미 러치 장관께서 일을 다 짜 놓고 계셨습니다. 저는 참 기뻤습니다.[75]

고황경 | 과거에 부인들이 애국반을 조직해 왔습니다. 또 교회에는 교회단체가 있습니다. 그 외에 과학 관계 단체라든가 고학생 구호단체라든가 각 학교의 동창회, 자모회, 모자회 등은 모두 속히 부녀국에 등록을 하여 주셨으면 우리들은 관청의 힘으로 할 수 있는 (한) 뒤를 밀어 드리겠습니다.[76]

춘천에서 가장 먼저 좌담회가 열렸고, 1946년 12월 3일 경북도청에서, 4일 대구에서, 9일 경남도청에서 2~3시간 정도의 좌담회 또는 강습회가 개최됐다. 좌담회와 강습회가 끝나면 그 자리에 모인 참석자들이 부녀계 실행위원회를 조직했다. 실행위원장은 춘천의 경우처럼 도지사 부인이 그 임무를 맡기도 했다. 그러나 실행위원회의 조직이 곧바로 지방 부녀계 설치로 이어지지는 않았다.

지방 부녀계가 조직된 때는 1947년 말이었다. 1947년, 고황경은 지방의 부녀계를 조직하기 위해 다시 지방을 방문했다. 수행 직원이었던 김용련은 방문 일정과 목적을 "10월 6일부터 18일까지 호남 지방, 10월 22일부터 29일까지 경상남·북도, 11월 초순에 강원도, 경기도 지방이 예정입니다. 우리가 목적하고 간 일 즉 첫째 부녀계의 실시, 둘째 공창폐지대책위원회 조직, 셋째 부녀단체와의 부녀운동에 대한 좌담회"라고 밝혔다.[77] 이 과정을 자세하게 살펴보면 〈표 1〉과 같다.

지방 부녀계가 조직된 곳은 강원도, 경상남·북도, 전라남도, 충청

〈표 1〉 1947년 지방 부녀계 조직 상황[78]

방문일	시간	장소	업무 진행
10월 6일 10월 8일	오후 4~6시 오전 8시 오전 9시 30분	충북도청	공창대책위원회 조직 충북지사 및 멀피 고문 면담 간담회 개최. 1시간 만에 부녀계 조직
10월 10일 11월 3일		전북 전주	간담회 개최, 부녀계 조직 못함 강습회 개최 때 재차 부탁
10월 12일 10월 13일	오후 7시 40분 오전 9시 10:30~12:30	전남 광주	송정리 도착 전남지사 면담 부녀계 조직
10월 16일		충남 대전	부녀계 조직
10월 23일	오전 11시	경남 부산	부녀계 조직
10월 27일	오후 2시	경북 대구	부녀계 조직
11월 4일	오전 11시	강원 춘천	부녀계 조직
11월 11일	오전 10시	경기도	의무국 간호사업계에서 겸임

남·북도이다. 조직 과정은 다음과 같다.

> 각 지방에서는 부녀사업실행위원회 또는 부녀운동으로써 우리 부녀국의 일을 도와주던 여성단체의 추진력으로 기어이 부녀계를 탄생시키도록 하여 주었다. …… 제일 초행으로 충북도청을 찾은 것이 10월 6일. 이날 오후 4시부터 공창대책위원회 조직에 관하여 약 2시간 좌담회가 있은 후 좋은 성과를 얻었다. 제삼일(8일) 오전 8시부터 고 국장은 윤 충북지사와 만나 미국인 지사 고문 멀피 씨와 부녀계 설치에 대한 간담이 있었다.
>
> 9시 반 각 국장은 바쁜 중에도 불구하고 간담회를 열어주어 우리는 많은 기대를 가지고 참석할 수 있었다. 할머니가 되실 윤 도지사, 엄마

가 되실 손 후생과장의 면밀한 노력과 다대한 열성은 이 회에 모인 관계 각 국장에게 감명을 주었다고 보겠다. 부녀계원 3명을 선출할 방도와 자리를 내어주겠다고 약속을 하여주었으니 이로써 충북에 부녀계는 탄생케 되었다. 진통 한 시간 만에 순산된 것이다.[79]

부녀국장은 각 지방도청을 방문해 도지사와 후생과장과의 간담회를 거친 뒤 부녀계원 3명의 선출과 예산을 논의했다. 논의 끝에 도지사가 인원과 예산을 충당한다는 약속을 하면 지방 부녀계가 조직됐다. 모든 지역에서 이러한 과정을 거쳐 부녀계가 탄생됐다. 경기도에서 부녀계가 설치되지 못했던 까닭은 "도청 내의 현재 인원이 만원이라 한 사람도 움직일 수 없는 상태이고 예산 부족 관계로 새로 부녀계는 설치할 수 없는 형편임을 도청 당국에서 역설하여 당분간 의무국 간호사업계에서 겸임을 하기로 결정이 되었"기 때문이라는 설명처럼 부녀계 설치는 인원과 재정이 중요했다.[80]

부녀국의 활동

지방 부녀계가 설치됐다 하더라도 "도道에서는 이것을 후생과 내에 둔다 하며 직원은 3명 정도로 예산이 오면 곧 배치될 것"처럼 지방 재정이 없으면 부녀계는 운영될 수 없었다.[81] 따라서 부녀국의 활동은 주로 보건후생부 부녀국과 서울시 부녀과를 중심으로 이루어졌다. 보건후생부 부녀국과 서울시 부녀과는 어떤 활동을 했는가? 〈표 2〉와 〈표 3〉은 부녀국과 부녀과의 활동을 정리한 것이다.

〈표 2〉 부녀국의 활동[82]

토론회·간담회

일자	참가자	내용
1947. 2. 13	입법의원, 여성단체	미 기자단과 회견
1947. 2. 15	입법의원(4명)과 부녀단체 대표자	조선의 당면한 문제에 대한 토론회 개최 하지 중장 고문 인라 버트키나, 조선 경제 문제에 대한 담화
1947. 2. 18	서울시 여자중등학교장 및 여교원	입법의원 여자 대의원의 보고, 당면한 여성 문제 토론
1947. 6. 26	부녀국 직원, 백화점 대표자들	여점원 풍기 문란과 인격 연마에 관한 좌담회 개최

강습회

일자	참가자	내용
1947. 6. 13	전화 교환수	'직장에서 일하고 있는 소녀들의 교양과 지식을 높이고 나라의 일꾼을 만들려'는 목적에서 개최
1947. 6. 27 ~28	부녀국 지방 연락원	지도자로서 알아두어야 할 사항에 대한 강습
1947. 6		매주 토요일마다 걸스카우트 지도법 개최
1947. 9. 1 ~11. 30	지도자로 나설 부녀자	회현동 부녀사업관에서 부녀사업지도자 양성 강습회 개최
1947. 8. 11 ~13	백화점 점원	성교육에 관한 교화 강습회
1947. 9. 22 ~24	지방 대표자	보선법에 대하여(황애덕), 공창 폐지에 대하여(고황경)
1947. 9. 23 ~26	백화점 점원	일반 상식, 성도덕에 관하여 제2회 수양 강좌 개최
1947. 11	일반 부녀	어머니학교 : 회현동 호국사에서 영어 강습회 개강. 강사는 고봉경과 미국인 여성
1947. 11. 13 ~14	부녀계장	여자 행정관으로 알아둘 것(윤종선), 시청 부인과에서 하는 사업에 대하여(김성실),

		보통선거법 해설, 공창 폐지 등 강의
1947. 12. 11 ~12	부녀계장	가정생활 개선에 대한 내용
1948. 3. 27 ~5. 29	일반 부녀	어머니학교 : 생활 개선에 대한 강의 강사는 윤종선, 민부식, 표경조 등으로 수료증 발급

기타

일자	참가자	내용
1947. 2. 10	입법의원, 직업여성, 가정부인, 군정청 여직원	국제정세연구회 조직 고황경, 세계 문제를 인식시키고자 계획된 것이라고 함
1947. 7		직업여성회 조직. 고황경이 취임
1947. 8. 12	부녀사업후원회 , 지방 대표자, 서울지청 부녀과 직원, 부녀국과 후생시설국 직원	서울시내 후생 시설 견학
1947. 8. 13		캐나다 여자군의 시사회 참석
1948. 3~5		부녀국, 축첩자 선거권 반대 운동 전개

〈표 3〉 서울시 부녀과 활동

좌담회

일자	내용
1947. 9. 8 ~30	부녀들의 일반 사회생활, 위생 관념, 공중도덕에 관한 교양을 향상시키기 위해 시내 각 동회 부인 대표자 2명씩을 선발해 각 구청 회의실에서 개최 8일 중구, 11일 시청, 15일 동대문구, 18일 성동구, 19일 서대문구, 23일 용산구, 25일 마포구, 30일 영등포구
1947. 12. 11 ~23	미신 타파, 이중 과세, 저축 강조 등을 꾀하여 부녀 정기 월례 좌담회를 개최. 각 동 대표 2명씩 참가. 11일 중구, 12일 종로구, 15일 동대문구, 16일 성동구, 18일 서대문구, 19일 마포구, 20일 용산구, 23일 영등포구

1948. 2. 19 ~27	각 구청 회의실에서 총선거에 대비한 부녀 지도 좌담회 개최. 19일 중구, 종로구, 20일 동대문구, 23일 성동구, 24일 서대문구, 25일 마포구, 26일 용산구, 27일 영등포구
1948. 5. 21 ~5. 28	부녀 정기 좌담회 개최. 내용은 국민의 법적 권리와 의무 21일 성동구, 24일 마포구, 25일 종로·서대문·중구, 25일 용산구, 27일 영등포구, 28일 동대문구

강연회·강습회

일자	내용
1947. 8. 8 ~29	부녀 계몽 강연 음악회 개최. 8일 중구 일신학교, 18일 서대문구 금화, 20일 마포구 공덕, 25일 성동구 청구, 27일 용산구 용산, 29일 영등포구 영등포
1947. 12. 4	묵정동 대석조합에서 창부 위안 강연회 개최
1948. 3. 9	시내 각 동 부녀 지도자들의 위안과 친목을 위해 서울 시공관에서 강연과 영화회 개최
1948. 5. 24 ~6. 16	양재 강습회 개최. 24일 성동구 흥인학교, 26일 중구청, 31일 서대문 서부인보관, 6월 2일 시청 회의실, 7일 동대문 덕성유치원, 9일 용산구청, 14일 마포구청, 16일 영등포구청

기타

일자	내용
1948. 7. 2	각 구에 부녀회를 조직 계획. 용산구의 부녀회 창립 총회를 2일 상명여자 중학교에서 개최

이상이 1947년과 1948년 대한민국 정부가 수립되기 전까지 부녀국과 서울시 부녀과의 활동으로, 주로 좌담회와 강습회를 중심으로 이루어졌다.

부녀국에서 가장 먼저 한 교화 강습회는 전화 교환수를 대상으로 이루어졌다. 이들을 교화 강습회 대상으로 한 까닭은 다음의 이유에서였다.

> 우리 1천 5백만 여성 중에는 직업 전선에 나서서 건국에 이바지하고 있는 직업여성의 수효는 전 여성의 4할 5부가 된다고 합니다. 그 중에는 아직도 나이 어린 여성들이 많이 있습니다. 그네들은 장차 조선의 어머니가 될 사람들입니다. 그네들이 완전한 여성이 되기 위하여 그네들을 바른길로 인도하고 지도할 임무는 먼저 배운 여성들에게 있지 않을까 생각합니다. 그 취지 하에서 제일착으로 전화 교환수 교화 강습부터 스타트하였습니다. …… 일반 상식, 가사, 위생, 재봉, 음악 등을 통하여 교화 강습을 하고 있습니다.[83]

강습을 한 까닭은 어머니 역할을 제대로 할 완전한 여성을 교육하기 위함이었다. 강사는 부녀국장을 비롯한 부녀국 직원들이 담당했고, 강습 과목은 예의법·국사·사회 상식·가사·위생이며, 이 강습은 여학교 졸업 정도의 실력을 기르는 것이라고 한다.[84] 그 뒤로 이루어진 강습회는 서울시내 백화점 점원에 대한 교화 강습회이다. 강사는 부녀국장이었으며 8월 11~13일에 걸쳐 이루어졌다. 강습 주제는 '성교육에 관해서'였고, 175명의 점원이 "아침 개점 전의 시간을 이용하여서 얌전하고 착실하고 알뜰한 여인이 되기 위하여 반드시 배워야 할 성교육 시간"이라고 소개하고 있다. 이튿날 수강생들은 「성병은 무섭다」라는 영화를 보았다.[85] 제2회 백화점 점원을 위한 여성 수양 강좌에서도 부녀국장은 '일반 상식'과 '성도덕에 관하여'라는 주제로 강좌를 했다. 반면 지방 대표자 강습회에서 부녀국장과 황애덕은 '보선법에 대하여'와 '공창 폐지에 대하여'라는 주제를 다루었다.

1947년에 이어 1948년에도 부녀국장은 강습과 강좌의 강사로 나섰다. 아래의 내용은 1948년 3월 27일부터 5월 29일까지 매주 토요일마다 진행됐던 '어머니학교'의 강의 내용이다.

> 제1일(27일) 개강 초일은 …… 백여 명 부인들은 부녀사업관 문에 쇄도하였다. 고황경 박사의 '어머니와 세계' …… 강연 내용을 대략 적으면 다음과 같다.
>
> 자녀 교육의 표본이 되는 어머니는 자기의 지식을 매일매일 향상시켜야 할 것이다. 자녀는 어머니와 제일 가까운 사람이기 때문에 그 어머니를 거울삼아 닮는다. 그러므로 자녀를 버리는 것도 어머니요 잘되게 하는 것도 어머니다.
>
> 8·15 전 어머니와 8·15 후 어머니는 차이가 있다. 8·15 후 어머니는 8·15 전 어머니로 머무를 것이 아니므로 민주주의 어머니 되기를 배워야 할 것이다. 어머니는 한 가정의 어머니가 되는 동시에 한 걸음 더 나아가서 세계의 어머니가 되어야 할 것이다. 즉 어머니는 자녀의 장래를 잘되게도 하고 못되게도 한다. 따라서 한 나라의 흥망도 여기 있으며 전 세계의 발전도 여기에 따르는 것이다. 그러므로 어머니는 배워야 한다.[86]

부녀국의 중심 활동은 강연·강습회였다. 강습회 대상은 직업여성과 여학교 교원, 일반 부녀 등이었다. 강습 내용은 크게 세 가지로 분류된다.

첫째, 미혼 여성이든 기혼 여성이든 여성의 역할은 어머니 되기라고 전제하고 '완전한 어머니 되기'를 목적으로 했다. 곧 2세 양육자로서의 어머니 되기를 해내기 위한 지식의 습득에 있었다. 둘째, 얌전하고 착실하고 알뜰한 여성이 되기 위한 성교육을 목적으로 했다. 성교육의 주 내용은 성병에 대한 것이었다. 셋째, 1948년 5·10선거를 염두에 둔 선거와 관련된 내용이었다.

이러한 부녀국의 활동이 '부인국설치령 제2조 직능과 임무'에 얼마나 적합한가? 설치령에 의한 부녀국의 주요한 활동은 여성 전반에 관한 자료 조사와 보고·발표였고, 이를 토대로 여성 문제를 개선하고 향상시키기 위해 정책을 군정장관 또는 관계 장관에게 제안하는 것이었다. '당면 과제' 또는 '직무 내용'이라 제시된 아홉 개 항목과 부녀국 활동을 비교한다면 부녀국 설치 목적과 한계가 드러난다.

여자경찰서 창설

여자 경찰의 모집

1946년 5월 조병옥 경무부장, 장택상 수도관구 경찰청장, 미군정청 경무부 담당 미국인 고문 프롬 대령은 여자 경찰 제도의 창설에 대해 논의했다. 프롬 대령은 미국의 경찰 제도, 특히 여자 경찰제를 잘 알고 있었고 소년과 여성 범죄를 다루기 위해서 여자 경찰관이 필요하다고 주장했다.

이 논의의 결과 미군정청은 독립촉성국민회, 애국부인회 등 단체에 15명의 여성을 추천해 달라고 의뢰했다. 15명의 간부급 특기생이 선출되는 과정을 곽경봉은 "대한부인회에서 일을 보았습니다. 그 당시 회장님은 박순천 여사였는데 하루는 박 회장께서 저희들을 부르시더니 미군정 고문관이 여자 경찰관을 모집하려고 하는데 도와달라는 요청을 받았다고 말씀하시더군요. 그러시면서 이 어려운 시기에 좌익분자가 잠입할 우려가 있으니 여러분께서 신원이 확실한 사람을 추천하도록 하라고 말씀하셨어요."라고 언급하고 있다.[87] 이렇게 여성단체나 한국민주당의 추천을 받아 들어온 15명의 간부급 특기생 명단은 "고봉경, 곽경봉, 김부덕, 김분옥, 김영희, 김용재, 김윤정, 김현숙, 안맥결, 양한나, 이용순, 전창신, 현주복, 황남주, 황현숙" 등이었다.[88] 간부급 여자 경찰관의 평균 연령은 30~45세의 중년 여성들이었다.

또한 미군정은 고문관으로 내한해 있던 3명의 미국 여자 경찰의 건의를 받아들여 제1기 여자 경찰관을 공개 모집했다. 미군정은 제1기 여자 경찰관 공채 공고를 내고 경찰전문학교에서 지원자들을 면접하고 선발했다. 64명 모집에 2백여 명의 지원자가 몰려와 높은 경쟁률을 보였다. 제1기생 모집 과정은 다음과 같다.

> 군정청 경무부에서는 조선 처음의 여자 경관을 모집 중이었는데 지원 마감인 3일까지의 지원자 수는 130명에 달하였다. 지원자의 내용을 보면 이전을 비롯하여 숙전, 기타 일본 전문학교 출신이 40여 명, 여학교 출신이 90여 명이란 호화판이다. 연령은 27~28세가 평균이고 50세에 가까운 여성도 포함되어 있다. 이 지원자에 대해서는 4일 국립경찰학교에서 신분·인물 고사考査가 있었는데 이 중에는 미혼 여성도 많고 결혼하여 어머니가 된 사람도 많은데 상식 시험에 있어서 풍기문란의 원인에 대해서 지원한 전 여성은 '풍기문란의 원인은 당연 여자에 있다.'라고 대답하였다 한다. 그런데 이 중 엄중 심사하여 백 명 가량 채용할 예정인데 오는 10일 입학식을 거행, 한 달 동안 훈련을 받

은 후 7월 중순경에는 거리에 등장하게 되었다. 듣건데 지원한 전 여성들은 매우 용감하여 '조선 여성의 선봉'이 된다는 양양한 의기에 비추어 금후의 활약이 크게 기대된다.[89]

여자 경찰이 될 수 있는 자격 조건은 첫째가 확실한 신원보증인을 내세울 수 있어야 했고, 둘째가 25세 이상의 기혼 여성이어야 했다. 이에 대해 김태선은 "당시 여경된 사람들은 여학교 졸업 이상의 학력이 있어야 하고 한민당 간부 등 저명 인사의 추천을 받아야 하는 등 자격 요건이 매우 까다로웠다. 나이도 25살 이상 40살까지 비교적 중년층에다 기혼자를 많이 뽑았다."라고 언급하고 있다.[90] 공채로 들어온 1기생 가운데 미혼 여성은 1명으로 기혼 여성의 선호는 미군정청 고문의 의견보다 한국인 관리들에 이루어진 듯하다.

제1기생은 아니지만 "서울역의 담벼락엔 운수 여자 경찰관을 모집한다는 벽보가 붙어 있었던 것이다. 최 경감은 지금도 당시의 시험 문제를 기억하고 있다. 태극기를 그려라, 애국가 가사를 써라, 이런 문제가 나왔고요, 또 수학에선 1-0.999가 얼마냐 하는 문제가 나왔어요."라는 회고에서 여자 경찰의 공채 과정을 짐작할 수 있다.[91]

간부급 특기생과 제1기 여자 경찰관으로 합격한 64명은 조선국립경찰학교에 입교하여 2개월 동안 경찰관으로서 갖추어야 할 교양과 실기 따위를 익혔다. 교육 과정은 "여경 1기생은 …… 국어, 상식, 국사 등 학과 시험을 통해 뽑힌 사람들이었다. 여경들은 교육 기간 동안 호신술, 유도를 비롯, 포승 사용법, 제식 훈련을 받았고 형법, 형사소송법, 경찰 실무 등 하루 7시간씩의 학교 교육을 받았다. 1기생 김봉순은 교육 기간 동안 가장 힘들었던 일은 남자 교관에게 유도를 배우는 것이었고 교련 시간에 '뒤로 돌아'를 하기가 제일 어려웠다."에서 보듯이 경찰이 갖추어야 할 기본 지식과 실기 훈련으로 이루어져 있었다.[92]

여자 경찰의 조직

경무부는 1946년 5월 15일 여자 경찰관 모집 공고를 내는 한편 5월 23일 전국 경찰에 「여자 경찰관 조직 및 보고에 관한 건」이라는 문건을 내려 보냈다. 이 문건에는 여자 경찰관의 조직과 임무가 설명되어 있다. 특히 문건에는 '여자경찰서' 제도가 언급되어 있다. 또한 6월 21일 경무부장은 각 관구 경찰청장과 제주도 경찰감찰청장에게 다시 「여자 경찰관의 임무와 여자경찰서의 운영에 관한 건」을 시달했다. 이 문건은 경찰 조직 안에서 여자 경찰의 임무를 자세하게 설명하고 있다.

「여자 경찰관 조직 및 보고에 관한 건」에 나타난 여자 경찰관의 위상과 여자경찰서의 조직 체계는 다음과 같은 특징을 갖고 있다.

첫째, 경무부의 공안국에 여자경찰과를 두어 여자 경찰관에 대한 모든 계획을 작성하도록 했다. 경무부 공안국 여자경찰과는 여자 경찰관의 가장 상위의 조직으로 초대 여자경찰과장은 고봉경이 맡았다. 고봉경이 여자경찰과장으로 임명될 때 약간의 반발이 있었지만 미군정은 이를 크게 문제 삼진 않았다.

국립경찰전문학교에서 강습받고 있던 120명의 여자 경찰관들은 1947년 2월 25일 아침 경무부 행정에 불만을 표시하는 진정서를 제출하고, 강습받기를 거부한 채 해산해 직장으로 돌아갔다. 그리고 다음날, 여자 경찰들은 총사직을 결의해 경무 행정에 반발했다. 이렇게 행동한 까닭을 교습 책임자인 김현숙에게 들어보자.

김용제 여자경찰과장을 권고사직케 하고 감찰관으로 있는 고봉경 씨가 다시 과장으로 되려는 것은 이해할 수 없는 고집입니다. 인격과 덕망과 조예를 가진 사람을 내쫓으려는 것은 조선의 여자 경찰을 무능하게 만들려는 의도와 개인 독재를 해보려는 야망이라고 아니할 수 없습니다.[93]

그러나 4월 예정대로 고봉경이 여자경찰과장으로 임명됐다.

둘째, 각 관구 경찰청 아래 여자경찰과를 두거나 여자경찰서를 두었다. 여자경찰서는 서울(수도관구 경찰청, 초대 서장 양한나), 인천(제1관구 경찰청, 초대 서장 현주복), 대구(제5관구 경찰청, 초대 서장 정복향), 부산(제7관구 경찰청, 초대 서장 박봉이)에 설치됐다. 1946년 7월 12일, 국립경찰학교를 졸업한 제1기생 여자 경찰들은 15일 경찰부를 비롯하여 시내 각 서에 네 명 내지 다섯 명씩 배치됐다.[94]

여자경찰서가 있는 관구청은 각 구 경찰서에 여자 경찰관을 파견하지 않고 여자경찰서에 소속하게 했다. 관구청 안에 여자경찰서가 없는 경우에는 여자경찰과에 여자경찰계를 두어 경찰청장이 직접 지휘했다.

셋째, 「여자 경찰관 조직 및 보고에 관한 건」과 「여자 경찰관의 임무와 여자경찰서의 운영에 관한 건」을 비교하면 여자경찰서 조직은 처음 순시계, 조사계, 수용계에서 총무계, 조사계, 수용계, 순라계로 1개의 계가 증설된 것 이외에는 커다란 변화가 없다. 1947년 2월 17일, 경무부장이 수도관구 경찰청장 앞으로 보낸 「여자경찰서 신설에 관한 건」에 따르면 여자경찰서의 조직은 외근계, 조사계, 총무계, 유치장 관리계로 용어가 바뀌었다. 외근계는 이전의 순시계 및 순라계였고, 유치

장관리계는 수용계의 변형이다.

미군정기에 독립적으로 존재했던 경무부는 대한민국 정부가 수립되면서 내무부 아래에 편제되어 치안국으로 격하됐다. 1950년 3월 31일, 대통령령 제304호로 치안국은 '행정 간소화'라는 명목으로 축소됐는데, 여자경찰과는 소방과와 함께 폐지됐고 여자경찰과의 업무는 보안과에 흡수됐다. 그리고 1957년 7월 26일, 대통령령 제1298호로 여자경찰서가 폐지되고 여자경찰서에서 취급하던 업무는 각 경찰서 안에 설치된 여경반에서 전담하게 됐다.

초기 여자 경찰 수는 간부급 15명과 비간부급 64명이었는데 계속 충원돼 1947년 1월에는 정원이 500명에 이르렀다. 이 인원은 전체 경찰관 27,000명 가운데 1.8%에 해당한다.[95]

여자 경찰의 임무와 활동

서울여자경찰서가 창설되기 이전 여자 경찰관의 임무는 체계가 잡히지 않은 상태였다. 국립경찰전문학교 제1기 졸업생들은 일선 경찰서에 배치됐지만 뚜렷한 업무를 맡기지 않아 전화 받는 일이 전부였다. 또한 "남성 경찰들이 여경의 존재에 분개하고 여성들을 요리 또는 관서 주위의 잡무를 보는 직위로 내쫓을 정도"였다고 주한미군사에 기록되어 있다. 처음 근무지에서의 업무를 수행했던 여자 경찰관들은 "처음 여경이 되어서 취임하고 남경들한테 일 못한다고 핀잔깨나 맞았어요. 서류를 꾸며 가지고 가면 남자 어른은 한 장 보고 쭉 또 한 장 보고 쭉 찢고 해서 눈물이 쏟아져 나오는 것을 꾹 참고 배웠"다고 한다.[96]

여자 경찰의 임무를 언급하고 있는 문건은 「여자 경찰관 조직 및 보고에 관한 건」, 「여자 경찰관의 임무와 여자경찰서의 운영에 관한 건」, 「여자경찰서 신설에 관한 건」 그리고 1947년 3월 8일 제61호로 경무부장이 민정장관에게 제출한 경무부 업무 가운데 여자 경찰관의 업무 상황을 소개한 문건 따위가 있다. 여자 경찰관의 임무는 1947년 2월 17일 서울여자경찰서가 만들어지면서 구체적으로 제시됐다. 경무부장은 수도관구 경찰청장 앞으로 「여자경찰서 신설에 관한 건」이라는 공문을 보냈다.

> 여자경찰서는 여자 경위를 책임자로 한 계로서 구성됨. 그 계는 좌와 여함.
>
> ① 외근계 - 부녀와 아동을 보호 취체하기 위하여 가로와 댄스홀, 기타 영업적 오락 장소를 순회 경계함. 신정 유곽 내의 창부에 관하여 그들이 자발적으로 창부가 되었는가 그렇지 않은가를 조사하고 검진 규칙을 실시함 등등.
>
> ② 조사계 - 불량 부녀자 아동에 대한 취체, 적당한 사회단체에 위탁하여 그들의 갱생, 원호, 부녀와 아동의 법정 호송, 무죄로 판결된 부녀와 아동에 관하여 심판관에 대한 원조, 화류병의 치료, 기피자에 대한 치료 촉진 등등.
>
> ③ 유치장관리계 - 경찰에 구금된 부녀와 아동에 관한 사항, 공판을 기대하는 소년 범죄자를 구금한 소년유치장이 신설될 때까지 여자유치장관리계는 소념 범죄자의 유치에 관한 사무도 취급함.
>
> ④ 총무계 - 일반 서무, 보고 서류, 기타 서류 작성, 전 직원의 인사 출근 등 복무 사항, 경찰의 위신 유지, 용역 사항, 여자 경찰관의 점검 등등.[97]

위에 제시된 여자 경찰의 임무는 첫째 성 판매 여성의 조사와 단속, 둘째 여성·소년과 소녀 등의 감시와 지도, 셋째 여성 범죄나 미성년자의 범죄에 대한 정보 수집과 수사 보조, 넷째 유치장에 있는 여성이나 미성년자들의 관리 따위이다. 여기에 교통정리가 첨가됐고 남자 경찰관의 사무를 보조해야 하는 항목이 더 있다. 문서에 나타난 여자 경찰의 임무는 이와 같지만 훨씬 광범위한 활동을 했다. 곧 사찰 업무, 교화 사업, 구호 사업, 가정 문제의 상담, 남자 경찰의 보조와 수사 보조 따위의 활동을 전개했다.

이 임무 가운데 성 판매 여성에 대한 단속·관리는 여경의 여러 업무 가운데 가장 중요한 업무였다. 여경은 공창업소(유곽)를 단속·관리했고, 미군을 상대로 하는 성 판매 여성의 단속과 검진을 담당했다.

> 여자경찰서 1월부터 7월 말까지의 수감자는 약 700명이라 하는데 …… 이들이 입감한 이유를 보면 무허가 작부 40%, 통행금지 시간 위반 10%, 밀매 및 그 혐의자 25%, 밀매 소개자 2%, 공안 방해 18%, 절도범 3%, 자진 2%.[98]

> 10월 중 여자경찰서에 검속된 밀매음 수는 매일 평균 3건으로 1개월 88건이나 되는데 이 수는 미국인 상대범이 태반으로 추정되나 서울 시내 곳곳마다 조선인 상대의 사창이 번창되고 있는 현상에 비추어 공창 폐지 후는 일층 더 사창이 격증될 것으로 예상된다. …… 이에 따라 여자 경찰에 한하여 7시 이후의 가택 수색도 허하게 될 모양이다.[99]

미군 상대 성 판매는 미군정청에게도 골칫거리였다. 그러나 군정청의 관심은 성매매 자체가 아니라 성매매에 따른 성병 예방이었다. 이러한 방침에 따라 미군정청은 성 판매 여성을 비롯하여 미군과 접촉할 위험성이 있는 여성들에 대해 성병 검진을 의무화했다. 「여자경찰서 신설에 관한 건」에 외근계의 업무로 '검진 규칙의 실시'를 명시한 데서 알 수 있듯이 성병 검진은 여자 경찰의 중요한 임무였다.[100]

이 밖에도 여자 경찰은 성 판매의 우려가 있다고 판단되는 여성에 대한 검문 및 검거를 책임졌다. 미군정기 여자 경찰의 중요 임무는 대한민국 수립 뒤에도 이어졌다.

국가기구 안의 타자

부녀국의 창설과 여자 경찰 제도의 신설은 미군정이 수행한 가장 성공한 정책으로 평가되어 왔다. 부녀국은 계몽 활동으로 여성 일반의 계몽과 함께 이를 지도할 여성을 양성하고자 했다. 여자 경찰 제도의 목적은 성 판매 여성이나 '불량' 여성의 단속에 있었다. 미군정은 여성을 일반 여성과 '불량' 여성으로 구분하고 국가기구인 부녀국과 여자경찰서가 이를 담당하도록 했다. 조안 스코트는 "젠더는 권력 관계를 나타내는 주된 방식"이라면서 역사가들에게 모든 정치적 관계에서 젠더가 드러나는 방식을 연구해야 한다고 제안했다.[101] 부녀국과 여자 경찰 제도는 국가기구 안의 젠더화가 드러난 대표적 사례이다.

초대 부녀국장은 경기고녀 교장이자 도미 교육 사절단으로 활동한 고황경이 임명됐다. 고황경은 미국 미시간주립대학에서 철학박사 학위를 받았고 이화여자전문학교 교수로 재직했으며 언니인 고봉경과 함께 경성자매원을 운영했다. 고봉경은 여자경찰과장으로 임명되기 전에 이화여자전문학교 음악과 피아노 교수로 일했다고 한다. 고황경은 『새살림』을 비롯한 여러 잡지에 여러 글을 남겼지만 고봉경은 『새살림』 1947년 창간호와 2·3월호에 '좋은 국민의 자격을 가질 수 있는 예절을 갖자.'라는 내용의 「예절을 가진 국민이 되자」라는 한 편의 글이 눈에 띌 뿐이다. 이런 고봉경의 행보는 간부급 여자 경찰들이 여자 경찰과 관련한 글을 『민주경찰』에 여러 편 실은 것과 대조된다. 고봉경이 초대 여자경찰과장에 임명된 이유는 고황경의 영향과 함께 영어를 잘 했기 때문인 듯하다. 자매는 미국 유학을 다녀왔고 영어를 잘했다.

부녀국, 남녀평등의 초석인가

미군정의 부녀국 창설은 가장 찬사를 받은 정책이다. 여론은 부녀국 창설을 '남녀평등의 초석', '민주주의 지름길'이라며 반겼으며 부녀국은 여성 문제를 풀어나갈 기구로 기대됐다. 이러한 평가는 요즈음에도 이어지고 있다. "여성들의 정치, 경제, 사회, 문화적 개선과 지위 향상을 국가기구인 부녀국의 직무로 부각시킨 것은 이전의 어떤 국가기구에서 찾아볼 수 없는 새로운 내용이다."[102] "여성의 사회 활동을 제약하는 봉건적 장벽이 높았던 이 시기에 여성의 관직 진출을 보장하고 다양한 사회 활동을 장려하는 부녀국의 설치는 미국적 민주주의 장점과 가치를 널리 알리는 의미가 있었다."[103] 여하튼 미군정의 부녀국 설치는 국가기구 안에 여성의 권익을 보장하고 양성평등에 한발 다가서기 위한 장치였다는 평가는 변함없이 유지되고 있다. 미군정기 부녀국에 대한 이러한 평가가 큰 논란거리는 아니지만 국가기구 안 여성 전담 기구의 설치와 그 역할을 둘러싼 논란이 벌어지는 현실에서 부녀국의 활동과 담론 생산의 재평가가 필요해 보인다.

부녀국은 보건후생부 안에 설치됐다. 1946년 9월, 보건후생부는 총무국, 법제재무국, 의무국, 간호사업국, 통계국, 수의국, 예방의학국, 위생국, 업무국, 치무국, 연구국, 구호국, 후생국, 조사분석국, 부녀국의 15국 47과를 두었다. 1947년 5월 17일 법령 제141호로써 남조선 과도정부가 수립되자 보건후생부는 예방의학국, 전문직국, 약무국, 일반구제국, 복지시설기관국의 5개 국으로 축소됐다.[104] 부녀국은 업무를 내무부로 이관한 것을 제외하고, 그 역할은 그대로 유지하는 것으로 계획됐다.[105] 이때 부녀국이 어디에 흡수됐는지 분명하지 않다. 부녀국 기관지인 『새살림』은 여전히 보건후생부 산하 부녀국이라 소개했고, 『부녀행정 30년사』(안)는 부녀국의 소속을 밝히지 않았다. 다만 부녀국의 노동과와 연락과의 2개 과가 지도과와 보호과로 변경된 것만 기술되어 있다. 부녀국 소속 직원은 국장 고황경, 노동과 김용련 이외에는 기록되어 있지 않다. 또한 김용련이 노동과 업무를 수행했는지도 분명하지 않다. 『새살림』 부녀계 소식에는 고황경의 수행 비서 또는 수행 직원으로 소개되곤 했다.

보건후생부 부녀국과 서울시 부녀과, 지방 부녀계는 처음부터 '부인국설치령'이 규정한 임무를 수행할 수 없는 구조를 갖고 있었다. 중앙 부처인 부녀국은 부녀국장과 2~3명의 직원으로 구성됐다. 이 인원으로는 여성 전반에 관한 조사를 진행할 수도 없고 정책 또한 마련할 수 없다. 국가기구의 설치와 운영은 인원과 예산에 의해 결정된다. 인원과 예산이 마련되지 않았다면 형식적 기구에 불과하며 원래 의도대로 운영되지 못했을 가능성이 많다.

또한 각종 국가조직은 대표자가 누구냐에 따라 조직의 활동이 달라졌는데 부녀국도 그러했다. 부녀국장이 누구냐에 따라, 부녀국장이 어떤 일에 관심을 두느냐에 따라 부녀국의 활동이 전개됐다. 부녀국의 활동에서 보았듯이 부녀국장은 좌담회, 강연, 강습회 따위의 강사로 활동했다. 이런 활동은 "고 국장께서는 침식을 잊는 열성이 몇 달에 걸쳐 원근과 주야를 불문하고 하루에도 3~4개 처의 강연은 육체적으로나 정신적으로 인간을 초월할 정도였다. 강연 범위는 시내 여자중학교 전부와 부인회, 라디오 방송, 직업여성을 위한 강연, 모자회, 각 여자대학교, 각 도 부녀계장 등"이라고 부녀국 소식에 소개되어 있다.[106] 그러나 이러한 부녀국장 고황경의 행보는 해방공간에서 여성노동·여성해방론·생활 개선 등과 관련한 광범위하고 다양한 논의를 모아내지도, 여성 정책을 수행할 자원으로 활용되지도 못했다. 고황경의 행보는 오직 '어머니되기'에만 매몰되어 있었기 때문이다.

부녀국의 활동은 여성이 국가 건설 과정에서 어떤 역할과 직분을 갖는지를 분명하게 제시했다. 해방공간에서 다양하게 전개된 '여성해방론', '남녀평등', 가정의 사회적 기반을 마련하기 위한 세탁소와 탁아소 등의 정책 마련에 대한 요구, 여성 노동 조건의 개선과 대안의 요구 따위를 모두 제거해 버리고 '현모양처' 역할만이 강조됐다. 이런 점에서 부녀국은 국가기구 안에서 여성들의 다양한 잠재성과 가능성의 확장이 아닌 하나의 역할만을 강제하고 규제하는 역할을 했다.

국가기구 안 여성 전담 기구의 설치는 여성의 지위와 역할에서 어떤 의미를 갖는가? "부녀국은 5·10 총선거에 입후보한 우익 여성운동단체의 후보를 알리는 등 양자의 유착 관계는 단독 정부 수립 운동 과정에서 더욱 두드러졌다."[107] "여성운동단체의 활동에 대한 부녀국의 개입은 미군정의 점령 목표를 관철시키는 과정이었다. 즉 미군정은 남한의 정치·사회적 안정과 자본주의 국가 건설이라는 미군정 점령의 일반 목표에 따라 이를 지지하는 우익 여성단체를 적극적으로 지원했으며, 한편으로는 그것을 반대하는 인민민주주의 국가 건설을 목표로 했던 좌익 여성단체를 탄압했다."[108] 일반적으로 국가조직 안 여성 전담 기구의 설치 목적은 성별에 따른 차별을 없애려는 다양한 노력을 지원하고 여성의 권익을 보장하는 데에 있다. 이를 위해 해당 기구는 여러 단체를 통제 아래 두기보다는 각자 자기 역할을 잘 할 수 있도록 견인하고 조정해야 한다. 그럴 때에 여러 단체가 다양한 모습으로 발전할 수 있는 것이다. 그렇지만 미군정기 부녀국은 성별에 따른 역할론을 지향했고 다양한 여성단체들을 국가 기관의 통제 아래 두려 했다.

부녀국 기관지 『새살림』의 담론

부녀국은 1947년 1월 기관지 『새살림』을 창간했다. 『새살림』은 월간으로 계획됐다가 종이 부족으로 2개월마다 발간됐다. 그러나 이마저도 제대로 지켜지지 않았다. 창간부터 대한민국 정부가 수립되기 전(1947년~1948년 8월)까지의 『새살림』 지면 구성을 통해 국가기구 안에서의 부녀국의 위상뿐만 아니라 담론의 방향이 무엇인지 살펴보자.

『새살림』 지면의 구성은 형식과 소재, 곧 어떻게 쓸 것인가와 무엇을 쓸 것인가로 구분할 수 있다.[109] 『새살림』은 종합지로서의 성격에는 못 미치기 때문에 무엇을 쓸 것인가 곧 주제 분류를 중심으로 살펴보겠다. 『새살림』의 주제는 대개 머리말(창간사), 정치와 사회, 교양, 남녀 관계, 양육과 의식주를 포함한 주부와 가정론, 단체, 직업, 운동, 각종 여성론, 부녀국 소식, 미용과 패션, 기타로 구분된다. 이를 정리하면

〈표 4〉『새살림』 기사와 주제별 분류(1947~1949년)

주제	1-1	1-2	1-3	1-5	1-6	1-7	2-1	2-2	2-3	총계	49.5	49.7
머리말	6	1	1			10*	5	1	1	25	1	
정치·사회	2	5		3	1	3	4	3	5	26	1	
교양		2	4	4	5	5	2	6	4	32	4	2
남녀 관계	1	2	2				2		1	8		2
주부·가정	5	10	6	8	6	7	7	3	8	60	10	8
단체	4			1	1		5	1		12		
직업				2	2	2	1	3	1	11		
운동	1	2				1				4		
여성론	5	6	2	1				1	3	18	4	2
부녀국	3	2		1	2	4	3		1	16		
시·소설	2	5	3	8	5	5	10	5	6	49	8	14
미용·패션	1			1		1			1	4		1
기타	3	4	5	7	2	2	13	4	2	42	5	1

* 러치 장군 애도사

1-1(1947년 1월), 1-2(2 · 3월), 1-3(4 · 5월), 1-5(8 · 9월), 1-6(10월), 1-7(11 · 12월), 2-1(1948년 1 · 2월), 2-2(3 · 4월), 2-3(5 · 6월), 49.5(1949년 5월), 49.7(1949년 7월)

〈표 4〉와 같다.

주제별 분류 가운데 가장 많은 지면을 차지한 것은 주부·가정론으로 총 307건 가운데 19.5%인 60건이었고, 그 다음은 시·소설, 기타, 교양 따위로 나타났다. 정치·사회와 관련된 주제는 대개 참정권이나 선거와 관련된 기사로 1948년 5·6월호에 '총선거와 알아 둘 몇 가지', '국민의 신성한 권리와 의무를 포기치 말자.', '국회의원선거법 총칙', '여성 대표는 여성의 손으로' 따위의 주제로 「총선거에 대한 여성 특집」이 마련됐다. 교양에는 고황경의 '사회학 강좌', M. 햄슨의 '민주주의 강좌'가 연재됐으며 '한글 바로 아는 법'이나 '러시아와 원자탄', '크리스마스의 의의' 따위의 소재들이 첨부됐다. 각종 여성론과 관련된 주제는 1947년 상반기에 주로 다루어졌다. 1947년 2·3월호인 1-2에는 '여성에게 보내는 말', '조선 여성에게 보내는 부탁', '우리는 먼저 알아야 된다.', '가정의 질서', '예의를 가진 국민이 되자.', '조선의 한숨', '의무가 없는 곳에 권리가 없다.' 따위의 각종 여성론에 관련한 글들이 수록되어 있다. 이들 내용은 '조선 여성은 국가를 위하여 가장 큰 봉사할 수 있는 유일한 기회'라며 동포애를 발휘할 것을 요구했다. 또한 몰지각한 행동을 막기 위해 여성 계몽의 중요성이 강조됐다. 그렇지만 "아는 여성은 아는 것을 악용하여 가정을 어지럽게 파괴하며 사회를 요란케 하며 이기주의로 참다운 자기를 잊어버리고 가정을 버리고 정도에 지나친 사치한 모양과 행동으로 속이 없는 남녀동등을 부르짖으며 남성의 약점만 찾아들고 여론을 일으키며 해방이라 하여 남녀의 분쟁에 지나지 않고 또 모르는 여성은 무턱대어 놓고 그 무질서한 행동과 생활 …… 전혀 분별조차 모르고 날뛰며 간교한 모양과 애교로 남성을 타락시킨"다며 어머니로서의 의무와 아내로서의 의무를 다하는 것이 "내 가정, 내 사회, 내 국가, 온 세계 여성을 위한" 길이라 강조했다.[110]

주제별 분류는 아니지만 시·소설은 307건 가운데 16%인 49건으로 상당한 지면을 차지하고 있다. 시·소설 지면의 할애는 계속 늘었는데 1949년 5월호와 7월호의 경우 문예지인지 부녀국 기관지인지 구분할 수 없을 정도였다. 1949년 5월호의 첫 장은 '시집 안 간다는 처녀, 진정 실연인가, 결혼하려는 결심, 드디어 선보는 날, 검은 구름이 개어'를 내용으로 하는 「혼담혼선기」를, 7월호에는 「새로운 엄마」라는 사진소설

〈표 5〉 주부·가정론 기사

호수	기사 제목
1-1	주부 여러분에게, 부모 슬하를 떠난 아이들, 부인의 자립, 대용식 조립법 강습회, 집도본은 여자가 그리도록 하자
1-2	가정독본 : 유아용 개량 바지, 아기의 구두를 만들어 신깁시다, 두부요리, 간단한 요리법, 젖 먹이는 모친의 감기, 예방의학 남편과 요리집, 유아용 개량바지, 어느 어머니, 가정의 질서, 가정 메모
1-3	가정란 : 가정과 능률, 봄철의 학동 영양 점심, 가정 메모, 낡은 양복 속옷으로 어린아이 웃저고리와 레깅스를 새 조선의 새 생활, 어린이 전염병에 대한 예방·치료법, 부녀의 의복
1-5	누구나 미리 준비합시다, 어린이를 위하여, 응급치료법, 법률 상담, 가정 메모, 새살림 안내
1-6	아동란 : 애기 기르는 어머니들에게, 보육 수첩, 어린이 종의 광대 오락의 참뜻, 가정 메모, 어머니들
1-7	아동란 : 보육 수첩, 애기에 영양 섭취 가정 평화의 비결, 가정생활(정치)과 경제, 어머니의 과학 지식, 감정의 순환기, 이렇게 한번 하여 보십시오
2-1	아동란 : 보육수첩, 애기 기르는 어머니에게 행려 보호에 관하여, 애기의 백일해와 그에 대한 저항력, 응급치료법, 진찰실 여록
2-2	아동란 : 보육 수첩, 애기 기르는 어머니들에게 양재 강좌
2-3	육아란 : 애기 기르는 어머니들에게, 보육 수첩, 출발부터 바르게 부패의 과학, 응급치료법, 생활 개선에 대한 소감, 양재 강좌, 비타민

을 게재했다. 사진소설은 그림이나 사진 아래에 장면을 설명하는 짤막한 글을 실어 드라마를 보는 것처럼 꾸몄다.

『새살림』의 지면 구성 가운데 주부·가정론은 다른 주제들과 다르게 매호 실렸으며 그 분량도 적지 않았다. 주부·가정론의 경우 「가정독본」 또는 「아동란」으로 지면을 따로 구분했다. 주부·가정론의 내용

〈표 6〉 주부·가정론의 소재별 분류

내용	1-1	1-2	1-3	1-5	1-6	1-7	2-1	2-2	2-3
양육	1	2		1	3	2	3	2	3
위생		1	1	2		1	2		2
의식주	2	3	2	1	1		1	1	2
가정생활	2	1	4	2	2	4	1	2	1

은 〈표 5〉와 같다.

〈표 5〉의 내용은 위생, 양육, 의식주, 가정생활 따위로 분류 가능하다. 〈표 6〉은 이들 소재의 각 호 배치를 표시한 것이다. 1947~1948년 정부 수립 전의 『새살림』의 주부·가정론의 내용은 〈표 6〉에 나타난 바와 같이 위생, 양육, 의식주, 가정생활이었다.

의식주, 위생의 내용은 대개 양육과 관련해 어머니의 역할을 강조하는 내용이다. 가정생활의 경우 시간과 노력을 합리적으로 이용할 수 있는 능률성, 생활 개선을 강조하는 내용이다. 그러나 1949년 5월호의 주부·가정론으로 분류될 수 있는 기사에는 부부 관계를 다루며 선정적 표현들이 등장하기 시작했다. 1949년 5월호 주부·가정론의 항목은 '봄철 위생, 어머니와 어린이 과학, 정원의 이용, 좋은 아가를 순산하려면, 세계적 나비학자 석주명 씨 가정에 회오리바람, 처 시하에 있는 남편, 누구의 잘못-남편을 독살하려든 여자, 신혼부부의 생활 설계' 따위이다.

『새살림』의 이러한 지면 구성은 부녀국이 무엇을 지향했는지 짐작하게 한다. 부녀국은 부인국설치령에 제시된 중요한 임무 가운데 하나인 여성과 관련된 여러 환경 조사를 진행하지 않았다. 환경 조사는 분석 없이 1-5의 「서울시내 자유 직업 부인은 어떤 상태인가」와 1-7의

「공창 분포 상황」이라는 통계표, 1-6의 「피복공장 여직공을 위하여」라는 3편의 글이 전부이다. 여성 전반의 실태를 전혀 파악하지 못했기 때문에 실태 조사를 토대로 한 정책의 마련도 불가능했다. 부녀국이 설치돼 1년이 지났지만 부녀국의 활동에 드러났듯이 부녀국 활동은 부녀국장이 강연과 강습회를 진행하는 정도에 그쳤다. 적어도 실태 조사를 위한 다양한 방안과 인원, 재정을 마련하고 체계를 갖추는 것이 부녀국 1년 동안의 사업이어야 함에도 불구하고 이런 작업은 진행되지 않았으며 정부 수립 뒤에도 큰 변화는 없었다. 심지어 부녀국장은 "우리나라 경제적 현실은 대부분의 남성이 실업 상태에 있으므로 여성의 대량 진출은 남성에게 큰 위협이 되어 사회의 균형을 잃을 염려가 없지 않다. 당분간 우리나라의 정상적인 경제적·사회적 회복을 위하여 (사회 진출을) 보류할 것"을 여성들에게 간곡하게 부탁했다.[111]

이러한 부녀국의 한계는 기관지에도 그대로 반영됐고, 부녀국장이 우선적 관심을 두는 항목에 따라 『새살림』의 지면 구성이 이루어졌다. 그것이 주부·가정론이고 여성의 어머니 역할에 대한 강조였다. 부녀국 창설 때 고황경 부녀국장의 강연에서 그 요지를 파악할 수 있다.

> 여자의 특질을 생각하여 가정을 희생되지 않게 해야 한다. 자녀도 행복스러워야 한다. 그 방법을 또 알아야 하겠다. 또 요사이 남녀동등이란 말이 많은데 이것은 무엇을 들어 말하는 것일까? 남녀동등이란 남자가 치마를 두르고 여자가 모자를 써야 하는 것이 아니라 남녀가 각기 제 힘을 다하고 그 특질을 발휘하여 그 가치를 같이 해야 한다는 것이다. …… 그리하여 집안에 들어가서는 좋은 어머니가 되고 좋은 가정을 일구고 좋은 자녀를 길러야 한다. 그리하게 되도록 여자들을

향상시키지 않으면 안 된다. 그리 해야지만 남녀동등을 부르짖을 수 있으며 또 가치도 갖게 되는 것이니.[112]

『새살림』은 '주부 개인주의와 무도덕 무질서가 서울을 쓰레기통으로'으로 만들고 있다며 여성이 개인으로 권리를 갖는 것을 긍정하기보다는 국가에 충성하고 동포애를 발휘하여 새 조선 건설에 이바지할 것을 강조했다. 가정을 위해 헌신·희생하는 여성, 더 나아가 국가를 위해 헌신·희생하는 여성이 『새살림』이 요구하는 여성상이었다. 국가를 위해 헌신·희생하더라도 가정 안에서 가사와 육아를 중심으로 한 어머니 역할이라는 의무를 다한 뒤에 가능함을 강조했다. 이러한 담론 방향은 『새살림』의 방향이 대한민국 정부 수립 뒤 점차 선정적이고, 소설과 에세이를 중심으로 엮은 기관지로 변화하게 하는 부분이기도 하다.

선장은 남자 경찰만!

흰 와이셔츠에 검정 타이를 하고 작은 가방을 멘 여자 경찰들이 지나가면 "여자들이 무슨 양복 차림이람!", "여자가 우편배달부인가 봐!"라고 신기하다는 듯 몰려들어 한 마디씩 했다고 한다. 뒤에 자주색 투피스 차림으로 바뀐 여자 경찰의 제복은 양장이 드물었던 미군정기에 사람들의 관심을 집중시키기에 충분했다. 관심은 '양장을 하고 왜 거리를 활보하는가?', '무슨 일을 하는 여성들인가?'에 있었던 듯하다.

제복은 행정 기관이나 단체의 '소속'을 알리는 옷이다. 일제 강점기 노동력 동원의 상징이었던 몸뻬와 머리띠 그리고 어깨띠와는 달라진 여자 경찰 제복은 해방 뒤 사회 변화와 여성들의 공공 영역으로의 진입을 암시했다. 그러나 그 진입은 순조로운 과정이라기보다 임시적이고 한시적인 기구라는 단정과 함께 폐지 논의에 시달렸다. 이에 초기 여자 경찰로 활동했던 주체들은 여자 경찰의 필요성을 강력하게 제기했다.

> 여자 경찰은 결코 미군정이 만든 임시 기관이 아니요 남녀의 똑같은 노력으로 건설된 민주 국가의 영원히 존속될 고귀한 존재일 것이다. 그는 여권 옹호의 입안자요 민주 경찰의 선봉자라 하겠다.[113]

> 우리의 신념은 즉 우리는 어떠한 지위를 바라는 것도 아니고 어떠한 사욕을 요구할 것도 아니고 다만 우리가 사회에 나와서 우리 정부에서 이만한 것을 여성에게 이러한 권위를 주었으니까 이 자리를 완전히 지켜 나가야만 우리의 뒤를 따라오는 여성에게 길이 열리는 것이다. …… 다만 우리가 자신 있는 것은 지금까지 사회에서 인식 못하는 모든 난관을 극복하고 남녀동등 지위를 얻을 수 있다는 신념이 생겼다는 것입니다.[114]

> 우리 여성만은 명예심도 욕망도 버리고 한 덩이가 되어 조국의 위기를 건져야 할 것입니다. 우리 5백 명은 3천만 진두에서 전부가 '잔 다르크'가 되어야 할 때는 바야흐로 이때인 것입니다.[115]

> 오직 남녀가 합하여 국가와 사회의 직무를 다하여야 되는 것이다. 예컨대 남녀가 같은 보조로 못 나간다면 마치 한쪽 바퀴가 없는 수레 한 가지로 보겠다.[116]

초기 여자 경찰들은 자신들의 역할과 임무에 대해 국가의 형성과 건설에 여성도 함께해야 하는 것으로 인식했고, 여성 지위 향상의 선구자 역할을 자임했다. 이는 여자 경찰을 '수레바퀴' 혹은 '잔 다르크'라고 비유한 표현에서도 충분히 드러난다. 그러나 여자 경찰은 끊임없이 무용론에 시달려야 했다. 여자 경찰의 운영에 대해 어떻게 이해했는지 아래 좌담회의 논의를 들어보자

현대일보 | 여자 경찰관 필요합니다. 계몽 운동을 하는 데 필요하고 남자가 못하는 일을 하고 있습니다.

국제신문 | 모자를 쓰고 정복을 입고 가면 별로 그다지 좋은 인상을 주지 않습니다.

평화일보 | 좀 더 노력해야 할 것입니다. 단순히 매소부를 적발하는 데 그치지 말고.

경향신문 | 여자 경관은 사회의 도덕이 상당히 높아진 그런 후에 비로소 여자 경찰관이 필요한 것인데 …….

평화일보 | 여자 경찰은 절대 필요합니다. 여자 죄인은 남자 앞에서는 고백하지 않으니 여자가 취급 않으면 안 될 경우가 많은 것 같더군요.

국제신문 | 양복 같은 것은 좀 더 여성미 있는 것을 입고 다녔으면 좋겠습니다. 또 여자 경찰은 모자가 필요하지 않습니다. 필요하다면 조금 그것보다 스마트한 것을 만들어야겠습니다.

평화일보 | 여자는 가정에서나 직장에서나 여자다움을 잊어서는 안 되는데 그러한 형식의 모자를 쓰여 놓고 볼 것 같으면 여자다운 점이 없어지는 것 같습니다. 여자답게 할 도리가 없을까요.

동아일보 | 여자를 상대로 하는 경찰을 인정하느냐 안하느냐 이것이

문제가 된다고 하면 절대적으로 필요하리라고 생각합니다.[117]

좌담회 참석자들은 대개 계몽 운동을 전개하거나 여성 범죄인을 다룰 때 여자 경찰의 필요성을 인정했다. 그런데 이들의 관심은 여자 경찰 제복에만 있는 듯하다. 이들의 논의는 여자 경찰의 활동이 여성 지위 향상보다 여성다운 옷차림과 공적 영역에서의 여성다움을 유지하는 데에 맞추어져 있다. 이런 방식의 담론은 공적 영역에서의 성역할 분담론으로 전개됐다.

주체들은 여성 계몽과 여성 지도층의 양성이라는 목적을 내세우면서도 "남자 경찰관을 선장이라고 하면 여자 경찰관은 기관장으로서의 역할을 담당하여야 할 것이다. 결코 경찰관이 됐다고 여자가 남자로 화한다는 것은 아니다. 어디까지나 여자는 여자로서 존재하여야 할 것이다. 기관장의 역할을 충실히 수행할 것이고 결코 선장의 역할을 하자는 것은 아니다. 여자 경찰관 제도를 실시하게 된 의의를 망각하여서는 아니 될 것이다."라고 남녀의 역할 분담에 대해서 분명하게 언급하고 있다.[118] 또한 "남녀동등을 부르짖기 전에 동등한 교양과 능력을 양성해야 한다. 우리는 권리를 주장하기 전에 여성의 의무를 다하여야 한다. 세상에 자유를 오해하고 남녀 혼동상을 자유 동등이라고 부르짖는 편이 있으나 여성은 언제나 여성의 천품이 있고 남성은 남성의 천품이 있을 것이"라며 여성의 직분을 잊지 말아야 한다고 당부하고 있다.[119]

일선 경찰서에서 여자 경찰은 어떻게 성역할 분담을 하고 있는지 이렇게 말했다.

제8관구 전 경위 | 남자 경찰이 숙직하는 날 밥을 못 갖다 먹을 적에 밥을 지어준다든지 또 남경이 병이 나서 누워 있을 때에는 직원들 자체가 죽을 쑤어주고 여러 편리를 도모해줍니다. 범인의 가족이 차입을 하러 오면 남경은 소리를 크게 지르며 차입원을 써가지고 오라고 합니다. 그런 때에 여성이 써주고 남경은 사무가 바빠서 쓸 새가 없어서 그랬으니 악감을 가지지 말라고 범인 가족에게 친절히 알려줍니다. 처음에는 남경들이 이상스럽게들 봤습니다마는 가정에도 어머니가 없으면 안 되고 어떤 사람을 물론하고 아내를 잘 만나야 성공할 수 있지 않아요.

제9관구 김 순경 | 여경은 남경들과 같이 싸우는 것이 아니라 남경들의 불편한 점을 조금이라도 밀어주기 위하여 셔츠 떨어진 걸 꿰매주고 식사 같은 것도 우리가 지어주고 있습니다.[120]

그리고 이러한 역할 분담은 여자 경찰이 남자 경찰의 보조자로 위치시키는 데에 일정 정도 역할을 했다. 또한 '여성 천분을 발휘하여 경찰 임무의 완전한 수행을 하자.', '여경의 임무는 남자화하는 것이 아니다.', '여성 소질에 적합한 것을 찾자.'라며 여자 경찰 간부 또는 일선의 여자 경찰관도 역할 분담론에 동조했다. 이러한 역할 분담론이 결국 여자경찰서의 폐지와 제도의 폐지에도 크게 목소리를 내지 못했던 까닭이라고 할 수 있다.

그리고 여자 경찰은 예방과 보호 경찰로서의 역할이 설립 초기부터 강조됐다. 여성이나 아동 혹은 전재민의 보호, 구호, 계몽, 유해 환경의 단속 따위의 업무가 중요하게 제시됐고, 사건을 만들기보다는 '감독, 충고 또는 경고하는' 방향으로 처리하도록 권고됐다.[121] 이는 성역할을 기반으로 업무 범위를 규정한 것이다.

여자 경찰 제도의 폐지를 주장하는 표면상의 논리는 여자경찰서와 일반 경찰서 사이의 관할 지역과 사무 영역이 확실히 분리되지 못해 여러 가지 혼동이 빚어진다는 것이었다. 이러한 주장은 자연스럽게 여성 피의자의 조사, 성매매의 단속 같은 업무를 위해 별도의 여자경찰서를 설치하기보다는 일반 경찰서에 여자 경찰을 배치해 이같은 업무를 맡기는 것이 더 효율적이라는 논리로 이어졌다.

여자 경찰의 불안정한 위치와 여자 경찰에 대한 호기심 어린 시선을 일선에서 일하는 여자 경찰관들은 다음과 같이 표현했다.

> 여경은 대체 무엇을 하는 것인가? 도적이 여경의 손에 잡힐까? 메고 다니는 가방 속에는 무엇이 들었나? 상당히 나이 많은 여경도 있는데 퍽이나 생활이 곤란한 모양이야. 그 정복을 입고 다니는 것이 불쌍해. 차라리 그 돈으로 남경의 월급이나 보충하지. 미군정이 만든 것이니 미군정이 계속되는 한은 그냥 버려두어도 우리 정부만 서면 아마 없애버리기 쉬울 걸. …….[122]

제3장

작업장에서의 일상과 노동

성찰의 시공간, 파업

작업장에서의 파업

1945년 8월 15일, 작업장의 시간은 멈추었다.[1] 엄밀하게 말하면 멈춘 것은 아니다. 사장이 조선인이라면 바깥세상의 동정을 세밀하게 살폈고, 일본인이라면 중요 서류를 불태우거나 정리하면서 일부의 기계를 파괴했으리라. 10월에 접어들면서 노동자들은 예전에 일했던 공간으로 하나둘씩 몰려와 앞으로의 생활과 운영 따위를 이야기했다. 논의의 방향은 작업장의 사정에 따라 달랐지만 일제 자본의 질서에 맞서 다른 질서와 규칙을 만들려는 움직임은 비슷했다.

해방공간의 작업장에서 노동자들은 집회, 시위 또는 파업의 형식을 빌려 새로운 질서를 만들려고 했다. 그러나 한국 사회에서 파업은 극단적이고 이기적 행위로, 사회를 파괴하는 행위라는 담론이 주류를 이뤄왔고 이는 해방공간에서도 크게 다르지 않았다.

> 역사적 사명의 거대한 부면을 담당하고 있으면서도 무지, 무교양의 암흑 또는 왜곡, 은폐의 환각에 사로잡히어 있는 조선의 근로자가 이

처럼 진실한 지식과 교육에 결여하여 있다는 점은 놀라지 않을 수 없다. …… 개혁된 의식을 가진 신인新人의 요구를 이름이며, 이 신인의 출현은 무반성한 자연발생적인 투쟁 과정을 통해서가 아니라 오직 신생 조선의 건설이라는 현실에 결합할 수 있는 독립된 노동 교육에 힘입어야 할 것이다.[2]

무지로 인해 국가 경제를 고려하지 않고 일으키는 자연발생적 행위라는 규정은 파업을 파괴 행위로 여기는 대표적 담론 가운데 하나이다.

우리 노동자는 대부분이 무식자들이라 각 방면으로부터 뻗쳐오는 각종의 모략 수단, 선동, 바른 지도를 가릴 시간조차 없이 여기저기에 흔들려 우리 자신이 그 방향을 잃고 있는 현상입니다. 하루 임금으로는 혼자 살아가기에도 바쁜데 5~6명의 가족을 거느리고 어떻게 살아나가겠습니까? 여기에 뻗쳐오는 어떠한 모략이 있는 것입니다. "임금인상을 요구하여라." 이러한 말에 곧 고용주에 요구 조건을 제출합니다만 고용주도 역시 타산적이라 당장에 응할 터가 없습니다. 또한 선동적 수단이 드디어 옵니다, "사회적 최후 도구인 파업을 시작하여라. 그러면 고용주도 응할 것이다." "옳다. 이것이 우리들의 최후 수단이다." 곧 파괴적 파업이 시작되는 것입니다. 동포 여러분들이 여러 번 목격한 사실입니다. 기차는 움직이지 않고, 전차가 다니지 않고, 공장 모터가 돌지 않습니다. 한두 번에는 잘 몰랐습니다만 여러 번 파업을 하고 보니 "누구를 위한 파업이냐?" "파괴되면 누구의 손해인가?" 이러한 자각이 자연히 납니다. "옳다!" 파괴는 조선 사람 자신의 손해다. 파업하지 않고도 얼마든지 투쟁 방법이 있을 것이다. 이것은 최근 조

> 선 노동자들이 다 같이 자각하고 있는 점입니다. 파괴하여서만 된다는 이유는 하나도 없지 않은가? 아무것도 모르는 노동자들도 자연히 이러한 태도를 취하고 있습니다. 하나라도 더 만들어내자. 전쟁시에 왜놈들이 부르짖던 말은 오늘날 새 나라를 건설하는 우리 조선에 적용되어야 하겠습니다. 모든 것이 우리 적이다. 이렇게 우리는 생산 증강에 온갖 힘을 다 쓰기로 작정합니다.[3]

또한 파업은 "기술자나 노동자 자신이 가지고 있는 공업 정신, 노동 정신의 본연한 자태는 협조와 생산에 있는 것이오, 투쟁이나 스트라이크에 있는 것은 아니다. …… 정치 혼란에서 파생된 현상일지언정 우리 민족의 대정신은 아니다."라며 민족의 정신에 어긋난다는 의견도 제시됐다.[4] "지금 건국 시기에 있는 우리나라 공장에는 착취와 피착취자가 없다고 생각한다. 서로 협조하여 오직 물건 하나라도 많이 생산하는 것이 우리 민족을 위한 일이며 우리나라를 위한 것이라고 생각하면 다소의 불만과 고통은 참을 수 있을 것이며, 노동자가 아니고 나라의 보배요 생산 전사라고 생각하면 그이들을 위한 모든 위로와 보수와 후생 대우에 관한 문제를 소홀히 하지 않을 것이다."라며 민족을 위해 불만과 고통을 참아내면 후일에 보답받는다고 말하기도 했다.[5] 임금 인상은 국가 경제를 파탄으로 이끌 것임을 경고하기도 했다. "지금까지는 식량난 해결의 방도를 임금 인상에만 의존코자 하였던 것이다. 그러나 문제는 임금 인상만으로 해결될 성질의 것이 아니요. …… 임금 인상이 가져오는 것은 악성 인플레를 파국적으로 유도하고, 전 산업의 총 정지를 초래하고야 만다."[6]

그러나 조선노동조합전국평의회(이하 전평으로 줄임)는 기본적으로 산업 건설을 우선 목적으로 하고 있었다. 따라서 파업은 목적이 아닌 수단이라고 접근한다.

> 작일 조선노동조합전국평의회가 산업 재건과 노동조합운동의 임무에 대한 정책을 발표한 것은 지극히 중대성을 가진다고 아니할 수 없다. 산업의 재건, 경제의 재편성 등 우리 민족 생활의 사활을 결하고 국가 독립의 여부를 좌우하는 이 영역에 있어 조선 노동자 계급의 동향은 거의 결정적 의의를 가지고 있기 때문이다. …… 그들의 투쟁의 목적이 아니라 수단이라고 규정한 동맹파업 등의 구사 방향驅使方向을 스스로 명시한 점은 주목하지 아니할 수 없다. 요컨대 그들은 투쟁을 포기한 것이 아니라 진정한 민주주의 조선의 산업 재건을 위하여 유용히 쓰기를 규정한 것이다.[7]

조선공산당 기관지였던 『해방일보』는 「조선 노조운동의 당면 임무」에서 현재 진행되고 있는 노동조합운동은 자연발생성, 대립 강조, 극좌적 경향의 단점을 극복해야 한다고 지적했다.

> 우리 조합운동에 있어서 반드시 지적해야 할 문제는 극좌적 경향을 속히 극복하지 못한 결점이다. 우리가 태업, 파업을 수단으로 싸우는 것은 옳은 일이지만 건국적 입장에서 좀 신중한 태도를 취할 필요가 있는 것이다. …… 우리는 우리 건국적 입장을 떠나서 노동자의 생활 개선 한 가지만 생각하는 것과 같은 태도로 나온 종래의 과오를 극복 청산하지 않으면 안 될 것이다. 이러한 이기적 주장은 도리어 반 노동 계급적이며 반 민주주의적이며 민족 국가 건설에 방해가 되는 것

이다.[8]

> 국가의 영을 절대 존중하는 것은 국민으로서의 신성한 의무이다. 경제적 자립이 없이, 경제적 건설이 없이 독립된 국가란 있을 수 없다. 그런데 이 과업은 우리 근로자에게 부여된 절대한 역사적 사명인 동시에 조선 건설에 있어서 근로대중이 가지는 영광스럽고 위대한 자랑인 것이다. 우리는 조선 경제의 부흥을 위하여 충실히 노력할 것을 서약한다.[9]

극좌적 경향이란 노동자의 생활 개선만을 제기하고 국가 건설 방향에 어긋난 조합운동이나 파업이라고 지적하고 있다. 파업은 수단일 뿐이지 목적이 아니며 그 자체가 국가 건설을 위한 도정에 있다는 것이다. 파업, 시위 따위의 작업장에서의 노동자의 활동은 정치투쟁과 경제투쟁으로 구분됐는데, 정치투쟁을 고려하지 않는 경제투쟁은 올바른 방향이 아니라며 그 폐해가 지적됐다.

이런 작업장에서의 행위를 경제투쟁으로 부르든 정치투쟁으로 부르든 간에 일상에서의 자본 흐름에 맞선 행위는 그 경계가 모호하다. 해방공간에서 작업장의 쟁의는 일상에서 일어나는 다양한 문제를 제기했으며, 노동자들은 자명한 일상을 타파하기 위해 파업에 나서곤 했다. 물론 파업은 모든 기계와 작업을 멈춰 자본의 시간을 멈추게 한다. 그런데 작업장에서의 파업은 일을 멈추기 위한 것이 아닌 일을 즐겁게 할 수 있는, 말하지 못하고 행동하지 못하게 하는 규율과 규제에 맞서 말하고 행동하는 시공간을 만들려는 행위이다. 이런 점에서 파업은 파괴가 아닌 생산의 시간이다. 일상생활에서 파업과 시위 행위는 자명한

〈표 1〉 산업별 노동쟁의(1946~1948년)[10]

		건수	노동자 수	참가 인원			건수	노동자 수	참가 인원
금속	1946	4		70	토건업	1946	1		92
	1947	5	583	312		1947	2	42	15
	1948					1948	2	27	15
기계·기구	1946	31		4,403	광업	1946	1		1,000
	1947	31	6,193	4,131		1947	4	3,514	2,014
	1948	3	48	33		1948			
화학	1946	18		3,569	교통·운수업	1946	17		27,407
	1947	10	2,728	1,485		1947	6	5,154	3,735
	1948	2	70	70		1948	6	17,697	17,570
와사·전기·수도	1946	7		4,600	통신	1946	3		685
	1947	5	13,822	7,910		1947	4	1,285	587
	1948	1	4	2		1948			
요업	1946				어업	1946			
	1947	6	514	312		1947			
	1948	1	34	34		1948	1	2,000	2,000
방직	1946	43		10,232	의료·위생 사업	1946			
	1947	32	9,369	4,818		1947	5	290	283
	1948	7	1,776	807		1948			
제재·목재품	1946	3		84	물품 판매업	1946	1		269
	1947	1	6	1		1947			
	1948					1948			
식료품	1946	7		2,111	기타 상공업	1946	6		1,622
	1947	8	702	435		1947	8	8,911	8,927
	1948					1948	14	976	858
인쇄·제본업	1946	28		1,280	총계	1946	170		57,434
	1947	7	289	245		1947	134	53,402	35,210
	1948					1948	37	22,632	21,389

기존 질서에 말 걸기이다. 파업이라는 시공간에서는 말과 행위의 금지를 풀고 말하고 행동한다는 점에서 축제의 장이다. 이런 측면에서 파업은 자본가와 노동자 사이의 또는 노동자들 사이의 모순과 갈등이 폭발하는 긴장된 순간으로 성찰, 축제, 문제의 장소이다.

1945년, 작업장에서 일어났던 파업은 일제 자본의 규제와 규율을 흔들었다. 곧 일제 자본이 강제한 규율을 바꾸려 했던 해방공간의 작업장에서의 파업이 일상의 어떤 점들을 바꾸려 했는지 따져야 한다.

그리고 이 흐름의 큰 부분을 차지했던 곳은 바로 대다수 여성 노동자로 이루어진 작업장이었다. 〈표 1〉은 사회부 노동국이 조사한 1946~1948년 사이에 발생한 쟁의 건수이다. 이에 따르면 1946년 노동쟁의는 방직 공업에서 가장 많이 일어났고 기계·기구공업, 인쇄·제본업, 화학공업, 교통·운수업이 뒤를 이었다. 1947년 역시 이와 비슷하다. 쟁의 참가 인원은 교통·운수업이 가장 많고 그 다음 방직 공업이다. 방직 공업의 쟁의 발생 건수는 1946년 전체 170건 가운데 43건으로 25.2%를, 1947년에는 134건 가운데 32건으로 23.8%를, 1948년에는 37건 가운데 7건으로 18.9%를 차지하고 있다. 방직 공업의 쟁의 가운데 파업으로 이어진 경우는 1946년에는 43건 가운데 24건으로 55.8%였으며, 1947년에는 32건 가운데 20건인 62.5%였다. 바로 이 방직 공업 노동자의 절대 다수가 여성이었다. 그리고 방직공장, 피복공장, 백화점 같은 작업장에서 일했던 해방공간 여성 노동자들은 작업장의 일상을 바꾸려 앞장섰다.

8개월 동안 계속된 화신백화점 쟁의

종업원대회와 미군정의 '화신 접수극'

화신백화점 쟁의는 1945년 10월부터 1946년 5월까지 대략 8개월 동안 진행됐다. 123쪽 〈표 2〉는 8개월 동안 화신백화점에서 진행된 쟁의를 정리한 것이다. 화신백화점은 1945년 8~9월 동안 영업을 중지한 상태였다. 이를 바꾼 것은 노동자들이었다. 10월이 되자 백화점 노동자들은 자체적으로 백화점의 실태를 점검했다. 그리고 1945년 10월 4일, 화신백화점 노동자 700여 명은 종업원대회를 열고 〈요구서〉를 경영자 측에 제출했다.

> 1. 10월분부터 종업원에 대한 급여는 좌와 같이 지불할 것(피복 공장 종업원 중 반장·조장은 주임급으로, 미싱공 또는 하장下張 숙련공은 용고傭雇 사원급으로, 하장 견습공은 급사급으로 이를 취급함. 급사급 총수입의 4배, 용고원급 총수입의 6배, 주임급 총수입의 5배, 간부급 총수입의 3.4배).
> 1. 화우회 재정 상태를 대차대조표를 첨부하여 종업원에 공개할 것.
> 1. 10월 5일 현재의 유가증권, 가불금 감정명세표를 공개하는 동시에 8월 15일 이래 것도 엄격히 이를 행함.
> 1. 이후 1년간 이 문제로 말미암아 본인 의사에 반한 해고, 부서 이동, 인원 축소 등 희생자를 절대로 내지 말 것.
> 1. 금후 이 문제가 해결될 때까지 회사 재산 상태에 변동을 발생케 하는 모든 취인取引은 그 종류 여하를 불문하고 본 위원회에 자문을 요함.
> 1. 이 문제를 해결한 연후에 개점할 것.
>
> 이상의 제항은 종업원 일동의 정당한 총의에 의한 요구이니 1945년

10월 9일 정오까지 회답할 것.[11]

노동자들의 요구는 임금 인상, 공제조합과 회사 재정의 공개, 생활대책위원회(10월 9일 종업원자치위원회로 개편)의 인정, 이로 인한 불이익의 반대 따위였다. 이에 화신백화점 사장 박흥식은 노동자들의 요구를 외면하고 미군 헌병대에 연락해 작업장으로의 출동을 요청했다. 미군 헌병대는 10월 12일, 종업원자치위원장 문석태를 연행해 경기도청 정보과에서 조사했다. 이때 문석태 위원장은 박흥식이 '친일파, 민족반역자'이기에 함께 일할 수 없다는 입장을 분명히 했다. 조사 뒤 미군 헌병은 문석태 위원장을 박흥식의 집으로 데려갔다. 이 자리에서 미군 헌병은 문석태 위원장의 사표 제출을 강요하면서 "나머지 위원 24명도 사장 측에게 협력치 아니하면 전원 해임시킬 예정이며, 해임 당한 후는 박의 집이나 회사에는 군정청 허가 없이는 출입할 수 없다. 만일 위반하면 유치시킨다. 그리고 박흥식은 일본 제국주의의 주구도 아니고 민족반역자도 아니다."라고 말했다.[12] 이러한 미군정청의 태도는 13일에도 이어졌다.

그리고 10월 15일, 쉐이너 중위가 화신의 새 사장으로 임명받았다며 11월 1일부터 백화점 영업을 다시 시작하니 "금월 25일 이후 출근치 않으면 해고하겠다. 개점 후 태업 등 부정 행위가 있으면 감옥에 넣겠다. 건물을 훼손하거나 상품을 없애면 엄중 처벌하겠다. 자기는 강제적으로 하고 싶지 않으나 내 명령에 복종하기를 바라며 내 배후에는 미군이 있다는 것을 알아 달라."라고 위협하며 금고 열쇠를 압수했다.[13] 이에 자치위원회는 아래와 같은 질의서를 쉐이너 중위에게 보냈다.

귀하의 사장 신임에 대하여 좌기 사항에 대한 명백한 언명을 요구하는 바 그 언명이 우리 의사에 합치되는 것이라면 우리는 귀하의 지도 밑에서 각자의 직무를 충실히 이행하여 화신의 발전과 조선 독립을 위하여 분투 노력할 것을 언명하는 바이다.

- 記 -

1. 화신을 접수하게 된 경위, 즉

① 박흥식을 민족 반역적 친일파로 규정한 것인가? ② 그렇지 않으면 노자 협정 불성립에 따른 것인가? ③ 그 외의 원인이 있는가?

2. 귀하의 취임에 대하여

① 귀하는 군정관으로서 부임하는 것인가? ② 상사회사의 사장(경제인)으로 취임하는 것인가? ③ 양자를 겸했다면 비교적 어느 쪽에 치중하여 해석할 것인가?

(주) 귀하가 만일 군정관의 자격으로 취임한다면 우리 종업원은 과거 일본 제국주의 시대의 피징용 자격이 되는 것이니 이 점은 중대한 문제다.

3. 대우 문제는 10월 10일부 발표의 군정장관 지시에 의한다 하니 이 노임 규정은 순수 노무자 및 공원에게 적용될 것이고 화신과 같이 사무가 및 경영기술자가 있는 곳에선 전면적 적용은 불가하다고 생각하는데 이 점의 해석 여하.[14]

자치위원회의 질의는 조선인의 사유 재산인 화신백화점을 군정청이 접수한 이유와 접수할 경우 발생할 노동자들의 지위 변화에 관한 문제였다. 해방 뒤 미군정청은 조선총독부와 일본인 소유의 재산, 곧 적산敵産을 접수해 직접 관리했다. 그런데 화신백화점은 이 같은 적산이 아니었기에 직접 관리하거나 경영할 대상이 아니었다. 자치위원회는 이와 관련해 군정청이 박흥식을 '친일파(=敵)'로 간주해 그 재산을 적산으로 몰수해 관리하는 것인지를 물었다. 아울러 쉐이너 중위의 지위가 군정청(=국가기구)의 관리인지 아닌지도 따졌다. 이에 대해 미군정은 명확하게 답변할 수 없었다. 미군정이 화신백화점을 적산으로 인정한다면 박흥식을 친일파로 인정한 셈이 되고, 나아가 다른 조선인의 사유 재산에 대해서도 같은 조치를 취해야만 하기 때문이다. 또한 쉐이너 중위가 군정관이라면 노동쟁의는 '노동자 대 사용자'의 문제가 아니라 '노동자 대 군정청'의 문제로 바뀌게 된다. 그리고 작업장에서 노동쟁의를 인정하지 않았던 일제 강점기와 다를 바가 없었기 때문이다.

결국 사흘 뒤인 19일 군정청은 화신백화점 접수를 공식 부인했다. 이를 두고 '미군정 측 당국이 연출한 화신 접수극은 용두사미'라는 비난을 받기도 했는데 이는 조선을 독립국으로 인정한 것인지, 또 전쟁 당사국인지, 피해국인지를 구분하지 않았던 미군정 점령 정책의 일면을 알려준다. 이러한 미군정 관리의 행위는 조선 내의 갈등에 개입하면서 조정자로서 역할을 하기보다는 갈등 당사자 어느 한 쪽에 치우쳐 있는 모습으로 비춰졌다. 곧 일상생활에서 미군정의 태도는 식민지를 해방하고 새로운 질서와 식민지민의 자율과 자치를 지지하기보다 이를 무시하고 편견에 사로잡혀 정책을 시행하는 측면이 강했다. 그로 인한 혼란은 가중됐고 그 피해는 고스란히 해방공간의 조선인에게 넘겨졌다. 화신백화점 쟁의가 그렇게 오랫동안 해결되지 않고 지연된 까닭도 여기에 있었다.

백화점 개점과 대량 해고

미군정의 미온적 태도 속에 휴업 상태가 지속되자 박흥식은 1945년 11월 5일, 노동자들의 요구 조건인 "1. 강제 해고·좌천 반대, 2. 대우 개선, 3. 종업원조합 승인, 4. 화우회를 조합 측에 이관, 5. 후생 시설 설치" 따위를 곧 실시하겠다고 언명했다. 그리고 15일, 군정청의 명령으로 백화점을 개점한다면서 '앞으로 명령에 따르지 않는 종업원은 해고한다.'라고 선언했다. 한편 노동자들은 백화점 영업 재개에 협조하면서 화신종업원자치위원회를 해산하고 종업원조합을 결성했다. 그러나 영업 재개 뒤 박흥식은 종업원조합 위원장과 간부들의 해고를 기도하는 등 강압적인 태도로 일관했다. 결국 11월 26일, 화신백화점 노동자들은 종업원대회를 열어 "해고 절대 반대, 문석태 위원장을 비롯한 조합 위원에 대한 해고 사령을 즉시 취소할 것, 박 사장 개인의 봉건적 독재 정책은 전 조선 소비 대중의 이름으로 절대 배격하는 것, 과동보조비의 월부급여는 타당치 않으니 일시불로 하라." 등을 요구하며, 총사직을 결의했다.[15] 그 뒤 2개월 가까이 회사 측은 종업원조합 부정, 노동자 대표들에 대한 해고 위협 및 해고 사령 발령, 신규 사원 모집 광고 따위의 수단을 동원해 노동자들을 압박했다.

회사 측의 압박에 맞서 노동자들은 1946년 1월 26일, 종업원대회를 개최하고 '강제 해고 취소, 대우 개선, 종업원조합 승인, 후생 설비의 이행, 종업원 사생활에 대한 간섭과 감시 중단' 따위의 요구 조건을 내걸고 총사직을 결의했다.[16] 이에 회사 측은 노동자들을 대거 해고하는 등 강경한 태도로 일관했는데 윤우식 부사장이 기자회견에서 한 아래의 언급으로 그 분위기를 짐작할 수 있다.

조합 강령에 친일파, 민족반역자 배격이라 썼으니 이완용의 아들이 자기 아범을 매국노라고 하는 것과 같이 한 경영 안에서 점원들이 사장 박홍식을 지목하는 말은 동양 미풍에 향기롭지 못하니 이런 조합은 승인 못하겠다. 또한 종업원조합에 넘겨주겠다던 공제조합 화우회도 이러한 이유로 이관치 못하겠다. 임금도 다른 백화점에 비하여 너무 헐하여 살 수 없다지만 우리 화신에는 스스로의 재정 관계가 있으니 임금이 헐하다고 사람이 나가도 할 수 없다.[17]

화신백화점 노동자들의 쟁의와 파업은 판매직 노동자들의 관심을 집중시켰다. 이에 정자옥·동화·평전·한일백화점의 노동자들은 "7백여 명의 화신 종업원 동무들은 가두에서 방황하고 있으며 실업과 기한에서 허덕이고 있다. 이 어찌 수수방관하리오. 우리는 정과 열을 다하여 아낌없이 쟁의금을 비롯한 동정금을 많이 거두어 보내자!"라며 격려문과 파업기금을 전달했다.[18]

3월 들어 종업원조합 대표들이 8차례에 걸쳐 회사 측과 끊임없는 협상을 시도했으나 계속 무시하자 결국 1946년 3월 27일, 노동자들은 "우리는 성심성의껏 이 문제를 해결하기 위하여 노력하여 왔으나 경영자 측은 이에 대하여 아주 성의가 없으니 강제 해고 당한 200여 명 동무들의 즉시 복직과 우리 요구 조건의 최후적 해결을 얻기 위하여 이 문제가 해결될 때까지 우리는 점내에서 농성하여 최후의 승리를 기하자."라는 결의를 밝히고 농성에 돌입했다.[19] 농성 소식이 알려지자 경찰이 농성을 불법 행위라 규정하며 중재하겠다고 나섰다. 이에 종업원조합은 노자중재는 군정청 노자중재위원회에서 할 것이지 경찰이 할 것이 아니라고 주장했으나, 경찰은 농성은 불법 침입이니 구류하겠다

위협했다.[20] 경영자 측의 무시와 무성의한 태도는 계속 이어졌다. 4월 19일, 노동자들은 지금까지 이행치 않는 4개조, '해고와 좌천을 안 시킨다.', '급료는 타사보다 우대한다.', '종업원조합 결성을 승인한다.', '화우회 기금 30만 원을 백만 원으로 증가하여 그 운영을 종업원에게 맡긴다.'라는 약속을 이행할 것과 해고한 150명의 복직을 요구하고 쟁의를 시작했다.[21] 그 뒤에도 종업원조합은 끊임없이 회사 측과 교섭을 시도했으나 매번 경찰들에게 끌려 나왔다. 이렇게 시간을 끄는 동안 교섭위원이었던 이경란이 쓰러졌고, 그의 부인이 경찰관의 위세에 놀라서 유산을 했다. 또한 유산한 누나를 간호하기 위해 동생이 시골서 올라오다 기차에 치여 사망했다. 이 소식을 접한 쟁의단의 분노는 극에 달했다.[22]

백화점 사교장에서의 농성

1946년 5월 3일, 회사 측의 계속되는 무성의한 태도에 분노한 노동자들은 회사에서 농성에 들어가는 한편 이날 서울지방법원에서 열린 박흥식의 '폭리 취체 및 배임죄' 재판정에 모여들었다.[23]

> 5월 3일 아침에 화신 쟁의단 약 100명은 굶주린 배를 움켜 안고 박흥식 너의 출옥까지 기다릴 수 없으니 200여 명이 굶어 죽기 전에 해결하여 달라고 법정에 모여들었다. 나 어린 여점원들은 창백한 얼굴에 '우리 200명과 천여 가족은 아사 일보 전에서 절규한다! 해고를 즉시 취소하라!', '우리는 아사에서 방황한다. 강제 해고를 즉시 취소하라!' 등의 절규를 대서하여 용수를 쓰고 법정에 들어가는 박흥식의 눈앞에 대고 100여 명의 쟁의단은 즉시 해고 취소를 부르짖었다.[24]

그러나 박홍식은 이날 재판에서 무죄를 언도받았다. 이에 노동자들은 5월 4일, 백화점 사교장에 들어가 시위를 했다. 회사 측에서 폭동이 일어났다고 고발해 경찰 10여 명이 백화점으로 출동했다. 5월 5일에는 삼화견직 노동자들이 격려 방문해 격려금을 전달했다. 5월 6일에는 경찰 100여 명이 출동해 '5일 내로 경찰부에서 해결 짓겠다. 만일 회사 측에서 말을 듣지 않으면 그 후 어떠한 일이 있어도 간섭치 않겠다. 해산치 않으면 무력으로 해산시키겠다.'라고 했다.[25] 이날 전평 선전부에서도 화신 쟁의에 관한 담화를 발표했다.

> 사장 박홍식이 …… 8·15 이후 조선의 정치·경제적 혼란한 틈을 타서 갖은 악행을 다하여 민중의 생활을 위태케 하고 자주 독립을 좀먹는 여러 가지 반역적 행위는 도저히 묵과할 수 없을 뿐 아니라 이번 2백여 종업원 해고에 대하여 대량으로 해고를 선언했다는 것은 건국에 반기를 드는 가장 반역적 행위이므로 이를 철저하게 응징하지 않으면 안 된다. 화신 쟁의단은 지금 화신 옥내에 농성하여 어린 소녀들이 피를 토하고 졸도해 가면서도 비장한 결심으로 싸우고 있다. 전평은 화신 사장과 그 앞잡이들이 반성하지 않는 한에 있어 60만 조합원의 힘을 한데 모아 쟁의단이 이 반동적 모리배를 굴복시킬 때까지 철저히 응원할 것이다.[26]

5월 6일, 경찰이 화신 사옥을 포위하고 해산 명령을 내린 뒤 장택상 경찰부장이 '해결을 고려하겠다.'라고 약속하자 화신백화점 노동자들은 일단 해산키로 결정했다. 그리고 5월 12일 아침 11시, 화신백화점 별관 5층에서 회사 측과 화신 쟁의단, 전평 파견원이 모여 쟁의조정위원회가 열렸다. 그리고 3일 뒤인 15일, 쟁의단과 회사 측은 정식으로 〈협정〉을 체결했다.

> 회사 당국과 쟁의단은 좌기 사항을 협정하여 1946년 1월 24일부터 계속하여 온 쟁의를 원만히 해결하고 금후 화신 발전을 기함.
>
> 1. 회사 당국은 쟁의단 전원을 복직케 하고 쟁의단원은 1946년 5월 20일부터 출사함.(당일 불참자는 복직 의사가 없는 것으로 인정함) 단 좌기 6명은 해결과 동시에 자진 사직하고 회사 당국은 해 퇴직자에 한하여 적당한 퇴직 위로금을 지급함. 퇴직자 : 문석태, 김철수, 황명애, 이경란, 박종서, 김형현
>
> 2. 회사 당국은 종업원조합을 승인하고 명랑한 협조를 기함.
>
> 3. 회사 당국은 화우회의 기금을 1백만 원으로 하여 운영을 종업원조합에 이관, 자치케 함.
>
> 4. 회사 당국은 종업원의 후생 시설을 재정이 허하는 한 급속히 개선하기로 함.
>
> 5. 회사 당국은 쟁의 기간 중의 쟁의단원의 생활 보조금으로서 1인당 금 2천 원을 즉시 지불함.
>
> 6. 회사 당국은 쟁의단 대표에게 금 10만 원을 지불함.
>
> 1946년 5월 15일 회사 대표 박병교, 쟁의단 대표 한성형·이광[27]

〈협정서〉의 내용에 따르면 1945년 10월 4일부터 노동자들이 요구해 온 임금 인상, 공제조합 화우회 공개, 종업원조합 인정, 후생 시설 개선 등이 받아들여졌다. 다수의 노동자들이 복직하면서 위원장 문석태를 비롯한 김천수, 황명애, 이경란, 박종서, 김형현은 자진 사직하기

로 결정했다. 대신 사장 박흥식과 부사장도 화신에서 사임하기로 했다.

조정위원회의 테이블에 마주 앉기까지

화신백화점 쟁의가 8개월 동안 진행됐던 까닭과 그 과정에서 주의깊게 살펴야 할 점은 무엇인가? 처음 화신백화점 노동자들은 생활대책위원회를 꾸렸다. 이는 종업원자치위원회, 종업원조합(노동조합)으로 발전됐다. 해방 뒤 생활 대책을 마련하기 위해 꾸렸던 노동자들의 모임은 결국 노동조합으로 변화·발전했다. 자본가와 맞서는 과정에서 노동자 조직의 변화도 일어났고 투쟁의 양상도 변했다. 종업원대회를 열어 대표들을 선출하고 이들이 중심이 돼 협상했던 방식은 총파업으로, 매장에서의 농성으로 나아갔다.

이러한 변화는 사장을 비롯한 경영자들이 보인 태도에서 비롯됐다. 사장 박흥식은 단 한 번도 노동자들을 협상의 대상으로 여기지 않았다. 이런 태도는 일제 강점기에는 당연했으리라. 그렇지만 화신백화점 노동자들은 8개월 동안 꾸준하게 협상을 시도했다.

결국 1946년 5월 12일, 쟁의조정위원회에서 쟁의단 대표는 박흥식을 비롯한 경영자들과 같은 테이블에서 마주 보며 협상을 했다. 쟁의조정위원회에서 노사가 마주 앉아 협상하는 행위가 지금은 대단한 일이 아닐지 몰라도 일제 강점기에는 꿈꿀 수 없는 일이었다. 일제 자본은 조선인 노동자들이 같은 테이블에 앉도록 허용하지 않았다.

해방공간의 일상에서 그런 금기와 질서가 깨졌다. 이것이 바로 화신백화점 노동자들이 8개월 동안 싸워 이루어낸 성과였다. "영양 부족과 굶주린 까닭으로 피를 토하는 사람, 혹은 졸도한 사람들이 속출"했다는 농성장의 풍경이 조금은 과장된 보도라고 간주할지라도 현실은 그 묘사에서 크게 벗어나지 않았다.[28] 왜냐하면 해방공간에서 노동자와 그 가족이 임금을 받지 못한 채 서울에서 살아내기란 힘겨운 과정이었기 때문이다.

그 다음으로 생각해야 할 문제는 쟁의조정위원회 협상 테이블에 박흥식을 앉히는 데 큰 역할을 한 사람인 경기도 경찰부장 장택상이다. 물론 전평도 이 과정에 개입했다.

> 주목을 끌고 있는 화신 쟁의 사건은 장 경찰부장의 조정 출마로 그 해결 서광이 비춰오던 중 15일 드디어 원만한 해결을 보았다. 즉 쟁의단이 요구하던 4개 조항의 이행은 물론이려니와 전원 복직 문제, 쟁의 기간 중의 월급 지불 등이 해결됐는데 이에는 장 경찰부장의 공로가 컸다고 일반의 칭찬이 자자하다.[29]

> 사태의 중대화에 비추어 경기도 경찰부장 장택상 씨가 조정에 출마하게 되었다. 5월 6일 장 경찰부장은 쟁의단 농성 현장에 경관을 파견하여 해산을 요구하였으나 강철 같은 노동자의 단결은 오히려 미동조차 않았다. 이에 장 경찰부장은 쟁의단 대표와 회견하고 자신이 출마하여 원만하게 해결을 짓게 할 것을 언약하였다. 농성단은 장 경찰부장을 전적으로 신뢰하고 퇴진하기로 하여 6일 오후 7시 일단 농성을 풀었는데 7일 오전 10시 쟁의단 대표 이광수 씨 외 5명, 전평 문은종 씨 외 2명, 화신 경영자 측 윤우식 씨 외 1명, 경찰부 측 장 경찰부장과 수사과장 등이 회합하여 타합회를 열었다. 이에 장 경찰부장은 '회사 측은 무조건 하고 해고자 전원을 복직시킬 것. 쟁의단 측은 무조건 복직할 것'을 제안하여 쟁의단은 이것을 승인하고 회사 측은 8일 정오까

〈표 2〉 화신백화점 쟁의일지[30]

1945년

10. 4	오후 4시 화신백화점 노동자 700명이 종업원대회를 열어 생활대책위원회 조직. 문석태를 위원장으로 선출. 부사장에게 〈요구서〉 제출.
10. 8	부사장, 요구와 관련해 대답하겠다고 했으나 대답하지 않음.
10. 9	오전 11시, 부사장, 자신은 사표를 제출해 대답할 자격이 없으므로 사장에게 제출하라고 말함. 사장에게 〈요구서〉를 제출했지만 거부당함. 노동자들은 대회를 열어 생활대책위원회를 화신종업원자치위원회로 개편하고 위원 25명을 선출.
10. 10	사장, 전 종업원을 소집하여 중대한 발표를 하겠다고 했으나 이행하지 않음.
10. 11	자치위원회, 대외적으로 성명서를 발표. 전체 위원이 사장 자택을 방문하여 교섭을 시도했으나 실패.
10. 12	오전 11시 30분, 미군 헌병 4명이 일본인 경찰 보조관 2명과 일본인 통역관 1명을 데리고 와 화신백화점에서 문석태 위원장을 연행. 문석태 위원장, 도청 정보과 별실에서 취조를 받고 헌병과 함께 박흥식을 면담한 뒤 4시간 만에 석방됨. 오후 5시 석방.
10. 13	오후 1시, 경전 2층에서 군정청 광공부장 대리, 문석태 위원장, 박흥식 사장의 3자 회담이 열려 〈요구서〉 검토, 타협하지 못함. 군정청의 '군정 당국이 화신을 접수하겠다.'란 최후 선언으로 이날 회담 끝맺음.
10. 15	새로운 사장으로 임명 받은 쉐이너 중위가 화신백화점을 방문해 '오늘부터 화신은 미군정 당국에서 관리한다.'라며 11월 1일부터 개점하겠다고 발표함.
10. 19	군정청 농상국 생필과장이 화신백화점을 방문해 군정청의 화신 접수를 부인하고 박흥식과 종업원의 협조를 권고.
11. 5	박흥식, 조회 때 종업원의 요구를 곧 실시하겠다고 언명.
11. 15	박흥식, 자치위원회를 인정하지 않고 백화점 개점은 군정청의 명령이라고 강조. 아울러 '금후의 불령不逞 종업원은 해고한다.'라고 선언. 자치위원회 대표 문석태, '이번 개점에 있어서도 박 사장에게 굴복하여 야합한 것이 아니라 군정청과 협력한다는 의미에서 전 종업원의 총의에 의한 것이다.' 라고 발표.
11. 17	화신종업원자치위원회를 해산하고 종업원조합을 결성.
11. 22	이날부터 교섭위원들에 대한 위협, 권고 사직, 강제 해고, 좌천 등이 이어짐.

11. 26	종업원 대회 개최, 총사직 결의.

1946년

1. 22	노동자들, 종업원대회를 열고 사장이 승인한 5개 조건의 즉시 실시를 결의. 1월 24일 정오까지 답변하라고 회사 측에 요구.
1. 27	오후 2시 종업원대회의 결의로 해고 반대, 대우 개선, 조합 승인 따위의 요구 조건을 최후 통첩의 형식으로 회사 측에 제출.
1. 28	사장은 면담을 회피. 사원 채용 광고를 신문에 내는 한편 노동자 124명을 해고.
1. 30	정자옥·동화·평전·한일백화점 노동자들이 방문해 격려문과 기금을 전달.
2. 7	약 40명의 신입 사원을 점내에 배치시키는 등 회사 측과 경찰의 강압적 태도에 분개한 노동자들 전평 일반봉급자조합에 연락.
2. 26	해방일보사 사원과 노동자들, 화신백화점 노동자들에게 쟁의 기금과 격려문을 보냄.
3. 13	노동자 측, 3월 13일부터 8차례에 걸쳐 회사 측과 교섭 시도.
3. 27	사장 박흥식이 나올 때까지는 어찌할 수 없다는 부사장 윤우식의 무성의한 태도에 노동자들은 농성 경고문을 보내고 농성 시작. 종로경찰서 정보과 백화점 내 전단과 투쟁뉴스를 몰수하고 중재를 하겠다고 나섬. 오후 5시, 형사와 무장 경찰 5명 입회 아래 부사장 윤우식, 상무 이종민과 노동자 측 교섭위원 2명이 8시까지 교섭했으나 실패. 경찰은 교섭위원 25명을 8시경 경찰서에 인치, 9시 5분경에 교섭위원 25명 화신백화점 본관으로 돌아옴.
3. 28	회사 측 부사장과 노동자 측 교섭위원이 만나 교섭하기로 했으나 회사 측이 교섭을 회피하고 행방을 감춤.
4. 19	노동자들은 문제의 즉시 해결을 요구하며 쟁의 돌입.
4. 20	다섯 차례에 걸쳐 교섭이 미루어졌고, 회사 측은 교섭원에게 "요구 조건은 하나도 들어줄 수 없으며 해고자 200명 중 20~30명만 골라 쓰겠다."라고 말함. 이에 격분한 교섭위원 이경란이 그 자리에서 졸도해 입원. 교섭위원들 경찰에게 끌려 나와 해산 당함.
4. 21	쟁의단 전체 대회를 열고 위원만이 앞에 나설 것이 아니라 전평 일반봉급자조합의 지도 아래 200명 쟁의단 전체가 제일선에 나서서 직접 회사와 싸우기로 결의.
5. 3	농성 시작. 오전 10시 무장 경찰 10여 명이 무조건 해산을 강요. 박흥식, 오전 11시부터 개정된 배임혐의 재판에서 무죄 언도 받음.

	화신 쟁의단 2백 명은 개정 30분 전부터 '해고를 즉시 취소하라.'라는 슬로건을 내걸고 시위.
5. 4	노동자들은 사교실을 점거하고 매장에서 시위. 회사 측에서 폭동이 일어났다고 신고하여 경찰 10여 명이 출동.
5. 5	'농성비 지불, 사건의 악질 책임자 축출, 이경란에 대한 위자료 지불' 등을 결의하고 회사 측에 요구. 어린이날 기념식에 참가했던 삼화견직 노동자들이 쟁의단 농성 본부를 찾아와 격려금 5백여 원 전달. 그 뒤에도 삼화견직 대표 이영분, 이영순, 황명자 외 10여 명이 찾아와 춤과 노래로 위문.
5. 6	전평 선전부, 화신 쟁의에 담화 발표. 오후 4시, 장택상 경찰부장의 지령으로 경찰관 60여 명이 화신 사옥을 포위하고 저녁 6시까지 해산을 명령. 노동자들 5명의 대표를 경찰부장에게 파견해 경찰부장으로부터 쟁의 해결을 약속 받은 뒤 해산.
5. 7	오전 10시 경기도 경찰부에서 화신 부사장 윤우식, 서기 최을성, 장택상 경찰부장, 노덕술 형사과장 입회 아래 종업원 대표 한성택 이하 4명, 전평 문은종·김동화·문석중 등이 모여 타협한 결과 '해고자 전원 복직' 등 합의안 도출. 이에 대하여 8일 오전까지 박흥식 사장의 최종 답변을 하기로 함.
5. 8	회사 측, 최종 답변을 정오로 미룬 뒤 회의 중이라 변명하고 행방 감춤.
5. 9	쟁의단, 대기 상태. 신규 취업한 노동자들이 쟁의단을 찾아와 적극 협력 의사를 표함.
5. 11	오후 2시경 화신백화점 윤우식 부사장이 장택상 경찰부장과 노덕술 형사과장을 방문하여 이 문제를 상의하고 전평 대표 문은종과도 숙의함.
5. 12	노사 대표와 전평 문은종 등이 모여 쟁의조정회의를 개최.
5. 13	오후 3시경에 쟁의단 대표와 화신백화점 전무 박병교 회동.
5. 14	박병교의 사택에서 노사 대표와 전평 대표가 협정서에 날인.
5. 15	최종 협정 체결.

지 회답하기로 약속하고 이날은 산회하였는데 그 결과가 극히 주목된다.[31]

미군정청 노동국이 아니라 경기도 경찰부장이 나서서 조정을 성사시켰다. 미군정청 관리들은 쟁의 초기인 1945년 10월 '화신 접수극'이라는 해프닝을 일으킨 이외에 공식 개입은 하지 않았다. 반면 경기도 경찰부장, 종로경찰서 수사과 형사들이 개입해 노사 양측을 압박해 협상장으로 이끌었다. 그렇다면 미군정청 노동국은 자기 임무를 방기하거나 다른 업무에 바빠 관심을 기울일 여유가 없었던 것일까? 아니면 귀속 재산이 아니기 때문에 노동국 소속의 업무라 생각하지 않았는가? 이를 어떻게 이해해야 하는가?

그런데 이를 일상성이라는 틀에서 파악한다면 미군정의 태도를 이해할 여지는 있다. 미군정은 정책이나 정견 발표에서 '민주주의 국가 건설'이라는 과제를 염두에 두고 업무를 진행하고 있음을 밝히곤 했다. 그러나 일상생활에서 미군정의 정책은 이념과 어긋난 때가 많았다. 곧 절차적 민주주의나 과정을 중시하는 태도는 전혀 실현되지 않았다.

일상에서 민주주의 원칙의 무시나 과정의 무시 그리고 경찰의 개입으로 인한 해결은 8개월 동안 이루었던 성과도 곧장 아무것도 아닌 것으로 바뀌어 놓았다. 1946년 8월 15일, 기념행사 동원에 대해 화신백화점 상무이사는 "화신은 단체적으로 미군정 기념행사에 참가하고자 전 종업원에게 이에 참가할 것을 강청한다. 만일 이에 복종치 않는 자가 있다면 사태 여하에 있어서는 단호한 처단이 있을 것"이라고 노동자에게 경고했다.[32] 1947년에도 화신백화점과 그 계열사인 흥한피복회사에서의 노동 착취는 자연스럽게 이루어졌다.

> 그 내용을 듣건대 일정한 노동 시간이 8시간제로 규정되었고 적당한 시간에 능률을 보지하여야 할 민주주의 사회의 노동법령을 도외시 하

고 동 본점에서는 약 3백 명에 대한 시간 초과로 인한 월급 차액이 실로 작년 11월부터 금년 4월까지에 걸쳐 일직, 숙직, 특무 등을 내포하여 총액이 약 90만 원에 달하고 있다고 한다.[33]

상경 투쟁의 원조, 동양방직 인천공장

메이데이 참가와 400여 명의 상경 투쟁

1946년 6월 3일, 동양방직 인천공장 노동자들의 상경 투쟁은 서울을 발칵 뒤집어 놓았다. 1979년 187명의 YH무역 여성 노동자들의 신민당사 농성이 박정희 정권을 긴장시켰던 것처럼 동양방직 인천공장 노동자들의 상경 투쟁은 미군정뿐만 아니라 맥아더사령부까지 긴장시켰다. 동양방직 인천공장 노동자들의 쟁의는 3개월 동안 진행됐다. 그 과정은 143쪽 〈표 3〉과 같다.

1946년 5월 5일, 동양방직 인천공장은 아침부터 소란스러웠다. 공장장이 노동자들에게 일요일에도 출근해 작업을 하라고 강요했기 때문이다. 공장장의 일요일 작업 요구는 5월 1일 수요일에 9백여 명의 노동자가 메이데이 기념식에 참석하느라 일을 하지 않았기 때문이었다. 5월 5일, 노동자들이 이를 인정할 수 없다며 반대하자 공장장은 경찰에 연락해 노조 분회 간부 윤근수, 김선근를 검거하도록 했다. 이에 분노한 여성 노동자들이 사무소 앞에 모여 '동무들을 내놓지 않으면 일도 할 수 없고 이 자리도 움직이지 않겠다.', '돈밖에 모르는 공장장, 직공을 기계와 같이 부려 먹자는 공장장, 너는 산업 건설의 방해자이다.' 라고 외치며 시위하자 경찰은 다시 신옥녀 등 여성 노동자들을 연행했다.[34] 연행됐던 7명의 노동자가 석방된 뒤 공장 측은 윤한수, 김정애 등을 전근 또는 해고시켰다. 이에 노동자들은 "악질 공장장, 사무장, 사감을 배격한다, 해고된 동무를 복직시켜라."라는 조건을 내걸고 투쟁을 전개했다.[35] 결국 5월 25일, 노동자들은 다음과 같은 10여 개의 요구 조건을 내걸고 총파업을 단행했다.

1. 악질 공장장, 사무장, 사감을 축출하라!
2. 해고된 김정애를 즉시 복직시키고 윤한수의 전직을 취소하라!
3. 종업 후 외출과 기숙사 내의 활동의 자유를 달라!
4. 기숙사의 사감은 종업원의 선거로 임명하라!
5. 8시간 노동제를 실시하라!
6. 공일空日 유급 휴가제를 실시하라!
7. 기본임금 1일 최저 2원 50전을 15원으로 올리라!
8. 물가 수당을 균일하게 1일 30원으로 올리라!
9. 제품 배급을 즉시 실시하라!
10. 노동조합을 승인하라!
11. 후생 시설을 속히 정비하고 확충하라![36]

노동자들의 쟁의가 지속되자 5월 29일 군정청 섬유과장 샤태트가 30일까지 문제를 해결해 주겠다며 '(노동자들이) 전평의 지시를 받는데 대해 승인할 수 없으니 노조의 재조직과 간부 명부의 군정청 제출'을 요구하자 노조가 이를 즉시 거부하면서 긴장이 더욱 고조되었다.[37]

이날 노동자 대표들은 강제 해산을 피해 서울로 올라와 동양방직 본사 관리인 최남과 교섭을 시도했다. 그러나 5월 30일, 공장장은 '회사 말에 순종치 아니하면 총 해고이고 이는 러치 군정장관 명령이다.' 라고 선언하고 농성하는 노동자에게 소방 호스로 소독수를 30분 동안 뿌렸다.[38] 다음날 공장장은 남녀 노동자 17명을 해고했다. 이어 6월 1일에는 농성하는 여성 노동자들을 트럭에 실어 부평과 소사의 비 내리는 들판에 내다 버렸다. 이에 대해 김정애는 "이 진상을 군정 당국·본사에 진정·교섭하여 원만 해결을 지으려 왔다. 우리는 요구가 관철될 것을 확신한다."라고 심정을 토로했다.[39]

6월 3일, 동양방직 400여 명의 노동자들은 서울로 올라왔다. 그들은 전평회관에 머물며 본격적인 상경 투쟁에 돌입했다. 쟁의단에 참가한 노동자 이병환(26)과 정구련(17)은 자신들의 결심을 이렇게 밝혔다.

> **이병환** | 동양방적 인천공장에서 일하는 종업원은 남녀 합해서 9백 명인데 현재 공장에서 취업하고 있는 직원은 백 명 정도이다. 이들도 우리와 보조를 같이 할 것이다. 무장 경관의 경위로 말미암아 나오지 못하고 마음에 없는 취업을 하고 있는 형편이다. 현재 20여 명의 동무가 해고를 당하고 있는데 한 사람이라도 희생자를 낼 수는 없다. 우리들은 열 가지 요구 조건이 관철될 때까지 최후까지 싸울 결심이다.
>
> **정구련** | 나는 7개월 전부터 동양방적 공장으로 왔는데 처음에 여공을 모집할 때 하루에 광목 두 마 반 씩 배급해 준다는 거짓말에 속아 왔어요. 7개월이 되어도 광목 배급은 여덟 마밖에 받지 못했어요. 나는 일급 4원 50전에 물가 수당 22원을 받고 있는데, 식대 225원 외에 치료비 등을 물고 나면 한 푼도 남지 않아요. 현재의 대우로는 생활이 되지 않아요. 남자 동무들과 단결을 굳게 하여 요구 조건이 승인될 때까지 싸워 나갈 작정입니다.[40]

400여 명의 노동자 상경 투쟁이 알려지자 신문은 '동방 쟁의 속보'라며 이를 다루었다.

> 동양방적 인천공장의 쟁의는 3일부터 공원의 반 수 이상이 취업하여 조업을 계속 중이고 미취업자들은 이미 귀향한 자도 있고 약 3백 명은 재작 3일 대표를 서울 군정청에 보내어 진정 운동을 하였으나 군정 당국의 방침은 자못 강경하여 아무 효과도 얻지 못하고 돌아온 모양이다. 그리고 동방 당국은 군정청의 지시에 의하여 취업하지 않고 공장 외에서 (있는) 공원을 이미 해고한 것으로 하고 대신 공원을 채용할지언정 복직시키지 않을 방침이라 한다.[41]

『대중일보』는 '동방 공장 쟁의 속보'라 알리면서 노동자의 절반은 작업하고 있고, 공장으로 복귀하지 않은 일부는 귀향했으며, 약 300명은 군정청에 진정 운동을 했으나 아무런 성과도 얻지 못했는데 이들은 해고 당할 것이라고 알렸다. 『대중일보』는 동방 쟁의단의 미래를 상당히 비관적으로 다루면서 미군정과 공장 경영주가 강경한 태도를 보이므로 농성이 무의미하다고 알렸다. 반면 『청년해방일보』는 아래와 같이 사람들의 관심이 더욱 뜨거워지고 있음을 알리고 있다.

> 6월 3일에는 400여 명이 경성에 있는 본사와 항쟁하기 위하여 상경하고 지금 감금 당하고 있는 종업원들도 탈출하여 합류하고 있다. 이에 대하여 이 사건의 진상을 알게 된 일반 시민들은 민족적, 동포애적 입장에서 사회의 동정과 여론을 일으키고 널리 기금, 위문품 등을 보내어 후원할 것을 강조하고 있다. 그리고 지금 싸우고 있는 종업원의 대

부분이 여공인 만큼 이 사건과의 관련을 통하여 남·여공의 차별 대우 철폐, 부인해방운동의 강화를 강조하고 있다. 그리고 일반 직장, 작업장에서는 노동조합의 탈을 쓰고 노동자를 착취, 억압하려고 하는 이 대한노조의 본질을 폭로하는 동시에 이 동방 쟁의를 적극적으로 후원하여야 할 것이다.[42]

그 후 인천에 남아 있는 직공들도 감시를 뚫고 속속 상경 합류하고 있는데 5일에는 직공 10여 명이 잔류 직공의 격려문과 돈 4백 원을 가지고 상경, 합류하여 비장한 결의로써 호소식을 기다리며 농성하고 있다.[43]

『대중일보』의 보도와 다르게 5일에는 잔류했던 노동자 10여 명이 서울로 올라와 합류했고, 격려문과 기금도 모아왔다. 전평회관을 찾아온 여성 노동자 김종순은 다음과 같이 공장 내의 생활을 말하고 있다.

공장 내에 남아 있는 공원 2백여 종업원에 대하여 기업주 측에서는 전에 보지 못한 식사를 주고 있으며 '축출 당한 노조 사람들은 악질분자이고 지금 밥을 굶고 있다. 그들의 말을 듣지 않은 여러분은 선량한 사람이다.'라고 바깥 사람들을 욕하고 있습니다. 그러나 우리는 죽어도 동무들과 같이 죽겠다는 의분심에서 탈출하였습니다. 그리고 남아 있는 동무들이 없는 주머니를 털어서 모은 의연금 천오백 원과 격려문을 가지고 왔습니다.[44]

상경한 노동자들은 6일에는 미군정장관을 비롯해 상무부장, 노동국장, 제1관구 경찰청에 진정서를 제출했다. 7일에는 각 정당, 사회단체, 언론기관을 방문하여 호소했다.

동방 쟁의단, 6·10시민대회 참가

10일, 동방 쟁의단은 서울운동장에서 개최된 6·10시민대회에 참가했다. 이때의 광경은 아래와 같다.

> 오전 10시 반경 인천 동방 쟁의단 450여 명이 만뢰와 같은 박수와 환호를 받으며 '인천 동방 쟁의단 승리 만세', '공장 폐쇄와 강제 해고를 일삼는 반동 기업가를 배격하자!'라는 플래카드를 선두로 회장에 입장하여 왔다. 해방의 노래를 고창하며 운동장을 일주하는 어린 여직공들의 안면에는 '우리의 요구를 관철시키고야 말겠다.'라는 열렬한 결의가 넘쳐흐르고 대회 도중에 단상에 뛰어오른 여공 대표 김정애 양(22)은 북받쳐 오르는 울음소리로 억울한 사정을 호소하여 만장의 시민의 동정과 의분의 눈물을 자아냈다.
>
> "여러분! 우리는 밥을 굶어가며 지금 투쟁하고 있습니다. 기업주들은 우리를 개나 돼지 같이 공장으로부터 쫓아냈으며 심지어 소독약을 뿌려 트럭에 실어다가 먼 곳에 갖다 버리기까지 하였습니다. 이 얼마나 비인도적 행위입니까? 그리고 서울에 와서도 각 정당과 사회단체를 역방하여 동정과 구호를 구하였으나 오직 전평을 비롯하여 조선공산당, 인민당, 신민당이 따뜻한 위로와 격려를 하여 주었을 뿐이고 한국민주당, 신한민족당 등은 눈도 부릅뜨지 않았습니다." 양은 다시 계속하여 "이 얼마나 무도하고 분한 일입니까? 입으로만 노동자를 위한다, 근로대중의 이익을 옹호한다고 말하는 그들이 한없이 밉살스러웠

습니다. 그러나 우리들은 싸울 것입니다. 무엇이 닥쳐오든지 우리는 이기고야 말 것입니다."

이 말이 끝나자마자 감동된 시민은 긴급 동의로 동방 쟁의단을 적극적으로 후원하자는 결의를 하는 한편 즉석에서 동정금이 속속 거출되는 등 감격의 장면이 전개되었다.[45]

6·10시민대회 참가 뒤, 동양방직 인천공장 노동자를 지지하는 분위기가 무르익었다. 그런데 그날 밤 여성 노동자가 유산하는 일이 발생했다. 상경, 농성하고 있던 임신 5개월의 이정숙(25)이 영락정 인민병원에서 유산을 한 것이다.

> 5월 30일 인천시청 앞에서 30분 동안이나 물벼락을 맞아 놀라기도 하고 추워 떨기도 하였습니다. 그 후 공장에서 허리를 얻어맞아 늘 허리가 아팠습니다. 그러던 중에 상경하게 되었는데 9일 저녁부터 하혈을 하게 되고 10일 오후에는 하부 복통이 격심하더니 이렇게 되었습니다.[46]

유산 사실이 알려지자 『청년해방일보』는 '비인도적 만행으로 여자는 낙태까지 하였다.'라고 알렸으며 "동포여! 우리 조선에는 아직 이러한 비인도적 죄악이 공공연하게 행하여지고 있다. 이것을 참을 것인가?"라며 격분하는 기사를 내보냈다.[47]

시민대회를 끝마치고 동양방직 쟁의단은 본사 측과 교섭하기 위해 동양방직 본사 앞까지 행진했다. 그런데 기마경찰대가 그들을 가로막았다. 11일, 전평은 다음과 같은 담화를 발표해 군정 당국이 쟁의 해결에 나설 것을 요구했다.

> 10일의 시민대회는 뜻있고 감격에 넘치는 날이었다. 그런데 동 쟁의단이 대회 해산 후 동방 본사 앞에 이르러 행렬을 멈추고 대표자로 하여금 본사 측과 사건 급속 해결을 위하여 교섭케 하였던바 필요 이상의 기마경관대 출동으로 어떤 사람들의 감정을 자극한 것은 대단히 유감으로 생각한다. …… 군정 당국은 쟁의단에 대하여 정당한 이해와 성의 있는 노력을 베풀고 있으므로 이 쟁의는 불원간 원만히 해결될 것을 확신 고대하고 있다.[48]

쟁의단의 승리, 다시 공장으로!

6월 11일, 동양방직 노동자 대표 김정애 외 6명, 전평 대표 문은종·한철, 군정청 상무부장 존슨, 노동국장 워크, 노동국 고문 할러웨이 등이 군정청 노동국에서 회의를 열었다. 이어 오후에는 맥아더사령부 노동고문위원회 위원장 폴 앨스 다지와 위원 윌리엄 H. 맥그와손이 노동자 대표 김정애, 최성팔과 예비 회담을 열었다. 회담 뒤 맥그와손은 해결 방침을 아래와 같이 밝혔다.

> 검속자 석방은 자기 권한 밖이다. 그러나 석방하도록 노력하겠으며 피해고자의 해고 취소를 하겠다. 그리고 제시한 요구 조건은 인천 노무조정위원회에 일임하여 해결하되 그 문제 해결에 한하여 종래 노무조정위원회에 노동국 1명, 전평 3명, 종업원 대표 3명을 참가시켜 동회를 구성하여 해결하도록 하겠다.[49]

해고 취소와 요구 조건은 노동조정위원회를 열어 해결하겠다는 내용이다. 다음날인 12일, 오전 10시부터 오후 7시까지 상무부장 존슨, 섬유과장 바버, 노동국장 워크, 노동국 고문 할러웨이, 디켈나 박사, 맥아더사령부 노동 고문 스탄드휠드와 맥그와손, 오계선 동방 전무, 전평 대표 문은종·한철, 쟁의단 대표 김정애·신홍렬·최성팔 등이 참가한 가운데 회담이 열렸다. 이날 회담 결과 "구금된 종업원은 곧 석방한다. 30일 해고된 사람들의 복직은 중앙노동조정위원회서 판결한다. 요구 조건은 노동국, 전평, 종업원, 회사가 협의하여 결정"하기로 합의했다.[50] 13일 오후에는 상경 농성 중이던 노동자 4백여 명이 공장으로 복귀하기로 결정했다. 이에 대해 "쟁의가 시작된 지 2주일 만에 쟁의단의 거의 전면적 승리"(『조선인민보』), "노동쟁의에 획기적 진보"(『중외신보』), "쟁의단의 요구를 전면적으로 수락"(『독립신보』)이라는 평가가 쏟아졌다. 13일 오후 서울을 떠나 밤 10시 반 상인천역에 도착한 쟁의단의 모습이다.

> 쟁의단 일동은 피로의 기색도 없이 투지와 산업 건설의 의욕이 충만하여 철로 연변에서 모내기 준비를 하는 농민들과 오류동 앞에서 수백 명 노동자의 열렬한 환영과 격려를 받으면서 10시 반 상인천역에 도착하여 질서정연하게 대열을 지어 공장을 향하여 행진하였다. 이 씩씩한 쟁의 부대의 귀환을 환영, 인천의 노동자를 비롯한 수천 시민은 노도와 같이 몰려와 열광적으로 그 승리를 축복하여 그 투지를 더욱 북돋아 주었다.[51]

다음날 전평은 '완전한 해결이 완료되기 전이지만 생산을 중단할 수 없어 공장에 복귀하고 전평과 노동조합을 단체교섭자로 인정, 사건 해결에 큰 역할을 한 노동국장 및 맥아더사령부의 노동 관계자에게 감사한다.'라는 내용의 담화를 발표했다.[52] 동양방직 쟁의단도 아래와 같은 성명을 발표했다.

> 우리가 공장으로 돌아간 이유는 이러하다. 1. 군정청 존슨 상무부장, 워크 노동국장, 맥아더사령부 노동 고문 스탄드휠드 씨, 맥그와손 씨, 비체넹 씨와 바버 섬유과장 등 제씨와 누차 회담한 결과 피검자, 해고자 및 요구 조건 전부에 대하여 원만해결의 방식이 상호간에 해결되었다. 2. 우리가 절대로 신뢰하는 전평의 단체대표권이 군정 당국에 의하여 확인되었으므로 군정과 전평을 믿고 전평의 지시대로 복귀하는 것이 옳다고 생각한다. 3. 이와 같은 양해에 도달된 이상 수속이 완료될 때까지 약간의 시일을 요한다는 군정 당국의 입장을 존중하여 그간 생산을 중단하고 있었던 것은 우리의 본의가 아니었기 때문에 생산을 계속하는 것이 건국에 이바지하는 길이라고 생각한다. 4. 금번 쟁의를 통하여 회사 측의 모략, 탄압, 해고, 매수, 구타 등 여하한 수단에 대해서도 우리 조합원 일동은 언제든지 대항할 수 있고 또 이겨낼 수 있다는 불굴의 신념을 한층 더 굳게 하였다.
>
> 이와 같이 우리는 이번 사건이 원만히 해결될 것이라고 믿고 또는 여하한 일이 있더라도 승리하고야 말 결의를 가지고 산업 건설을 위하여 돌아간다. …… 특히 6·10기념대회에서 열성적 성원을 표시한 수십만 서울시민 여러분에게 감사를 드리며 이와 같은 지도성원에 대하여 우리들이 보답할 길은 오직 국가를 위하여, 노동자 계급의 이익을 위하여 한층 더 굳게 단결하여 분골쇄신하는 것뿐이라는 것을 여기서

또 다시 천명한다.

1946. 6. 13 전평 조선섬유노동조합 인천 동방 분회 동양방적회사 인천공장 쟁의단 일동[53]

쟁의단도 요구 조건과 해고자 문제에 대한 구체적 방안이 제시되지 않아 문제 해결에 약간의 시일이 필요하지만 군정 당국과 전평의 요청으로 산업 건설의 임무를 수행하기 위해 복귀함을 알렸다. 또한 쟁의를 통해 회사 측의 탄압에 언제든지 대항하고 이겨낼 수 있다는 신념(경험)이 생겼음을 선언했다.

강제 날인 소동과 노동조정위원회

노동자들이 공장으로 복귀한 다음날부터 이른바 강제 날인 소동이 일어났다. 6월 15일 밤 공장 측은 쟁의기간 공장에 남았던 노동자들에게 작업복을 나누어 준다는 구실로 모이게 했다. 이 자리에서 노동자들은 내용을 알 수 없는 한 서류에 무조건 도장 찍기를 강요받았다.[54] 이 서류는 '해고자 복직 반대 진정서'였다. 같은 일이 동양방직 영등포공장에서도 벌어졌다. 18일, 영등포 동양방직 노무과 차장 등 20여 명의 직원이 총동원 되어 '해고자 복직 반대 진정서'의 내용을 알리지 않고 노동자들에게 날인을 강요했다. 이를 거부한 노동자들에게는 협박과 구타가 이어졌다.[55] 영등포공장 노동자들은 "김숙화 양을 중심으로 노동자로서 노동자를 죽일 수 있느냐, 도장을 찍은 것은 우리의 자유로운 본의가 아니라고 회사의 불법한 행동에 반대하고 일어섰다."[56] 이에 19일 아침 공장 측은 김숙화를 해고했다. 강제 날인은 19일에도 이어졌다. 공장 측은 노동자들에게 '민주주의가 좋으냐, 공산주의가 좋으냐?'

하는 질문을 내고 백지에 도장을 찍으라고 강요했다.[57] 노동자들은 강제 날인 사실을 전평을 통해 노동국에 알렸다. 20일, 노동조정위원회를 개최할 예정이었지만 강제 날인 사건으로 결국 미루어졌다. 22일, 노동국 고문 할러웨이 소령과 전평 문은종이 동양방직 인천공장으로 내려와 인천 CIC Counter Intelligence Corps(방첩대)의 입회 아래 강제 날인 사건을 조사하고 이에 대해 회사 측에 주의를 주었다. 또한 할러웨이는 사감과 직원 그리고 노동자들에게 전평이 노동자의 이익단체라고 역설했다.

6월 25일, 노동국, 전평, 동방 노동자, 회사 측 대표가 참석한 노동조정위원회가 개최됐다. 노동조정위원회에서는 쟁의단의 요구 조건과 해고자 19명의 복직 문제를 분리해 복직 문제를 먼저 다루었다. 그 뒤 여러 차례에 걸쳐 노동조정위원회가 열렸는데 회사 측에서는 해고된 19명 가운데 6명은 어떠한 일이 있더라도 복직시킬 수 없다는 이유서를 조정위원회에 제출했다. 전평과 피해고자도 이에 대한 반박서를 제출했다. 이를 심의하기 위한 조정위원회가 7월 10일에 열렸지만 결정을 내리지 못했다.

해고자 복직 문제는 6월 25일 조정위원회에서 처음 이 문제가 논의되어 8월 9일 이르러서야 결론이 내려졌다. 조정위원회는 해고자 19명 가운데 선동의 책임이 있는 2명을 제외한 17명만 복직시키기로 결정했다. 이에 대해 전평은 노동 당국의 무성의한 해결 태도와 해고 이유가 부당하다며 아래와 같이 성명서를 발표했다.

> 우리 전평으로서는 그 발표 내용에 대해서 큰 불만을 가지는 것은 물론이거니와 그 이상으로 다음과 같은 점의 중대한 관심을 가지고 있다. 첫째로 금번 19명의 해고 문제가 중앙노동조정위원회에 상정된 지 2

개월, 노동조정위원회에서 심사가 끝나고 상사의 결재를 상고한 지 1개월이 경과한 지난달에 이 결정이 발표되었다는 데 대하여 우리는 요로 당국이 확실히 불성의했다는 것을 지적치 않을 수 없다.

둘째로 회사 측의 공약을 무시하고 쟁의단원이 공장에 복귀한 그 이튿날부터 종시일관의 종업원에 대하여서 배구倍舊의 인권 유린 행위를 자행하여 왔고 당국은 이를 묵인한 끝에 지나간 8월 3일 인천 평안청년회원, 영등포 대한노조원 700여 명을 동원해다 놓고 테러, 협박, 위협의 수단으로써 종업원을 강제하여 동방 인천공장에 대한노조를 결성한 다음에 이번 발표가 있었다는 사실과의 사이에는 확실히 우리 노조를 파괴키 위한 모략이 움직였다는 것을 인정치 않을 수 없다.

셋째로 우리 전평의 분회가 있는 공장에 이름만 노동조합이지 기실은 반동 기업가들이 만든 폭력단인 대한노조를 결성시켜 놓는다면 공장의 평화가 유지될 것인가? 또 복직되는 17명의 간부가 아무 지장 없이 일할 수 있는가? 참으로 공장의 명랑화와 생산에 능률을 목적으로 문제의 해결을 하고 있다고는 보기 곤란하다. 이러한 의미에 있어서 만약 당국이 앞으로도 이러한 방향으로 나간다면 전 노동자는 군정청의 노동 행정과 노동조정위원회에 대해서 불신하게 될 것은 불가피의 귀추로 될 것이다.[58]

전평은 윤근수와 신홍례의 해고 부당성을 알리며 노동조정위원회에서 심사가 끝난 1개월이나 지나서 발표한 행위와 전평 분회가 있는데도 대한노조 결성을 인정한 군정 당국의 노동행정이 노동조정위원회에 대한 불신을 가져왔다고 제기했다.

동양방직 인천공장 쟁의는 이렇게 정리됐다. 그 뒤 동양방직 인천공장의 소식은 1947년 7·27 남산인민대회 참가로 일부 노동자들이 불법 납치와 폭행·부상당했다는 정도였다.

미군정과 적산 공장의 관리

동양방직 인천공장은 적산으로, 미군정 당국이 임명한 관리인에 의해 운영됐다. 이는 "현재 조선에 있는 공장의 대부분은 과거 일제 시대에 일본인에게 속해 있던 것이 사실이고 그것을 미군정청으로부터 위탁받아 경영하는 것이 현재의 기업가임은 틀림없는 사실이다. 그러므로 공장 운영에 있어 약간의 보증금을 적립하고 기업을 인수한 관리자들은 자기 자신의 사입仕入에 의한 코스트 계산을 모르고 손익 계산을 모르고 있는 원료와 재고품만을 제조 방출함으로 이익을 추구하는 것도 부정할 수 없는 일이다. 그렇다면 이것은 결코 관리자 측의 절대적인 발언권만을 인정할 수 없을 것이며 더구나 산업 증진과 계획이 자본가만의 힘으로만 달성되는 것이 아니라 노동자의 노동력을 빌지 않고는 도저히 불가능함을 생각할 때 이것은 한층 더 기업가의 반성을 촉성하여 마지않는 바이다."라는 지적처럼 관리인의 태도가 중요했다.[59] 이런 까닭에 동방 쟁의는 "기업가 측의 불합리하기 짝이 없는 예"로 지적됐으며 동양방직의 관리인은 악질 모리배의 표본이며 일제 잔재의 대표적 존재라며 국가 건설의 암이라 규정당하기도 했다.[60] 동양방직 쟁의는 적산과 관련된 미군정의 노동 정책, 관리인 문제, 대한노총 지부의 결성을 둘러싼 대립 따위로 복잡한 문제가 얽혀 있었다. 이에 대한 관심과 보도도 크게 두 방향으로 나뉘었다.

노동자의 명절인 메이데이 날 쉬었다고 일요일 날 일하라든가, 반동

> 노동조합에 참가를 강요하다가 거절당하였다고 딴 구실을 만들어 해고 또는 전직시킨다든가, 외출 및 기숙사 내의 활동의 자유를 구속하는 등 …… 일제 시대와 같은 식민지적 착취를 해방된 날에도 함은 양심이 있는 관리인이라면 도무지 할 수 없는 일이다. 그것은 아직도 강도 일본 제국주의자가 가득한 …… 노동자를 모욕하고 비인간적 행동을 감행하는 악질 관리인에 대하여 그 관리의 취소를 요구 …….[61]

> 그들의 요구 조건의 핵심은 기본임금과 물가 수당의 대폭 인상과 8시간 노동제 실시에 있는 모양인데 임금 인상으로 말하면 …… 아무리 회사 측이 대우를 올리려 하더라도 군정 당국이 용인치 않는 문제로서 이 문제는 전기 임금 통일안이 발표되지 않는 동안은 해결되지 못할 사정인 모양이고 또 8시간 노동제의 실시 문제는 …… 주식 시간 1시간을 포함시켜서의 8시간이므로 기실은 7시간 노동을 실시하라는 요구인데 선진 미국에서도 현재는 정미正味 8시간 노동제를 채용하고 있는 형편임에 비춰 물자가 부족하여 곤란을 겪어오는 재건도상의 우리 산업으로서는 도저히 용인할 수 없는 요구 조건이라는 것이 당로자의 의견인 모양이다.[62]

전자는 『청년해방일보』, 후자는 『대중일보』의 기사이다. 둘 다 노동자들의 요구 조건을 제시하면서 이를 평가한다. 전자는 여성 노동자를 착취하고 행동의 자유를 구속한 행위나 반동 노조(대한노총)를 만드는 행위는 일제 강점기에나 가능한 일이지 해방공간에서 도저히 있을 수 없는 상황임을 강조하며 '악질 관리인의 관리 취소'를 제기하고 있다. 후자는 미국도 8시간 노동제인데 7시간을 노동을 요구하는 노동자의 요구가 지나치고 모든 결정은 군정 당국의 정책에 따른 것이므로 관리인 마음대로 결정할 수 없음을 강조하고 있다.

인천 동양방직 쟁의 과정에서 주목할 사항은 경영자 측이 전평 산하 노동조합을 와해시키고 다른 노동조합을 결성하려고 끊임없이 시도했던 점이다. 노동자들에게 메이데이로 쉬었으니 일요일에 작업하라고 강요한 이면에는 다음의 이유가 작용했다. "이것은 항상 반동 노조를 내놓으려고 기회를 엿보던 경영주의 모략이었다. 5일이 오자 경영주는 도전적 태도로 노동을 강요하며 의식적으로 태업을 한다고 경찰에 연락 …… 이렇게 노조 간부가 검속된 틈을 타서 위협과 간계로서 경영주는 반동 노조에 가입하라고 유권誘勸을 하였다."[63] "그는 이것을 계기로 순진한 여공들에게 돈을 주고 과자를 사주어 아첨을 하고 또 어떤 때는 위협하여 대한노동연맹에 가입시키려고 가입서를 내놓고 도장을 찍으라고 강요하였다."[64]

동양방직에서는 전평 산하 노동조합을 와해시키려 회사와 경찰이 일체가 되어 전평 노조원을 검거, 탄압하는 한편 노동자들을 회유하여 대한노총지부를 조직했다.[65] 특히 지부 결성을 위한 위협과 협박이 잦았으며 인천공장 분회 위원장은 이들을 고소하기도 했다. 위원장은 "① 7월 27일 밤 9시 반경 동방 인천공장 수위 6명이 채익병 씨의 사택을 방문하였을 때에 때마침 없었음에도 불구하고 그 다음 만났을 적에 거짓말한다고 욕설, 폭언으로 난타를 하여 상당한 중상을 입힌 것. ② 6월 16일 하오 10시 반경 취침 중에 여자 기숙사에 옥한두 외 3명이 침입하여 사감과 결탁하고 당시 조정 신청 중인 직공의 복직 반대를 목적으로 하는 진정서에 협박과 위협으로 강제 날인 시킨 것. ③ 전 종업원이 공장 출입 시에 신체를 수색하는 사실 등"을 이유로 고소했다.[66]

〈표 3〉 동양방직 인천공장 노동쟁의[67]

1946년

5. 5	인천 동양방직 공장장, 노동자들에게 메이데이 기념식에 참가했다는 구실로 5월 5일 일요일에 작업하라고 강요. 노동자들이 이에 반발하자 공장장이 태업을 한다고 경찰에 연락해 여공 4명과 남공 3명이 검거됨.
5. 6	회사 측, 노조 결성식을 노동자들도 알지 못하게 비밀리에 거행하려 시도. 대한노동연맹에 가입시키려고 가입서에 도장을 찍을 것을 강요.
5. 7~5. 16	석방된 윤한수, 김정애 등 이유 없이 전근 혹은 해고됨. 노동자들 이에 반대해 투쟁을 전개.
5. 25	8백여 명의 전 직공이 투쟁위원회를 조직하고 10여 개의 요구 조건을 내걸고 총파업 단행.
5. 26	노동자들, 군정청·시청·경찰서에 진정서를 제출하고 해결 알선을 의뢰.
5. 29	경영자 측, 공원 대표 16명을 다시 해고. 노동자 대표자들, 경성 본사와 직접 교섭을 하고자 관리인 최남과 교섭.
5. 30	공장장, 천여 명의 남녀 노동자에게 '회사 말을 순종치 아니하면 총 해고한다는 것은 러치 군정장관 명령이다.'라고 선언. 무장 경찰, 헌병을 동원해 노동자들을 기숙사에 감금하고 공장을 폐쇄. 시청에 교섭하러 간 여성 노동자들에게 소방 호스로 30분 동안 소독수를 뿌림.
5. 31	박노열, 서숙자 등 남녀 노동자 17명을 해고.
6. 1	강제 귀향시킨다며 농성하는 여성 노동자들을 비가 오는데도 이른 아침에 트럭에 실어 부평과 소사에 내다 버림.
6. 3	450명이 상경하여 전평에 유숙하며 동양방직 본사에 대우 개선을 요구.
6. 5	노동자 10여 명이 인천에 잔류한 노동자들의 격려문과 돈 4백 원을 가지고 상경해 합류. 전평 상무위원회, 항의문을 동 회사 사장에게 보냄.
6. 6	오후 2시, 종업원 대표 신홍례 외 12명이 러치 군정장관을 방문했으나 만나지 못하고 진정서를 군정장관을 비롯해 상무부장, 노동국장에게 제출. 오후 3시, 제1관구 경찰청을 방문하고 진정. 경찰 당국에서는 쟁의단의 요구가 관철되도록 알선하겠다고 언명.
6. 7	쟁의단, 각 정당, 사회단체, 언론기관 방문 호소. 군정 당국과 계속 교섭한 결과 월요일(10일)에는 원만히 타협하도록 하자는

	답변을 얻음. 50여 단체로부터 약 3만 원의 원조 기금과 수백 종의 물품, 수십 통의 격려문을 받음.
6. 10	오전 10시 서울운동장에서 개최된 시민대회 참석. 현장에서 쟁의 기금 2만 5천여 원을 받음. 시민대회 종료 뒤 쟁의단 4백여 명은 동방 본사 앞에 이르러 전원이 농성. 대표자들이 본사에 들어가 교섭했는데 무장 기마경찰대와 무장 경찰이 출동.
6. 11	전평, 기금과 격려문에 대한 감사와 무장 경찰 출동에 대한 담화 발표. 오후 1시, 군정청 노동국에서 전평 대표 문은종·한철, 종업원 대표 김정애 외 6명과 상공부장 존슨, 노동국장 워크, 노동국 고문 할러웨이 등이 회의한 결과 미군정 당국으로부터 24시간 내에 해결하겠다는 언명을 받음. 오후 4시, 맥아더사령부 노동고문위원회 위원장과 최성팔, 김정애가 회담.
6. 12	오전 10시~오후 7시, 군정청 노동국 존슨 상공부장, 바버 섬유과장, 워크 노동국장, 노동국 고문 할러웨이, 디켈나 박사, 맥아더사령부의 스탄드휠드, 맥그와손 노동 고문, 동방 전무 오계선, 전평 대표 문은종·한철, 쟁의단 대표 김정애·신홍렬·최성팔이 회동 협의.
6. 13	4시 30분, 환자를 제외한 쟁의단 전원 공장에 복귀. 현장 간부 측과의 원만한 타협을 위하여 전평 대표로 문은종·한철과 군정청 대표로 할러웨이·박태기(노동국 지도관) 등이 쟁의단과 동행했으나 해결하지 못함. 이 문제는 노동조정위원회로 넘겨짐. 전평, 담화를 발표. 동양방직 인천공장 쟁의단, 성명을 발표.
6. 14	전 종업원이 2주일 만에 직장에 복귀해 작업.
6. 15	밤에 작업복을 준다는 구실로 노동자들에게 '해고자 복직 반대 진성서'에 날인 강요.
6. 18	동양방직 영등포공장에서도 노무과 차장 및 직원들이 오전 9시부터 '해고자 복직 반대 진정서'에 강제 날인 강행.
6. 19	강제 날인 강행.
6. 20	노동조정위원회 개최 예정이었으나 강제 날인 사건으로 연기.
6. 22	노동국 고문 할러웨이 소령과 전평 문은종, CIC 입회 아래 강제 날인 사건을 조사.
6. 25	중앙조정위원회 개최. 6월 27일 마지막 결정을 한 뒤 러치 장관의 결재를 얻어 7월 1일 정식 발표될 예정.

7. 10	회사 측이 이유서 제출하자 피해고자와 전평은 동 위원회의 요청에 의하여 이에 대한 반박서를 제출했는데 이를 심의하기 위한 조정위원회가 회사 측, 피해고자, 전평 등 대표 참석 아래 오후 2시부터 개최.
8. 2	섬유노조 동방 인천공장 분회 위원장 채익병, 피해를 당한 종업원의 대표로 인권 유린, 강제 날인, 협박, 구타, 집단폭행 등의 죄명을 들어 수위장 김병학 외 32명을 제1관구 경찰청에 고소.
8. 3	오후 4시, 대한노총 지부 결성식 거행.
8. 5	노동자들에게 대한 위협, 협박이 끊이지 않는다는 보고를 받은 전평에서는 관계 당국에 이 진상을 보고하는 한편 5일 문은종이 전평 고문변호사단과 함께 현지에 내려감. 노동부장 할러웨이도 통역 2명을 대동하고 진상을 조사하기 위하여 내려옴.
8. 9 (?)	노동조정위원회, 19명 중 17명은 복직시키기로 결정하고 회사 측에 복직 명령을 내림과 함께 퇴직 기간의 임금을 지불하도록 명령하고 나머지 2명은 선동 책임자로서 해고를 용인. 전평, 해고의 부당성을 알리는 담화 발표.

결국 8월 3일, 영등포 대한노총원 및 인천 평안청년회원 700명이 동원된 가운데 대한노총 동방 인천공장 노조가 결성됐다.[68]

또한 전평은 동양방직 인천공장 노동쟁의 중 해고자 문제 해결 과정에서 두 가지를 느꼈음을 알렸다. 하나는 노동조정위원회의 복잡한 수속과 번잡한 서류는 결국 헛된 결과만 낳았고 미군정 당국에게 농락당했음을 지적했다. 둘째는 대한노조는 노동조합이 아닌 테러 단체임을 밝히고 군정청의 노동 정책이 대한노조의 활동을 장려하는 데에 있으므로 이는 대중 항쟁에 직면할 수밖에 없는 상황이라고 강조했다.[69]

조선인 자본, 경성방직

1945년 8월 31일, 공원대회

경성방직은 천여 명이 넘는 노동자를 고용할 정도로 큰 면방직업체 가운데 적산이 아닌 조선인 소유의 유일한 공장이었다. 경성방직은 1945년 9월부터 생산을 재개했다. 대부분의 공장들이 1946년이 되어서야 조업하기 시작했던 사정을 고려한다면 경성방직은 다른 공장보다 안정되어 있었다. 미군정 조사에 따르면 방직공업의 경우 56개의 휴업한 공장 가운데 82.1%에 이르는 46개 공장이 원료 부족으로 휴업한 상태였다.[70] 조선인 소유였던 경성방직은 해방 이전부터 조선인 기술 인력을 고용했기 때문에 가장 안정적인 생산 기반을 갖추고 있었다.[71]

해방 직후 경성방직 영등포공장은 공원 1천4백 명(남공 3백, 여공 1천1백), 직원 70명이었다.[72] 이 공장은 일찍부터 사장 김연수와 공장위원회 사이에 갈등이 발생해 험악한 분위기가 연출됐다. 그런데 1945년 8월 31일자 『조선인민보』의 보도에 따르면 "현재 동 공장은 전 직원·공원의 의사로 선출한 공장위원회의 손으로 운영되어 단연 8시간 노동제를 실시하고 야근을 폐지하고도 오히려 생산액의 증가를 보아 종전의 24시간 2교대, 연중무휴 조업할 때 매일 생산 200반反이던데 대하여 현재 매일 205반을 생산하고" 있었다.[73] 이렇게 잘 운영되던 경성방직 영등포공장에서 왜 쟁의가 일어난 것일까?

해방 뒤 경성방직 영등포공장 노동자들은 서로 연락해 노동조합과 공장위원회를 조직했다. 그래서 1945년 8월 31일, 공원대회(종업원대회)가 열렸다. 노동자들은 이 자리에서 7개항의 요구 조건을 결의했다.

1. 야근 철폐, 8시간 노동제 실시
2. 직원, 공원 간의 물자 차별 배급 철폐
3. 식사 개선
4. 오락·위생 시설 완비
5. 면회 자유, 기숙사 개선
6. 1년분 임금 임시 상여와 장차 생활 보장
7. 교육 시설 완비[74]

노동자들은 이 요구 조건을 중심으로 여러 차례 회사 측과 교섭해 일부 조건은 승인받았다. 그러나 회사 측에서 "공산주의자가 배후에서 직공을 조종하여 직공으로 하여금 매인당 포목 3필, 돈 3,000원씩을 요구하고 폭동을 일으킬 불온한 형세가 보인다고 미군에게 허위 보고" 했다.[75] 9월 25일 오후 5시, 군정청 농상국 차장이 나타나 '너희들의 행동은 허무한 파괴 행동'이라며 노동자들의 태도를 비난했다. 그리고 15분 뒤 미군 헌병 25명과 MG(군정중대) 10명이 나타나 위협 발포하고 8명을 연행했다.[76] 이에 29일에 공장위원회 대표가 사장 김연수와 면회를 요청했으나 받아들여지지 않았다. 공장 측에서는 노동자들에게 아래와 같은 답변을 했다.

1. 공장장은 사정에 의하여 영등포공장으로 나가지 못한다.
2. 직공의 요구는 돈이 없어 용치 못하였다.
3. 원료, 식량 부족으로 공장은 휴업한다.
4. 쟁의 투쟁을 지도한 사원 5명을 해고한다.[77]

이 통고를 받은 공장위원회는 '해고를 절대 반대한다.'라며 문제를 제기하고 김연수 사장에게 면회를 요구했다. 그 이튿날 김연수와 면회했는데 그의 답변은 다음과 같았다.

1. 직원 5명의 해고는 공장위원이 간섭할 권리가 없다.
2. 공장의 명령에 절대 복종하라.
3. 1일 2교대제 12시간 노동을 하라.
4. 8시간 노동을 실시한 것은 너희들의 압력에 강요 당해 한 것이지 공장의 의사가 아니므로 물론 본사의 의사도 아니다.
5. 9월분 임금은 10월 1일 또는 2일에 지불하겠다.[78]

다음날 회사 측에서는 '공장위원회에서 공장을 자주적으로 운영해 나갈 자신이 있거든 상세한 운영안을 제출하라.'라고 했다. 이에 노동자들은 "공원들을 농락하려는 교묘한 수단"이라며 경성방직 영등포공장 투쟁의 의미를 이렇게 강조했다. "이번 투쟁을 시작한 후 곧 8시간 노동제를 실시하고 공장을 자주적으로 관리해오고 있는 중인데 12시간 노동을 할 때보다도 그 능률은 배를 내고 있다. 경방 투쟁은 아직도 많은 곤란이 있을 것을 각오해야 할 것이나 경방은 조선 부르주아지의 대표적 기관인 만큼 이 투쟁의 승패는 곧 전 조선 노동 계급의 승패와 관련되는 것이며 금후 조선 노동운동의 시험이 될 것이다."[79]

공장위원회에서는 재고품 불법 매각 문제를 제기해 대책 방안을 제시했으며 광목 출하를 방지하는 여론을 일으키기도 했다.[80] 여하튼 경성방직 영등포공장은 1946년 8월 이전까지 모범 공장으로 소개됐다. 경성방직 영등포공장은 "해방 후 여기저기서 공장 관리인과 노동자 사이에 분규가 생겨 생산에 큰 저해를 주고 산업 부흥에 불안을 던지고 있는 이때에 가장 민주적이고 생산적이라고 일반의 찬사가 많"다고 소개되던 곳이었다.[81]

> 이 공장도 역시 경영주와 종업원 사이에 알력이 있었으나 …… 종업원의 요구를 받아들이고 8·15 이전 중역진도 일제히 자퇴함에 이르자 전 종업원으로 종업원위원회를 조직하고 또 종업원 중에서 과거의 공로자와 역량이 풍부한 자들이 중역의 자리에 앉게 되었다. 그 운영 방법에도 종업원위원회에서 건의한 것을 중역진에서 채택하게 되고 또 상부에서도 일정 시대와 같은 독재적이 아니고 의견을 종업원위원회에 회부, 상의하기로 되어 있다 한다. …… 이 공장만은 위원 조직인 까닭에 민주적이고 전 종업원의 최저 생활을 보장하여 주고 있다. 즉 기숙공은 식비가 한 달에 270원이란 싼값일 뿐만 아니라 따로 그들의 가족생활까지 현물 배급으로써 원조하여 준다고 한다. 그러니 한 달 수입이 현물 배급 외에 남공이 800원, 여공이 600원 정도로도 별로 불평이 없다. …… 현재 분규가 일어나서 생산이 저하되고 있는 공장의 관리인과 종업원들은 정신을 차려서 민주주의 노선을 파악치 않으면 아니 될 것이다. 만약 이 경방에도 내재한 병균이 있다면 이 기회에 완전히 근멸시킬 것이며 또 일반도 현재의 공장 민주화를 건전히 길러주기를 기대하고 있다.[82]

1946년 8월, 노조 파괴

이러한 영등포공장의 운영이 1946년 8월경부터 흔들리기 시작했다. 사건의 발단은 자기가 경영하는 공장 안에 노동자 조직을 그대로 두어서는 안 된다는 사장 김연수의 생각이었다. 8월 12일 "공장장 김병운의 집에서 이준묵이가 공장 수위장 임건백과 노무주임 조완주를 불러다가 '직책(노조 파괴)을 수행하지 못하겠는가?' 하고 '노동자가 무서워 못 하겠소'. 하니까 테러단을 천여 명 대줄 터이니 안심하고 직책을 수행하라."라고 지시한다.[83] 이어 8월 21일 경성방직 양평공장에 서북청년단을 투입해 낮에 공장을 습격하고 작업 중이던 노동자를 난타했다. 영등포공장의 경우 한동안 배급 중지한 광목을 8·15 기념으로 한 통씩 배급해 달라는 요구에 대해 테러단을 공장에 투입해 폭행 사건을 일으켰다. 이에 노동자들은 8월 29일 오후 2시 총파업에 들어갔다. 노동자들의 요구 조건은 다음과 같았다.

1. 공장에 폭력단을 들인 이준묵 상무를 배격한다.

1. 면회 자유와 대우를 개선하라.

1. 임금을 올리라.

1. 유급 공휴일 휴가제.

1. 광목을 배급하라.[84]

노동자들이 총파업을 선언하자 영등포경찰서의 무장 경찰이 출동해 10여 명의 노동자를 연행해 갔다. 노동자들은 연행된 노동자들을 즉시 석방하라며 공장 사무실 앞에서 시위를 했다. 다음날 3명만 남기고 모두 석방됐다. 노동자들은 양평공장과 영등포공장에서의 폭력에 대해 '우리는 참을 대로 참았다. 우리의 살 길은 그들의 횡포한 트집을 때려 부숴야만 찾을 수 있다. 우리의 기세를 보일 때는 왔다.'라고 외치며 요구가 관철될 때까지 단호히 싸울 것을 결의했다.[85]

〈표 4〉 경성방직 영등포공장

1945년

8. 31	공원대회를 개최해 7개조의 요구 조건을 결정.
9. 17	회사 측, 공장을 폐쇄하겠다고 위협하며 노동자 5명을 해고.
9. 25	오후 5시 군정청 농상국 차장이 공장을 방문해 노동자들의 태도를 비난. 15분 뒤 MP와 MG가 나타나 위협 발포하며 노동자 8명을 연행했으나 밤에 석방됨.
9. 29	공장위원회 대표, 사장 김연수와 면회를 요청. 회의 결렬.
10. 1	회사 측, '공장위원회에서 공장을 자주적으로 운영해 나갈 자신이 있거든 상세한 운영안을 제출하라.'라고 함.
11. 18	전남 광주 각 노동조합, 격려문과 기금(1,010원 65전)을 보냄.
11월 말	공장위원회 '재고품의 불법 매각'에 대한 문제 제기.

1946년

8. 12	상무 이준묵, 공장 수위장 임건백과 노무주임 조완주에게 노조 파괴를 지시.
8. 21	서북청년단원 2백여 명, 공장을 습격하고 작업 중인 노동자를 구타. 일부 노동자 해고.
8. 29	오후 2시 영등포공장 1,500여 명 노동자 총파업. 영등포경찰서 무장 경찰 출동 노동자 10여 명을 연행. 노동자들 공장 사무실 앞에서 연행자 석방을 요구하며 데모.
8. 30	연행된 노동자 가운데 3명을 제외하고 석방.

1947년

3. 31	세계노동조합연맹 대표단, 공장 내의 노동자의 생활 상태와 노조 활동 상황을 조사하기 위하여 조선에서 모범적 방직공장이라고 일컫는 경성방직 공장을 방문하였다가 공장 측의 기숙사 시찰 방해와 테러단의 폭행으로 부득이 조사를 중지. 대표단 남조선 미군 사령관과 군정장관에게 항의함. 미군정 당국에게 경방 사건에 대한 〈요구서〉를 제출.
7. 30	공장의 지시에 불응하고 27일에 열린 남산인민대회에 참가한 여성 노동자 7명 해고.

PX로 내정된 중앙백화점

중앙백화점 쟁의는 1946년 5월 14일 경기도 적산관리처가 중앙백화점(구 정자옥)을 PX(미군인 상점)로 내주라고 명령하면서 시작됐다. 그 전개 과정은 155쪽 〈표 5〉과 같다.

5월 14일, 미군 장교가 중앙백화점에 와서 하지 중장의 명령이라며 5일 안에 건물을 내놓으라고 말했다. 그는 5백여 명의 종업원에게 건물 명도 뒤의 대책으로 "(1) 전원 해산을 하는 방법, (2) 새로 들어오는 PX에서 종업원으로 194명을 채용하겠으니 이에 응하는 방법, (3) 본정 종방 건물을 주겠으니 상품만 가지고(일체 집기는 제외) 나가는 방법"을 제시했다.[86] 이 같은 상황 전개는 중앙백화점 경영자와 노동자 모두에게 당황스런 것이었다. 다음은 백화점 지배인 황청하의 말이다.

> 돌연한 일입니다. 작년 11월 3일 군정청 당국의 요청에 의하여 개점한 후 5백의 종업원이 일치단결하여 150만 시민에 대한 말단 배급 기관으로서의 사명을 다해 왔었는데 어제 PX에서 미군 장교가 와서 15일부터 문을 닫고 현 종업원 중에서 190명은 자기네가 쓸 수 있으니 나머지 종업원을 데리고 본정 종방으로 가되 상품만 가지고 가라는 것입니다. 그렇지 않으면 해산하라는 명령입니다. 현재 5백 명 종업원 중 194명을 PX에서 쓴다 해도 본정 종방은 60~70명이면 족한데 나머지 사람들은 어찌할 도리가 없습니다. 그리고 위탁 판매업자도 10여 명 있고 지하실에서는 만주, 북지, 일본 등지에서 피난 온 전재민들이 경영하고 있는데 앞으로 생도가 막연합니다.[87]

중앙백화점 임직원들은 5월 16일 대책위원회를 조직하고 하지 중장에게 진정서를 제출했다. 17일에는 대책위원회 간부들이 군정청 러치 장관을 방문하는 한편 각 사회단체에 진정서를 발송했다.[88] 18일에는 김명심 등 여자 종업원 7명은 러치 군정장관의 비서실을, 남자 종업원 30여 명은 장택상 경찰부장을 방문하는 한편 정당과 사회단체 등에 '백화점의 존재는 시민 생활상 절대 필요한 기관이며 국민 경제 재건의 사명도 크므로 성원을 바란다.'라는 성명서와 '종업원과 그 가족 3천 명의 생활을 보장하는 근본 해결이 없이는 직장을 양보할 수 없다.'라는 결의문을 보냈다.[89]

백화점 건물 명도 예정일인 20일 적산관리처는 PX에서 종업원 258명 가운데 114명 채용(나머지 종업원은 알아서 직장을 구할 것), 지하식당 영업 장소 알선, 동화백화점(구 삼월)으로 댄스홀 이전 등을 통보했다. 그리고 경찰을 동원하여 출근하는 종업원들의 백화점 출입을 막았다. 이에 종업원들은 군정청에 중앙백화점을 대신할 건물 알선과 상품 양도를 요구 조건으로 내걸고 별관에서 농성을 시작했다.[90] 또한 PX에 고용될 114명의 종업원들은 고용 거절을 결의했다. 그러나 종업원들의 농성은 20일 오후 4시 미군과 경찰에 의해 해산당했다. 결국 해산당한 5백여 명의 남녀 종업원들은 길 건너편 피복 공장 2층으로 자리를 옮겨 5시 반부터 농성에 들어갔지만, 장택상 경찰부장이 해결을 약속해 오후 6시에 해산했다.[91] 종업원 대표 원호식은 사정을 이렇게 말했다.

> 중앙백화점(구 정자옥) 내막을 구외口外하기는 괴로운 일이나 대외적으로 정산할 것이 대략 4~5천만 원 가량 있으며, 대내적으로 점원 급료(금월분)만 하여도 약 25만 원 가량이 미정산되어 있으며, 점내 상품

중 3분지 1 이상이 위탁 판매품으로 정자옥 재산이 아닙니다. 이것이 전부 미해결인 채 무조건 봉쇄를 당하게 되었으며, 종업원 약 3백 명 중 불과 백여 명만을 PX에 고용하겠다니 문제는 퍽이나 난감합니다. 그래서 상품을 양도하고 건물을 알선하여 달라고 진정하였으나 상품은 그들이 매수하고 건물은 자신의 손으로 구하라니 전도는 암흑뿐입니다. 이에 종업원 일동은 부득이 농성 진정을 결의, 단행하게 된 것입니다.[92]

그리고 21일 오후 3시 화물차로 백화점의 상품을 반출하는 것을 본 종업원들이 이를 막으면서 분위기가 험악해졌다. 경기도 경찰부는 백 명 가량의 무장 경찰을 동원해 종원업들을 강제로 화물차에 실어 분산시켰다.[93] 이는 2시간 동안 지속됐다. 결국 종업원이 모두 해산당했고 끝까지 저항하는 40~50명이 종로경찰서로 연행됐다.

우리가 이 백화점을 일인으로부터 인계하였을 때에는 물건이라고는 겨우 150만 원 어치밖에는 없었습니다. 그러던 것을 박봉들로 생활을 하여 가며 노력하여 놓은 결과 지금은 약 5백여만 원이 훨씬 넘습니다. 이런 것을 각 백화점으로 운반하는데 이제부터 수다한 식구를 두고 직업 없이 거리로 헤맬 것을 생각하니 앞이 캄캄합니다.[94]

장택상 경찰부장은 종업원 125명은 PX 채용, 나머지 종업원은 시내 각 백화점에의 취직알선이라는 군정청과의 타협안을 종업원들에게 제시했다. 그러나 종업원 대표는 전원을 채용하든지 그렇지 않으면 재고물품을 가지고 다른 장소에서 종전과 같이 영업을 계속할 수 있도

〈표 5〉 중앙백화점 쟁의

1946년

5. 14	오전 11시경 경기도 적산관리처, 중앙백화점을 5일 이내에 PX에 명도하라는 명령을 내림.
5. 16	중앙백화점, 대책위원회를 조직하고 하지 중장에게 진정서 제출.
5. 17	중앙백화점 대책위원회 황청하, 이동신, 임호권 등이 러치 군정장관을 방문하여 진정서 제출.
5. 18	종업원들, 러치 군정장관 비서실과 장택상 경찰부장을 방문. 정당과 사회단체 등에도 성명서와 결의문 보냄.
5. 19	오후 5시 반경에 군정청 관리처, 공휴일 영업은 군정 위반이라며 대표자에게 군정청으로 출두하라는 명령을 내림. 곧이어 백화점 폐쇄 명령 내림.
5. 20	오전 9시 반경에 지배인 황청하 외 8명이 관리처에 출두. 관리처, '지하실 식당은 장소를 알선한다.', '4층 댄스홀은 동화로 옮기라.', '종업원 중 120명 가량은 PX에서 근무시키고 나머지 종업원을 각각 직장을 구하여 나가라.'라고 통보. 아침에 종업원들은 출근했으나 군정청의 명령이라 하여 경찰이 입점 금지하자 농성 돌입. 오후 4시경, 미군 경찰부장 지휘 아래 미군과 경찰이 와서 전원 해산을 강요. 해산 당한 5백여 명의 남녀 종업원들은 건너편 피복 공장 2층에 모여 5시 반부터 농성 시작. 장택상 경찰부장의 사태해결 약속에 6시 자진 해산.
5. 21	종업원들, 오후 3시경 백화점 안에 있던 상품을 서울 동화, 한일 등 각 백화점으로 옮기는 것을 보고 항의. 경기도 경찰부 소속 무장경찰대가 출동해 전부 해산을 시키고 종업원 약 40~50명은 연행하여 본정경찰서로 이송.
5. 23	장택상 경기도 경찰부장 타협안 제시. 종업원들, 직장 선택을 각자 희망대로 선택하여 갈 수 있도록 해달라는 수정안 제시.
5. 25	대표자가 군정청을 방문하여 상품의 양도와 새로운 건물을 얻어 달라고 요구. 26일에도 종업원들은 별관 피복 공장에 모여 답변을 기다림.
6. 4	최종 합의한 나옴.
6. 19	중앙백화점을 동화백화점과 합쳐서 새로 출발.

록 해달라는 진정서를 냈다. 이 진정에 대해 적산관리과는 '현재 재고품으로는 전 종업원들의 생계를 유지하여 갈 수 없으니 알선대로(장택

상이 제시한 타협안대로) 하여 주기 바란다.'라고 답변했다.[95] 종업원들은 옮겨 갈 직장을 종업원들이 희망대로 선택할 수 있도록 해달라는 타협안을 제출했다.[96] 결국 6월 4일, 종업원 측의 의견이 일부 수용되어 종업원 가운데 백여 명은 PX에 취업하고, 나머지 170여 명은 동화백화점으로 이동하기로 결정됐다. 또한 5백만 원 상당의 상품도 동화백화점으로 이관키로 했다.[97]

중앙백화점 쟁의 과정에서도 미군정의 점령 방식이 잘 드러난다. 미 군정청은 적산 작업장의 경우 일방적 통보와 지시로 작업장을 접수하곤 했다. 중앙백화점을 PX로 명도 변경하는 과정에서 나타났듯이 작업장 안팎의 사정을 고려해 조율하는 대신 일방적 통보로 일관했다. 중앙백화점 대책위원회가 제기한 종업원의 직장 알선, 적산이 아닌 상품의 처리, 영업 장소의 알선 등은 명도 변경 전에 고려해야 할 문제였다. 적산일지라도 그곳이 일상을 살아가는 사람들의 공간이란 점을 간과한 듯하다.[98]

기타 작업장에서의 쟁의

165쪽 〈표 6〉은 1945년 8월부터 1948년 8월까지 주로 여성 노동자들이 많은 작업장에서 발생했던 쟁의의 일부를 정리한 것이다. 1945년 쟁의는 11월과 12월에 주로 발생했고, 이때에는 대개 노동자들의 요구 조건이 관철됐다. 1946년 쟁의는 2월부터 9월까지 여러 작업장에서 일어났다. 이때는 해고 반대, 임금 인상, 폭력 반대, 조업 중지와 공장 폐쇄 따위로 발생했는데 조업 중지와 공장 폐쇄가 발단이 되어 일어나는 작업장이 많았다. 1947년에는 해고 반대를 이유로 가장 많이 일어났다.

조업 중지와 공장 폐쇄 반대

해방공간의 작업장에서의 파업의 원인은 대개 "지금까지는 식량난 해결의 방도를 임금 인상에만 의존코자 하였던 것이다. …… 임금 인상이 가져오는 것은 악성 인플레를 파국적으로 유도하고, 미가米價 역시 그 등세에 박차를 가할 뿐 아니라 전 산업의 총 정지를 초래하고야 만다."라며 임금 인상 또는 8시간 노동제 요구로 파악했다.[99] 그러나 임금 인상이나 8시간 노동제보다 조업 중지나 공장 폐쇄 또는 해고에 반대한 파업이 더 자주 일어났다.

공장 폐쇄는 다양한 형태로 전개됐다. 첫째, 노동자들 몰래 재고품을 모두 처분하고 공장 용도를 다른 것으로 변경한 경우이다. 야전피복공장野田被服工場이 여기에 속한다. 일제 강점기 야전피복공장은 3백 명의 노동자들이 일했던 군수 피복 공장이었다. 일본이 패전하자 공장주는 공장 감독을 매수해 노동자들을 분산시키는 한편 육군 창고에 가서 노동자의 위로금이라는 명목으로 2백만 원을 받아냈다. 또한 공장에 있던 군수품을 처분해 4백만 원의 수익을 거뒀으나 노동자들에게는 8만 원밖에 주지 않았다. 공장주는 조만간 공장을 다시 열겠다며 노동자들의 해고 수당 요구도 거절했다. 그 뒤 3개월이 지나도록 공장은 재가동되지 않았고, 결국 공장 건물이 교육 기관으로 바뀌자 노동자들은 완전히 공장에서 쫓겨났다는 사실을 알게 됐다. 1945년 11월 15일, 노동자들은 공원대회를 열고 '공장 조업 개시, 생활비 보장, 해고수당 지불' 따위를 요구했다.[100] 11월 18일에는 진정서를 공장주에게 제출하고 노조 분회를 결성했다.[101]

둘째, 공장 문을 닫는 쉬운 구실 가운데 하나는 원료가 없다는 것이었다. 서울 공덕동의 고려피복공장과 삼중정피복공장이 여기에 해당한다. 고려피복공장에서는 7월 말부터 원료가 없다고 가동하지 않아 130명 노동자들이 휴업 상태에 들어갔다. 삼중정(미나카이)백화점의 직속 공장이었던 삼중정피복공사는 해방 뒤 노동자들끼리 힘을 합해 자금과 원료의 부족을 극복하며 운영해 왔다. 1946년 4월, 군정청에서 관리인을 임명했는데 그 관리인이 8월 2일부터 원료 부족을 이유로 공장 문을 닫았다. 그는 2백여 명의 노동자에게 생활비도 지급하지 않았을 뿐만 아니라 다시 공장을 가동하면 '오고 싶으면 오고 그렇지 않은 사람은 그만두라.'라는 폭언으로 해고 선언을 하고 노동자들의 공장 출입을 막았다.[102]

삼중정피복공장 노동자들은 분회 총회를 열고 "휴업 기간 중의 임금을 지급하라, 해고는 절대 반대한다."라는 요구 조건을 내걸고 8월 4일부터 농성을 시작했다. 노동자들은 20일 동안 농성해 모든 요구 조건을 관철시키고 9월 2일부터 다시 일을 시작했다.[103]

해방 뒤 일상생활에서 빈번하게 일어난 일은 갑자기 일자리를 잃는 것이었다. 해방의 기쁨으로 거리로 나섰고, 여기저기 기웃거렸지만 그것도 계속 할 수는 없었다. 작업장의 기계는 멈추어 섰고, 일급을 받던 노동자들은 먹고 살아야 했다. 그런데 재고품은 공장주가 임의로 처분한 곳이 많았고 2~3개월씩 가동되지 않는 작업장도 많았다. 특히 해방 전 일본인 소유였던 작업장에서는 이런 일이 더 잦았다. 이런 작업장에서 일했던 노동자들은 '다시 운영될 날'을 기다리며 2~3개월 동안 작업할 준비를 했다. 그러나 미 군정청이 임명한 관리인들은 수지가 맞지 않는다고 판단되면 작업장을 닫으려고 했다. 이러한 작업장에서 노동자들은 조업 투쟁으로 맞섰다. 다음은 그런 사례들이다.

해방 전 일본인 소유이던 왕십리 덕부德富양행 직물 공장에서는 30여 명의 여성 노동자들과 관리인 사이에 분쟁이 일어났다. 관리인은 '자본금 10만 원을 투자하고 관리권을 획득했는데 공장이 자기 소유가 아니라 조선 정부를 통하여 관리된다는 것이 발표되자 수지가 맞지 않으니 폐업할 수밖에 없다.'라고 말했다. 운영을 시작한 지 2개월도 지나지 않은 1946년 1월 10일 관리인은 여성 노동자들을 모아 놓고 연료를 공정가격으로 알선하지 못한다면 1월 17일까지 집으로 돌아가라고 말했다.[104] 여성 노동자들은 "연료를 구입하여 즉시 일을 계속하라. 일을 시작할 때까지 우리에게 밥을 다오. 우리들은 죽더라도 기숙사에서 나아갈 수 없다."라고 결의를 하고 싸움을 전개했다.[105]

영등포에 있는 서울 정모整毛공장은 1946년 1월 25일 노동자들에게 아무런 이유도 밝히지 않고 조업 중지를 선언하면서 회사 측에서 적당하다고 인정하는 사람만을 종방鐘紡에 취업시키겠다고 했다.[106] 이에 격분한 노동자들은 "조업 중지의 이유를 명시하고 그것이 정당하다면 종방에 편입하되 현 종업원은 현재와 동일 임금으로 전원 편입할 것, 조업 중지를 통지한 날부터 종방에 편입하는 날까지 생활비를 지불할 것"이라는 요구 조건을 내걸고 쟁의를 일으켰다.[107]

서울 왕십리 태양피복공장 측은 무선 기계 공장으로 쓰겠다며 비우라는 군정청의 요구에 조업 중지를 결정했다. 노동자들은 휴지休止 공장이 70%에 달하는데 가동 중인 공장을 비워달라는 군정청의 정책을 이해할 수 없으며, 만약 공장을 비워준다면 백여 명의 직공의 생계가 곤란하다는 내용의 진정서를 군정 당국에 제출했다. 또한 노동자들은 공장 파괴에 반대하는 성명서를 발표하고 쟁의를 일으켰다.[108]

해고 반대

해방공간의 담론 가운데 하나는 '일을 하지 않는다.'라는 것이다. 세간에는 너도나도 일자리를 찾지 않고 먹고 논다는 이야기들이 퍼져 있었다. "도시에 범람하는 실업자는 각자의 생산 직장으로 …… 돌아가 생산과 건설에 매진함이 결국 건국 대업"의 사명임을 깨달아야 한다는 담론이 들끓었다.[109] 그러나 현실은 일을 하고 싶어도 할 수 없는 해고 노동자가 많았다. 대표적 사례 가운데 하나가 대구의 군시방직주식회사이다. 군시방직은 1941년 일제 자본의 손으로 설립됐으며, 공장 총평수 6만 평, 건평 1만 7천 평, 중요 시설 평수는 5~6천 평에 달하는 꽤 규모가 큰 공장이었다. 그런데 해방이 되자 일제 자본이 공장에 불을 질러 생산 시설의 70% 이상이 재가 되거나 사용할 수 없는 상태였다.

1947년 5월, 부산 한일실업공사 전 관리인 최사열이 이 회사의 관리인으로 취임하여 곧바로 복구공사 계획을 수립하고 이에 착수했다.[110] 『공업신문』은 군시방직의 복구 과정을 이렇게 설명하고 있다.

> 방화로써 황폐된 부분은 대구형무소 수인囚人들의 손으로 정돈되어 가고 있다. 이네들은 공장 내에 설치한 가 수감소에 기거하고 있으며 임금은 매인 당 1일 10원씩이라고 한다. 타버린 기계 등은 분해하여 사용할 수 있는 것은 여공의 손으로 정리되어 가고 있다. 남녀 종업원 260명은 제각기 맡은 일에 종사하고 있다. …… 동 공사는 금년 12월 말경까지 완성할 예정이라고 하며, 이 재건 공사가 완성되면 연간 4억 3천만 원의 제품을 생산해낼 것이라고 한다.[111]

그런데 복구공사를 하며 함께 일하던 121명의 여성 노동자들이

1947년 6월 7일 전원 해고당한다. 대구 지역 신문기자들이 해고 이유를 묻자 총무과장은 "전원 해고 이유는 재정 곤란인데 현재 여공 전원을 해고시키고 형무소 죄수를 쓰면 1인당 임금 67원을 단 10원으로 절약하여 죄수 5백 명을 사용할 수 있는 까닭"이라고 대답했다.[112]

일터를 잃은 여성 노동자들은 생활비로 6개월치 월급을 지불하든지 전원의 취직을 알선하여 주지 않으면 공장을 절대로 떠날 수 없다고 대응했다.[113] 여성 노동자 이경남은 이에 대해 아래와 같이 말했다.

> 지난달 31일 최사열 서무과장이 여공 일동을 집합시켜 놓고 경비 부족으로 여공 전부를 해고하고 대마지大麻地 15마씩을 줄 터이니 일요일부터 나오지 말라고 하기에 회사 사정으로 우리들이 희생될 수 없음을 말하고 더불어 우리들이 할 일은 얼마든지 있으니 무슨 일이라도 시켜달라고 요구했다. 그리고 죄수들에게 일을 시키는 데 있어서도 밥을 먹이고 옷을 주는 만큼 우리들도 단지 밥과 옷을 주기를 말하였다. 그리고 우리들을 해고한 후 취직을 알선해 준다고 했는데 나 어린 여공 10명을 선차先次로 대구 막대소莫大小 공장에 취직시켰는데 약속한 날에 일하러 나가니 막대소 공장에서 무엇 하러 왔느냐고 반문하는 형편이니 이것이 어찌된 일이며, 도대체 종업원 없는 관리인이 어디 있느냐 말이다. 우리들은 최후까지 해고를 반대할 것이며, 만일 우리들을 전부 해고할 것 같으면 남공男工 전부도 해고해야만 될 것이고, 그렇지 않으면 6개월간의 생활비를 주든지 또는 취직을 완전히 알선해 주어야 할 것이다.[114]

긴 노동시간으로 유명했던 박흥식이 경영한 흥한피복에서는 1947

년 5월 21일 노동자들이 8개 요구 조건(시간외 노동에 대한 임금의 배액 지급 등)을 내걸고 홍한피복 쟁의단을 결성했다. 쟁의단은 이강렬, 김삼봉, 송계숙을 대표로 선출해 회사 측과 교섭하려고 했는데 회사는 23일에 노동자 대표 세 명을 해고했다. 24일에는 회사 측과 노동자들 사이에 분규가 일어나 무장 경찰까지 출동했으며 세 명의 노동자 대표가 연행됐다. 26일, 회사 측은 공장 문을 폐쇄하고 모든 노동자를 해고했다. 노동자들은 이 부당한 처사에 대해 회사 측에 항의했고 노동부에 진정하면서 사태는 어느 정도 진정되는 듯했다. 5월 30일 아침, 노동자들이 조업하려 출근했는데 회사 측은 노동자 대표 세 명과 반장 김근식, 박중근의 복직을 끝까지 거부하였다. 이에 노동자 전원이 조업을 거부하고 공장 앞에서 시위투쟁을 했다.

이러한 홍한피복 노동자들의 투쟁에 다른 노동자들의 응원이 이어졌다. 대광피복 노동자들은 홍한피복의 위탁 작업을 모두 거부했다. 6월 2일에는 조선일반봉급자조합에서 홍한피복 쟁의사건에 대해 아래와 같은 성명을 발표했다.

> 나 어린 소녀들에게 1주간 130시간(군정청 노동법령은 1주간 44시간으로 규정)이라는 비인도적인 혹사를 감행할 뿐만 아니라 종래의 일급제를 폐지하고 중세기적 착취 형태인 청부제를 강요함에 대하여 종업원들의 시간외 야업에 대한 특별 수당 지급 요구와 청부제 반대는 정당한 것이다. 그럼에도 불구하고 노동자를 구타하며 검거케 하는 것은 박홍식 경영의 각 회사 직장에서 일어나는 전형적인 현상이다. 이러한 반동적이고 위법적인 경영자가 아무런 제재도 받지 않고 방임되고 있는 남조선 현실을 우리는 의심치 않을 수 없다. 여기에 있어 우리는

조합원의 정당한 요구와 그들의 자유 권리를 옹호하기 위하여 강력한 투쟁을 전개할 것을 성명하는 바이다.[115]

흥한피복 쟁의단은 '끝까지 싸울 것'이라며 결의를 밝혔다.

분하기 짝이 없습니다. 밤새도록 일시키면서 마음대로 부려 먹다가 이에 반대한다고 이번에는 해고를 시켜 우리들의 집식구를 굶게 합니다. 일전에는 회사에 가서 사장과 면회하겠다고 하였더니 요즈음 회사에 들어온 서북청년들이 '이놈들 죽인다.'라고 구타하며 식도를 들고 나와 위협을 하며 옷까지 막 찢고 야단입니다. 이런 일이 매일 있습니다. 그리고 경찰이 와서는 우리의 억울한 사정을 듣는 것보다도 오히려 우리를 자꾸 실어 가서 때리는 일까지 있습니다. …… 오늘도 회사에 가보니 문을 꼭 잠그고 면회도 안 시키며 욕설만 합니다. 우리는 기왕 죽기는 마찬가지니 끝까지 싸울 작정이올시다. 여러 노동자 형제들이 투쟁 기금 혹은 격려문을 매일 보내주며 후원해 주시니 용기가 훨씬 더 납니다.[116]

해고 열풍은 일의 경중도 따지지 않았다. 무단 해고의 대표적 사례는 열차 식당 종업원에 대한 해고였다. 1946년 3월 29일, 열차 식당 종업원 38명이 무단 해고를 당했다. 이 해고는 예견된 것이었다. 이미 철도 노동자 4만 명 가운데 1만 5천 명의 대량 해고 안이 상정되어 있는 상태였기 때문이다. 해고 당한 재봉계裁縫係 소속 노동자 홍봉이洪奉伊는 그 억울한 사정을 눈물로 호소했다.

2년 전 9월에 열차 식당에 들어왔는데 1월 7일 여아를 출산하여 열차 식당 내 상호부조비로서 30원을 받은 일이 있습니다. 그랬더니 이번 청천벽력 같은 해고 명령을 받으니 갓 난 젖먹이를 데리고 어떻게 살아가라는지요. 주임한테 가 물어본즉 한 달 결근하였기 때문에 해고를 한다고 하기에 아이를 낳은 죄로 해고를 당하는 법이 있느냐고 본국 인사과에 가서 질문한즉 운수과에 가라 하며 운수과에 간즉 지배인한테 가라 서로 책임을 회피하며 나중에는 지배인이 말하기를 해고를 당하였으면 하루 빨리 다른 데로 가서 구직할 것이지 왜 이리저리 다니느냐고 하니 이런 딱한 일이 있소.[117]

1946년 5월 6일, 왕십리 동양제사 경성공장 노동자들은 총사總社 비너쓰 중령에게 '기계를 몰래 팔아먹는 공장 내의 악질 분자를 쫓아내고 임금을 올리며 노동조합을 승인하라.'라는 내용의 탄원서를 제출했다. 그러자 10일, 비너쓰 중령이 공장에 와 노동자들의 요구를 거절하고 그 자리에서 80명 전원에게 해고 선언을 했다. 이어 오후 4시경 경찰이 출동해 노동자들을 강제로 공장 문밖으로 쫓아냈다. 노동자들은 서울지방검사국에 진정서를 제출하고 '입문 금지'라고 써 붙인 공장 문 앞에서 공장 문을 열 때까지 한 발도 물러가지 않겠다며 싸웠다.[118]

영등포 삼영제과회사에서는 1946년 5월 중순 단체 행동과 3월 8일 여성의 날 행사 참가를 이유로 노조위원 12명(남자 9명, 여자 3명)을 무단 해고하고 노동자에게는 대한노조 가입을 강요하는 일이 발생했다. 130명의 노동자는 5월 17일 "1. 해고시킨 12명 동무들을 무조건 복직시키고 전 종업원에게 사과할 것, 2. 노조 분회 관리위원회를 재강화시킬 것, 3. 입원하고 있는 이영관 동무가 완치될 때까지의 치료비와 임

금 전액을 지불할 것" 등의 요구 조건을 내걸고 쟁의를 일으켰다.[119]

〈표 6〉 기타 작업장에서의 파업 상황[120]

1945년

11. 15~11. 21 야전피복공장	11. 15: 공원대회를 열고 요구 조건을 공장주에게 제시. 11. 18: 공장주는 노동자들의 면담 요구 거절. 11. 19: 노동조합 분회 결성. 11. 20: 공장주의 자택으로 찾아감. 공장주의 신고로 경찰들 옴. 종로경찰서에서 노동자와 공장주 만남. 11. 21: 요구 조건 일부 관철.
11. 28 시마야분회	11. 28: 노동자관리위원회의 참가와 사무원 배척으로 파업. 12. 13: 관리위원회에 노동자 대표 참가하기로 결정. 임금은 한 달 평균 천 원으로, 생산품은 제일 먼저 협동조합에 팔기로 결정.
12. 19 적십자 간호부	간호사 양성소 생도들, 현재 받고 있는 임금 8~10원으로는 생활할 수 없다며 신임 원장에게 "생도 최저임금 3백 원, 식사 개선, 외출 시간 자유(일요일 오후 10시까지)" 따위를 요구. 동 병원 간호사들도 이를 지지해 승리함.
12월 말 동면섬유	영등포 동면섬유 노조, 13개조 요구 조건을 내걸고 투쟁하여 모두 관철.

1946년

1. 10~1. 17 덕부양행 직물 공장	관리인, 여성 노동자들에게 연료를 공정가격으로 알선하지 못한다면 1월 17일까지 집으로 돌아가라고 말함. 노동자들은 '어떤 방법으로든지 연료를 구입하여 즉시 일을 계속하라. 일을 시작할 때까지 우리에게 밥을 다오. 우리들은 죽더라도 기숙사에서 나아갈 수 없다.'라며 투쟁함.
1. 25 정모공장	회사 측, 조업 중지 선언. 이에 반발해 노동자들 쟁의.
2. 8~2. 21 광주 도시제사공장	2. 8: 2백여 명의 노동자가 이유 없는 해고 반대와 공장 안의 집회·결사의 자유 따위의 요구 조건을 내걸고 파업. 2. 14: 경찰대가 출동 여공 약 50명을 공장 문밖으로 쫓아내고

	그 가운데 13명을 자동차에다 실어 약 30리 떨어진 담양 길거리에 갖다 버림. 2. 21: 직장 사수와 주민들의 동정과 지지를 받으며 요구 조건을 관철함. 쟁의는 노동자들의 승리로 해결.
2.10일자 산학장유山鶴醬油	관리인 김순표 경영 아래 2개월 동안 조업. 노동자들이 임금 인상을 요구하자 원료난을 핑계로 조업 중지를 선언. 노동자들이 쟁의를 벌여 생활비와 연말 수당 지급, 3월 1일부터 조업 재개의 협약서 받아냄.
2. 11 길림제사	공장장 배척과 노동자들의 석방을 요구하는 쟁의.
2. 15~ 4.1 인천 조선제마공업 (전 부옥제마)	2. 15: 직장대회 개최해 노동자를 구타한 관리자 5명의 배격을 결의. 3. 30: 쫓겨난 공장장, 제마공장 내 조직 분회에 무기가 있다고 신고해 조선인 미군 헌병(자칭이나 진위 불명) 출동하여 노조 분회 위원장을 협박, 노조 간부 사택과 여자 기숙사 수색한 뒤 모포, 의복, 서적을 탈취하고 하 아무개는 금품까지 갈취. 4. 1: 자칭 미군 헌병 하 아무개, 노조 간부 김두석의 아내(임신 상태)를 동 공장 수위실에 불법 감금하고 취조. 이로 인해 낙태함. 노조 분회 간부 최병석, 김두석 등을 각각 노조 두목이라면서 망치로 머리를 때려서 생명이 위독함.
3. 10~17 대구 월성고무공장	노동자 70여 명이 관리위원회를 조직하고 조업해 왔는데 8명의 자본가가 공장 관리권을 얻어 종래 관리위원 12명을 축출. 2. 28: 전평 분회 결성. 3. 10: 제1회 분회위원회 소집. 3. 17: 제2회 분회위원회 열어 투쟁위원회를 구성하고 임금 인상 요구를 결의함. 회사 측에 요구 조건을 관철.
3. 26 전화 교환양	목포 전화 교환양 총파업 단행.
3. 9~3. 28 대구 전매국	3. 9: 전주 전매국의 업무과장이 신임 국장으로 부임. 신임 국장은 "지금 노조 분회를 방해하는 데는 정면으로 탄압하여서는 오히려 강화시켜줄 뿐이므로 사무원들을 매수하여 이 분회 내에서 싸움이 일어나도록 하면 자연히 소멸되고 만다."라고 말함. 대구 분회 노동자들, 신임 국장 축출과 부당 해고를 반대하는 투쟁 전개. 3. 28: 강제 해고 반대, 제조장 등 반동 간부 축출 따위를 요구하고 두 달 동안 투쟁. 직장대회를 열고 7개 요구 조건을

	결정. 요구 조건의 일부를 관철.
3. 29 철도	열차 식당 종업원 38명이 무단 해고 당함.
3. 31 도옥장유공장	종업원대회 개최 관리인 축출. 새로운 관리인을 맞아들임.
4. 9~4. 24 동양방직 영등포공장	4. 9: 공장장에게 미리 집회를 통고하고 미소공동위원회에 감사 메시지를 보내기 위해 노동조합 집행위원회를 개최. 4.11: 서울운동장에서 개최된 민주주의 정권 수립 촉성 시민대회에 참가했다는 이유로 김하운, 김금옥, 이덕선, 박성종, 박병두 등 5명의 노동자를 해고 또는 일급 지급 정지의 조치를 취함. 4.22: 해고자 복직시키려고 여러 차례 교섭. 4.23: 경찰청 장택상, 영등포경찰서장에게 전화로 분규 조정을 지시. 동방 서무주임을 불러 해고 노동자의 복직을 권고. 4.24: 11시 30분 제1관구 경찰청 정보과장이 영등포경찰서 서장과 함께 동양방직을 방문해 각계 주임과 회담 진행.
4. 11 태창직물	4. 11: 노동자들, 직장대회를 열고 12~33원인 일급을 기술공 5원, 일반공 3원, 양성공 2원씩 인상을 요구. 백낙승 사장도 이를 승인하고 자진하여 면포 3마씩을 종업원에게 나눠주겠다고 언명. 7. 28: 전평 세계노련 가입 축하 대회에 참가하고 돌아온 공원들이 테러 당함. 8. 11: 대한노총 분회 결성과 관련해서 폭력 사태가 발생. 8. 12: 박원택, 김용태, 이매자 등 3명 해고.
5. 2~6. 25 종연방직 영등포공장 전남공장	5. 2: 영등포 조선실업(구 종연방직), 경찰과 헌병이 메이데이 기념식 참가를 이유로 노동자들의 출근 저지. 5. 3: 여성 노동자들만 공장 입문을 허가하고, 남성 노동자들은 선동자 조사 명목으로 입문을 막음. 5. 4: 사무원 최효선, 길승배, 허영환, ○정희 해고. 5. 5: 여성 노동자 현경순, 엄기원, 차순하 해고. 5. 6: 총파업을 단행. 영등포경찰서, 해고 당한 여성 노동자 3명과 노조 김덕인, 윤한조, 배태모, 곽이형, 김생규 등을 심문. 관리인, 7일부터는 희망하는 종업원에게만 새로 입사시키는 형식을 취하겠다고 언명. 무장 경찰이 출동해 전 종업원 해산. 5. 7: 아침 천여 명 노동자를 공장에서 몰아낸 후 20여 명의

	여직공만 일을 하게 하고 3명을 무단 해고. 5. 13: 회사 측, 오후 2시까지 회사 사택에서 나가라는 퇴거 명령을 함. 새로 여직공을 채용. 태창직물 노동자들, 격려와 기금 보냄. 섬유노조와 핏치 공장의 격려문. 5. 27: 노동자와의 교섭 거부. 경찰을 배치하여 노동자의 출입을 금지. 전평, 군정청 노동국장 워크 소령을 방문. 워크 소령 "전적으로 복직시키는 것이 옳다."라고 언명. 6. 6: 해고 노동자 143명이 진정서를 가지고 영등포경찰서를 방문. 6. 7: 노동자 대표 김등(여), 최미자(여), 안병옥(남), 양삼룡(남)이 진정서를 가지고 군정청 노동국장을 방문. 국장의 부재로 국장 대리 면담. 6. 10: 최미자 등 4명이 오전 10시 노무과장을 만나 복직진정서를 제출. 6. 13: 오전 10시 37명의 노동자 대표, 경기도 노무조정과에 호소. 6. 25: 안병호, 김석준을 대표로 한 143명의 노동자 미군정청 노동조정위원회에 문제의 해결을 의뢰.
5. 6~5. 21 동양제사	5. 6: 노동자들, 총사 비너쓰 중령에게 기계를 몰래 팔아먹는 공장 내의 관리인을 쫓아내고 임금을 올리며 노동조합을 승인하라는 등 요구 조건을 제출. 5. 10: 비너쓰 중령 노동자들의 요구를 거부하고 그 자리에서 80명 전원에게 해고 선언. 오후 4시경 경찰이 출동해 노동자들을 강제로 공장 문밖으로 쫓아냄. 5. 21: 일을 시작하겠다고 노동자를 모은 뒤 김정희, 이옥순 등 7명을 연행.
5. 12~17 삼영제과	130명의 노동자가 세 가지 요구 조건을 내걸고 쟁의.
7. 3 선일견직 수원공장	오전 8시 임금 인상 요구를 제출하고 파업 전개. 오후에 타협이 됐으나 밤에 경찰이 출동하여 여공 장희순, 최유순, 노조 분회장 김혁 등을 연행.
7. 3~7. 28 황금정조선기업	7. 3: 노조 분회 결성. 7. 28: 분회 대표 20명이 사장과 전무를 찾아 여섯 가지의 요구 조건 제출, 전부 승인받음.

8. 1~6 고려피복공장	7월 말경부터 원료가 없다며 휴업 상태에 들어감. 8. 1: 공장장, 군정청 명령이라면서 일을 하지 않은 날부터 임금을 주지 않겠다고 함. 8. 5: 노동자, 부당성을 항의. 공원대회 개최. '휴업시의 임금 지불, 해고 반대, 단체계약권 승인' 따위를 요구. 8. 6: 관리인에게 제출, 출근 투쟁 전개.
8. 4~9. 2 삼중정피복공장	8. 2: 원료 부족을 이유로 휴업. 8. 4: 농성 투쟁 전개. 9. 2: 조업 재개.
8. 22~8. 24 대구 전매국	8. 22: 교섭위원 2명을 뽑아 국장과 교섭하였던바 무시 당함. 8. 23: 직장대회 개최. 8. 24: 단식 농성 시작.
8. 7 목포 호남직물	사무원과 노동자 간의 불균등한 상여금 지급에 반발, 쟁의 발생.
8. 30 동화백화점	8. 13: 군정청 적산관리처, 13명의 종업원을 해고. 8. 14: 복직 요구 종업원 6명을 해고. 30여 명의 종업원 파면. 8. 30: 동화백화점 해고대책위원회에서는 해고자를 즉시 복직시키라는 요구를 들고 끝까지 싸우겠다는 성명서 발표.
9. 24 왕십리 태양피복	노동자들, 군정 당국에 진정서를 제출하는 동시에 공장을 파괴하려는 모리배의 음모를 분쇄하라는 성명서 발표.

1947년

5. 31 조선모직 밀양공장	5. 31: 조선모직주식회사 밀양공장 종업원 410명이 '임금 인상, 피해고자 무조건 복직, 양복지 현물 배급, 물가 수당 3천 원 지급' 따위의 요구 조건을 걸고 파업. 그 뒤 파업 중 임금 전액 지불, 경찰 간섭 반대, 해고 반대 등 3개 요구 조건 추가. 6. 4: '물가 수당' 조항만 보류되고 나머지 요구 조건 전부 관철.
5. 12~ 6.7 군시방직 대구공장	5. 12: 복구공사 시작. 5. 31: 경비 부족을 이유로 여성 노동자 121명 해고. 6. 7: 여성 노동자 전원 무조건 복직 요구.
5. 21~6. 2 흥한피복	5. 21: 흥한피복 노동자들, 쟁의단을 결성해 8개 요구 조건을 내걸자 이강렬, 김삼봉, 송계숙 해고. 5. 23: 공장 측, 경찰에 신고해 해고된 3명을 검거케 하고 28명을

	추가 해고. 5. 26: 노동자 전원 해고. 5. 30: 회사 측, 노동자들이 출근하자 노동자 대표 3명과 반장 김근식, 박중근 복직을 거부. 노동자들, 취업을 거부하고 공장 문 앞에서 시위. 6. 2: 노동자들, 요구를 강경하게 주장하는 각서 제출.
6. 6~6. 16 서울피복공장	6. 6: 감독 두 사람 전근. 6. 13: 수위 3명 부당 해고. 6. 16: 노동자들, 7개 요구 조건을 들고 쟁의 시작.
6. 9 진흥피복	6. 9: 회사 측, 공장을 폐쇄하고 60여 명의 노동자를 해고. 노동자들, '공장 운영권을 노동자의 손에 넘기라. 만일 넘기지 않는 경우에는 6개월 생활비를 내라.'라는 요구를 내걸고 공장에 주저앉아 투쟁한 결과 완전 승리해 그 목적을 관철.
6. 20 흥아직포	노동자들, '대한노총 감찰장 파면, 밥을 먹을 수 있는 반찬을 달라.'라는 요구 조건으로 단식 투쟁을 한 결과 승리함.
6. 20 대전직물	노동자들, '3·4·5월분 임금을 지불하라. 공장 폐쇄 절대 반대' 등 5개 조건을 들고 파업. 회사 측, 요구 조건 승인.
7. 29 조선제마방직	부정 관리인 배책 운동 전개.
8. 6 서대문 편창제사	노동자들, '외출의 자유와 공일을 늘려 달라, 음식을 먹도록 해 달라, 오후 5시 이후 작업 반대' 따위의 4개 요구를 제출하고 단식 농성 전개.
10월 말 대전방직	대전방직 공장의 일부를 군시방직 대구공장으로 이전한다는 상무부 지시에 동 공장 노동자들 반대 투쟁 전개. 대전방직공장 기계반출방지대책위원회 결성. 26일에는 최후까지 목적을 관철하자는 시민대회 개최.

1948

2. 7 전주 고려방직(구 종방)	하오 9시경 조회가 끝나자 일부 노동자들이 노동 임금 인상, 식량 증배 등을 요구하는 전단을 살포, 파업에 돌입.
4. 11 광주 우편국 전화과	전화과 교환원 약 35명이 체신 규정에 의한 특근 수당 지급 등 요구 조건을 내걸고 파업에 돌입.

7. 20~8. 27 고려방직 동대문공장	7. 20: 노동자들, 동대문공장 불하에 반대해 단식 농성 및 40일간 농성 투쟁. 8. 27: 노동자들이 시 공관에서 열린 대한노총 전국대의원대회에 참석하여 '공장 불하 반대'를 호소하고 세종로, 종로를 거쳐 '불하 반대'의 구호를 부르짖으며 시가행진을 함. 탄원서 제출.

일상적인 것이 정치적인 것이다

해방공간 작업장에서 파업은 노동자들의 노동조건 개선, 임금 인상, 생활보장 요구뿐만 아니라 귀속 재산의 관리, 전평과 대한노총 간의 지부 설립 과정에서의 갈등, 자치위원회와 관리인 또는 미군정과의 갈등, 재고품이나 기계 매각을 둘러싼 갈등 따위로 일어났다. 갈등은 진정서나 탄원서 제출, 종업원대회 개최, 공장 안팎에서의 집회와 시위, 총파업 따위로 전개됐다. 이는 무지에서 비롯된 자연발생적인 행위, 파괴행위, 민족을 위해 참지 못한 행위, 극좌적 행위, 경제투쟁 또는 정치투쟁 따위로 평가받았다.

작업장마다 농성, 파업, 진정서를 제출하는 사정은 각기 달랐다. 이 모두를 임금 인상, 8시간 노동의 요구로 묶을 수는 없다. 오히려 작업장 파업의 속살을 읽으려면 그들의 요구 조건을 사소하고 아주 작은 문제라고 여겨졌던 그래서 의미가 없다고 간주된 측면까지도 읽어야 한다. 또 그 요구 조건이 일상생활을 어떻게 변화시키려고 했는지에 관심을 두어야 한다.

'일상적인 것이 정치적인 것이다.'라는 문장은 페미니즘의 유명한 구호인 '개인적인 것이 정치적인 것이다.'에서 빌려 왔다. 일상성의 틀로 작업장에서의 파업을 읽는다면, 파업은 자명하게 여겨진 일상생활에서의 금기와 규율을 거부하며 이를 흠집 내는 행위이다. 이런 점에서 그 행위는 지금까지와는 다른 일상을 살아가려는 노동자들의 저항이다. 마녀사냥과 자본주의 시초 축적의 관계를 분석했던 실비아 페데리치는 자본주의로의 사회 전환 과정에서 지배계급에 의해 강제된 일상생활에서의 노동 규율을 이렇게 지적했다.

> 지배계급의 폭력은 범법자들에게만 가해진 것이 아니었다. 이는 개인의 급진적인 개조를 목표로 프롤레타리아트들이 더 엄격한 노동 규율을 시행하는 데 도움이 되지 않는 일체의 행위를 하지 못하게 하려는 것이었다. …… 유익하지 않을 뿐 아니라 개인의 책임감과 "노동 윤리"를 침해할 소지가 있는 게임은 금지됐다. 공중목욕탕과 함께 선술집들이 폐쇄됐고 노출에 대한 처벌이 이루어졌다. 수많은 "비생산적인" 섹슈얼리티와 사교 행위에 대해서도 마찬가지였다. 술을 마시거나 욕을 하거나 악담을 하는 것 모두 금지됐다.[121]

노동 규율과 노동 윤리는 작업장에서만 적용되는 것이 아니다. 작업장 밖에서의 게임, 선술집 출입, 신체 노출, 악담 따위의 금지로 이어졌다. 일상생활의 규제와 규율은 '순종하는' 노동자 길들이기와 연결되어 있기 때문이다.

해방공간 작업장에서의 저항은 일상생활에서 자유로운 이동, 술 마시기, 따뜻한 밥과 반찬으로 한 끼 먹기, 동료와 어울려 다니기, 수다 떨기, 개인의 정치적 입장의 표출, 집회와 시위 참가의 자유 따위로 광범위했다. 작업장에서의 쟁의와 파업은 일제 강점기 일제 자본의 노동 규율을 깨는 일상의 저항이었다.

당연한 것을 당연하다고 여기지 않고 당연함을 거부하는 행위는 용기가 필요하다. 작업장에서의 자명성에 대한 말걸기와 거부 행위는 여성 노동자의 용기에서 비롯됐다.

이동의 자유 : 기숙사 방 사이를 마음대로 다니게 해 달라!

해방공간에서 여성 노동자들의 요구 조건 가운데 빈번하게 제기된 항목은 일상생활의 감시와 규제에서 벗어날 이동의 자유였다. 400여 명의 상경 투쟁으로 미군정뿐만 아니라 맥아더사령부까지도 관심을 가졌던 동양방직 인천공장 노동자들의 우선적 요구는 "일을 마친 다음에 외출을 마음대로 하도록 해 달라.", "기숙사 방과 방 사이를 마음대로 다니게 해 달라."였다.[122] 또한 기숙사 한 방에 15~16명이 거주하는 데 따른 환자 발생을 막기 위한 기숙사 시설의 개선을 요구했다.[123]

이러한 요구는 동양방직 인천공장뿐만 아니라 다른 작업장에서도 제기됐다.

영등포 동면섬유 노조 분회에서도 새로운 사장이 취임하자 13개조의 요구 조건을 내걸었다. 이 가운데 4개 항목이 "의료·오락·후생 시설 확충, 매주 1일의 유급 공휴제 실시, 여자 생리를 위한 월 5일간 유급 휴가제 실시, 외출·퇴사의 자유"로 이동의 자유, 복지와 관련된 것이었다.[124]

서울피복에서는 여자 경비원을 배치해 큰소리로 말도 못하게 하고 심지어 화장실 가는 것까지 간섭했다. 이에 1947년 6월 16일, 쟁의를 시작하면서 노동자들은 임금 인상, 해고자 복직 등과 함께 '경비원을 없애라', '쉬는 시간에 마음대로 밖으로 나가게 하라.' 같은 요구 조건을 내걸었다.[125]

서대문 편창제사 공장은 13~14세의 여성 노동자들이 기숙사 생활을 하며 작업을 했던 곳이었다. 1947년 8월 6일, 노동자들은 '외출의 자유를 달라. 공일을 늘려 달라. 음식을 먹도록 해 달라. 오후 5시 이후 작업 반대'라는 4개조의 요구를 회사 측에 제출했다. 회사 측은 이를 무시하고 경찰에 고발하고 테러를 일삼았다. 결국 노동자들의 요구는 단식 농성 투쟁으로 이어졌다.[126]

이들 쟁의와 파업의 요구 조건을 살펴보면, 여성 노동자들은 작업장 안에서 이동의 자유를 요구한 것이 아니었다. 이들은 작업을 끝낸 뒤 쉬는 시간 또는 휴일에 외출하거나 기숙사에서 이동할 수 있는 자유를 요구했다. 오늘날 작업이 끝난 뒤 외출이나 이동의 자유를 막는 일은 상상할 수 없다. 곧장 인권 침해로 그 작업장은 여론의 질타를 받을 것이다. 그러나 휴식시간에, 휴일에, 기숙사에서 누려야 할 너무나 당연한 권리였던 이동의 자유는 해방공간에서는 당연한 권리가 아니었다.

여성 노동자의 이동의 자유 금지는 일제 강점기 여성 노동자의 모집과 작업장에서의 노동 조건, 기숙사에서의 생활 조건 따위에서 비롯됐다. 해방 직전 여성 노동자들의 일상은 어떠했을까? 그리고 이들이 노동자가 된 과정, 작업장에서의 생활 그리고 임금 수준은 어떠했는가? 『조선인민보』는 해방 직전 경성방직 영등포공장의 상황을 아래와 같이 소개하고 있다.

> 천여 명 되는 동 공장의 여공원은 거의 빈궁에 허덕이던 조선 농촌에서 감언이설로 꼬여 내어 3년이란 기약으로 영어囹圄의 생활에 집어넣은 가련한 소녀들이라는 것은 천하가 주지하는 바이니 고향서 불원천리하고 찾아온 부모형제와도 자유로 면회도 못하며, 도주할 우려가 있다고 인정되었을 때나 도주하려다 붙잡혔을 때는 사정없는 채찍으로 구타 당한 나머지 결박당하는 사실 역시 천하가 주지하는 바일 것이다.
>
> 즉 공원 1개월 총수입은 남공 평균 50원, 여공 평균 30원이며 가족 수당, 통근 수당 등은 전혀 없었고 그런 결과 기숙사에 있는 공원은 매월 겨우 34원을 수령했을 뿐이었다. 전 공원은 갑·을·병조로 나뉘어 주야 1주간 교대하며, 휴식 시간은 남공은 오전 15분, 점심 45분, 오후 10분이며, 여공은 오전엔 없고 점심 45분, 오후 15분뿐이었으며 식사는 조석은 남공 110총匁, 여공 90총(식기 중량 가산), 점심은 미역죽, 시래기죽 등이며 숙사는 12첩疊 방에[127] 33인까지 재우고, 때로는 시멘트 바닥에서 재우며, 침구는 2인당 요 1매였다. 현물 배급도 전혀 문제 밖이나 사무계통 직원에게는 후히 배급하여 직원과 공원을 이간시키려 했던 것이다. 이상과 같은 대우로 인하여 사망자는 부지기수며 전 공원이 거의 병들고 전원의 40%가 폐결핵을 앓고 있다. 이와 같이 제국주의 일본의 감옥보다도 더 가혹한 학대를 받아온 그네들 …….[128]

일제 강점기 공장 노동자들의 고용 방식은 자유로운 계약보다 강제성을 띠었다. 공장주들은 연고자의 소개나 모집원의 힘을 빌려 여성 노동자들을 모집했다. 일제 강점기 방직 공장 여성 노동자들은 대개 모집인의 꼬임에 속아 모집되어 온 농촌 소녀들이었다. 물론 자발적으로 공장에서 일하게 됐더라도 작업장에서의 노동 조건과 기숙사의 생활 조건은 기대 이하였다. 일본 방직 공장에서 일했던 여성 노동자 수기에서도 "식당은 더럽고 어두침침한 데다 반찬도 형편없어 언제나 된장국과 김치뿐이었고 오래되어 냄새나는 무짠지에다 김치도 벌레 먹은 것 투성이로 어떤 때는 파리나 구더기가 둥둥 떠다니기도 했"다며 견딜 수 없어 도망쳤다고 했다.[129]

이런 까닭에 작업을 마친 뒤에도 기숙사 사감의 감독이 필요했고, 기숙사에서 노동자들은 방과 방 사이를 이동할 자유가 없었다. 이러한 기숙사와 공장의 풍경은 군대 내무반의 모습과 닮아 있다. 전시 강제 동원을 위한 강력한 금지와 규율의 적용은 공장의 생산품을 군수품으로 바꾼 것뿐만 아니라 모든 공장의 규율과 조직도 군대식으로 편제했고, 기숙사도 군 내무반으로 바뀌었다.

이러한 관행은 당연하게 해방공간에서 사라져야 할 것들이었지만 작업장에서의 노동 규율은 그대로 유지됐다. 여전히 기숙사에서 이동의 자유가 없었고 식사량이나 음식의 질도 변함이 없었다. 또한 도난 사건을 빌미로 기숙사를 조사하는 관행도 여전했다.

> 부내 만석동 동양방적 공사에서는 최근 면포 도난이 빈발하므로 이를 조사코자 동 공장 경비대원과 총무계원이 총동원으로 지난 11일 하오 3시경 동 공장 여공방 제7호실을 조사하던 중 천장에서 미국제 수류탄 1개와 소총 실탄 16발이 발견되어 압수하였다 한다. 그런데 동 합숙소는 작년 1월까지 미군이 주둔하고 있었다는데, 그때 유실된 것이 아닌가 추측된다고 한다.[130]

위의 기사는 동양방직 인천공장 기숙사에서 도난을 빌미로 기숙사를 샅샅이 조사하는 과정에서 수류탄과 실탄이 나왔다는 내용이다. 해방이 됐지만 기숙사에서의 검문과 검사는 변함없이 진행되고 있었다.

기숙사 사감이나 경비원이 여성 노동자를 천시하고 무시하는 태도도 변함없었다. 동양방직 인천공장 쟁의단이 상경투쟁 뒤 공장으로 돌아오자 강제 날인 소동을 일으킨 회사 측 간부들은 사감, 인사계 직원들이었다. 특히 기숙사 사감은 일제 강점기부터 여성 노동자들을 감시·규제하는 존재였다. 그들은 일상생활에서 여성 노동자들을 위협했던 존재였고, 그러한 태도는 해방 뒤에도 변함없이 이어졌다. 동양방직 인천공장에서 사감이 노동자들을 어떻게 대했는지 다음의 대화에서 잘 드러난다. 노동국 고문 할러웨이가 강제 날인을 조사하러 왔을 때, 그와 사감 사이에 오간 대화를 소개한 기사이다.

> **할러웨이** | 지난 15일 밤 무엇 때문에 여공 심정숙을 협박하고 도장을 찍으라고 강요하였나?
>
> **송 사감** | 그런 일이 없다.
>
> 그러나 증인의 입증으로 송이 도장을 찍으라고 심에게 협박한 사실이 증명되었다. 그리고 사감 편의 증인을 불러 다음과 같은 문답이 있었다.
>
> **할러웨이** | 심이 무엇 때문에 송과 말다툼을 하였나?
>
> **사감 편 증인** | 도장을 찍지 않으려고 한 때문이다.
>
> **할러웨이** | (송을 보고) 당신은 왜 나에게 거짓말을 했나? 그리고 개인의 자유의사를 무시하고 도장을 찍으라고 협박, 강요하는 행동은 군정 포고에 위반되는 것을 모르는가?

송 사감 | 모른다.[131]

송 사감은 조금도 회개하는 빛을 보이지 않고 "날인 강요는 잘못이다. 그년들이 안 찍으면 안 찍었지 왜 딴 애들까지 못 찍게 선동하는 거야. 그것은 선동죄가 안 되나요?" 하고 대들었다.[132]

일상생활에서의 무시와 천대는 개인을 무력하게 하고 자아 존중감을 낮추는 역할을 한다. 사감의 이러한 태도는 여성 노동자들의 반감을 가져 왔고 파업 때 사감의 태도를 지적하거나 교체를 요구한 것도 이 때문이다. 일제 강점기에 여성 노동자들은 기숙사의 검사와 이동의 감시 그리고 언어적 폭력에 노출되어 있었다. 따라서 여성 노동자들이 임금 인상, 해고 불가, 8시간 노동제 실시 따위의 요구 조건 외에 일상생활에서 누릴 수 있는 권리인 이동의 자유, 감시 대상의 거부, 자아 존중감 등을 요구한 것은 일제 강점기의 노동 규율과 금지를 거부하는 저항이었다. 그리고 여성 노동자들의 이러한 요구는 개인의 자아 존중감을 찾아가는 과정이었다.

신체에 가해진 폭력 : 밤새도록 구타 당하다!

1947년 2월 27일, 종연방직 전남공장에서 경비주임과 인사주임이 여성 노동자를 구타, 불법 감금, 해고시켰다는 소문이 났다. 각 신문사 기자들이 3월 18일 종연방직 전남공장을 취재했다. 이에 대해 관계자들은 이렇게 말했다.

김 공장장 | 이런 사실은 초문이다. 지난 27일경 '임금을 올려 달라. 외출과 공장 내의 활동 자유를 달라. 우리에게 생활필수품을 주라.'라는 세 조건을 들어주지 않으면 3·1기념식이 끝난 후 돌멩이로 사무소를 습격한다는 정보를 받고 김 인사주임이 이것을 조사하여 사실을 확인하였다. 그 다음날 경찰이 이것을 탐지하고 검거하러 왔기에 나는 강경히 반대하였으나 뜻을 이루지 못하고 남공 4명과 여공 4인이 피검됐으나 여공은 그날 석방되고 남공은 3일 후에 석방되었다. 임금에 대해서는 전선全鮮 어느 공장보다도 우대하고 있다. 외출 문제는 책임상 정조와 모든 문제에 특별히 유의하고 특히 3·1기념일에는 외부 소동이 두려워 외출을 다소 제한하였다. 생활필수품은 충분히 배급하고 있다.

김 인사주임 | 27일경 여공들이 공장을 습격한다던 수위계의 정보로 그 협의자를 불러 조사하였던바 처음에 고백을 하지 않으므로 다소 손을 대었던바 사실대로 고백하였다. 나는 항상 이 공장은 우리의 집이요, 우리 재물이며 조선의 생산 공장이니까 악질분자의 사주에 속지 말고 요구가 있으면 적당히 요구하라고 역설한다.[133]

공장장은 여성 노동자들에 대한 폭력은 듣지 못했다며, 외출 금지는 '정조'를 보호하기 위함이었다고 말했다. 그러나 인사주임은 고백하지 않아 '**손을 대었**'더니 사실대로 말했다고 밝혔다. 그러면 여성 노동자들은 어떻게 말하고 있는가?

이금희(21) | 나는 27일 아주머니 댁에 갔다가 오는 길에 동무들에게 끌려서 무슨 회합에 들러 아무것도 모르고 그대로 왔는데 28일 새벽

별안간 불러내어 김 인사주임, 최 경비주임 외 2명의 수위가 외출하여 무슨 회합에 갔느냐고 걸상을 들게 하고, 그 위에 또 나무토막을 얹어 오래 있는 동안 무겁고 팔이 아파서 현장에 쓰러져 버렸습니다.

고성녀(22) | 나는 그 밤 10시 반부터 새벽 네 시까지 대죽으로 무수히 구타를 당하였다. 지금도 흔적이 있고 속뼈가 아파 활동을 못한다.

김옥자(16) | 나도 열시 반부터 네 시까지 전신을 무수히 맞았다. (울면서 이야기) 절대로 습격 계획은 없었다. 다만 식당을 깨끗이 해 달라, 외출 자유를 달라, 면포를 배급하라는 요구를 한 일이 있다. 우리는 아파도 눕지도, 쉬지도 못하게 하고 1일 결근에 50원 이상을 공제한다.[134]

여성 노동자들의 말에 따르면, 27일 오후 10시 30분부터 28일 새벽 4시까지 전신 구타와 체벌을 받았다는 것이다. 구타와 체벌의 이유는 확인되지 않은 공장 습격 소문의 조사였다. 이렇게 여성 노동자의 소식을 전하면서 "일반 사회에서는 여공의 취급을 좀 더 인간적으로 대우하고 자녀와 같이 가족적으로 접촉하여 화합하면 생산 능률도 오르려니와 질서 유지에도 좋은 결과가 올 것이니 금번의 사실 여하는 불문하더라도 금후 공장 당국자의 선처를 요망한다고 한다."라며 동정이 필요하다 했다.[135]

그런데 7일 뒤, 『동광신문』은 전날에 보도된 내용이 지나치게 과장됐다는 정정 보도를 내보냈다.[136]

종연방직 영등포공장의 신체 규율과 폭력도 유명했다. 해고 당한 노동자의 말을 빌리면 종연방직은 해방 뒤에도 노동 규율이 엄격했다.

> 일제 시대에 가장 노동자를 억압하고 착취하던 종연방직주식회사에서는 일제의 주구들이 물러간 후에도 간부들은 일제의 수단과 방법을 그대로 본받아 노동자에 대한 비인간적 대우, 예를 들면 여자 노동자를 나체로 하여 신체검사를 하는 등 억압과 착취는 일제 시대보다 심한 지경이었다.[137]

1946년 메이데이 기념식에 참가한 뒤 기숙사에 들어온 여성 노동자에게 공장 측은 저녁밥을 굶기고 한 사람 한 사람 불러다 참가한 이유와 외부와의 연락을 심문, 취조했다. 그 다음 공장출입증을 모두 빼앗는 조치를 취했다.[138] 종연방직에서 행해진 신체에 가해진 폭력은 대죽으로 구타하기, 걸상 들기, 나체로 신체검사 따위였는데, 이는 폭력 피해자에게 수치감과 모멸감을 불러오는 체벌이었다. 곧 남한 최대의 방직공장이었던 종연방직은 여성 노동자의 신체에 대한 규율과 폭력을 통해 이들을 자본에 순응하고 말 잘 듣는 노동자를 만들고자 했다.

여성 신체와 관련해 성희롱에 반대해 일어난 쟁의는 목포 전화 교환원의 쟁의가 있다. 목포 전화 교환원들은 1946년 3월 26일 총파업을 단행했다. 이들이 총파업하게 된 계기는 아래와 같다.

> 2월 11일 오후 7시경 목포경찰서로부터 시내 각 파출소에 전화를 건 일이 있었는데 다 순조로이 교환하였으나 욱정旭町 파출소만이 나오지 않아서 호출을 못(했다). 약 8시쯤 되어 10여 명의 순사가 남자 출입을 금하고 있는 교환실에 들어가 교환양들을 향하여 장난 같은 비루한 언동을 취하고 돌아간 일이 있(었는데) …… 그 후에도 매일 밤마다 장난 전화가 모모某某 파출소로부터 걸려와 교환 사무에 적지 않은

지장을 주고 있던바 24일 오전 1시 경 항정港町파출소로부터 전화가 와서 김 교환양은 이를 교환하려고 하였으나 처음부터 쓸데없는 말만 하고 장난 비슷한 언사만 하므로 급한 일도 아닌 것 같아서 전화로 말다툼을 하고 끊었는데 조금 지나 사복 경사 3명, 정복 경사 7~8명이 교환실로 달려 들어와 긴급한 일임에도 불구하고 무슨 일로 전화 교환을 문란케 하고 있느냐고 하면서 옷소매를 잡으며 (경찰)서로 데리고 가서 취조실도 아닌 숙직실로 들어가 누워 뒹구는 순사도 있고 장난하는 순사도 있는 곳에서 죄인 취조하듯이 조사를 하는데 너희들은 무슨 주의를 가지고 있느냐는 것을 다 묻고 아버지의 직업을 묻기에 노동자라고 대답하였더니 '그러면 공산주의로군. 그러니까 너희들이 말을 잘 듣지 않는다.'라고 이치도 닿지 않는 소리를 하니 옆에 누워 있는 순사들은 무한히 유쾌한 모양으로 교환양의 분개하고 있는 것을 짓거리고 3시 40분경까지 세 시간이란 긴 시간을 잠도 자지 못한 새벽에 세워 놓았으니 한 교환양은 목에서 피가 다 넘어와 병석에 눕게 되었으며 …….[139]

여성 노동자 신체에 가해진 폭력은 저녁 굶기기, 출입증 빼앗기, 밤새도록 심문하기, 체벌과 구타하기, 기숙사 검사, 몸수색, 성희롱 따위로 광범위했다. 신체에 가해진 폭력은 작업장 안팎을 구별하지 않고 자행됐다. 성폭력이든 언어폭력이든 구타를 포함한 신체에 가해진 폭력이든 폭력의 목적은 노동자들을 통제하고 처벌할 권리가 관리자(자본가)에게 있다고 보는 가정이 깔려 있고, 관리자들은 그럴 목적으로 폭력을 사용했다.[140]

집회와 시위에 참가할 자유 : 노동자도 생각하는 사람이다!

일제 강점기 메이데이 기념식 또는 정치 집회에의 참가나 관심 표명은 노동자들이 갖추어야 할 미덕이 아니었다. 일제 자본은 노동자는 그저 공장의 기계 부품처럼 아무 말 없이 일만 하는 존재이길 바랐다. 작업장에서의 노동자는 생각하고 갈등하고 때론 즐거움을 표현해서는 안 되는 오직 기계인 육체여야 했다. 해방공간에서 기계적 육체이길 거부한 노동자들의 행위는 메이데이 기념식이나 정치 집회 그리고 시위의 참여로 표출됐다. 정치 집회와 시위의 참가는 일제 강점기와 다른 정치 경험과 노동자 정체성을 확인하는 순간이었다. 또한 일제 강점기의 질서를 바꾸고 새로운 국가 건설에의 질서를 만드는 움직임이었다. 이런 까닭에 해방공간의 작업장에서 빈번하게 일어났던 쟁의의 원인 가운데 하나는 집회나 시위의 참가를 두고 노동자와 자본가(관리인, 경영주) 사이에 벌어진 갈등이다.

종연방직(조선실업공사) 영등포공장이 투쟁의 대표적 사례이다. 종연방직은 남한 방직 공장 가운데 가장 규모가 큰 공장으로 관리인은 미군이었다. 해방 당시 방직업계는 총 337,312추의 방기와 9,609대의 직기를 보유하고 있었는데 종연방직은 그 가운데 방기의 26%, 직기의 31%를 가지고 있었다.[141]

이러한 위용을 자랑하던 종연방직 영등포공장에서 조업 재개 두 달만에 쟁의가 발생했다. 종연방직 영등포공장 쟁의는 노동자들의 메이데이 기념식 참가로 불거졌다.

1946년 5월 2일 아침, 경찰과 미군 헌병은 영등포에 있는 종연방직 정문에서 출근하려는 노동자들을 저지했다. 노동자들의 출근을 막은 까닭은 그 전날 900여 명의 종연방직 노동자들이 메이데이 기념식에 참가했기 때문이었다. 이러한 조치에 대한 종연방직 영등포공장 경리과장과 영등포경찰서장의 말은 이렇다.

제조경리과장 함용성 | 파괴 분자의 선동에 참가한 것이지 자진한 종업원은 몇 사람 안 될 것이다. 우리는 직장을 지켜가며 작업을 통하여 메이데이를 의의 있게 맞으려 하였던 것이다. 그러던 것이 이날 공장이 휴업 상태에 들어갔으니 생산에 큰 지장이 생겼다. 즉시 문을 열 것으로 보나 지금 파괴주의자를 조사 중이다. 그리고 그날 임금에 대해서도 관리인 율러 중령 아니면 나는 알 수 없다.

제14경찰서장 문학주 | 30일에 율러 관리인의 말이 메이데이 기념식에는 종업원을 참가시키지 않는다고 미리 통고하였는데도 불구하고 전원이 참가하여 질서를 지키지 않았으므로 이러한 종업원으로는 운영할 수 없으니 새 공장으로 출발할 수밖에 없다고 하였다. 이번에 경찰이 취한 행동은 공장 측의 요구도 있었고, 미리 질서를 잡으려고 한 것뿐이다.[142]

관리자와 경찰의 태도에 대해 노동자들은 '메이데이 기념식에 참가한 것이 무슨 잘못이 있는지 알 수 없다.'라고 대응했다.

노동조합 | 메이데이 기념식에 참가하였다고 공장 문을 닫고 경찰이 출동하여 출근하는 종업원을 탄압하는 것은 부당하다. 그리고 기숙사 여공들 40명에게 1일 저녁부터 식사를 중지시켰다는 것도 너무 지나친 일이다. 우리가 기념식 참가를 선동하였다는 것은 너무 경솔한 언

사다. 기념식 참가는 자발적이었다.

여직공들 | 우리들은 노동자 기념일이니 기념식에 참가하였을 뿐입니다. 식에 참가한 것이 무슨 잘못이 있는지 알 수 없습니다. 우리들은 공장 문이 열릴 것만 기다리고 있습니다.[143]

공장 측은 강경한 태도로 일관하여 현경순 등 여성 노동자 3명을 포함해 다수를 해고했다. 그리고 5월 7일부터 '희망하는 노동자'만 새로 입사시키겠다고 발표했다.[144] 해고 명령을 받은 한 여성 노동자는 사정을 이렇게 말했다.

정 여공원 | 지난 1일 우리가 행사에서 돌아오니 기숙사에서는 저녁을 주지 않고 이튿날은 메이데이에 참가한 사람을 일제 조사하여 전부 카드를 뺐었습니다. 3일에는 사무실에서 4인, 4일에는 여공원 3인을 무조건 해고하였습니다. 우리는 이유 없이 해고한 데 대하여 진상을 물었으나 아무 대답이 없었고 6일 아침에는 공장 문전에 모여 해고 이유를 묻고 있는 우리 공원들을 무장 경관까지 출동시켜 영등포역까지 추방하였습니다. 그리고 7일 아침에 출근하는 사람은 다시 일할 수 있다 하니 이것은 표면적 이유도 없이 메이데이에 참가하였다는 것을 견제하는 술책에 지나지 않는다고 생각합니다. 다만 우리는 해고자의 복직을 강경히 요구할 뿐입니다.[145]

상황은 해결되지 않은 채 한달 동안 이어졌다. 6월 25일, 해고된 노동자 143명은 미군정청 노동조정위원회에 문제의 해결을 의뢰했다.[146]

종연방직과 유사한 상황이 다른 공장에서도 일어났다. 동양방직 영등포공장 노동조합 집행위원회는 1946년 4월 9일 미소공동위원회에 감사 메시지를 보내려 집회(결의대회)를 열었다. 11일, 노동자들은 서울운동장에서 개최된 '민주주의 정권 수립 촉성 시민대회'에 참가했다. 이 일을 빌미삼아 동양방직 영등포공장은 무허가 집회에 참가하고, 강당을 무허가로 사용했으며, 대회 포스터를 공장 안에 붙였다는 이유로 5년 이상 취업한 김하운, 김금옥, 박성종, 이덕선, 박병두 등을 해고했다.[147] 노무과장은 이 문제를 이렇게 설명했다.

> 공원 5명을 해고한 것은 미소공동위원회에 보낼 메시지를 결의하였다든가 시민대회에 참가하였다든가 하는 정치적인 문제와는 아무런 관련이 없다. 이 처치를 단행한 것은 단순히 공장 내의 문제인데 첫째로 질서 없는 곳에는 통제가 없을 것이요, 통제 없는 곳에는 생산을 기할 수 없는 것인데 생산으로서 건국에 이바지하여야 할 공원으로서 공장 질서를 문란히 하고 생산에 지장을 미치게 한 까닭이다. 즉 미리 집회 통고를 하였다 하나, 이미 집회를 연 후 내용도 알리지 않았고, 허가를 하지 않았음에도 불구하고 공장 구내에서 집회를 연 것이다. 이게 9일의 일이며 그 결과 공장이 경찰 당국에 시말서까지 쓰게 되어 이 공장의 보고에 의하여 사장이 군정 당국과 상의하고 11일부로 처단하게 된 것이다. 그리고 일단 처단한 이상 다시 재입사를 시킨다든가 하는 일은 회사로서 할 수 없다.[148]

> **인사주임** | 우리 공장에서는 집회나 전단을 붙일 때에는 반드시 공장장의 허가를 받기로 되어 있다. 그들은 공장장의 명령을 불복종하였으므로 본사와 연락한 결과 그들을 해고한 것이다.[149]

반면 노동자들은 이러한 처사에 대해 그 부당성을 알렸다. 노동자들은 '아직도 노동자를 한 개의 자유 있는 시민으로 볼 줄 모르는 경영자'의 강경한 태도에 분개했다.

해고자 대표 김금옥 | 노동자라고 정부를 하루 빨리 세우자는 시민대회에 참가 못한단 말이 어디 있습니까? 전에도 여러 번 집회를 하여도 아무 말 없었고, 특히 그날은 새로 우리 공장 내에 손을 뻗친 소위 대한노동총연맹의 집회도 있었는데 우리만 해고한다는 것은 억울합니다. 그리고 경찰서에서 취조를 받을 때 형사가 '노동자들이 무슨 정치냐? 일이나 하여라.'라고 하였는데, 그래 우리는 소같이 일만 하면 그만입니까? 죽도록 일을 해도 굶는 처지에 해고까지 당하니 살길이 막연합니다.[150]

종업원 홍재만 | 참말 억울합니다. 내가 5년 동안 이 공장에서 근무하여 왔는데 왜적들이 경영할 때도 이런 일을 본 일이 없습니다. 무허가 집회니, 강당을 무허가 사용하느니, 상부에게 복종치 않았느니 하는 이유로 해고시킨다는 것은 너무 지나치지 않습니까.[151]

해고자 대표는 노동자가 시민대회에 참가한 일이 해고 사유가 되는지, 노동자가 무슨 정치냐라는 경찰의 발언에 노동자는 소같이 일만 해야 하는지 반문하고 있다. 다른 노동자도 집회나 시위에 참가했다고 해고 당한 사례는 일제 강점기에도 없었던 일로 지나친 처사라 말했다. 『해방일보』는 관리인의 반민주적이고 독재적 조치라 비판하면서 "이 사건에는 영등포경찰의 반민주주의적 행동도 관련되어 있"음을 제기했다.[152] 특히 중립 기관이어야 할 영등포경찰서장의 태도가 문제였다.

> **문 영등포서장** | 이번 동방 사건은 대단히 유감이며 시말서를 받은 것은 사내 집회일지라도 허가를 요한다는 견해에서 받았다. 앞으로 쌍방이 다 좋도록 선처하겠다.
>
> **장 경기도 경찰부장** | 해고 당한 5명은 복직시키도록 동방 책임자에게 말하겠다. 만약 복직을 아니 시키면 경비하는 경찰은 철수시키겠다. 집회 허가 문제가 항상 말이 많은데 전번에도 말한 바와 같이 공장 내에서 자기네들끼리 집회하는 것은 허가가 필요치 않다.[153]

경기도 경찰부장 장택상은 공장 내에서의 집회는 허가를 받을 필요가 없다고 말한데 반해 영등포경찰서장은 공장 안에서의 집회도 허가 받아야 함을 강조하고 있다.

이렇게 작업장 안에서의 직장대회 또는 종업원대회도 탄압받았다. 대구 전매국의 경우 잦은 해고로 인해 노동자들 안에서 계속 문제가 제기됐다. 1946년 8·15 기념일을 맞이하여 직장 기념식을 거행하던 가운데 종업원으로부터 '피검된 전매국 노조위원장 즉시 석방 요구'의 긴급동의가 있었다. 이것이 발단이 되어 전매국 간부와 노동자들 사이에 언쟁이 벌어졌다. 다음날 전매국은 간부와 말다툼을 벌인 노동자 3명을 해고했다. 노동자들은 1946년 8월 22일에 교섭위원 2명을 뽑아 국장과 교섭하려 했지만, 국장은 그들을 만나지 않았다. 노동자들은 23일 점심시간에 직장대회를 열었다. 그런데 대구경찰서는 '폭동 선동, 무허가 집회'라는 이유로 전매국을 습격해 노동자 수십 명을 연행했

다.[154]

관리자들은 집회나 시민대회에 노동자들이 참가하는 일에 왜 이렇게 민감한 반응을 보였는가? 관리자들의 발언은 그 까닭을 알려준다. 동양방직 영등포공장 노무과장은 "질서 없는 곳에는 통제가 없을 것이요, 통제 없는 곳에는 생산을 기할 수 없는 것인데 생산으로서 건국에 이바지하여야 할 공원으로서 공장 질서를 문란히 하고 생산에 지장을 미치"기 때문이라 지적했다. 1947년 2·27 남산 인민대회에 참가했다가 파면 당한 여성 노동자에게 경성방직 측은 "여공들의 신변의 위험을 염려하여 27일 일체의 외출을 금지했었다. …… 끝끝내 회사의 명령에 순종치 않는 7명만을 파면하기로 하였다."라고 밝혔다.[155] 반면 화신백화점 관리자들은 미군정청 기념행사 참가와 관련해 "화신은 …… 전 종업원에게 이에 참가할 것을 강청한다. 만일 이에 복종치 않는 자가 있다면 사태 여하에 있어서는 단호한 처단"할 것이라고 알렸다.[156]

관리자들은 '외출 금지'를 어긴 노동자는 회사의 명령에 복종하지 않는 노동자라 규정지었다. 집회와 시민대회의 참가를 금지한 까닭은 순종하며 명령에 잘 따르는 노동자와 어긋나기 때문이다. 노동자들의 공장 안 집회, 시민대회나 메이데이 기념식 참가는 그들에게 다른 일상의 경험을 가능하게 했고 개인의 자존감을 높이고 노동자로서의 정체성을 강화시키는 역할을 했다. 해방공간에서 노동자들의 이런 경험은 이전처럼 복종하는 노동자로 돌아가게 하진 않았다.

종연방직 영등포공장 노동자들은 메이데이 기념식 참가를 이유로 한 해고에 대해 "노동자도 민주주의 국가의 당당한 일 시민으로서 언론과 집회와 결사의 자유가 보장되어 있거든 항차 공인된 행사에 참가하였다고 공장 일부 간부의 제 마음과 뜻에 맞지 않는다 해서 해고를 하며 그것도 슬금슬금 계획적으로 노동자의 지도층을 목 베려는 수단, 방법에는 종업원 일동이 굳게 결속하여 끝끝내 싸우겠다."라고 말했다.[157]

조선방직 대구메리야스공장 노동자들의 행위에서도 이런 점이 잘 드러난다. 1948년 조선방직 대구메리야스공장은 백여만 원을 들여 8·15 정부 수립 경축 기념행사를 준비했다. 노동자들은 공장장에게 경축 행사에 참가하지 않을 자유와 당일 행사용으로 만든 종업원들의 의복을 무상으로 전원에게 배부하는 것 따위를 건의했다. 또한 노동자들은 행사 불참가를 이유로 파면되어도 좋으니 참가하지 못하겠다며 회사의 강압적인 처사에 반발했다.[158]

자본(관리인)의 이간과 분열책을 거부

국가권력이나 자본이 일상생활에서 국민과 노동자를 통제하는 방법 가운데 하나는 편 가르기다. 편 가르기는 배인철이 말한 인종선의 구획이다. 편 가르기는 같은 일을 해도 정규직이냐 비정규직이냐에 따라 임금을 비롯한 노동의 조건이나 처우가 다른 현실을 만든다. 해방공간에서도 작업장에서 자본의 이간과 분열이라는 편 가르기는 다양하게 시도됐다.

동양방직 영등포공장은 1946년 2월 28일 새로이 노동자 200여 명을 채용했다. 3월부터 공장이 가동됐는데 3월 21일 공장장이 광목 8마를 2월 28일 이전부터 근무한 노동자에게만 배급하겠다고 선언했다. 이러한 공장장의 처사에 노동자들은 "요즘 광목 암취인暗取引 가격이 높은 편으로 보아서 전 공원에게 배급을 하게 되면 손해가 될 것을 생각하고 급변한" 것이라며 23일 공원대회를 개최했다.[159] 대회에서 노동자들은 "전 공원에게 공평히 현물(광목)을 배급하라."라며 이를 만장일치로 결의했다.[160]

목포에 있는 호남직물회사에서는 1946년 8월 7일 상여금을 주면서 노동자에게는 최하 30원, 평균 7백 원, 사무원에게는 최하 2천 원 내지 2,200원이라는 원칙을 적용했다. 이에 70여 명의 노동자들은 상여금을 공장장에게 돌려주면서 그러한 구별 없이 최하 5백 원으로 공평하게 지급하라고 요구했다. 그런데도 공장장이 이를 받아들이지 않고 여러 가지 수단으로 위협하자 노동자와 사무원들은 "악질 공장장을 배격하고 새로이 종업원 속에서 선출하자. 적당한 상여금을 지급하라."라는 요구 조건을 내걸고 쟁의를 일으켰다.[161]

1946년 종연방직은 "명령에 복종하지 않고", "너무 똑똑"하다는 이유로 대량 해고를 자행했다.[162] 그리고 해고자 가운데 300~400명을 새로 채용하기 위해 심사를 했다. 다시 채용한 여성 노동자는 숙련공일지라도 견습공으로 취급해 견습공의 일급으로 임금을 지급했다.

이렇게 편 가르기는 불균등한 상여금 지급, 숙련공을 견습공으로 다시 채용하는 방식, 입사한 일자에 따른 현물 차등 배급 등의 방식으로 이루어졌다. 이러한 편 가르기에 노동자들은 반발했다. 곧 자본(관리)의 분리와 경계에 대해 반발한 것이다. 이러한 행위는 일상에서 끊임없이 벌어지는 분리의 선이다. 그것을 받아들이면 경쟁과 무시 그리고 착취가 배가될 뿐인데 해방공간의 노동자들은 이를 거부했다.

광주에 있는 도시제사공장의 노동자들은 공장위원회 위원 7인에 대한 무단 해고에 맞서 "강제 해고 절대 반대! 직장 내의 집회와 결사의 자유! 노동 대열의 분열을 획책하는 문○○, 이시복을 추방하라!"라는 세 가지 조건을 내걸고 1946년 2월 8일 파업에 돌입했다.[163] 회사 측이 제시한 해고 이유는 7명 가운데 일부는 입사할 때 정당한 수속을 밟지 않았고, 직무에 성의가 없다는 것이었다. 그러나 노동자들은 파업을 이어갔다. 2월 14일 경찰대가 출동해 여성 노동자 50여 명을 공장 문밖으로 쫓아내고 그 가운데 13명을 자동차에 실어 약 30리 되는 담양 길거리에 갖다 버렸다. 노동자들이 30리길을 걸어 7시 반경 다시 공장으로 돌아오자 회사 측은 노동자들에게 물을 퍼부었다.[164] 노동자들은 이러한 위협에도 투쟁을 계속했고, 2월 21일 회사 측은 김달준을 새로운 지배인으로 임명하고 이시복을 부지배인으로 좌천시키는 한편, 노동자들의 요구 조건을 받아들였다.[165]

여성 노동자들의 작업장 안팎에서의 투쟁은 쌀 요구 투쟁, 공장관리운동과 노동조합 조직, 각종 시민대회에 참가할 수 있는 권리 확보 투쟁, 메이데이 기념식 참가, 3·22총파업 따위로 광범위하고 다양했다. 특히 섬유노조에서는 직장 투쟁이 연달아 일어났는데 8시간 노동제, 임금 인상 같은 요구가 한 곳에서 이루어지면 다른 공장이 이를 이어가는 투쟁으로 성과를 얻었다.

홍한피복 노동자들의 쟁의 때도 대광피복 노동자들은 위탁 작업을 모두 거절하며 홍한피복 노동자들을 지원했다. 이에 홍한피복 노동자들은 아래와 같은 결의를 표시하기도 했다.

> 요즈음 회사에 들어온 서북청년들이 '이놈들 죽인다.'라고 구타하며 식도를 들고 나와 위협을 하며 옷까지 막 찢고 야단입니다. 이런 일이 매일 있습니다. 그리고 경찰이 와서는 우리의 억울한 사정을 듣는 것

보다는 오히려 우리를 자꾸 실어 가서 때리는 일까지 있습니다. ……
우리는 기왕 죽기는 마찬가지니 끝까지 싸울 작정이올시다.[166]

작업장 안 그녀들의 목소리

'청어 한 마리에 백 원이라죠'

"청어 한 마리에 백 원이라죠." 1947년 초 검찰청 차석 검찰관 엄상섭이 한 말이다. 청어 20마리를 사면 그의 월급 2천 원이 몽땅 없어졌다. 그는 때때로 원고료로 청어 두 마리는 살 수 있는 수입이 있어 다행이라 말했다.[167] 검찰관의 월급이 청어 20마리 값에 불과했던 해방공간의 생활 상태를 짐작할 수 있다. 그래서 종종 얼어 죽은 사람, 굶어 죽은 사람이 거리에 방치되어 있는 현실이 기사화됐다.

일자리를 찾는 사람들로 넘쳐났던 해방공간. 이런 현실에서 작업장의 휴업으로 가장 심각한 영향을 받는 사람은 노동자들이었다. 이 때문에 노동자들은 임금 인상보다 쌀 요구 투쟁을 벌였다. 전평도 임금 인상보다 쌀 요구 투쟁에 매진했다.

> 임금보다도 쌀을 다오. …… 4천 원의 임금설이 있던 전 경성일보사를 비롯하여 기타 각 공장 노동자들은 임금 인상보다도 식량과 생활 필수 물자를 요구하였다. 돈보다도 먹을 것을 다오! 산업을 부흥하고 건

국의 터를 닦고 있는 노동자가 노동할 수 있게 먹을 것, 입을 것을 다오. 우리나라의 앞날을 생각하고 독립과 건설을 위하여 우리 노동자는 쌀을 요구한다. 쌀 요구는 애국 운동이다.[168]

이러한 상황은 해방공간의 허점을 잘 밝힌 글인 박삼소의 「노동자 기고: 직업과 쌀, 나무를 다오. 우리의 불평과 요구는 이것뿐」에도 잘 나타나 있다.

쌀과 나무는 왜 궁핍되었는가? 다시 기억도 하기 싫은 8월 15일 전보다도 우리 노동자는 기한飢寒이 몇 갑절 심하다. 소위 전력을 만드는 노동자라고 해서 강냉이, 수수, 대두박 등이라도 하루 5합 이상, 모가비 같은 작업복이라도 한겨울에 한 벌 이상은 원가로 특배 받아서 연명하였다. 서북선으로 가지 못하는 중남선의 쌀이 어디서 잠자고 있는가? 대지주의 창고에서, 모리배의 매점에서 쥐들의 양식이 되고 있으며 1두 38원이란 최고가격이 생겼으므로 석유 한 사발에 40원 가는 판에 농가에서 쌀을 내어 놓지 않는 까닭이다. 우리는 경험해 보았다. 공정가격 1두 4원 50전 당시에 시가 5백 원 이상이란 사실을. 오늘의 시가는 비로소 2백 원 이상이라도 현품이 없다. 한 말의 특배도 없는 수백만의 실업 노동자는 오직 사멸이 있을 뿐이다. 강하게 요구한다. 직업과 쌀과 나무를 다오. 오랫동안 겪어온 중에도 이즈음은 고난의 멍에가 메이는 것 같다. …… 아, 배고프다! 춥다![169]

쌀이 없어서가 아니라 '대지주의 창고에서, 모리배의 매점에서 쥐들의 양식이' 될망정 길거리에서 얼어 죽고 굶어 죽는 사람들에게, 노동자에게, 시민에게, 국민들에게 배급할 쌀은 없었다. 이에 박삼소는 "야만 일제" 때에는 "한 사람 앞에 2홉씩 배급이 있어 죽물"이라도 먹었다며 현실을 토로했다.[170]

임금 인상보다 쌀을 달라는 요구가 빗발쳤던 해방공간의 경제는 어떤 상황이었는가? 물가지수와 노임지수 그리고 임금은 어느 정도였는가?

> 그들의 수입이 평균적으로 8·15 이전보다 올라갔다 하나 이는 폭등한 물가에 비하면 아무것도 아니다. 그들의 1개월 총 수입이 해방 전에 비하여 최고 2~3배 인상된 데 대하여 물가는 최하 10배, 최고 145배의 선을 오르내리고 평균 90배 정도니 생활지책이 서지 못하는 것도 사실이다.[171]

> 금년 2월 현재의 임금지수를 보건대 해방 전인 1936년에 비교하여 섬유 공업에 있어서는 평균 389배가 오르고 금속 공업은 259배, 기계·기구 공업은 254배, 화학 공업 292배, 식료품 공업 326배, 피복·신장품 공업 239배, 가구 및 제재업 224배, 토목·건축업 278배가 각각 올랐으며 제일 많이 오른 것은 인쇄·장책업의 392배이며 총 평균해서 보면 282배가 오른 셈이다. 그런데 1936년의 물가와 금년 2월에 비한 물가지수는 약 1천 배 내지 840배나 뛰어 올랐는데도 불구하고 이같이 근로자들의 임금이 그 절반도 오르지 않았다는 것을 알 수 있다. 이는 서울시와 근교의 10업종 502직종으로서 18세 이상의 보통 기술자를 상대로 조사한 지수이며, 그 밖에도 이들 이하의 종업원들의 임금은 형편없는 것으로 이를 보아서도 그들의 생활이 얼마나 비참한가

를 엿볼 수 있다.[172]

이들 기사는 해방 전과 비교해 임금이 1946년 2~3배, 1949년 282배 인상됐음을 알렸다. 그러나 임금이 인상됐지만 노동자는 여전히 비참한 생활을 벗어나지 못했다. 그 까닭은 임금인상보다 물가가 10배나 더 많은 145배 또는 1,000배로 올랐기 때문이었다. 〈표 7〉는 서울시 소매물가지수와 임금지수의 변화를 나타낸 것이다.

〈표 7〉 1945~1949년 서울시 물가지수와 노동임금지수(1936년 100)[173]

	소매물가	노동임금
1945년 12월 말 현재	3,740	3,725
1946년	22,300	7,119
1947년	40,900	14,843
1948년	62,900	20,334
1949년 6월 말 현재	72,900	34,732

서울시 물가, 노임지수 대조표

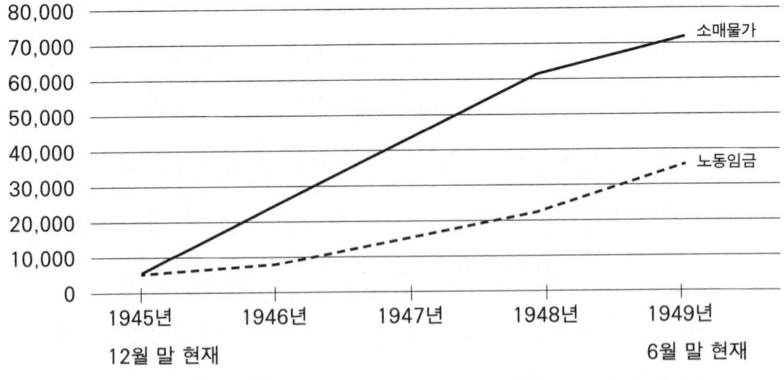

〈표 8〉 1946년 6월 동양방직 인천공장 노동자의 임금(일급)[174]

		남공	여공
기본임금	최고	10원	8원
	최저	4.5원	3.5원
물가 수당	최고	26원	23원
	최저	21원	18원
직무 수당		3원	2원

서울시 소매물가지수는 1936년과 비교해 1945년 12월 37.4배, 1946년 223배, 1947년 409배, 1948년 629배, 1949년 729배였는데 노동임금지수는 1945년 12월 37.2배, 1946년 71.1배, 1947년 148배, 1948년 203배, 1949년 347배였다. 따라서 실질임금은 기하급수적으로 오르는 물가를 따라잡을 수 없었다. 이 때문에 노동자들은 임금인상 대신 쌀이나 나무를 달라고 요구했던 것이다.

전체 평균이 아닌 작업장에서의 구체적 임금 현황을 살펴보자. 1946년 6월 동양방직 인천공장 노동자의 임금은 〈표 8〉과 같다.

〈표 8〉에 따르면 동양방직 노동자는 한 달 동안 쉬는 날 없이 일하면 남성 노동자는 850~1,170원을, 여성 노동자는 700~990원 정도를 받을 수 있었다. 동양방직 여성 노동자는 한 달 월급으로 청어 7~10마리 정도를 살 수 있었다. 이것만으로 부족했기에 '기숙사에 있는 공원들에게는 공정가격(백미 1두에 38원)의 식량을 배급하여 식사를 공급한다며 백미 5두들이 한 가마에 3천 원을 넘나드는 요즈음의 미곡 시세에 1두에 38원의 배급을 해 온 것은 큰 도움이' 되었다.[175] 동양방직 인천공장 쟁의단에 합류한 정구련은 일급 4원 50전, 물가 수당 22원을 받았다. 그녀의 1개월 임금은 평균 664원 정도였는데, 여기에서 식대

225원을 빼고 440원 정도 받았다. 실제로 그녀는 청어 9마리가 아닌 5마리도 안 되는 임금을 받았다. 그래서 입사할 때 저임금을 보충할 하루 2마 반의 광목 배급을 약속받았다. 그러나 광목은 2월에 8마를 받았을 뿐이었다.[176] 공업국 방직과장은 "실정에 있어서 섬유 공업 부문의 노임이 가장 저렴한 것은 부인할 수 없는 사실"이라 말했다.[177] 하루 12시간 일하고 받는 1개월 임금이 청어 4~7마리 값에도 못 미치는 것이 해방공간 작업장의 현실이었다.

이런 상황은 1948년에도 변함없이 이어졌다. 일제 강점기를 요순시대라고 느낄 정도였고, "노동 임금은 한 달에 1,200~1,300원 내지 3천~4천 원에 불과한데 쌀값은 요새만 하더라도 대두 한 말에 1,500원을 주어야 사게 되니 쌀 한 말 값도 못되는 임금은 말할 것도 없거니와 소위 관영 요금 인상에 따라 모든 생활필수품은 날개가 돋친 듯이 폭등하고만 있"어 임금만으로는 살아 갈 수 없는 현실이었다.[178] 아무리 절약하고 살아도 쌀값, 나무 값, 기타 잡비, 셋방 삯, 추렴세 등을 합하면 한 달 동안 5인 가족이 살아 나가는 데 15,000원 이상이 필요했다.[179]

살인적 물가고에서 일자리를 잃는 것은 살아 갈 힘을 잃는 것과 마찬가지다. 그런데도 여성 노동자들은 일상을 바꾸기 위한 투쟁에 나섰다. 그들의 용기, 노력, 투쟁은 하루에 15분만이라도 하늘을 보며 숨을 들이키고 기숙사에서 10여 분이라도 친구들과 수다를 떨 수 있는 현실을 만들기를, '이 년, 저 년'이 아닌 '김정애'로 불리기를, 집회와 시민대회에 참가해 마음껏 소리치기를 간절하게 바랐다. 그런 열망과 희망이 살인적 물가에서도 나설 수 있는 힘이었으리라.

'나 어린' 여직공과 산업 전사로 부르기

'나 어린' 여직공

해방공간의 여성 노동자들은 여공원女工員, 여공女工, 여직공女職工, 종업원으로 불렸다. 여공원은 공장에서 노동하는 사람이란 뜻인 공원이란 말에서 성별을 표시한 용어로 남녀 공원이라 자주 표현됐고, 작업장에서의 집회도 공원대회 또는 종업원대회라고 했다. 그런데 여공원이란 단어 앞에 자주 '나 어린' 또는 '나이 어린'이란 수식어를 붙였다.

동양방직 영등포공장 노동자들이 1947년 2·27 남산 인민대회에 참석했다가 공장으로 돌아왔는데 공장에 들어가지 못하는 일이 벌어졌다. 이에 관해 영등포경찰서장과 공장 측은 이렇게 설명했다.

> 영등포 윤 서장은 동 사건에 대하여 '해고 문제는 경찰이 관계할 바 아니나 그 날 **나 어린** 여직공을 회사에 들이지 않는다는 것은 인도적인 문제이므로 공장장에게 말하여 입소를 겨우 시켰다.' 하는데 공장 측 얘기는 당일 **나 어린** 여직공들의 신변을 염려하여 정치적 회합에 참가를 허락지 않았으나 약 3백 명이 무단히 정문을 열고 나갔다가 오후에 돌아왔으므로 일단 조사하기 위하여 문밖에 머무르게 하였다.[180]

공장 측은 '나 어린' 여직공이기 때문에 신변을 염려해 집회의 참가를 허락하지 않았으며, 조사를 위해 300여 명의 노동자를 문밖에 세워두었다는 것이다. 어리기 때문에 보호가 필요하다는 공장 측의 답변은 여성 노동자들의 개체성(독자성)을 인정하지 않을 뿐만 아니라 문밖에 세워 조사하는 행위는 아이들이 잘못을 했을 때 문밖에 세워 두는, 또는 일정 공간에서 나오지 못하게 하는 훈육 방법과 비슷하다. 이는 여성 노동자들이 보호의 대상인 동시에 감시와 훈육의 대상이었음을 말하는 것이다.

'나 어린'이란 수식어는 파업이나 쟁의를 하는 여성 노동자들을 지지하거나 묘사하는 데에도 사용됐다.

> **나 어린** 소녀들에게 1주간 130시간(군정청 노동법령은 1주간 44시간으로 규정)이라는 비인도적인 혹사를 감행할 뿐만 아니라 종래의 일급제를 폐지하고 중세기적 착취 형태인 청부제를 강요함에 대하여, 종업원들의 야업함에 대하여 종업원들의 시간외 야업에 대한 특별 수당 지급 요구와 청부제 반대는 정당한 것이다.[181]

> 동방 쟁의는 기업가 측의 불합리하기 짝이 없는 예로서 모범적인 것이다. 그들은 **나 어린** 소녀공들이 그 섬약한 몸을 바쳐 조국의 산업 건설을 위하여 밤낮으로 과도한 노동을 강요당하고 있는데도 불구하고 비인간적 생활을 강제하며 연약한 소녀들이라 업신여기는지 문명국에서는 도저히 볼 수 없을 만한 야만적 탄압을 감행하고 있는 사실로 보아 이것이 말하는 악질 모리배의 표본이며 일제 잔재의 대표적 존재라 단정하지 아니할 수 없을 것이다.[182]

> 공장 측에서는 하등의 성의를 보이지 않고 거짓말로써 농락할 뿐 아니라 무장 경찰과 헌병을 동원하여 직공들을 기숙사에 감금하고 욕설과 구타를 함부로 하고 공장 작업을 폐쇄케 한 다음 시청에 교섭 간 **나 어린** 여자 노동자들에게 약을 섞은 물을 펌프로 30분 동안이나 퍼

붓게 하고 또 어린 소녀들을 이른 아침에 트럭으로 태워 나가 하인천, 부평, 영등포 들판에다가 비 오는 중에 개 주검 같이 버렸다.[183]

삼화견직 나 어린 동무들은 어린이날 기념식에 참가하였다가 화신 동무의 농성한다는 말을 듣고 이날 음악으로 상 탄 2백 원과 용감하게도 거리에서 화신 쟁의단을 이기리게 하고 부르짖고 군중 속에서 거두어 모은 5백여 원을 가지고 쟁의단 농성 본부를 찾아 격려하였다.[184]

첫 번째 사례는 1947년 5월 홍한피복 쟁의와 관련해 전평 조선일반봉급자조합의 지지 성명이며, 두 번째는 『독립신보』의 사설 「동방 쟁의에 대하여」, 세 번째는 동방 쟁의를 알리는 『청년해방일보』의 기사이다. 네 번째 사례는 화신 쟁의단을 격려하러 온 삼화견직 노동자들을 소개하는 기사이다. 이 기사들에도 '나 어린'이라는 수식어는 여성 노동자를 보호의 대상으로 여기는 태도와 다르지 않다. '나 어린'의 수식어는 관리자나 자본가의 탄압이나 착취를 강조하기 위한 것이었다.

'나 어린'이란 수식어는 실제 방직 공장 여성 노동자의 상태를 알린 것이기도 했다. 동광신문 기자가 「전남방직 공장 참관기」에서 "정방실精紡室에 들어 와서 먼저 느낀 바는 14~15세의 어린 여공이 많다는 것이다. 정방기로부터 실이 졸졸 흘러나오고 있는데 나 어린 여공 아씨들이 바쁜 솜씨로 기계를 조종하며 '보빙'이라는 실꾸리에 보기 좋게 감는다."라고 소개하고 있듯이 방직 공장 여성 노동자들은 대부분 10대 연령층이었다.[185]

그렇다면 여성 노동자 가운데 10대 연령층에 해당하는 노동 인구는 얼마나 되는가?

〈표 9〉 남한 업종별 노동자 수(1946년 11월 현재: 1948년 말 현재)[186]

구분	1946년			1948년		
	남	여	총계	남	여	총계
금속 공업	8,754	212	8,966	4,794	135	4,929
기계·기구	16,761	633	17,394	14,083	303	14,386
화학	13,924	5,247	19,171	22,150	10,120	42,390
공익사업	2,613	98	2,711			
요업·토석	8,768	925	9,693	4,696	872	5,568
방직	9,972	26,297	36,269	23,842	36,564	60,406
제재·목재품	6,216	286	6,502			
식료품	7,707	676	8,383	7,720	1,265	8,985
인쇄·제본업	4,115	425	4,540	2,208	196	2,404
토목·건축업	5,473	125	5,598			
기타 공업	1,988	944	2,932	1,479	326	1,805
계	86,291	35,868	122,159	123,242	49,781	173,023

〈표 9〉에 따르면, 1946년 11월 현재 전체 노동자는 122,159명이었는데 그 가운데 여성 노동자는 29.4%인 35,858명이었고 1948년에는 각기 173,023명, 49,781명(28.8%)이 됐다.

곧 전체 노동자 가운데 여성 노동자의 비율은 30%에 못 미치는 수준이었다. 그러나 이 수치는 방직 공업에서는 전혀 달라진다. 1946년 11월 방직 공업에 종사하는 여성 노동자는 26,297명으로 방직 공업 전체 노동자의 72.5%를 차지했다. 이는 1948년에도 큰 변화없이 이어졌다. 한편 전체 여성 노동자 가운데 방직 공업 종사 여성 노동자는 1946년이나 1948년 모두 73% 정도였다. 〈표 10〉은 1947년 8월 말 현재 성별·연령별 노동자 수이다. 이에 따르면 여성 노동자는 19세 이하가

〈표 10〉 성별·연령별 노동자 수(1947년 8월 현재)[187]

구분	남	여
14세 미만	138	240
14~15세	1,332	4,561
16~17세	5,780	11,749
18~19세	15,865	13,148
20세 이상	134,847	13,103
합계	157,962	42,801

29,698명으로 69.4%를 차지해 20세 이상의 여성 노동자보다 많았다.

조선은행 조사부는 이렇게 미성년 또는 10대 연령의 여성 노동자가 많은 까닭을 공장 경영자가 저임금과 기능상 침착한 여자의 고용에 치중하고 있음을 증명한다고 해석했다.[188] 곧 '나 어린', '온순한' 여성 노동은 착취와 압박의 좋은 대상이었다.[189]

무산자 해방의 전위

'나 어린' 여직공이란 호칭은 여하튼 아직 어린 나이에 일하기 때문에 성인의 감시와 보호가 필요하다는 뜻에서 쓰였다. 해방공간에서 재현된 또 다른 여성 노동자의 이미지는 무산자 해방의 전위였다.

전평은 여성 노동자들에게 '인습'을 버리고 건설에 나서라고, 도탄에 빠진 민족을 구하는 데 앞장서라고 요구했다. 따라서 가련한 여성 노동자 이미지보다 "여성해방의 중심이요 가장 강력한 전위 부대"라는 점이 강조되었고 여성 노동자는 국가 건설, 여성해방, 무산자 해방의 전위로 불렸다. 전평의 서기부 위원 한철과 부녀부 부장 허균은 이렇게 주장했다.

근로 여성이야말로 최저악의 노동 조건 하에 일반 남성과 같이 사회적 역할을 가장 충실히 다하는 것이다. …… 근로 여성이야말로 가장 신성한 입장에서 자기네의 정치·경제·문화·사회적 이익을 위하여 국가 사회에 요구하고 주장할 권리와 자격이 있을 것이다. …… 근로 여성은 근로 계급의 한 부분으로서 여성해방과 밀접한 관계가 있을 뿐 아니라 여성 전체의 자체 해방의 중심이요 가장 강력한 전위 부대이며 영도자가 된다는 것을 철저히 인식하지 않으면 안 될 것이다.[190]

나는 여자의 몸으로서 지나간 그날과 같이 꿋꿋이 우리 무산자를 위하여, 또 무산자가 한 사람 한 사람 뭉치도록 힘쓰기를 결심하며 새로운 용기를 가졌습니다.[191]

또 전위로서 여성 노동자는 초등 교육의 혜택을 받고 도시 생활을 겪은 가족 구성원 안에서 가장 앞선 인물로 묘사되기도 했다.

이 집안에서 보통 교육이라도 받고 객지에 나가 공장 생활도 좀 해본 딸 경애가 가장 진보적인 인물이요, 또 제법 신문도 읽을 줄 알기 때문에 세상 형편 이야기나 전쟁에 대한 것을 가장 재미있게 말하게 되니 그들-성칠이 내외는 딸 경애의 말을 늘 재미있게 들었고 따라서 그 말을 그런 양으로 믿었던 것이다. …… 학교를 나온 뒤에는 경애는 서울로 부산으로 공장을 찾아다녔다.[192]

위 소설 속 가족 구성원 가운데 딸 경애는 유일하게 세상 돌아가는 상황을 알고 있었고, 다른 가족은 그런 경애에게 의지하고 있다. 경애가 세상 돌아가는 상황을 알게 된 계기는 초등 교육을 받았고 객지에 나가 공장 생활을 했기 때문이다. 또한 해방의 의미를 알게 된 경애는 "온몸에 잠자는 힘이 다시 불꽃같이 일어났다. 모르던 모든 것이 알아질 새 힘이 싹텄던" 것이다. 이러한 여성 노동자의 모습은 단지 소설 속 이야기만은 아니었다. 여성공론사가 주최한 여성 노동자 좌담회에서 여성 노동자들은 "근로 여성으로서는 노동자 계급에 융합됨으로써 현 단계의 프롤레타리아트의 임무를 완수함으로써 근로 여성의 역할을 놓는 것이라고 확신"한다고 말하고 있다.[193]

산업 전사

전평이 여성해방과 '무산자 해방의 전위'로서 여성 노동자를 호명하고 여성 노동자의 역할을 요구한데 반해 대한노총은 여성 노동자를 '생산 전사' 또는 '산업 전사'라고 불렀다. 대한노총은 1946년 10월 전진한이 위원장, 조광섭과 김헌이 부위원장을 맡으면서 강령과 규약이 수정됐다. 이때 '노총가'도 만들어졌다. 채규항이 기초한 '노총가'의 후렴은 "우리들은 산업 전사 강철같이 단결하여"라고 해 노동자를 산업 전사 또는 생산 전사라고 불렀다.[194] 이 용어들은 대한노총이 사용하기 전에도 이미 사용되고 있었다.

> 한국 정부에서는 국가사회주의 정책을 채용하리라는 것은 누구나 다 인정하는 기정 사실일 뿐만 아니라 따라서 남녀가 정치적, 경제적, 사회적으로 절대 동등일 것도 물론이다. 그러므로 우리 한국의 노동 여성은 아무런 희생과 투쟁도 없이 이중의 압제에서 완전히 해방되는 행운을 가지게 된 셈이다. …… 새로 건설되는 국가인 만큼 여러 방면

> 으로 건설할 것이 쌓여 있는 관계로 산업 전사의 임무가 무엇보다도 크다고 생각한다. 그러므로 건국 도중에 있는 여러분 노동 여성은 참으로 노동의 신성함을 깨닫고 전보다 일층 더 분투 노력하는 동시에 일마다 분열 공작과 반동을 일삼으며 가장 노동자의 편인 체 하는 가짜 공산분자의 감언이설로 꾀는 것에 조금도 귀를 기울이지 말고 일분 일 초라도 부지런하고 충실한 **산업 전사**로서 각자의 직장을 잘 지킴으로써 다사다난한 건국 대업에 이바지하는 것이 종래 이중 압박에서 무난히 해방된 행운에 대한 당연한 보답이며 의무라고 생각한다.[195]

독립촉성부인단 소속의 허영순은 위 글에서 여성 노동자들은 아무런 희생과 투쟁 없이 이중의 압제에서 해방됐기 때문에 부지런하고 충실한 산업 전사가 되는 길이 해방의 보답이자 의무라고 주장했다. 산업 전사로서 각자의 직장을 지키는 여성 노동자의 모습은 『가정신문』의 「여성 일기」에도 등장한다.

「여성 일기」는 1946년 7월 내내 연재됐으며 다양한 직장에서 일하는 여성들을 소개했다.

> 회고하건데 나는 이 일터에서 10년이라는 인생의 가장 아름다운 시절을 바쳐 왔다. 지금 이 자리에도 불과 13~14세밖에 안 되는 어린 동생들이 조선의 전매 사업을 위하여 기쁨에 넘치는 노래를 부르며 싸우고 있다. 고맙고 기특한 일이다. 그들이 노는 민첩한 손동작으로 담뱃갑이 산적해 간다. 나는 그들의 불타는 눈동자를 볼 때 좀 더 건설적인 직장 생활을 하지 않으면 안 될 자책으로 새로운 광명의 맹아와 삶

을 얻게 되는 것이다.[196]

산업 전사라는 호칭은 1947년 들어 더 자주 사용하게 됐다. 이승만은 "한국의 귀중한 노동자다 생산 전사다 모든 것을 우리나라로 위하여 일하여야 한다. …… 물품을 하나라도 더 생산하는 것은 다 우리나라를 위함이다. 생산을 안 하면 망하는 것이 누구일까? …… 우리가 망하는 것이다."라고 발언했다.[197] 그러자 대한노총 산하 노조에 소속되어 있는 노동자들이 산업 전사 또는 생산 전사가 되겠다고 나섰다.

> 여러분의 속 안에 생각지 않은 무서운 마수가 뻗쳤었으니 그것은 여러분을 극히 감언으로 선동하여 되도록 일을 하지 않도록 부추기고 무슨 대회니 무슨 데모니 하여 이런 회합에만 강제로 내끌어 귀중한 생산의 시간을 이렇게 쓸데없는 곳에 허비케 하였습니다. …… 다른 나라에서 여덟 시간 생산을 하면 우리는 열 시간, 열두 시간을 하여도 우리나라의 모든 산업을 건설하지 못할 터인데 이렇게 파업까지 해 놓으니 더욱 그중에도 제일 중요한 교통맥을 끊어 놓았으니 얼마나 큰 파괴입니까? 실로 소름이 끼칠 일입니다. …… 계급투쟁도 건국 후에 있을 것입니다.[198]

> 우리 천여 명 **산업 전사**는 오직 우리나라를 위하여 우리 민족을 위하여 매일 굶주린 배를 움켜쥐고 우리 민족이 입을 면포 생산에 노력하고 있습니다. 그리고 우리는 대한노총 산하에서 오직 나라를 사랑하는 일꾼이 되었습니다. …… 독립이 안 되면 우리는 이 기계 속에서 기계와 같이 죽을 각오입니다.[199]

> 우리 **생산 전사**들은 다른 공장 맹원들과 조금도 다름이 없는 애국 투사가 되려고 합니다. 우리나라를 사랑하고 우리 민족을 사랑하는 정신이 없다면 도저히 우리의 직책을 다할 수 없다고 생각합니다.[200]

대한노총 부위원장 조광섭의 주장에서 나타나듯이 9월 총파업을 파괴 행위로 간주하고, 이런 파괴에 대해 대한노총은 생산을 하는 조직임을 알리기 위해 '생산 전사', '산업 전사'라는 말을 이용했다. 곧 '전평=파괴', '대한노총=생산'이라는 이미지를 극대화하기 위해 노동자를 산업 전사 혹은 생산 전사라고 불렀다. 이는 여성 노동자에게도 같은 뜻으로 사용됐는데, 실업조선사가 개최한「방직 공장 여직공 좌담회」는 산업 전사에 대해 이렇게 말하고 있다.

> **이정희(경방)** | 우리 일이 우리 사회와 우리나라에 중요한 직업인 줄 자각하고 일에 대해 퍽 재미를 가지고 열심히 일하고 있습니다.
>
> **정천덕(경방)** | 우리들의 적은 노력이라도 나라에 도움이 된다면 다행(입니다).
>
> **이계완(동방)** | 우리나라 실업을 진흥시키고 건국에 도움이 될까 하고 피곤한 몸을 이끌고 매일 있는 성의를 다하여 일하고 있습니다.
>
> **김인화(동방)** | 생산을 많이 하는 것이 우리들의 책임이요 의무입니다.
>
> **이정희(경방)** | **산업 전사**로서 자기 책임을 다해 건국에 이바지할 결심입니다.[201]

좌담회에 참석한 여성 노동자들은 한결같이 건국에 이바지하기 위해 생산을 많이 해야 하고 자신들은 이를 위한 산업 전사라고 말하고 있다. 생산 전사 또는 산업 전사로의 호명은 '전사'라는 말이 국가를 위해 의무만을 강조하고 있듯이 노동자의 권리가 아닌 의무만을 강조했다. 사실 대한노총의 호명 대상은 남성 노동자였다. 여성 노동자는 위기의 시기에 산업 전사로서 생산에 힘써야 하지만, 결국 가정으로 돌아가야 할 존재였기 때문이었다. 한 남성 노동자는 생산 전사(남성 노동자)의 아내로 생활할 것을 요구했다.

> 나는 학교는 소학교 밖에 못 나왔지만 집에 돌아오면 반가이 맞아 주는 아내와 아이들의 얼굴을 다시금 반갑게 만나고 곧 손을 씻고 세수를 한다. …… 더욱이 우리 같은 근로계급에 있는 사람의 아내 되는 사람은 더 그 책임이 중요하다고 생각한다. 매일 육체적 노동이므로 그 힘을 내는 데 필요한 음식을 많이 섭취하고 절대로 영양 불량에 걸리지 않도록 주의하여야 할 것이다. …… 더욱 근로 대중의 영양문제를 신중히 생각하여야 한다. 우리나라의 모든 산업 기관의 생산 전사인 탓이다. 우리가 없이 나라가 흥할 수 없고 민족이 성할 수 없지 않은가.[202]

'나 어린'이란 수사의 다른 한편에서 전평과 대한노총은 노동계급의 전위로, 생산 전사로 여성 노동자를 호명했다. 그러나 노동계급, 여성해방의 전위로의 여성 노동자 규정은 단지 '여성 노동자'가 노동계급이기 때문이었다. 이 전위라는 규정과 함께 구체적으로 그 역할이 무엇인지, 내용이 무엇인지에 대한 문제의식은 약했다. 또한 대한노총이 사용한 생산 전사라는 호칭은 해방공간 내내 말해진 것은 아니고 아주 짧은 시기, 9월 총파업 뒤 '파괴하는' 전평이라는 이미지를 극대화하는 과정에서 강조됐다. 생산 전사라는 호명은 노동자의 책임과 의무는 생산이고 그것이 바로 애국하는 길이라는 호명 이외에 어떤 내용도 담고 있지 않았다. '생산 전사' 또는 '산업 전사'라 불린 노동자들은 애국 투사로 변모한다. 애국 투사가 개인이나 가족을 위해서가 아니라 '나라'와 '민족'을 위해 싸우는 것처럼 노동자도 그렇게 생활해야 함을 강조한 내용들이다.

이처럼 여성 노동자에 대한 전위 또는 생산 전사라는 호명은 지배적 담론은 아니었다. 혁명의 조력자와 현모양처라는 여성 일반에 대한 담론은 무수하게 생산됐지만, 여성 노동이나 여성 노동자에 대한 담론은 제한된 영역에서 한정된 내용으로 전개됐다.

그러나 사회가 여성 노동자들에게 무엇을 요구하는지와 관계없이 여성 노동자들은 자신들이 부닥친 현실을 알고 있었고, 자신의 권리가 소중함을 깨닫고 있었다. 해방공간에서 여성 노동자들은 노동자로서의 자신의 권리를 얻기 위해 싸웠다.

여성 노동자들의 목소리

'우리 여직공들은 다신 종노릇하기 싫어요'

담배 공장과 피복 공장을 방문한 『가정신문』 기자의 탐방 기사에서의 여성 노동자는 '나는 아무것도 모른다.'라며 일심부란一心不亂의 마음으로 정부貞婦를 꿈꾼다고 했다.

검은 작업복에 흰 모자를 쓴 우리 여자 생산 부대의 병정들이 마음껏

뛰고 놀고들 있었다. …… 기자는 18~19세 되어 보이는 복스럽게 생긴 처녀를 붙잡고 물어보았다. 그 처녀의 말은 다음과 같다.

"나는 아무것도 몰라요. 여러 선생님이 귀애하시어 그저 일하고 있지요. 나는 돈보다 그저 집안에 앉아 놀고 있기가 싫어서 이곳에 왔어요. 와서 보니 동무들도 모두 친절하고 남자 어른들도 잘 지도하여 주세요."[203]

경무부 피복 공장을 찾았다. …… 노동은 신성하고 가장 엄숙한 순간이다. 수백 명 직공들은 일심부란一心不亂 조직적으로 약동하고 있다. …… 처녀들의 머릿속에는 지금 남녀평등이니 좌우 합작이니 무어니 하는 어려운 문제는 그림자도 없다. 이 아름답고 씩씩한 처녀들의 포부를 재봉공 신복순(18) 양에게 물어보니 겸손히 말하여 "우리는 다만 국가의 치안과 국민의 안녕, 질서를 세우기 위하여 정신봉사挺身奉仕하는 2만 5천 명 경관들을 위하여 한 벌의 제복이라도 더 빨리, 한 개의 단추라도 정성껏 붙이는 그 일념뿐입니다."[204]

『가정신문』은 「직장의 여성」, 「여성의 일기」라는 꼭지로 여성 노동자를 소개했다. 이들 기사는 대개 '아무것도 모른다.'라고 말하거나 '열심히 하고 있다.' 따위로 여성 노동자를 묘사했다. 하지만 해방공간의 여성 노동자들은 자신들의 상황을 다양한 형태로 알려 나갔다. '아무것도 모르지만' '종노릇하기 싫다.'라고 소리쳤다.

미군정기 여성 노동자들의 투쟁에 대해 연구자들은 대개 "해방 직후 거국적인 노동운동인 공장접수관리운동에도 여성 노동자들의 참여가 있었을 것임에도 여성 노동자의 활동은 드러나지 않고, 전평 결성 당시 50만여 명의 조합원 가운데 여성의 비율은 25%로 나타났지만, 전평 지도부에 여성이 포함됐다든지, 전평 계열의 노조 지부에 여성들이 지부장이나 임원으로, 또는 다른 특별한 활동을 하였다는 기록은 보이지 않아" 그 정황을 파악할 수 없으며[205] "일제 시대와 마찬가지로 제사 공장, 방직 공장 등 여성 사업장에서의 쟁의는 '여공들의 쟁의'라는 것 외에는 다른 언급 없이 간략하게 기록되어 있어도, 모두 여성들의 노동운동임을 짐작할" 뿐이라 평가했다.[206] 물론 미군정기 여성 노동자들의 투쟁에 대한 이러한 평가는 일면 사실이다. 그러나 당대의 기록을 기초로 하면 짐작만으로 그칠 수 없는 다양한 여성 노동자들의 투쟁과 목소리가 드러난다.

노동자의 대중 투쟁을 적극적으로 지도했던 전평의 조합원 남녀 비율을 보면 1946년 2월 전체 조합원 574,479명 가운데 여성 조합원은 약 25% 정도였다.[207] 이 가운데 섬유노조 조합원은 30,268명이었고, 21,121명이 남한 지역에 속해 있었다.[208] 이는 1946년 11월 남한 지역의 섬유 공업 전체 노동자와 여성 노동자가 각각 36,269명과 26,297명임을 감안하면 여성 노동자를 포함한 대부분의 섬유 공업 노동자가 전평 조합원이었음을 뜻한다.[209] 또한 전평은 결성 당시 부녀부를 두어 여성 노동자이자 사회주의자인 허균이 부장을 맡았다. 1947년 3월 8일, 부인부 부장은 현경순, 차장은 김정애가 담당했다.[210]

1947년 전평은 2월 16일부터 18일까지 3일간에 걸쳐 서울 경운동 소재 천도교당에서 제2차 전국 대회를 성대히 거행했다. 이때 신임 집행위원이 결정됐는데, 신임 집행위원 78명 가운데 5명이 여성이었다. 그들은 허균, 김정애, 현경순, 이영자, 현옥순이었다.[211] 김정애는 동양방직 인천공장 노동자로 6·10 시민대회 단상에서 쟁의단의 상황을 알려 많은 격려와 박수를 받았다. 그리고 쟁의단의 대표로 활동했지만 해고 당했다. 현경순은 종연방직 영등포공장 노동자로 역시 해고 당했다. 현옥순은 대구 제사공으로 「대구인민항쟁 수기」를 『전국노동자신문』에 기고했다.

1946년 메이데이 기념대회 때에는 노동자 대표로 태양피복 박순희, 창화고무공업 정갑숙, 화신 쟁의단 김정순 등 여성 노동자들이 연설했다.[212] 『해방일보』에 실린 그들의 연설문은 이렇다.

> 나도 여러분과 같은 노동자입니다. …… 우리는 직접 물건을 만드는 사람이고 일제의 모진 압박 밑에서도 가장 열렬히 싸워온 애국자입니다. 우리에게는 단결이라는 무기가 있습니다. 우리의 단결 앞에는 아무것도 무서울 것이 없고 겁날 것도 없습니다. 우리는 굳게 단결하여 우리의 손으로 공장과 직장을 지켜 나갑시다. 그리고 우리의 단결을 깨트리려는 모든 반동분자들의 도량跳梁을 분쇄합시다(태양피복공장 박순희).
>
> 여러 동무들! 오늘은 우리 노동자들의 위력에 반동적 자본가들이 전율하는 날입니다. 전 세계 노동자들이 한결같이 이날을 기념하고 굳은 단결과 시위로서 가두행진을 하는 노동자의 명절입니다. 우리는 오늘 한 자리에 모여서 감격과 환희 속에서 이날을 기념하고 우리의 이익을 옹호할 수 있는 민주 정부를 수립하기 위하여 최후까지 싸울 것을 약속합니다(영등포 창화공장 정갑숙).[213]

여성 노동자들은 단위 작업장에서 공장자주관리위원회나 노동조합을 조직하고 적극적으로 활동했으며, 좌담회나 집회에 참가해 외출과 면회를 금지 당했지만 "어린 소녀들이 야근을 하며 새벽 두 시, 세 시 가량이 제일 졸린데 꼬박꼬박 졸다가 감독한테 망치로 얻어맞는 수도 있고, 혹은 벨트에 머리가 감겨 그 감방 같은 생활을 잊는 수도 있는" 자신들의 노동 조건과 여성해방 문제를 적극적으로 제기했다.[214]

또한 여성 노동자들은 "저는 시어머니 한 분과 아들 하나, 세 사람 살림인데 …… 탁아소를 설치해 주면 안심하고 공장에 가서 경제적으로 자주적으로 독립할 수 있다고 생각"한다며 탁아소 설치, 동일 노동에 동일 임금 획득을 확보하는 사회 제도 마련, 산전·산후 휴가 3개월, 생리 휴가 같은 노동자로서, 여성으로서 자신들의 권리를 요구했다.[215]

방직 공업의 여성 노동자들은 전평의 주축은 아니었지만 해방공간에서 그 어느 사업장의 노동자들보다 열심히 노동자들의 이익과 정치를 위해 투쟁했다.

종연방직 영등포공장의 경우 1천4백여 명의 노동자가 메이데이 기념식에 참가하고 그 자리에서 분회를 결성해 주목을 받았다. 동양방직 인천공장 9백여 명의 노동자들도 메이데이 행사에 참가했다. 1947년 3·22 총파업 때에도 여성 노동자들은 투쟁의 중심에 있었다. 『전국노동자신문』은 이때의 상황을 "24시간 총파업이 단행된 22일 오전 9시 15분경 각 공장에서 사이렌이 울리자 수백 명의 경관이 조선피혁, 용공제지, 조선중기, 종방, 동양방적 등 공장을 습격하여 총을 쏘고, 총대로 때려 수십 명의 부상자를 냈고 각 공장에서 59명을 검거하였"다고 전했다.[216] 또한 총파업에 참가했던 한 여성 노동자는 이렇게 말했다.

> 우리 섬유 노동자는 노동시간이 열한 시간인데도 불구하고 우리가 받는 임금은 식비를 제하고 겨우 5백 원밖에 안 됩니다. 우리는 돈을 안

받아도 좋으니 노동 시간을 여덟 시간으로 해달라고 하면 파괴자니 빨갱이니 하고 경찰에 고자질하여 유치장에 몰아넣고 해고시키고 외출 금지를 합니다. 그러나 우리는 옛날의 못난 노동자가 아니고, 우리는 이제야 우리의 살길과 조국의 독립을 위해서는 우리의 무기인 단결의 힘으로 파업을 할 줄 알고 싸울 줄 압니다. 지난 3월 1일 서대문 편창공장에서는 악질 관리인이 어린 여공 동무들을 얕잡아보고 서울 운동장으로 강제 동원을 시키려고 고무신과 옷감 배급을 한다고 꼬였습니다. 그러나 여공들이 듣지 않으니 문을 닫아걸고 외출 금지를 시켰던 것입니다. 15~16세의 여자 동무들은 문을 때려 부수고 남산으로, 남산으로 나와서 여러 동무들과 발을 맞추지 않았습니까. 그리고 3월 22일 총파업 때에는 모두 마당으로 뛰어나와 전평의 노래와 인민항쟁가를 부르고 파업을 하였던 것입니다. 우리 섬유 노동자들은 …… 남조선 노동자들이 당하고 있는 해고, 테러, 폭압을 반대하여 끝까지 싸울 것을 맹세합니다.[217]

이처럼 미군정기 여성 노동자들은 자본과 미군정의 탄압에 맞서 노동자의 권리를 지키기 위해 목숨을 건 싸움을 지속했다. 아래 글은 10월인민항쟁에 참가한 제사공 현옥순의 글로 당시 여성 노동자들이 어떻게 활동했는지 파악할 수 있다.

우리 섬유에서도 26일 철도와 같은 요구 조건을 내걸고 파업을 한 것입니다. 편창제사공장 동무들의 힘이 약해서 협화직물공장에 있는 동무들 4명이 27일 오후 7시경 되어 보통 키 한 길 반쯤 되는 높은 담을 뛰어 넘어가서 거기 있는 동무들의 힘을 올리게 하며 큰 힘을 자본가에게 나타냈습니다. …… 나이로 보면 16세밖에 안 되는 어린 여동무들입니다. 이 어린 여동무들은 끝까지 싸워서 그 공장 내부를 튼튼하게 만들 때까지 싸워 보겠다는 마음으로 힘껏 일하였습니다. 이와 같이 어린 동무의 4인의 힘에 의해서 5백 명의 종업원 동무들을 이끌고 나갔습니다. 그뿐이겠습니까? 3천 명의 섬유 공장 동무들은 머리에다가 수건을 불끈불끈 매고 씩씩하고 힘차게 스크럼을 짜고 노평勞評 앞으로 나갔습니다. …… 10월 1일에는 경관이 총을 가지고 와서 2열을 짜서 서 있는데 섬유에서 제일 먼저 경관 앞에 나가서 아지프로를 하기를 '친애하는 경관 여러분들, …… 어떤 이유로 왔습니까? 여기 있는 우리 노동자들 보호하러 왔습니까? 그렇지 않으면 총으로 쏘려고 왔습니까? 총으로 쏘려고 왔거든 쏘시고, 보호하러 왔거든 우리와 같이 싸웁시다. 조선 동포라면 싸울 것입니다.' …… '배가 고파서 쌀을 다오, 못 먹고 살아서 돈을 다오 하는 것이 정당한 요구일 것입니다. 그럼에도 불구하고 총으로 쏘려고 온 것은 어찌 조선 동포라고 보겠습니까?' 이와 같이 어린 동무들이 경관 속으로 들어가서 아지프로를 하였습니다.[218]

또한 여성 노동자들은 총파업이나 시민대회 때에도 "어리지만 우리도 투쟁할 줄 안다."라고 외치며 거리로 뛰어 나왔을 뿐 아니라 "다시는 종노릇하기 싫다."라고 외쳤다. 태창직물의 한 여성 노동자는 자신이 왜 거리로 나왔는지 이렇게 말했다.

우리는 과거 36년 동안 갖은 고생을 다하여 왔습니다. 그 무질하고 악독한 일본 제국주의 밑에서 하고 싶은 말이 있어도 마음을 놓고 말을 하지 못하고, 몸이 고달파서 쉬고 싶어도 쉬지를 못하였습니다. 하루를 쉬면 하루를 굶게 되므로 할 수 없이 몸이 아픔을 무릅쓰고 공장으로 나갔던 것입니다. 더욱이 방직 공장이나 제사 공장은 다른 공장보다도 장시간 노동에 얽매여 말할 수 없는 착취를 당하였습니다. 하루 열두 시간 일을 하여도 세끼 밥을 배부르게 먹지 못하고 몸이 아파도 쉬지 못하고 일을 하여온 사람들은 방직 공장 여직공들이었습니다. 남자 직공들과 달라서 여직공들은 이중 삼중의 억압과 착취를 당하였습니다. 일은 남자 직공과 똑같이 하고 오히려 장시간 노동을 하여도 일급은 아주 적게 주고 3년이 지나지 않으면 어떤 일이 있더라도 공장을 그만둘 수 없게 우리들을 종과 같이 얽매여 놓는 회사 규칙이 있습니다. 그리고 식당에서도 남자 직공과 많은 차별을 받았습니다. 또 사회에 있어서나 가정에 있어서도 항상 남자들에게 눌리고 지내 왔습니다. 이것이 이중 삼중의 억압과 착취가 아니고 무엇입니까! 여자 동무 여러분! 우리는 과거 수십 년 동안 방직 공장에서 착취를 당하고 차별을 당하였던 것을 생각하면 소름이 끼치고 진저리가 납니다. 지금까지 여자들은 가정에서 일이나 하다가 출가를 하게 되면 으레 남자에게 매달려 구박을 받더라도 한 마디 말대답도 못하고 그저 묵묵한 종살이를 하여 왔습니다. 우리가 살고 있는 사회가 우리를 이렇게 만들어 놓았던 것입니다. 여자 동무 여러분! 우리가 영원히 잊을 수 없는 8월 15일은 우리들의 전신을 이중 삼중으로 얽어매고 있던 쇠사슬이 끊어진 날입니다. 지금부터는 우리들도 남자와 같이 공부하고 일을 하고 연구를 할 자유를 얻었을 뿐 아니라 정치, 경제, 문화 등 모든 사회적 방면에서 활동할 수 있게 됐습니다. 우리는 비로소 우리들이 지금까지 그처럼 고생하던 원인이 일본 제국주의자에게 매여 있었던 까닭인 줄을 알았습니다. 우리들 여자를 남자들보다 더 압박하고 착취하는 것이 일본 제국주의자인 줄을 알았습니다. 그리고 민주주의라는 것은 우리들 같이 그 전에 매일 압박받던 사람도 다른 사람과 꼭 같은 모든 권리를 가질 수 있는 것인 줄을 알았습니다. …… 우리는 또 다시 그 진저리나는 일본 제국주의 시대와 같은 생활로 끌어넣으려는 자를 단연히 용서하여서는 안 될 것입니다.[219]

해방공간의 여성 노동자들의 목소리 가운데 가장 호소력 있고 진솔하게 현실을 파악하고 주장했던 글은 태창방직 이희숙의 호소이다. 위의 내용이 이희숙이 주장한 전문이다. 여성 노동자들은 다양한 측면에서 목소리를 냈다. 대구 제사공이었던 현옥순은 대구인민항쟁의 수기를 통해 여성 노동자들이 어떻게 참여하고 있는지를, 박순희나 이재희는 메이데이 기념식에 참석해서 '나도 여러분과 같은 노동자'라고 또는 '어리고 여자라도 투쟁할 줄 안다.'라고 과감히 단상에 나가 발언했다. 특히 메이데이를 전후해서 여성 노동자들의 목소리는 강하게 울려 퍼졌고, 파업의 경험이 다른 길을 가게 했다는 목소리도 나왔다.

그들이 말한 내용은 다음과 같다.

우리 여자 동무는 아무것도 모른다. 그러나 우리 여자도 배우고 싸우기만 하면 조선 민주 독립에 이바지할 한 힘이 될 수 있다는 것을 요전 '24시간 총파업'을 계기로 하여 절실히 깨달았습니다. 그것은 무슨 이유냐 하면 경전京電 우리 분회에서도 24시간 파업을 하였는데 나도 역시 참가했습니다.[220]

해방공간의 여성으로서, 노동자로서 어떻게 살아야 하는지 토로하고 있다. 권리에 대한 자각과 투쟁에서 여성 노동자들은 결코 뒤쳐진 존재가 아니었다.

틸리와 스콧은 산업화로 인해 여성이 가구를 떠나 돈을 벌 수 있는 기회가 생긴 것은 사실이지만 임금 그 자체가 '해방'을 의미하지 않는다고 지적했다. 그 까닭은 여성이 임노동 시장에 들어간 것은 가족 전략에 따른 것이고, 직업들이 성별화 되어 있기 때문이다.[221] 그러나 작업장에서 여성 노동자들의 쟁의나 파업에의 참가는 가족 전략이 의도하지 않은 행위이다. 그 경험과 참가가 일회성으로 그칠 수도 있고, 상황에 따라 상처를 안겨줄 수도 있지만 당당하게 세상과 맞서는 행위인 것은 분명하다.

좌담회에서의 목소리

해방공간에서의 여성 노동자의 목소리를 들을 수 있는 방법 가운데 하나는 좌담회에 참석한 노동자들의 발언을 듣는 것이다. 여성공론사와 실업조선사에서 진행된 좌담회는 여성 노동자들이 중심이 되어 전개됐다.

여성공론사 주최의 「근로 여성 좌담회」 참석자는 전평 허균, 식료노조 김순남, 직류노조 박길순, 직류노조 윤점순, 교통운송노조 김은렴, 실업자동맹 문쾌승, 화학노조 경방 변정식, 경전 최복순, 경전 김영숙, 엄경자, 태양피복 장인수, 장금순 등이었다. 여기에서 논의된 주제는 일제 강점기의 노동 조건, 해방 뒤 노동자들의 상황, 여성해방의 의미, 공장자주관리운동, 근로 여성의 요구 사항 따위였다. 반면 실업조선사가 주최한 「방직 공장 여직공 좌담회」의 참석자는 경방 사감 승경해, 경방 준비공 이정희, 경방 이장공[綛場工] 정천덕, 동방 사감 신효순, 동방 봉사공[縫絲工] 이계완, 동방 직포공 조경순, 동방 정소면공[精梳綿工] 전인화, 동방 직포공 양재분, 종방 사감 유옥련, 종방 사무원 이정애, 종방 직포공 이덕수 등이었다. 이 자리에서 논의된 주제는 직공 생활을 하게 된 계기, 건국에 이바지하기 위해 여성이 무엇을 해야 하는가, 결혼 문제, 기숙사 생활, 공장에 대한 희망, 생산에 대한 결의 따위였다.

이 두 좌담회는 전평 소속인가 대한노총 소속인가에 따라, 노동자 정체성을 노동 계급의 전위로서의 여성 노동자로 보는가 생산 전사로서의 여성 노동자로 보는가에 따라 토론 주제가 다르다. 그래서 두 좌담회를 비교할 수 없지만 해방 뒤 노동자 상황과 요구 조건은 비교 가능하다. 그렇다면 각 좌담회는 해방 뒤 노동자 상황을 어떻게 논의했는가?

> **최복순** | 우리들은 8·15 직후에 임금 인상의 요구 조건을 내걸고 싸워 온 결과 임금은 인상되었으나 경제적 무통제로 인하여 시장에는 물가가 오르고 …… 우리들의 생활은 8·15 이전보다도 옹색한 것은 무엇이 해방입니까?
>
> **장인수** | 태양피복공장은 왜놈을 내쫓고 우리들 노동자들만이 공장관리운영위원회를 구성하여 가지고 오늘까지 공장을 운영하고 있는데 참으로 명랑하고 웃음소리가 여기저기서 터져옵니다. …… 공장관리위원회에서 만장일치로 8시간 노동제로 결정되었고 임금은 최저가 12원서부터 최고가 20원 정도로 결정되었습니다.
>
> **변정식** | 약 한 달 전에 경방 여자 노동자를 중심으로 하여 원족을 하였는데 색색이 좋은 옷을 입고, 없는 지갑을 털어서 먹을 것을 사 들

고 명랑한 웃는 낯으로 아침 집합시간 전 일찍이 모여 오늘 원족에 대하여 서로 상상을 하며 이야기를 하고 있습니다. 원족이라든가 혹은 구경(영화보다도 극)을 매우 좋아하고 있습니다. 자유로운 천지를 동경하는 천진한 맘을 잃지 않았다는 것을 목격할 때는 짓밟혀도 그녀들이 아름다운 여성의 마음을 가지고 있다는 것을 볼 때는 우리들에게 한 서광을 주며 눈물이 납니다.[222]

승경해 | 나는 이직공들도 장래는 반드시 남의 아내요 어머니가 될 것임을 인식시키고 1주일에 한 번씩 가족에 대한 이야기, 동양 부덕에 관한 강화를 들려주어 훌륭한 남의 아내와 어머니가 되도록 교육하고 있습니다. 그리고 그이들을 친자식 같이 사랑하고 내 자신이 어머니 노릇을 하고 있습니다. 해방 후 우리나라를 살리는 데는 산업 기관을 살리는 것이 급선무라는 이야기를 해주고 중요한 산업 전사의 책임을 강조해 주었습니다.

신효순 | 나도 한 3년간 되었습니다마는 일제 시대에는 직공들을 노예와 같이 학대하던 때를 생각하고 지금은 내 친동생, 친 동무와 같이 위로해주고 지도하고 있습니다.

이정희 | 음식도 좋고 침구도 좋아서 해방 전보다 모든 것이 다 낫습니다.

이계완 | 지금은 또 쌀 곤란으로 매우 고통을 받고 있습니다. 그러나 한 주일에 한 번씩 고깃국도 주고 김치는 늘 잘 먹고 있습니다.[223]

전평 부녀부 부장인 허균은 친분이 있는 사람에게 일감을 몰아주는 일제 강점기의 노동 조건과 노동자 대우에 대해 언급했다. 다른 노동자들도 생활이 이전보다 옹색해졌다고 했지만, 일제 강점기와 다른 해방공간의 노동자 상황에 대해 공장자주관리운동이나 원족을 할 수 있는 여유를 언급하고 있다.

실업조선사가 주최한 좌담회에 참석한 노동자들은 4~15년 넘게 일한 경험을 가지고 있었지만 경성방직과 동양방직의 사감이 참석해 좌담회를 주도했다. 해방 뒤 노동자 생활을 논의 주제로 상정하지 않았지만 기숙사 생활의 변화가 여기에 포함된다. 그들은 일주일에 한 번 고깃국을 주고, 음식이나 침구도 일제 강점기보다 나아졌다고 간략하게 소감을 밝혔다. 동양방직 사감인 신효선은 친동생처럼 위로하고 지도하고 있다고 했다. 경성방직 사감인 승경해도 친자식과 같이 사랑하고 어머니 노릇을 하고 있다며 여성 노동자에게 '동양 부덕'과 산업 전사의 교양 교육을 실시하고 있다고 밝혔다.

요구 조건과 관련한 좌담회의 논의는 아래와 같다.

> **허균** | 저는 시어머니 한 분과 아들 하나, 세 사람 살림인데 …… 탁아소를 설치하여 주면 안심하고 공장에 가서 경제적으로 자주적으로 독립할 수 있다고 생각합니다.
>
> **김은렴** | 우리들로서 성의 차이를 불문하고 동일 노동에 대한 동일 임금 획득을 확보하는 사회 제도를 구체화하여야 될 것이라고 생각합니다.
>
> **김순남** | 산전 산후 3개월이라든가 부인 생리를 위한 월경 5일간이라든가 기간 휴가를 주면 유급제가 실시될 것을 요청하며 …… 탁아소 실시가 요청됩니다.[224]

이계완 | 우리에게는 실 한 토리와 광목 한 마를 배급도 주지 않으니 대체 그 물건이 다 어디로 가는지 궁금합니다.

유재분 | 공장에서는 이것이 군정 방침이라고 하지만, 정말 그렇다면 미군정에 우리는 찬성할 수 없습니다. 식량 사정도 요새처럼 곤란해서는 한심하고.

이정희 | 임금도 지금 임금 가지고는 도저히 생활할 수 없습니다.

……

김인화 | 생산을 많이 하는 것이 우리들의 책임이요 의무입니다.

이정희 | 산업 전사로서 자기 책임을 다해 건국에 이바지할 결심입니다.[225]

여성공론사 주최의 좌담회에서는 동일 노동 동일 임금의 확보를 위한 사회 제도의 마련, 탁아소 설치, 산전 산후 휴가나 생리 휴가 따위로 여성 노동자가 노동할 수 있는 사회적 조건의 확장이라는 측면과 관련된 논의가 진행되었다. 반면 실업조선사에서 개최된 좌담회의 '공장에 대한 희망'이라는 소재가 요구 조건과 일치한다고 할 수 있다. 이들 방직 공장 노동자들은 대개 10년 넘게 공장 생활을 했고, 결혼 뒤에도 공장에서 일하는 까닭은 모두 '생활의 어려움' 때문이었다. 그런 까닭에 배급을 주지 않는 현실, 미군정 방침이라는 공장의 변명, 임금으로 생활할 수 없는 현실을 토로한다. 그렇지만 산업 전사로서 건국에 이바지하겠다는 말은 놓치지 않고 말하고 있다.

제4장

섹슈얼리티와 '여자 국민'

민족의 '능욕'사건 또는 너무나 '사소한' 범죄

사건 발생과 공판

한국 현대사에서 이 사건처럼 재판의 전 과정이 신문에 보도된 사건은 거의 없다. 마치 SNS에 기사를 올린 것처럼 재판의 전 과정이 실시간으로 알려졌던 사건은 1947년 1월 호남선 열차 안에서 발생한 미군에 의한 집단 성폭행 사건이다. 이 사건을 둘러싸고 해방공간의 모든 정치 집단은 앞 다투어 한마디씩 건넸다. 그렇지만 뜨거운 관심은 너무 쉽게 사그라들었고 판결이 나왔을 때는 이 사건에 관심을 기울이는 사람이 거의 없었다.

그 당시 신문을 토대로 사건의 개요와 재판 과정을 따라가 보자. 사건 발생 뒤 『독립신보』에 보도된 내용은 이렇다.

> 7일 아침 6시 반 목포발 서울행의 38열차가 호남선 두계 부근에 이르자 밤 9시경 열차에 딸린 미군 전용 객차 안에서 여자와 어린애의 울음소리가 들리는 것을 승객들의 전달로 안 여객 전무와 이동 경찰이 미군 객차 안으로 들어가려 하니 미군이 객차 안의 불을 끄고 회중전

등으로 비추면서 권총을 들이대고 거부하는 것을 억지로 들어가니 미군 15~16인이 탄 객차 안 통로에 객차 좌석으로 급조한 침대가 있고 그 옆에는 조선 여자의 내의와 치마, 그리고 포대기가 있고 그 위에는 미군인의 단도가 놓여 있었다. 이것을 본 전무와 이동 경찰은 즉각적으로 혹종의 사태를 예상하고 조선 여자를 내놓으라 하였으나 없다고 하므로 변소를 조사하려 한즉 미군들이 파수로 서 있다고 보여주지 않아 하는 수 없이 다른 객차에 탔던 미군 장교 5명의 후원을 얻어 변소 문을 여니 32~33세의 조선 여자 한 명이 저고리만을 입고 아래는 벌거벗은 채 5~6세나 되는 어린애를 업고 울고 있음을 발견하여 구원하여 내었는데 이로 인하여 열차 내는 민족적 감정으로 흥분한 승객들로 혼란을 이루어 분격한 승객들이 미군 객차의 유리창을 두드려 부수는 등의 사건이 발생하여 관계자 미군 3명은 대전에 이르러 헌병에 체포되었다.[1]

9일, 대전경찰서는 경무부에 사건을 보고했다.

7일 오후 9시부터 10시 사이에 서울행 열차가 호남선 전북 황등역을 통과할 때 미군인 4명이 객차에 들어와서 남자 승객은 모조리 내쫓고 여자 승객 3명(주소는 대구)을 붙잡고 현금 2백 원과 시계 한 개를 강탈하였다가 다시 돌려보낸 후 객차 속에서 3명의 여자 승객을 능욕하였다. 이 사실을 안 헌병은 대전에서 그 미군 범인을 체포하였는데 방금 부산에서 출장하여 온 CIC원에게 취조를 받고 있다. 그리고 피해자 중의 1명은 정신병자이며, 여자 쪽으로부터 미군인에게 이상한 태도를 하였다.[2]

모든 언론 기관은 1947년 1월 10일부터 호남선 열차 사건을 일제히 보도했다. 처음 이 사건을 보도한 『독립신보』는 "조선의 피를 받은 사람이면 모두가 민족적인 분격을 느낀다."라며 상당히 격앙된 어조로 다루었다.[3] 그래서 사건 발생과 정황이 정확하게 전달되지 않는다. 반면 대전경찰서의 보고 내용은 사건이 지나치게 간략하게 소개됐다.

재판은 1947년 2월 17일부터 28일까지 총 11회에 걸쳐 진행됐다. 그리고 판결 언도는 3월 11일 공보부를 통해 발표됐다. 재판을 따라가면서 사건의 발생과 전개 과정을 알아보자.

제1회 공판, 1947년 2월 17일

미군 윌리엄 E. 싱글톤(19), 찰스 H. 존(19), 주니어 E. 데이비슨(19), 토미 L. 크루스(23) 네 명에 대한 군사재판은 17일 아침 8시 40분부터 서울 대법원 법정에서 커넬 A. 락시 대령 이하 판사와 배심원 8명, 로버트 C. 니콜스, 얼 R. 베리 검사와 미군 변호인 2명의 참석 아래 개정됐다. 이날 법정에는 관계 미군 외에 김용무 대법원장, 이인 검찰총장, 법원장, 검찰청장, 신문 기자의 방청만 허용됐다.[4]

사건 피해자인 김금옥(30)이 입정했고 사실만을 진술하겠다는 다짐을 했다. 곧장 사실 심리로 들어갔다. 피해자 김금옥은 로버트 검사의 심문에 대해 다음과 같이 답변했다.

검사 | 주소는?

피해자 | 전북 익산군입니다.

검사 | 1월 7일 어디 있었나?

피해자 | 황등서 첫차를 놓치고 38열차를 기다려 탔는데 초만원이라

한 미군인과 조선 사람이 권하는 대로 동생 월례와 같이 창문으로부터 미군 전용차에 올라탔다.

검사 | 차 안에는 누가 있었나?

피해자 | 조선 사람 15명과 조선인 여자 2명, 그밖에 다수의 미군이 타고 있었다.

검사 | 차 속에서 무슨 일이 발생되었나?

피해자 | 3명의 미군인 와서 앉으라고 하며 담배를 피우라고 하였으나 거절했더니 그대로 가 버렸다.

검사 | 그때 3명 중 한 사람이 이 자리에 있는가?

피해자 | (병졸 크루스를 가리킨다.)

검사 | 그 다음에는?

피해자 | 다시 5명의 병졸이 와서 전신을 검색하더니 젖가슴과 국부 등을 어루만지려 하기에 뿌리치고 거절했다. 그러나 동생 월례와 같이 조선 청년들이 앉은 자리로 피난했는데 그네들은 따라 와서 좌석 밑으로 손을 뻗쳐서 갖은 장난을 했다(이때 손 댄 사람으로 크루스와 존을 가리킴). 조선 청년들이 보다 못해 자리를 피했기에 그들을 따라서 가니 병졸들은 청년들에게 권총과 칼을 겨누며 가라고 고함을 치며 위협을 하고 ○○오케이를 연발했다. 청년들은 쫓겨 나가고 이들 손으로 동생은 구출됐으나 나만 혼자 남게 됐다. 그 다음에는 다수의 병졸이 와서 나를 둘러싸고 돈 2백 원을 강탈하고는 칼로 외투, 치마, 속치마, 바지까지 찢었다.[5]

검사는 증거물로 찢어진 치마와 저고리를 제시했다. 재판은 11시 45분 휴정했다. 오후 1시 30분 다시 속개됐다. 김금옥에 대한 검사 심문이 이어졌다.

검사 | 병사들은 옷을 찢은 다음 어떻게 하였나?

피해자 | 나를 걸상 사이 마루에 자빠트리고 여러 놈이 손발을 밟고 가슴을 누르고 강간했다.

검사 | 누가 강간하였나?

피해자 | (피고석에 있는 병사 크루스를 가리킨다.)

검사 | 그 병사의 신체의 한 부분이 확실히 그대 신체 속으로 들어갔나?

피해자 | (잠시 망설이다가) 네.

검사 | 어떤 부분이 들어갔는가?

피해자 | 그 자의 ○○가 내 ○○에 들어갔다.

검사 | 얼마나 계속 되었나?

피해자 | 확실치는 않으나 약 5분쯤은 된다. 그러고 난 후에 딴 놈이 덤벼들었다.

검사 | 반항하려고 하여 보았는가? 또 둘째 번 사람을 기억하는가?

피해자 | 반항할 도리가 없었다. 둘째 번 사람이 덤벼들 때 고함을 치니까 손수건으로 입을 막았다. 둘째 번 사람은 저 사람이다. (존을 가리킨다.)

검사 | 그때도 존의 신체의 한 부분이 그대의 몸에 들어갔는가?

피해자 | 네. 둘째 놈이 끝난 뒤에 또 딴 놈이 덤벼들었다.

검사 | 그 자도 했나?

피해자 | 옷을 벗고 하려고 할 적에 조선 사람 남자 8명이 달려들어 와 더 계속을 하지 못하였다. 그래도 군인이 놓지 않으려고 하는 것을

간신히 빠져나와 조선 사람이 탄 차 속으로 피신하였다. 그놈들은 먼저 번에 돈 2백 원을 빼앗더니 강간 끝에 손목시계까지 강탈했다.[6]

대전역에서의 범인 체포에 대한 검사의 심문이 있은 뒤 변호인의 보충 심문에 들어갔고, 오후 5시 45분 제1회 재판을 마쳤다.

제2회 공판, 1947년 2월 18일

오전 8시 35분부터 변호인의 심문이 계속됐다. 전날에 이어 피해자는 물론 옆에서 듣는 사람도 얼굴을 붉힐 지경이었을 정도로 변호인은 피해자를 추궁했다. 검사와 변호인이 여러 가지로 쉴 새 없이 질문하자 피해자는 "욕보고 시달리고 사람 죽겠다."라고 피로를 호소했다.[7] 오전 11시 45분 휴정했다가 오후 1시 30분부터 속개됐다.

미군인의 열차 내 능욕 사건의 피해자 김금옥에 대한 변호 심문은 18일 오후 2시 30분부터 속개됐다. 법정에서 수차례 정신 혼란과 두통을 말하는 피고인에 대해 변호인은 "피해자 입장에는 무한한 동정을 금치 못하나 동 사건에 관한 가장 중요한 질문이 남아 있다."라고 전제하고 복잡한 질문을 반복했으며, 이에 검사는 간혹 반대 의견을 제출해 몇 가지 사항을 조치했다. 그 질문 가운데 강간 당할 때와 똑같은 자세를 취하라는 변호인의 요구도 있었는데 그 질문은 다음과 같다.

변호인이 찢어진 팬티를 제시하며 물었다.

변호사 | 1월 7일 저녁에 찢어진 옷을 미군 장교에게 보였는가?

피해자 | 네.

변호사 | 강간 당하고 난 후에 언제 보고하였나?

피해자 | 네. 대전에서 9시쯤에 했다.

변호사 | 원동院洞서 대전 가는 길에 내린 일이 있는가?

피해자 | 두계에서 내렸다.

변호사 | 두계에서 누구와 함께 내렸나?

피해자 | 내 앞의 젊은 사람과 내렸는데 그 사람이 경찰에 말한 것이다.

변호사 | 다른 여자는 어디로 올라왔나?

피해자 | 창으로 미군들이 '각시', '각시' 하고 손짓을 했다. 그리고 수십 분간 애기와 여자 울음소리가 났다.

변호사 | 어떻게 났나?

피해자 | 아이코, 사람 죽는다 했다.

변호인은 그 당시의 강간 자세를 보이라고 요구가 있자 니콜스 검사가 피해자에게 물었다.

검사 | 미군 기차에서 강간을 당하고 조선 기차로 갈 때 사람이 얼마나 있었나?

피해자 | 많이 있었다.

검사 | 강간할 때 있던 사람들이 시계를 빼앗았다는 데 누구인지 알 수 있나?

피해자 | 기억이 없다.

이때 재판장이 물었다.

재판장 | 미군 기차에서 조선 기차에 올 때 머리 위로 왔다는데 그때 옷이 찢어진 게 아닌가?

피해자 | 아니다.[8]

변호인 심문은 4시 10분에 끝났고, 검사 측 및 판사 측의 보충 심문으로 피고인 김금옥에 대한 심문을 마치고 4시 30분 폐정됐다.

제3회 공판, 1947년 2월 19일

공판이 오전 8시 40분 속개되어 전북 익산군 황등면에 사는 김월례(24, 피해자 김금옥의 동생, 기혼자) 증인에 대한 검사로부터의 심문이 있었다.[9]

변호인은 김월례에게 '재판은 신성하니까 거짓이 없는 진실을 말하라.'라고 하고 재판장은 '절대 거짓이 없는 사실을 이야기 해야지 그렇지 않으면 증인 자신이 이 법정에서 어떠한 처벌을 받을지 아는가?'라고 말했다. 김월례는 '바른 대로 말하겠습니다.'라는 맹세를 했고, 검사의 심문이 시작됐다.

검사 | 김금옥이와 같이 탔는가? 몇 시에 탔는가?

증인 | 네. 12시 8분 차를 탔습니다.

검사 | 그 차를 왜 탔나?

증인 | 다른 차는 만원이고 미군들이 타라 해서 탔다.

검사 | 미군인 중에서 당신 손을 잡아당기던 사람은 누구였나?

증인 | (존을 가리키면서) 저 사람이다. 내 손을 당기고 권총을 머리에다 대고 못 나가게 하였다. ……

검사 | 칼을 목에 대고 어떻게 하였나?

증인 | 손으로 칼을 치워 버렸다.

검사 | 그때 손을 베었는가?

증인 | 네, 베었습니다.

이때 변호인이 손을 유심히 보았다.

검사 | 그리고 얼마 동안 있다가 언니 고함소리를 들었는가?

증인 | 자세히 모르지만 한참이나 있다가 들었다.

검사 | 언니 옷이 어떻게 찢어졌던가?[10]

김월례는 손으로 1척 이상을 가리켰다. 오전 11시 50분 폐정했다.

제4회 공판, 1947년 2월 20일

피해자의 여동생 김월례에 대한 변호인 심문이 오전 8시 50분 속개됐다. 변호인은 비슷한 질문을 여러 차례 했고 김월례는 그 질문에 확실하게 대답하지 못했다. 변호인의 심문 때문에 김월례는 정신적 피로와 두통이 난다고 호소했다. 오전 11시 김월례에 대한 심문이 끝나고 다른 피해자 이북향(29)이 입정하여 검사의 심문을 받았다.[11]

이북향이 아들을 데리고 등장했다. 이북향은 뜯어져 너펄거리는 옥색 치마에 검정 저고리를 입었는데 어깨와 등은 누더기로 기웠으나 기운 조각마저 헤졌으며, 데리고 온 아들은 때 묻은 옥색 저고리에 어깨걸이, 무명 홑바지를 입고 신발도 못 신어 맨발로 나타났다.

검사가 "1월 7일에 논산에서 미군인 차간에 탄 일이 있는가?" 물으니 이북향은 "나는 날짜 가는 것도 잘 모르며, 더군다나 양력은 깜깜입니다."라고 대답했다. 검사의 심문이 이어졌는데 검사의 말을 이해하지 못했다. 검사는 이북향에게 "1월 7일에 일어난 사건에 대한 재판을 공명정대히 하려고 당신을 증인으로 오라 한 것이니 겁을 먹지 말고 잘 생각하여 당신에게 불리하면 말을 안 해도 좋으니 거짓말 말고 정말을 똑똑히 하라."라고 설명하고 이어 심문을 계속했다.

검사 | 미군인 차에 타고 무엇을 하였나?

증인 이북향은 ○○○○라는 말을 차마 못하고 "잤습니다."라고 대답했다.

검사 | 잤다고 하는데 잤다는 의미는 무슨 말이오?
증인 | ○○을 했다는 말입니다.

이 말에 조선인 통역도 무색한 표정을 하고, 방청자들도 차마 들을 수 없는 부끄럼을 느낀 대답이었다.

검사 | 여기 그 미군이 있는가?
증인 | 잘 기억할 수 없습니다.[12]

열차 안에서의 행동에 대한 심문 몇 마디가 있고 11시 50분 경 휴정됐다. 이북향의 심문이 끝나고 증인으로 톤니스에 대한 간단한 심문이 있은 뒤 4시 50분 폐정됐다.

제5회~9회 공판, 1947년 2월 21일~26일

제5회 공판은 21일 오전 8시 50분 속개됐는데 현재 대전 경찰 고문으로 있는 스탠트리 소령과 흑인 병사 톤니스와 레이튼의 증인 심문이 있었다.[13]

제6회 공판은 22일 오전부터 속개되어 검사 측 증인으로 두계역 조역 안병기(42)의 진술이 있었고, 10시부터 동 열차 여객 전무 안중호(24)의 증인 진술이 있었다. 변호인의 요구로 오후에도 동 증인의 심문은 계속 진행됐다.[14] 이 날 변호인은 피해자 및 증인의 진술과 검사의 기소 이유가 모순되는 점을 지적해 검사 측과 논쟁이 일어났는데, 판사의 의견으로 기소 항목은 정당하다고 인정됐다.

제7회 공판은 24일 오전 8시 30분부터 서울지방법원 특설 군사법정에서 속개됐다. 미군 글버 대위가 출두해 지난 13일 김금옥의 신체검사를 한 결과, 강간 흔적이 없었다고 증언했다.[15] 검사로부터 피고 4명이 드디어 기소되고, 다시 증인으로 미군과 김금옥의 동생 김상연(20)의 증인 심문이 있었다.[16] 1시 30분 공판이 속개되어 증인으로 프리테리 군의軍醫와 월터 병사의 진술이 있었다.

제8회 공판은 25일 오전 8시 30분 시작됐고, 피고인 크루스의 심리가 진행되었다. 피고는 끝까지 강간을 부인했다. 크루스의 진술에 의하면 이북향에게 현금 400원을 준 후에 관계했으며, 그때 차안의 모든 미군 병사들은 자기와 같은 목적으로 줄을 서 있었다고 한다. 그러나 김금옥에게는 손을 댄 일도 없다고 부정하므로 판사가 칼로 찢은 치마와 바지의 증거를 들어 반박했다. 피고는 그것은 김금옥이 강간 당하였다는 증거물을 삼기 위하여 날조한 것이라고 강경히 주장함과 함께 김금옥의 시계나 현금을 강탈한 사실도 없으므로 자기는 무죄로 믿고 있다

고 진술했다.[17]

피고 싱글톤은 김금옥과 김월례를 부축하여 차창으로 끌어들인 자인데 김금옥에게 대한 폭행은 부인했다. 피고 데이비슨은 앞의 피고 2명과 꼭 같은 답변으로 진술했는데, 이날 피고 3명은 변호인의 심문에는 자세히 진술을 했으나 검사와 판사의 심문에는 '모르겠다.'라는 말로 응했다.[18]

공판은 제9일인 26일 오후에도 속개되어 사건 당시부터 조사를 담당한 CIC 트로 소령과 이병익 등의 증인 심문이 있었다.

제10회 공판, 1947년 2월 27일

제10회 공판은 27일 오전에 다시 속개됐다. 증인과 피의자에 대한 심문이 일단 끝났으므로 니콜스 검사는 아래와 같은 요지의 논고를 진행했다.

> 군법 78조, 124조에 의하면 피해자 1인의 증언보다 피고 수 명의 증언은 중요시 하지 말라는 조항이 있다. 즉 변호인 측의 증언은 김금옥이 어느 충동과 모략 계획에 의하여 강간을 당한 것처럼 날조한 것 같은 인상을 주는 증언이 있었으나, 이것이 계획적이라면 증언도 조직적으로 세울 수 있는 것인데 그럼 점은 발견치 못하였다. 그러므로 김금옥의 증언은 사실이라고 믿는다. 그리고 김금옥이 강간 당한 것을 미국인 조사관에게만 말하고 기타 증인들에게는 말하지 않았는데 조선의 도덕상으로는 강간 당하여도 그 사실을 남에게 자백할 수 없는 것이다. 강간에 대한 진위는 현명하신 재판장께서 지금까지의 증언으로 잘 판단하실 줄 안다. 그리고 악독한 피고들의 참혹한 강간 사건이

> 있었다 할 것이면 세계에 그 유례가 없을 것이다. 20여 명의 증언을 본다면 무엇을 한 것만은 사실이다. 그러므로 유죄로 본다.[19]

이에 대하여 변호인은 '나는 증인의 증언이 허위 진술이라고 본다. 당시의 환경과 상황 등으로 따져본다면 도저히 강간을 감행할 수 없다.'라며 무죄를 주장했다. 검사의 논고와 변호인의 변호가 끝난 뒤 판사는 피고 3명을 퇴장시키고 비밀 심리와 처결에 들어갔다. 언도는 2월 28일 오전 8시 30분에 하기로 되어 있었다.

28일 제11회로 심리를 마치고 이 날 언도가 있을 예정이었는데 재판장은 "언도는 발표할 수 없다."라는 선언을 했다. 이에 대해 기자단은 그 까닭을 질문했는데 상부의 허가 없기 때문이라고 답하며 피고, 검사, 변호인에게도 발표할 수 없다고 말하고 공보부 또는 20군PRO을 통하여 발표하겠다고 언명했다.[20]

판결, 1947년 3월 11일

3월 11일, 미군 사령부는 호남선 열차 안에서 발생한 '조선 부녀 능욕 사건'의 판결 결과를 공보부를 통해 발표했다. 군사재판에 회부됐던 미군 토미 L. 크루스, 찰스 H. 존, 윌리엄스 R. 싱글톤의 강간죄는 구성되지 않고 다만 구타 폭행죄만 적용됐다. 크루스는 1년 4개월, 존스와 싱글톤은 각각 10개월의 징역 언도를 받아 미 육군에서 제명 처분을 받았다. 이들은 인천 평송형무소에서 복역했다. 앞의 3명 외에 이 사건으로 심문을 받아왔던 주니어 E. 데이비슨은 무죄를 판결받았다.

기자단은 판결 결과가 "부녀자의 뺨 한 번 때린 죄로 6개월의 형을 받는다는 여권 존중의 나라 미국의 판결로서는 너무나 가볍다."라며

스튜어트 공보부 고문에게 그 진상을 질문했다.[21]

문 | 발표 내용을 보면 매우 추상적인데 좀 더 구체적으로 강간죄가 성립되지 않는 이유를 말해 주기 바란다.

답 | 300페이지에 가까운 판결서를 어젯밤에 읽어 보았는데 부끄럽고 기분이 나빠 이 이상 말하고 싶지 않다. 그러나 법적 근거도 없고 증거가 의심되는 점도 있을 뿐더러 시간적으로 보아 강간을 감행할 여유가 없었던 것이 판결됐으므로 그렇게 된 것이다.

문 | 피해자 치마를 칼로 찢은 사실을 어떻게 보는가?

답 | 치마가 헌 게 돼서 잡아당기는 통에 찢어진 것 같다.

문 | 피해자는 욕을 당했다고 하는데, 만일 이 판결에 대하여 피해자가 불만이 있을 때에는 재심을 요구할 수 있는가?

답 | 원칙적으로 하기는 하나 이번 판결은 주둔군 최고사령관의 결재를 받은 것인 만큼 재심을 요구할 경우에는 상고하여야 하므로 조선에서는 안 되고 미국에 가서 해야 될 것이다.

문 | 좌우간 판결서를 보지 않고는 모르겠으니 판결서를 발표해 주기 바란다.

답 | 여러분이 요구한다면 될 수 있는 한 속히 이것을 발표하겠다.[22]

피해자 여성들

호남선 열차에서 일어난 미군의 성폭행 피해자는 김금옥과 이북향이다. 두 피해자에 대한 강간죄는 성립되지 않았으며 김금옥에게 행한 폭행죄만 적용됐다. 또한 이북향에 대한 성폭행은 성매매에 의한 거래로 여겨졌다. 이는 제8회 공판에서 크루스의 진술을 기반으로 한 것이다. 이 자리에서 크루스는 현금 400원을 준 뒤에 관계를 했고, 다른 미군도 그런 목적으로 줄을 섰다고 진술했다.

이북향은 제4회 공판에서 증인으로 나왔다. 그녀는 헤져 여기저기 기운 옥색 치마에 검정 저고리를 입고 있었다. 그녀의 어린 아들은 때 묻은 옥색 저고리에 무명 홑바지를 입고 맨발이었다. 그녀는 "공포를 느끼는 듯 들어와서 한 번도 얼굴을 들지 못하며 말도 제대로 못하고 의자에 앉은 것이 마치 바늘방석에서나 앉아 있는 것같이 보였다."라고 『자유신문』은 법정 상황을 전했다.[23]

검사가 사건 발생 일자를 묻자 이북향은 자신은 날짜 가는 것도 모르고 양력은 깜깜하다고 대답했다. 검사의 질문이 있었지만 고개만 숙이고 대답하지 못했다. 다만 열차에서 무슨 일이 있었느냐는 질문에 '잤다.'라고 대답했다.

사실 이북향은 남한 어디에서나 흔히 만날 수 있는 가난한 여성들 가운데 한 명이었다. 교육받은 경험이 없는 그녀는 법정에서 피해 사실을 말하지 못했다. 그녀가 발견된 장소는 열차 안 화장실이었다. 발견 당시 그녀는 아이를 업은 채 치마가 벗겨져 있는 상태였다. 미군에게 조사받고 군사법정에 서기까지의 시간은 그녀에게 공포와 두려움의 연속이었으리라. 자신이 당한 피해 사실보다 하루빨리 아이와 함께 이 자리를 피해 일상으로 돌아가길 간절히 바랐을지도 모른다. 그런 상태에서 진술이 제대로 이루어질 리 없었다. 매매에 의한 성 거래라면 상대방이 왜 기억나지 않겠는가? 그러나 그녀는 '법정에 선 미군이 그 사람이 맞느냐?'라는 검사의 질문에 기억나지 않는다고 진술했다.

그리고 어느 곳에도 아이를 업은 상태에서 성을 파는 여성은 없다.

법정에서 자신이 성폭행 당했고, 성폭행 당사자를 정확하게 지명했던 김금옥은 어떤가? 제1회 공판에서 변호인은 김금옥의 가정 상황을 물었는데 그녀는 이렇게 대답했다.

> 나는 대구 태생으로 당년 30세요, 남편은 징용을 끌려 나가 5년 전에 죽고 그의 가족은 전부가 손아래 동생으로 5남매가 살고 있다. 생활이 곤란하여 기생들의 빨래와 바느질품팔이를 하여 근근이 살아왔는데 봉변당하던 1월 7일 날도 쌀값이 올라간다는 소문을 듣고 남자 동생과 같이 황등에 가서 쌀을 사 가지고 오다가 그런 만행을 당하였다.[24]

재판이 진행되는 동안 김금옥은 여관에 머물렀다. 21일 자유신문사 기자가 여관으로 그녀를 방문했다. 이 자리에서 그녀는 자신의 고달픈 삶을 하소연했다.

> 나는 원래 팔자가 기구하여 약 7년 전에 친정 형제들과 남편을 따라 일본 북해도에 갔었는데 1년도 못되어 남편(29세)이 탄광이 무너져 죽자 1남1녀와 유복자를 데리고 별 고생을 다하면서 그것들에게만 희망을 붙이고 살다가 해방되던 해 5월에 큰 아들을 잃고 그 해 10월경에 고국에 돌아와 대구에 있다가 오빠를 따라 전북 황등으로 갔습니다. 그랬더니 그 해 12월경에는 아들이 죽고 또 작년 5월에는 큰 딸이 물에 빠져 죽었습니다. 일이 이렇게 되고 보니 자기의 팔자만 한탄하면서 남의 빨래도 해주고, 일도 맡아 해주면서 살아오다가 쌀을 대전 갖다 팔면 돈이 남는다는 말을 듣고 한두 번 다니다가 이런 봉변을 당

> 했습니다. 법정에서 증거들을 보셨지요. 내 치마와 바지가 그렇게 찢어지도록 미군인이 행패를 부리고 욕을 보였는데 그래도 강간을 하지 않았다고는 양심 있는 자로서 말 못하겠지요.[25]

1940년 김금옥은 남편을 따라 홋카이도로 건너갔다. 그런데 얼마 못 지내고 남편은 탄광이 무너져 사망했다. 김금옥은 아이들을 의지하며 생활하다가 1945년 5월 큰아들을 잃고 10월 국내로 돌아왔다. 그녀는 전재민이었다.

전재민에게 해방공간은 녹록하지 않았다. 신문에는 얼어 죽거나 굶어 죽은 전재민 소식이 심심치 않게 실렸다.

> 지난 15일 회현동 일각 남산 아래 늙은 소나무 밑에 34~35세 되어 보이는 남루한 헌 저고리, 검정 치마를 입은 전재민 품의 중년 부인이 뻣뻣하게 얼어 죽어 있었다. 전 인구의 대부분을 차지한 실업자들이 우글우글 들볶고 있는 서울시가 이런가 하면 따스한 남녘땅 대구에는 4월 이래 매월 평균 30~40명의 동포가 노상에서 굶다 못해 죽어 가고 있는 형편이라 한다.[26]

그런 탓인지 김금옥의 작은 아들은 1945년 12월에, 딸은 1946년 5월에 사고로 죽었다.

해방 전후에 남편도, 자녀들도 모두 잃은 김금옥의 삶은 고달팠다. 김금옥이 이북향과 다르게 법정에서 피해자임을 주장할 수 있었던 것은 삶의 고달픔과 더 이상 무서울 것이 없었던 생활에서 나왔으리라.

피해자였지만 법정에 선 순간부터 그녀는 고통스런 시간을 보냈다.

변호인은 그녀에게 성폭행 당할 때와 똑같은 자세를 취하라고 요구했다. 이틀에 걸쳐 7~8시간 동안 진행된 재판 과정의 경험에 대해 그녀는 "욕을 보고 집에 돌아가서는 가족을 보고 강간을 당했다고는 차마 말 못하겠습니다. 집에서는 내가 증인으로만 이곳에 온 줄 알고 있었는데 이렇게 백일하에 폭로됐으니 어머니나 오빠들이 알았으면 마음이 얼마나 아플지 생각만 하여도 몸서리가 쳐집니다. …… 한 달간이나 이 여관에 묵어 있으니 밤이면 죽은 자식들 생각과 욕본 분노와 가족들의 실망을 생각하면 꼭 죽고만 싶습니다. 나는 부끄러워서 다시는 집에 돌아가지 못하겠습니다."라고 말했다.[27] 가족에게 자신의 상황을 알리지 못했던 그녀가 법정에서 한 성폭행의 진술은 고달픈 삶과 더 이상 물러설 곳이 없었던 현실에서 나온 용기였다.

그러나 김금옥의 용기는 물거품처럼 사라졌다. 검사, 변호인, 판사 모두가 미군이었던 군사재판에서 김금옥은 성폭행 당한 상황을 용기 있게 진술했다. 그렇지만 강간이라는 성폭행은 적용되지 않았고 폭행만 적용됐다. 그녀의 용기 있는 진술은 거짓으로 여겨졌다. 칼로 옷을 찢었다는 그녀의 진술은 옷이 오래되어 찢어지기 쉬운 것으로 바뀌었다. 재판 뒤 '다시 집으로 돌아갈 수 없다.'라고 말했던 그녀의 삶은 훨씬 고달팠을 것이다.

미군정기 미군 범죄는 총상, 강도, 절도, 주택 침입, 폭행, 살해, 교통사고, 밀매 따위로 다양했다. 그 가운데 성범죄는 잘 알려지지 않았지만 일부 신문에 보도된 내용을 간추리면 〈표 1〉과 같다.

호남선 열차 성폭행 사건은 다른 성범죄와 몇 가지 점에서 달랐다. 〈표 1〉에 따르면 미군 성범죄는 조선인 통역을 낀 채 대개 2~3명이 무리를 지어 여성들을 차에 태워 다른 곳으로 이동하거나 납치하는 방식

〈표 1〉 해방공간에서 벌어진 미군 성범죄

사건일지	내용
1946년	
동아일보 1946. 3. 13	최근에 미병 4명이 강간죄로 조선 미군 군정재판소에서 종신 징역의 판결을, 1명은 징역 20년의 판결을 받았다. 이 판결은 태평양 방면 미군 총사령관에 의해서 확인되었으며 미국 워싱턴에 있는 형무소에서 집행될 것이다.
1947년	
조선일보 1947. 1. 15	7일 시탄을 운반하기 위하여 삽교에 주재하고 있던 미군인 5~6명이 그곳 모 여관에 투숙 중인 조선인 여자가 송산으로 향해 가는 것을 보고 그 여자를 납치하여 숙소에 가서 윤간을 감행하였다. 때마침 이것을 목격한 부근 동포들이 모여들자 미군들이 이들을 축출키 위하여 총을 난발한 불상사가 발생하였다. 3관구 경찰청장은 즉시 미군 장교에게 연락, 미군에게 체포 명령을 내렸다.
독립신보 1947. 1. 16	시내 신당동 거주 박경자(17), 을지로6가 거주 김옥자(18), 회현동 거주 이순자(19), 최문자(19) 등 4명은 13일 밤 10시경 용산구 삼각지 부근에서 미군인 3명과 조선인 2명이 탄 소형 트럭에 동승하였다. 4명을 태운 미군 차는 그대로 미아리 방면으로 달려 양주군 노해면 쌍문리, 속칭 박석고개라는 산길에 이르자 돌연 차를 세우고 미군인 3명과 조선인 1명이 각각 앞의 4명을 강간하려고 덤벼들었다. 이에 불응하여 반항한 4명은 비명을 듣고 달려간 마을 사람과 야경원에게 구출되고, 미군은 도주하여 버렸다고 한다.
독립신보 1947. 2. 4	영남일보 31일 보도에 의하면 조선 부녀를 강탈한 미군인 2명이 군 당국의 재판에 의하여 무기 징역의 논고를 받았다는데 …… 이 2명은 제1연대에 수감 중이다.
자유신문 1947. 2. 20	서울지방검찰청 인천지청으로부터 대검찰청에 전달된 보고에 의하면 지난 1월 31일 오전 1시경 인천시 옥령동 문 모의 집에 돌연 헌병 3명이 무단 침입하여 권총으로 문 모의 처 이 씨(25)를 협박한 뒤 윤간을 감행하고 도주하였다. 이날 밤 마침 주인 문 모는 부재중이었다 하며, 인천서와 인천 미 헌병대에서는 이 만행을 감행한 헌병 3명을 극력 조사 중이다.
대중일보	21일 상오 1시경 부내 화평동 구일순(26)이 취침 중 누군가가 방 창문

1947. 11. 22	밖에서 '여보시오.' 하고 불러 일어나 문을 열었다. 미군 흑인이 무어라고 지껄이며 달려들므로 완강히 반항하자 돌연 주머니에서 단도를 꺼내어 구일순의 두부를 찔러 두 치 가량의 부상을 내고 도주하였다. 신고를 받은 경찰에서는 미군 측과 연락 하에 살인미수범 체포에 나섰다.

1948년

대중일보 1948. 2. 4	전월 30일 오전 2시경 부내 통현동 임 씨(43)라는 부인이 자기 집에서 취침 중 돌연 흑인 1명이 앞문으로부터 침입하여 임 씨를 향하여 자기가 입고 있던 셔츠 한 벌을 벗어주며 약 한 시간 동안이나 정교를 강요했다. 공포를 느낀 임 씨가 틈을 타서 밖으로 피신하자 흑인은 방안에서 문을 잠그고 장 안에 넣어 둔 현금 1만 원을 훔쳐 도주하였다.
민주일보 1948. 7. 4	전월 30일 오전 10시쯤 영등포구 신길동 188번지 일대를 미군인 6명이 횡행하여 가택 수사를 한다는 이유로 소동을 일으켰는데, 나중에는 여자를 내라는 등 갖은 추태를 부려 부근 주민을 대경실색케 하였다. 때마침 달려온 헌병과 부근 청년단원의 응원으로 그 중 3명을 체포하였다. 남은 3인은 조선인 몇 명과 함께 행적을 감추었는데 조선인 부인의 실종도 그들의 소행인 듯 크게 주목되고 있다.
부인신보 1948. 7. 10	시내 소공동의 세탁소에 6일 하오 9시경 술에 취한 미군 2명이 들어와 바지를 벗어가지고 바로 그 옆에서 다림질을 하던 신정옥(26)을 가르키며 영어로 뭐라고 말했다. 여성들이 가진 재빠른 육감으로 이를 추파로 알아차린 신 양이 조선 부녀의 위엄을 발휘하여 미군과 논쟁 끝에 대난동이 일어나 헌병까지 출동하는 사태에 이르렀다. 사건은 무사 진압되었으나 동 미군 2명은 여자 구타죄로 군재에 회부되었고, 맞은 신 양은 두 눈에 멍이 들었다.
조선일보 1948. 8. 12	8일 오후 5시경 시흥군 이오철의 처가 서면 박달리 곤두래미고개를 지날 즈음 돌연 미군인 4명이 탄 자동차 1대가 나타나 소蘇 씨 앞에 정거한 후 강제로 승차시켜 정조를 강요했다. 이에 반항하자 무조건 구타하며 강제로 3명이 윤간을 감행하고 소 씨가 가진 돈 9천여 원까지 강탈 도주하다가 자동차가 노변에 들이박혀 지체하고 있는 것을 급보를 들은 헌병과 안양경찰서원이 현장에 출동, 체포하였다.

이거나 새벽에 민가를 침입하는 형태로 이루어졌다. 호남선 열차 성폭행 사건은 열차 안에서, 곧 공공장소에서 성추행이 노골적으로 자행됐으며 이를 방해하는 조선인 남성들을 권총으로 위협해 다른 칸으로 이동시켰다. 그리고 열차 안에는 피고인인 미군뿐만 아니라 그것을 방관한 미군이 많았다. 공개된 장소에서 사람들이 모여 있는 공간에서 범죄가 일어났다. 그런 까닭에 현장에서 미군들이 체포됐다. 그리고 이 사건은 발생 다음날 모든 신문을 통해 전국으로 알려졌다. 특히 『독립신보』는 상당한 지면을 할애했고, 여객 전무는 '민족의 피가 눈에서 흘렀습니다.'라고 말했다.

사건을 둘러싼 반응과 담론

미군정의 반응

일본군을 무장 해제시키고 주둔군으로 잔류할 임무를 띠고 남한에 진주한 미군은 제7사단(경기도, 충청남·북도, 강원도 주둔), 제40사단(경상남·북도 주둔), 제96사단(전라남·북도 주둔)의 3개 주력 사단과 제308 전폭비행단 및 군수 지원부대로 구성됐다.[28] 또한 이들 정규 병력 이외에 군정 부대들이 10월 말 인천으로 입국하여 각 지역에 배속됐는데 도청 소재지에는 군정단이, 시·군 지역에는 군정 중대(1945년 11월 20일 현재 41개 중대)가 배치됐다.[29] 1945년 현재 남한 각 지역에 배치된 병력은 7만여 명이었다.[30]

조선주둔군 사령관 존 R. 하지 중장은 1945년 9월 18일 기자단 정례회에서 미군 범죄의 단호한 처리를 약속했다.

> 도덕 문제를 말하자면 이 도덕이란 불성문법不成文法으로 어떤 나라든지 시인되어 있는 것이지 법전에 기록되어 있는 것은 아니다. 예를 들면 여자의 정조 문제 같은 것은 도덕이 있는 나라면 그것을 범한 자가 있다면 법률보다 먼저 그 단체나 그 사회에서 추방될 것이다. 불성문법이란 것은 어떠한 특수 사회에서 자라난 것이라 다른 국가에 적용할 수는 없다. 미국의 것을 조선에 적용할 수는 없다. 미국에서는 정조 문제에 대하여서는 사형死刑으로 엄단하는 일이 있다. 나는 조선주둔군에게도 부녀자를 범하는 자를 엄벌에 처할 것을 엄명하였다.[31]

미군의 배치가 이루어지고 군정 체계가 어느 정도 안정 궤도에 오르자 하지 중장은 "조선 주둔 미국 관할 하에 있는 미국 군인에게나 연합국 시민에게 맥주 이외에 …… 주정이 섞인 술을 팔거나 대접하지 못하도록" 조치했다.[32] 이는 미군정이 미군에 의한 강도, 폭력, 살해, 강간 따위의 범죄를 예방하기 위해 조선인과 미군의 접촉을 가능한 한 적게 하려는 조치였다. 그러나 미군 범죄라는 "매일 우리가 어딜 가든지 듣게 되는 불안하고도 모욕적인 소식"이 늘어갔고, "해방의 은인"이 "원수 되는 악감정을 조선인에게 뿌리내릴 것"을 막기 위해 미군 범죄의 근절이 요구됐다.[33] 경찰은 미군 범죄 예방책으로 "부녀자들은 밤에는 출입을 하지 말 것"을, 일반 대중에게는 "(미군이) 나쁜 행동을 하는 것을 발견하는 대로 그 자의 마크를 보아 두거나 미행하여 있는 곳을 알아 두라."라고 지시했다. 또한 하지 중장도 1945년 11월 26일 "미군 중에 혹은 도적질이나 협박, 강도 같은 불법 행위를 하는 군인이 있다는 것은 대단히 유감으로 생각한다. …… 미군이 불법 행위를 하는 때에는 즉시 보고하여 이러한 사람을 적발하여 주기를 바란다. 보고는 가까운 경찰서나 미군 헌병에게 하면 된다."라며 미 주둔군의 불법 행위에 대해 경고했다.[34] 미군 범죄 예방책이 별다른 효과를 거두지 못하자 미군정은 경찰이 현장에서 미군을 체포할 수 있도록 하고, 흉기로 저항하는 미군에 대한 무기 사용을 허용했다.[35] 그래도 미군 범죄는 끊이지 않았다. 또한 미군 헌병이 출동하지 않으면 미군 범죄를 제어할 수 없었다. 호남선 열차에서 발생한 성폭행 사건 때도 열차가 대전역에 도착할 때까지 그 누구도 미군의 행동을 제지할 수 없었다.

사건 발생 다음날인 9일 군정장관 대리 헬믹C. G. Helmick 준장은 기자단과의 정례 회견에서 전날의 사건에 대해 질문받았다.

> **문** | 8일 아침 호남선 열차 속에서 미군인이 조선 여자에 대하여 강간을 하였다는데.
>
> **답** | 처음 듣는다. 그것이 사실이라면 참 부끄러운 일이다. 미군에서는 부녀자들을 능욕하는 죄는 살인, 강도죄와 동일하게 엄격히 취급한다. 급히 사실을 조사하여 진상이 판명되는대로 그러한 더러운 행동을 한 군인에 대하여 최고의 형벌을 줄 것이다.[36]

1947년 1월 10일 공보부 고문으로 있는 뉴먼 대령이 진상을 조사하러 현지로 갔고, 13일 아침 24군단 CIC 2명은 사건 현장에서 있었던 운수 경찰원 2명, 열차 승무원 3명과 함께 대전으로 떠났다.[37] 또한 미군 수뇌부 측에서는 사건의 진상을 엄중히 조사하는 한편 죄상이 판명되는대로 범인은 극형에 처할 것이라고 10일 공보부를 통해 발표했다. "하지 중장과 헬믹 준장 등은 여기에 중대한 관심을 가지고 있다. 그가 조선 부인들에게 피해를 입혔다는 문제뿐만 아니라 미군인의 이러한 불법 행동이 미군 전체에 대하여 미치는 영향은 매우 큰 것이다. 이를 조사하여 유죄의 판결이 내리는 때에는 그 범인은 극형, 즉 사형이나 종신형에 처할 것이다."[38]

하지 중장은 1월 14일, 이 사건과 관련한 성명을 발표했다.

> 조선 부인이 대전 근처의 열차 안에서 미군인으로부터 능욕 당한 사건과 관련해 조선인 사이에 상당한 물의를 일으키고 있는 것을 알았다. 나는 아직 이 사건에 대하여 상세한 것을 알지 못하나 방금 우수한 조사관을 보내어 조사 중으로, 범죄 군인은 엄중히 감금하도록 하였다. 미국에서는 부인 능욕은 매우 중대한 죄로 취급하게 된다. 그러므로 나는 이번 일을 범행한 군인을 적당히 처벌하는 것에 어느 조선 사람에 지지 않을 만큼 심심한 관심을 가지고 있다. 그런데 이 사건 예비 조사의 결과에 의하면 이미 각 신문의 보도는 상당히 과장된 것이 있었다. 그러나 만일 미국 군인으로서 능욕죄를 범한 자가 있다면 이를 신속히 엄벌할 것임을 확인한다. 뿐만 아니라 정의를 완수하기 위하여 조금도 주저치 않겠다는 것도 조선 국민에게 확언할 수 있는 바이다. 그러므로 만일 미군인의 범죄가 확실할 때에는 절대로 이를 은폐하거나 용서하지는 않을 것이다.[39]

하지 중장은 자신도 조선인 못지않게 이 사건에 관심이 있으며 정의를 실현하기 위해 정확하게 조사해 은폐하지 않겠다고 약속했다.

그 뒤 미군정은 공개적으로 의견 발표를 하지 않았다. 1947년 2월 28일, 제11회로 심리를 마치고 언도가 있을 예정이었으나 재판장은 "언도를 발표할 수 없다."라는 선언을 하고 재판을 끝마쳤다. 1947년

3월 11일, 공보부는 판결 전문은 공개하지 않은 채 판결 결과(양형)만을 알렸다. 판결 전문을 요구하는 여론에 공보부는 조만간 발표할 것을 약속했지만 끝끝내 공개하지 않았다. 판결 결과를 발표한 공보부장 고문 스튜어트는 판결이 늦어진 까닭은 서류가 부소장에게 넘어가 있었기 때문이라 변명하면서 "강간을 할 시간이 없었으며 재심을 하려면 미국 육군장관, 대통령만이 할 수 있고 조선주둔군으로서 어쩔 수 없다. 하여튼 강간 사건이라 미군으로서는 불명예스러운 일이니 나로서는 이 이상 알고 싶지 않다."라며 사건을 일단락 지었다.[40]

사건 발생 초기에 미군정은 미군에게 중요한 일이라며 적극적인 사건 조사 의사를 밝혔다. 그러나 재판 과정에서 또는 판결이 나오기까지 미군정은 상식 이하의 행동을 취했다. 재판 과정에서 변호인이 피해자에게 강간 당할 때와 똑같은 자세를 취하라고 요구하거나 피해자 및 증인에게 비슷한 내용의 질문을 되풀이해 적절한 대답을 하지 못하도록 유도했고, 언도 예정일에 갑자기 언도를 취소했으며, 10여 일이 지나서 판결 결과를 발표하면서도 판결 결과만 알리고 판결문 전문을 공개하지 않는 등 이해할 수 없는 행동이 계속되었다.

남조선민주여성동맹은 3월 17일에 "이 사건의 굴욕적·야만적 진상이 피해자의 진술로 남김없이 폭로되어 유죄로 판결됐음에 불구하고 상상 이외로 가볍게 언도한 것은 하지 중장의 약속에 위반될 뿐 아니라 이러한 죄상을 경시함은 조선 여성에 대한 미군인의 능욕 행동을 조장하며 민족적 멸시를 의미한다."라며 담화를 발표했다.[41]

호남선 열차 미군 성폭행 사건은 1947년 1~2월 동안 남한 전 지역에 알려졌다. 재판 과정은 실시간으로 각종 언론에 보도됐다. 신문 사회면의 작은 기사로 알려지거나 아예 기사화되지도 않았던 여타의 미군 성범죄 사건과 이 점이 달랐다. 모든 조선인이 그 결과를 기다렸다. 하지 중장의 '정의를 완수하겠다.'라는 약속이 실현되기를 기다렸다. "우리는 군인인 그 개인에 대하여 어디까지든 어떤 극형으로 처벌해 달라는 증오감만으로 이 사건을 대하려는 것"이 아니고 "이 사건의 처단의 결과가 우리의 상식으로 하여금 타당하다는 느낌을 가지게" 해야 했다.[42] 그런데 미군정은 조선인의 기대와 어긋나게 사건을 처리했다.

판결 결과는 '정의를 완수하겠다.'라는 하지의 약속이 모두 거짓과 허상이었음을 알렸다. 사실 이 사건은 법령이나 명령이 아닌 일상생활에서 미군정의 성격을 피부로 감지할 수 있는 사건이었다. 맥아더가 일본에서 오랫동안 기념되고 '영웅' 대접을 받는 실정과 다르게 조선주둔군 사령관 하지를 기억하는 한국인은 거의 없다. 왜 그런가? 왜 미군정 3년은 기념되지 않는 걸까? 하지는 미군정 내내 조선인에게 가장 큰 영향력을 가진 사람이었다. 미군정이 처음 약속처럼 성범죄를 좀 더 단호하게 처리했다면 미군의 의한 성폭행은 없어지지는 않았겠지만 감소되었을 것이다. 그리고 "미국인과 조선인이라는 사람과 사람 사이의 이해와 동정이 통"해서 그 적대감도 좁힐 수 있었을 것이다.[43]

'국스 같은 조선 놈들'

"중국과 만주에서 돌아오는 수천 명의 조선인이 기차를 기다리고 있었다. 곤봉을 휘두르며 헬멧 쇠 모자에 대문자로 크게 MP라고 쓴 우리 황복색 군복을 입은 대사들이 미군 병정 종렬로부터 백 척(피트) 주위를 얼씬도 못하게 명령을 하고 있었다. 만약에 조선 사람이 상상想像상上의 선(백 척이 된다고 MP가 생각하는 선) 안에 모르고 일보라도 들여놓는다면 조선인의 해방자들(MP)은 곤봉으로 휘갈기고 욕설을 퍼부어 쫓을 것이었다."[44] 해방공간의 기차역에서 미군과 조선인 사이에 벌어지는 흔한 광경으로 조선 사람이 미군 근처에 얼씬도 하지 못하도록 미군 헌병이 곤봉으로 지키는 풍경이다.

또 다른 광경이 펼쳐진다. 도로를 횡단하는 조선 사람을 보았는데도 기어를 올려 더 빨리 그들에게 돌진하는 미군의 모습이다. "1월 중순 어떤 추운 날 공군 소령이 나를 지프에 태워 주었다. 그가 제1 시프트를 넣었을 때 나는 조선 청년 세 명이 약 40야드 앞의 넓고 텅 빈 길을 횡단하는 것을 보았다. 소령도 그들을 보았고, 그들도 우리를 보았다. 소령는 제2 시프트 넣고 속력을 더하여 다시 마치 일본 순양함을 폭격하려는 듯이 내달렸다. 목표에서 5척이 될까 말까 한 데까지 이르자 이를 피하여 깜짝 놀란 희생자들을 놓아 주었다. '갓뎀, 선 오브 비치, 국스 같은 조선 놈들.' 소령은 중얼거렸다."[45]

이 글은 노만 프리쉬라는 사람이 『코리언 오브 레터』라는 잡지에 「미군인이 본 미군인 행장 - 미국 장교와 사병이 조선인을 적으로 만든다」라는 제목으로 게재한 것이다.[46] 그는 계속해서 미군정기 미군의 태도에 대해 기술했다.

> 나는 조선 사람들이 눈으로 이를 보고 무엇을 생각할까 생각하였다. …… 미군 진주 지역 내의 조선 사람이라는 것은 미국 내의 흑인과 흡사하다고 나는 생각한다. 일인을 도와 조선을 망친 반역자였거나 조선 국민을 도와 일인과 싸운 지하운동자거나 아무런 차이도 없었다는 것이다. 그저 조선인은 'gook(국)'[47] (미국인이 조선인을 얕잡아 부르는 말)일 따름이다. 그리고 '국'이란 조선에서 둘째로 가장 널리 알려진 명사였다면 형용사로도 그만큼 알려져 있다. 그래서 우리 병사들

> 은 '국' 풍습을 저주하고 조금 '국 말(언어)'을 배우려고 하고 '국' 여자를 추격하고 '국' 술을 먹고 장님이 되고, '국 사냥'을 가고, 어떤 날 '국 나라'에 눈물 없이 작별을 한다.[48]

위의 글은 해방공간 일상생활에서 마주한 조선인과 미군의 관계가 어떠했는지 잘 드러내고 있다. 조선인은 감히 미군이 쳐 놓은 경계선을 넘어서는 안 되며, 미군은 조선인을 '국스 같은 조선 놈'들로 취급했다. 이러한 일상이 곧 미군 범죄가 일어나는 원인이기도 했다. 점령군이라는 미군의 지위와 문화적 우월감에서 비롯된 조선인을 멸시하는 의식이 조선인에 대한 폭행을 당연시하는 풍조를 자아냈다. 빈번한 미군 범죄의 발생은 미군들이 조선의 역사와 문화를 이해하지 않으려는 태도에서 비롯됐다. 미 헌병이 군화를 신은 채 방으로 들어오는 행위에 대해 미군 헌병 사령관 대리 사무엘 L. 스미스 중령이 "미군의 군화는 벗고 신기가 어려워서 그러하며 직무상 시간상 부득이하다."라고 답변하는 태도에서 미군이 문화적 우월감을 가지고 조선인을 대하고 있었음을 엿볼 수 있다.[49]

전술 부대이든 군정 업무를 맡은 부대이든 남한에 진주한 미군 부대의 사병들은 우선적으로 집과 가족 생각, 향수에 사로잡혀 있었다.[50] 당시 남한에 진주해 온 미군들은 대부분 전쟁이 끝났는데도 귀국하지 못한 채 배속되어온 징집 병사들이었다. 1946년 1월 남한에 주둔하고 있던 한 병사가 자신의 고향인 웨스트버지니아 주 출신 휴버트 E. 엘리스 하원의원에게 보낸 "저는 당장 이곳을 떠나는 것이 유일한 소원입니다. 저는 얼마 안 있어 4년간의 군 복무 기간이 끝나며 그때 아니면 그 전에라도 이곳을 벗어날 수 있길 갈망합니다."라는 내용의 편지는 당시 미군 병사들의 귀국하고자 하는 열망을 잘 보여준다.[51] 이런 상황에서 교대한 인원들의 정신 자세는 더욱 나빴고, 그들이 받은 교육도 부적절했다.[52] 따라서 향수에 가득 찬, 질 낮은 병사들은 자신의 우울한 감정을 조선인에게 폭력을 휘둘러 해소했다. 호남선 열차 집단 성폭행 사건의 현장에 있었던 미군은 24명이나 됐다. 그러나 그들 가운데 어느 누구도 동료 미군 병사의 행동을 제지하지 않았다.

원활하지 못한 언어 소통, 미군들의 귀국에 대한 열망, 군대 안에서의 갈등과 불만 따위의 해소는 조선인에게 가해졌다. 이는 강도, 절도, 폭행의 범죄 행위로 나타났다.

'눈물은 민족의 피였습니다'[53]

호남선 열차 성폭행 사건이 1947년 1월 10일 언론을 통해 알려지자 모든 정당, 사회단체는 이에 대한 논평을 신속하게 발표했다.

좌우를 불문하고 모든 정당·사회단체들은 이 사건을 한목소리로 '민족의 수치, 민족 능욕, 식민지 피지배 민족의 멸시, 민족 모욕' 또는 '우월감에서 나온 인종 차별' 따위로 평가했다. 하지만 시간이 지나면서 섹슈얼리티에 대한 견해의 차이, 정치적 이해의 차이에 따라 사건을 대하는 입장의 차이가 조금씩 드러나기 시작했다.

조선부녀총동맹(이하 부총으로 줄임), 민주주의민족전선(이하 민전으로 줄임) 등 주로 좌익 계열은 미군정의 인종 차별과 조선 역사에 대한 몰이해에서 비롯됐다고 지적하면서 강력한 처벌을 주장했다. 부총은 1월 11일 민전 산하 각 단체의 대표로 항의단을 구성하고 아래와 같은 담화를 발표했다.

〈표 2〉 미군 성폭행 사건에 대한 정당 사회단체의 성명

사회단체[54]

민족주의민족전선 선전부	조선 부녀자에 대한 미군인 수 명의 만행은 그들의 우리 민족에 대한 우월감과 차별감을 증명하는 것으로 민족적 수치와 분격을 금할 수 없다. 미군인은 세계 최고 문명을 자랑하며 인권 존중과 부녀 존경을 말하면서 그 실제에 있어서는 이런 만행을 자행한다는 것은 그들의 언행 불일치를 사실로써 증명한 것이다. 이번 폭행 사건을 계기로 군정이 다만 입으로만이 아니라 행동으로써 민주주의를 실천하여 주기를 바라며, 이번 모욕 사건의 책임을 추궁한다.
중앙인민위원회	이번 미군인의 야만적인 행위는 부녀의 인권 유린이나 능욕이라기보다 차라리 민족적인 능욕이라고 생각할 수밖에 없고 이번 사건은 묵과할 수 없다. 미군이 각 점령 지역에서 부녀를 능욕하는 사건이 빈발하는 것을 우리는 듣고 있다. 이번 능욕 사건에 대하여는 그 범인을 철저히 처분할 뿐 아니라 조선 인민에게 사과하는 동시에 앞으로 이러한 사건이 발생하지 않을 것을 보장해야 할 것이다. 그렇지 않으면 미군에 대한 우리 민족의 반감이 격발되지 않을 수 없을 것이다.
대한독립촉성 국민회	야만적 만행에 대하여는 민족적 공분을 느낀다. 지금까지 우리는 감사의 일념으로 대하였으나 그들은 우리에게 염가의 거만한 우월감으로 군림했음이 폭로되었다. …… 엄벌을 바라며 특히 열차 내에 미군 전용차라는 특권을 개방하여 조선이 차장과 경찰의 임검을 받도록 하여야 할 것이다.
전국농민조합 총연맹	이번 사건은 우리 민족을 식민지의 피지배 민족으로 멸시하는 데 기인하는 것을 증명하는 건이다.
대한독립촉성 노동총연맹	조선을 해방시킨 연합군이며 1등 국민이라고 존경을 받고 있는 문화 국민으로서 이런 행동을 하였다는 것은 조선 사람을 야만인으로 취급하는 것이다. 미군 당국은 양심 있는 책임을 져야 될 것이며 앞으로도 이러한 폭행이 없도록 하여야 한다. 3천만 민족이 총궐기하여 단호히 투쟁할 결의를 가지고 있다.

정당

한국독립당	이번 사건은 계획적, 조직적 행동으로 민족적인 모욕을 느낀다. 다시금 이러한 유감사가 없기를 바라며 엄벌이 있어야 할 것이다.[55]
사회민주당	우리는 지금까지 해방의 은인으로서의 대접에 급급하여 어느 정도

	의아와 굴복을 감수하였으나, 남북을 분할 점령하고 있는 미소 양국의 주둔 목적이 상식으로는 이미 끝난 오늘에도 무조건 복종에 가까운 태도를 가지고 있는 이때인 만큼 전부를 단적으로 규정하는 바는 아니나 상상도 못할 만행을 마음대로 하는 그들에게 우리의 민주 과업 지도를 기대키 어려우며 질적으로 저열한 대군大軍의 장기 주둔은 민족적·인종적 감정만을 양성하는 역효과 발생의 위험성이 농후하니 만일 미소 양군이 공언한 바와 같이 조선의 민주 과업 완수 기도만이 목적이라면 질적으로 가장 우수한 소수 자격자만을 남기고 그 밖의 제군인은 급속히 총 철거를 단행하기 바란다.[56]
남조선노동당 부위원장	이러한 민족을 모욕하는 만행은 개인의 문제가 아니다. 미군 주둔 후 1년이 넘은 이때에 이런 일이 일어났음은 우리 민족에게 식량으로서 강냉이를 먹이고, 노동자에게 노예적 임금으로 아사를 강제하고, 농민에게 총과 칼로써 공출을 강제하고, 인민의 지도자들을 검거·투옥하여 언론·출판·집회 등 인민의 권리를 마음대로 박탈하는 정책이 개개의 군인들에게 우리 민족에 대한 멸시와 학대의 이념을 강화하여 나중에는 이러한 불상사까지 일어난 것이다. 우리는 이 문제에 대하여 전 민족에게 근본 투쟁 방법으로 하루 속히 삼상 결정을 실시하여 우리에게 민주주의 임시 정부를 수립하는 데 있다는 것을 다시 한 번 외치는 바이다.[57]
입법의원	남조선과도입법의원으로서는 …… 이 사건 대책으로서 가) 미군 당국에 대하여 그 폭행 군인에게 중형을 가하여 미군의 강기 숙정을 민중 앞에 공시할 것, 나) 그 폭행 군인 감독 장관의 책임을 규명할 것, 다) 그 폭행 피해자들에게 적당한 위자료를 지불하게 할 것, 라) 우기右記 처리 사실을 민중에게 표시할 것. 우右 처리 방법을 하지 중장께 요청함. 단기 4280년 1월 13일. 제안자 신의경, 황신덕, 박현숙, 이봉구, 탁창혁, 김학배, 염정권[58]

여성단체

조선부녀총동맹	1. 우월감에서 나온 인종적·차별적 행동이요, 2. 조선 민족 전체를 모욕한 것이니 이 범인에 대한 철저한 처단을 요구하는 동시에 앞으로도 이러한 일이 없도록 미군인을 단속하여 달라.[59]

전평 부인부	우리 자매들이 백주에 차 안에서 여러 사람이 보는 아래 미군인으로부터 사람으로서는 차마 당하지 못할 능욕을 당했다니 도저히 묵과할 수 없는 사실이다. 우리 노동 부인들은 1천 5백만 부녀자들의 인권의 보장을 위하여 또는 민족의 명예를 위하여 단연코 선두에 서서 싸울 것이다. 우리는 우선 군정 당국의 이 문제에 대한 성의 있는 해결을 강경히 요구하는 바이다.[60]
독립촉성애국부인회	1) 평화의 사절이요 여성을 존경한다는 미군인으로 조선 여성을 능욕함은 민족적 모욕이다. 2) 정조를 생명보다 소중하게 여기는 우리 조선 여성은 미군인의 금후 행동에 대하여 지대한 의혹을 가지게 되었다. 3) 금번 이 미군인의 만행은 엄중 처벌함으로써 우리 1천 5백만 여성과 민족에게 사죄하는 동시에 후한이 없도록 하기 바란다.[61]

열차 내에서 미군인이 조선 부인에 대하여 능욕한 것은 첫째 조선 국민 전체에 대한 모욕이요, 둘째 백인의 우월감에서 생긴 인종적 차별 행위이다. 셋째 미군인이 무력으로써 조선의 미풍과 질서를 파괴하려는 것이다. 미군인의 이러한 야만적인 행위에 대해서는 우리는 절대로 용서할 수 없는 바이며 조선 민족과 1천 5백만 부녀의 이름으로 미군 최고 사령관에게 엄중히 항의하는 동시에 그런 만행을 한 미군인들을 극형에 처하기를 요구하는 바이다. 그리고 능욕 당한 부녀에 대하여 미국 국법에 정한 배상을 지급하라. 동시에 그들 야만 미군인을 우리 눈앞에서 단죄하라.[62]

『독립신보』도 "그들 미군인이 우리 조선 사람에 대하여 그릇된 인종적 차별 관념으로부터 오는 그들의 우월감으로 말미암아 조선인을 자기 나라 사람과 같은 동일한 계열에 두고 보지 않았다는 점 …… 또 하나는 그들이 전승국이며 무력을 배경으로 하고 조선에 진주하였다는 우월한 지위를 이용하여 평화를 사랑하고 겸양의 미풍을 보유한 우리 민족에게 대하여 일상 가지는 최대의 모욕의 한 표현이 이와 같은 만행의 형태로써 나타난 것이라고" 지적했다.[63] 1월 13일에는 부총 위원장 유영준과 민전의 대표가 하지 중장을 방문하여 항의서를 제출했다. 또한 사회민주당 선전부는 철군을 요구하기도 했다.

다른 입장은 이 사건이 대중적 시위로 확산돼 미군에 대한 테러로 연결되지 않도록 염려하는 견해이다. 조선청년당 선전부의 담화는 이런 인식을 가장 잘 드러낸다.

> 과거 36년간 우리 민족의 피를 빨아 먹던 일본 사람에게 대해서도 우리는 인도적 입장에서 그들을 너그럽게 대접해 보냈거늘 하물며 우리를 해방해 준 미국 군인에게 대해서는 결코 불법 수단으로 보복 행동을 감행하여서는 안 될 것이다. 미국 군인에게 대해서 폭행을 가한다든가 더욱이 일반 연합국 거류민에게 대해서 폭행을 가한다든가 하는 것은 도리어 모든 사건을 정치적으로 악용하려는 모종 선동에 넘어가는 역효과를 가져올 것이다. 우리는 미군 책임자를 상대로 어디까지나 합법적으로 또는 신사적으로 문제를 해결하도록 노력하자.[64]

이러한 조선청년당의 입장은 사실 이 사건을 대하는 미군정의 우려이기도 했다. 미군정의 우려는 중국에서의 경험 때문이었다. 1947년 1월, 베이징에서 미 해병대원이 중국 여학생을 강간하는 사건이 발생했고, 이를 계기로 중국 전역에서 반미 학생 시위가 전개됐다.[65] 사건 초기 강력한 처벌을 약속했던 미군정의 태도는 사태가 대중 시위로 확산되는 상황을 예방하려는 조치이기도 했다. 사건의 재판이 진행되는 도

중에도 미군정 공보과는 '미국은 악의를 가진 조선의 적'이 아니므로 선동자의 모략에 속지 말라는 담화를 발표했다.[66]

또 다른 입장은 사건의 책임을 미군이 아니라 미군으로 하여금 성적 충동을 유발한 여성들에게 전가하여 사건의 본질을 호도하려는 입장이었다. 대한독립촉성국민회 선전부는 1월 11일 "천박한 부녀에게 경고한다."라는 제목으로 아래와 같은 담화를 발표했다.

> 요즈음 미국 군인 및 동포 부녀 사이의 풍기 문제로 일반의 분노가 높은바 동포 부녀로서는 '(1) 미군 자동차를 절대로 동승하지 말 것, (2) 껌을 씹으며 거리를 방황하지 말 것, (3) 괴상한 머리, 괴상한 화장을 하지 말 것.' 염가의 허영심으로 민족의 고유한 도덕, 더구나 우리의 자랑인 미풍선속을 문란케 하고 민족 체면을 더럽히는 여성에 대해서는 민족적으로 감시하여 그 천박한 행동을 멸절하도록 노력하자.[67]

심지어 미군정에게 '왜 미군에게는 위안부 제도가 없는지' 의아하다는 질문을 하기도 한다.

> 요사이 풍기 문제로 미국 군인들을 욕하는 일이 많은데 나는 그들을 욕하고 싶지 않다. 그들은 지금 자기 나라의 꽃 같은 여성들과 속삭이지 않고서는 견디지 못할 연령에 있는 청년들이다. …… 나는 미군인들을 시비하느니 미국 군부 당국에 심한 의아를 가지는 바이다. 미국에는 위안부 노릇할 여자들이 없는지, 이 자국 군인들에 대한 성적 위안에 대하여 타국인이 보더라도 시인할 제도가 없는지 알고 싶은 일이다. 이런 점에서 이번 호남선 능욕 사건을 미군 당국은 적절한 연구

와 적당한 처리가 있을 줄 믿는다.[68]

여성에 대한 질책은 "강간 당한 여자는 미친년이었느니, 차가 좁고 미군 변소가 따뜻해서 조선 여자가 들어가서 있었느니, 혹은 폭행당했다는 여자가 폭행 당한 것을 부인하였다."라는 따위의 소문으로 이어졌다.[69] 그렇지만 떠도는 소문의 한편에선 "전통에 빛나는 조선 여성, 더욱이 세계에 자랑할 도덕을 가지고 있는 조선 여성, 또한 정조를 지키는 조선 여성인 만큼 이러한 사형 선고와 같은 능욕을 당하고 정조를 유린 당한 그들의 입으로 무엇을 들으려 하느냐? 군정 당국은 이 사건을 번복하려는 보이지 않는 모략성을 내포한 풍설에 기울이지 말고 그 능욕 사건을 조사하여 양 민족 간 명랑성과 우정을 가져오기에 힘쓸 것이다."라거나[70] "조선 여성들은 반성하여 조선의 여성도를 절대 지키라. 그렇지 않고 정조를 지키지 못하는 또는 여성의 길을 더럽히는 여성이 있다면 외국 사람의 노리개감밖에 못되는 것이다. 조선 여성은 깊이 반성할 때가 바로 이때인 것을 깨달아야 한다."라며 조선 여성은 경고망동을 삼가라고 경고하기도 했다.[71]

1947년 남한의 정당·사회단체는 호남선 열차 미군 성폭행 사건을 두고 사상의 경향을 떠나 개인의 인권이 아닌 민족의 능욕이자 수치라고 한목소리로 외쳤다. 여성의 신체가 한편으로 공동체 자체를, 다른 한편으로 배제시켜야 할 요소를 상징하는 이질적 상징체계를 갖게 됨으로써 파생된 여러 모순으로 여성들은 끊임없이 고통을 겪어 왔다.[72] 피해자 여성들은 미군에 의한 조사 과정, 미군에 둘러싸여 영어로 진행된 군사법정에서의 심문만으로도 충분히 고통스러웠을 것이다. 거기에 떠도는 소문들—민족의 대변자(민족 그 자체를 상징), 정신병자, 조선의 미풍을 해치는 자—은 그녀들의 고통을 가중시켰다. 민족 문제이기 전에 개인의 인권이 우선시되어야 한다. 개인이 개인의 권리와 인권을 주장할 때 민족의 권리도 서는 것이다. 이 사건은 섹슈얼리티와 관련해 '민족의 이름'을 내걸지 않으면 결코 사건화 되지 않는, 아니 관심조차 없는 한국 사회의 기원을 알려준다.

그렇기에 이 사건의 또 다른 반응은 조선의 미풍을, 조선의 부덕을 해친, 지프를 타고 다니는, 껌을 씹는, 추파를 던지는 여성을—아니 상상된 여성 이미지를—배격하자는 목소리로 나타났다. 이는 여성 풍기 좌담회와 배제해야 할 여성상에 잘 드러나 있다.

미군 성폭력 사건과 여성 풍기 문제 좌담회

1947년 1월 23일부터 27일까지 총 4차례에 걸쳐 '여성 풍기 문제 좌담회'가 『대중일보』에 게재됐다. 주제는 교양 부족, 허영심도 원인, 해외서 들어온 직업여성과 모리배(의복과 화장도 유죄), 혼혈아 문제의 처리, '위로 공창제'라는 방지책 따위였다. 이 좌담회는 미군 성폭행 사건을 둘러싼 겉으로 드러난 감정적인 분노의 표출—곧 사그러질—이 아닌 '능욕 사건'으로 호명된 사회 여론의 흐름과 이에 대한 담론 구조를 가늠하게 한다.

좌담회 참석자는 항무청장 표양문, 목사 김영섭, 도립병원장 문창모, 박외과 원장 박천규, 시 후생과장 정순성, 시 보건과장 김호선, 산파회 회장 김영실, 인천 권번券番 정선영, 시 공보계 함문국, 애국부녀동맹 백득주, 상점 여점원 장혜자 등이었다.

표 청장 | 제목을 여성 풍기 문제라 하시었는데 남성 풍기 문제라고도

하고 싶고, 조선 여성 정조 문제라고 붙이고 싶습니다. 여러분도 잘 아시는 호남선에서 미군인 24명이 조선 여성 3인을 능욕하였습니다. 미군이 인천 상륙한 이래 이런 사건이 한두 번이 아니었습니다. 우리 조선 여성들의 수준이 비교적 얕고 또 교양이 부족해서 그들에게 인권 유린을 당하는 것이고 미군들을 좇아다니는 사람이 있기 때문에 이와 같은 불상사가 연출되지 않나 생각됩니다. 첫째 성욕이란 인생의 본능입니다. 일본군이 만주, 북지 등지를 점령했을 때에는 반드시 그들을 좇아 위안부의 트럭 부대가 후속하였습니다. 현재 조선에 주둔하고 있는 미군에게는 이러한 제도가 없는 듯합니다. 그리고 호남선 열차 속에서 일어난 사건은 당사자로서 피할 수 있는 사건이었는지 또는 불가항력의 일이었는지.

김 보건과장 | 나는 세 가지로 분석하여 말씀하려 합니다. 여성의 교양, 허영심, 생활난, 이 세 가지로 나누어 봅니다. 교양 수준이 얕은 유곽 같은 데의 직업여성이 생리적으로 수치심을 잊어버리게 되어 이것이 정당한 자기들의 생활 방법인 것처럼 생각하고 있는 듯합니다. 또 소위 교육을 받았다는 자칭 인텔리 여성의 허영심, 그리고 생활난이 원인이 될 것이라고 봅니다.[73]

표 청장 | 결국 미군에게는 책임이 없고 무지 또는 생활난에서 나온 조선 여성으로 인하여 문제가 발생되는 듯한데, 그러면 지금까지 미군이 범한 일은 전혀 없었던가요.

김 보건과장 | 미군이라고 사양해 말하는 것은 아닙니다마는 그 사람들은 여성들이라면 대단히 존중히 여기는 관계상 여자 측에서 거절하면 무리로 자기 성욕을 채운다든지 하는 일은 희소한 일일 것입니다. 여자 측에서 일종의 호기심을 느끼고 그에 응하기 때문이 아닐까요?

박 원장 | 옷으로는 미군들이 생각할 때 가정부인인지, 여학생인지, 직업적으로 나선 이인지 분별치 못하니까 다 같이 직업적으로 생각하고 있지 않을까요?[74]

좌담회에서 이 사건의 원인(잘못)이 미군인가, 피해자 여성인가를 질문하는데 참석자들은 잘못은 피해자 여성이라고 결론 내린다. 이들은 사건의 계기가 여성들(직업여성)이 교양이 없고 무지하기 때문에, 또 허영심과 생활난 때문에 일어났다고 지적한다. 가정부인인지, 여학생인지, 직업여성인지 알 수 없는 옷차림과 머리 모양이나 웃으면서 지나가는 행위들이 모두 여성 측의 무지에서 나온 결과라는 것이다.

좌담회는 사건 제공자는 피해자 여성이라고 단정 지었다. 그러면서 왜 그들이 그런 사건을 일으킬 수밖에 없는가라는 논의로 이어졌고, 거기에서 '나쁜 여성'의 전형이 탄생했다. 나쁜 여성이란 입술에 빨간 칠을 하고, 얼굴에 분을 바른 겉모습을 갖고 있으며, 마음에는 무지와 허영심이 가득 차 있다는 것이다. 이들은 나쁜 여성과 좋은 여성을 옷차림과 화장으로 구분하고, 제도적인 분리선인 공창과 위안부 제도의 정착 필요성을 제기하고 있다. 이러한 경계와 배제가 어떻게 폭력으로 발전하는가는 다음의 토론 과정에서 제기되고 있다.

문 도립병원장 | 조선 사람으로서 참 중대한 문제입니다. 생활고라고만 할 게 아닙니다. 생활고로 정히 못 살게 된다면 자살을 할지언정 그런 짓을 할 수 있을까요.

최 상무 | 내가 조선 사람이라는 것을 자랑하는 의미인지 도무지 이유는 몰라도 이웃집에서 검둥이를 낳았다면 어쩐지 기분이 나쁘고 대단

히 듣기 싫단 말예요.

함문국 | 이런 것은 엄벌에 처해도 좋고 자살을 해도 마땅할 것입니다.

김 목사 | 나는 교양이 있는 여자라면 절대 이런 일을 범하는 일이 없으리라고 생각합니다. …… 만약 백인이 검둥이를 낳으면 때려죽인다든지 불에 태워 죽이기도 합니다.[75]

위의 토론은 타자를 향한 사회적 책임의 부재가 종종 폭력과 공격의 자유를 내포하고 있음을 잘 드러낸다. 이러한 공격 대상은 여성뿐만 아니라 혼종으로 출산된 아이들도 포함됐으며, 이들은 '반역자'들이었다. 이들을 처벌하기 위한 방안으로 특히 혼혈아를 임신 또는 출산할 때 처벌할 것을 강력하게 제시하고 있다. 미국에서는 "백인이 검둥이를 낳으면 때려죽인다든지 불에 태워 죽이기도 한다."라며 "엄벌에 처해도 좋고 자살을 해야 마땅하다."라는 것이다. 이웃의 감시, 처벌, 자살 이외에 대안은 공창의 인정이다.

김 목사 | 생각컨대 상륙 당시부터 공창을 터 주었으면 아무 문제가 없는 거예요. 재주 있는 그 사람들이 좋은 기술을 보여 주고 또 돈 잘 벌고, 다 이 문제가 좋게 되는 것을 잘못 생각들 했습니다. 탁월한 외교관들이 나서서 외교를 해야 합니다. 공창을 폐지하자고들 하나 이것이 폐단의 근원입니다.[76]

사실 이 시점에서 공창은 폐지되지 않았었는데, 이러한 의견은 패전 뒤 일본에서 만들어진 RAA Recreation and Amusement Association(특수위안시설협회) 같은 '위안부' 제도를 시행하지 않은 것을 문제 삼는 것 같다.

다만 조선애국부녀동맹 대표로 나온 참석자는 민망하고 부끄러운 일이라면서 여성만의 문제가 아니라 민족 전체의 문제로 인식해야 함을 지적했다. 이 좌담회는 인종차별주의, 성차별주의, 남성우월주의 따위의 모든 차별 의식이 한국 사회에 정착하는 과정을 짐작하게 한다.

여성 풍기 좌담회는 극단적 또는 일부의 논의인 듯하지만 이러한 담론은 해방공간에 광범위하게 퍼져 있었다. 여성들은 자의든 타의든 거리로 나왔고 '가정 안/밖'의 구도는 위태로워졌다. 이를 재정립하려는 남성 주체들의 성차별 담론이 무수히 쏟아져 나옴으로써 젠더적 차이는 강화됐다. 특히 국가 건설 과정에서 여성의 역할이 강조되면서 여성들은 건국에 필요한 여성과 그렇지 않은 여성으로 이분됐다.

파마를 한 여자, 입술에 빨간 색을 칠한 여자, 몸뻬를 벗고 화사한 치마를 입은 여자, 껌을 씹고 다니는 여자, 미군과 함께 다니는 여자들은 건국에 필요하지 않은 여성이었다. 새로운 국가 건설에 필요한 여성은 "총명하고 순후한 자녀를 생산"하고 "충신과 의녀義女가 될 만한 도의적 국민을 출산"할 자격을 갖춘 여성이어야 했다.[77] "열녀각을 지어 놓으니 갈보가 먼저 덤비는 격으로 요즘은 이 자들이 조선 민족을 지도하려고 덤비니 열녀각에 갈보, 화냥년들이 무슨 말이냐."라며 해방 뒤의 정치 상황을 열녀와 갈보라고 비유했듯이, 해방 뒤의 혼란과 부패한 사회상을 가르는 기준으로 여성 섹슈얼리티를 이미지화하고 있다.[78] 이러한 여성 섹슈얼리티의 이미지화는 곧 건국에 도움이 되는 여성과 그렇지 않은 여성을 구분하는 중요한 잣대였다.

그리고 이러한 현실에 대해 국풍을 준수하며 미군을 접대·위안하자라고 제안하거나 아내로서, 여성으로서의 사명을 국가를 위해 성심성의껏 실천하자라고 대안을 제시하고 있다.

이들 우방 군인들을 정중히 또는 조선의 우아한 풍습에 어그러지지 않는 정도에서 교제하여 접대하는 것은 그들을 위안하는 의미에서나 현실을 도모하는 데 매우 귀중한 일일 것이다. 그러나 일부 천진한 인사들이 지나치게 교제하는 일로 말미암아 이웃집 혹은 동네 사람들에게 비난을 받고 미움을 사게 하는 일이 적지 않다. 그래서 곳에 따라서는 미국 군인에게 감정을 사게 하는 때도 간혹 있어서 경찰 문제까지 야기하게 하는 수치스러운 일이 있다.

미군 상층부에서도 부하 군인들에게 단단히 단속을 하고 있는 터이거니와 우리 동포들은 한층 더 신중한 태도로써 미군들과 교제하고 서로 친교를 깊이 하여 가도록 하는 것이 일반 식자층의 공통된 주장이다.[79]

여성에 대한 이분화는 역사 속에 실재하는 인간군을 폭력적으로 무시하고, 오직 성녀와 마녀라는 잣대로 나누는 것과 같다. 역사의 구성물로서 여성의 다양한 경험과 차이들을 없앤 것은 사실 남성이 역사의 지배자로 등장하면서 진행되어 왔지만, 인쇄와 출판이 발전하면서 그러한 잣대는 그만큼 여성들에게 더 폭력적으로 행사됐다. 해방공간에서의 여성담론 역시 이와 크게 다르지 않았다. 역할론은 섹슈얼리티의 이중 기준의 칼날에 의해 더욱 강화됐다. 곧 해방공간에서의 여성은 활동을 하되 정절을 유지한 채 남성 중심의 사회 속에서 진행되어야 했다.

법령 제70호와 법률 제7호 (인신매매 금지와 공창 폐지)

법령 제70호와 신정新町에 부는 바람

미군정은 1946년 5월 17일 법령 제70호, 부녀자의 매매 또는 그 매매 계약의 금지를 공포했다. 법령 제70호에 대해 사회는 "이는 실로 군정 이래의 장거라 할 것인 동시에 조선 여성의 해방사상으로서도 또한 특기하여야 할 사실이"라고 '공창 폐지 법령'으로 소개하거나 '공창'이 곧 폐지될 것이라 평가했다.[80]

『가정신문』은 「공창제 폐지와 각계의 반향」이라는 꼭지를 싣고 '참된 여성 해방'이라며 법령 제70호를 공창제 폐지로 이해하고 설명했다.[81] 『독립신보』도 「공창제 철폐와 각계의 반향」이라는 꼭지에서 법령 제70호의 의미를 전했다. 또한 아무개 포주는 "반드시 이 날이 올 줄 알고, 또 와야 한다."라며 "씩씩한 새 생의 길을 걸어 나가겠다."라는 결심을, 아무개 '창기'는 "우리 동무들은 누구나 다 뛰고 기뻐할 것입니다. 이 몹쓸 공창 제도가 오늘날 금지되었다는 것은 우리 전 여성들의 기쁨이요 진실한 해방일 것입니다."라며 법령 제70호를 환영했다.[82] 『조선인민보』는 「공창 폐지의 쾌거」라는 사설에서 "인신매매의 철저한 소탕은 경제적, 사회적 개혁 없이는 기하기 어렵다. 그러므로 미군정은 금차의 쾌거를 유종의 미가 있도록 적극적으로 추진"해야 한다고 했다.[83] 반면 『자유신문』만은 '부녀자의 매매만 금지, 공창 제도 폐지는 아니다.'라며 법령 제70호의 한계를 지적했다.

> 이 법령이 곧 공창 제도의 폐지를 의미하는 것은 아니다. 조선의 창부는 그 대부분이 부모와 포주와의 계약으로 인해 종신 혹은 정한 기한으로 인육시장에 팔려 나서게 되었었는데 이번 법령으로 그 계약이 해소되고 완전히 자유로운 몸이 되어 갱생의 길을 찾아 전직할 수 있게 되었지만 계약 해소 후라도 자신의 의사로 카페나 바의 여자들과 같은 입장에서 영업소에 그대로 남는 것은 구속할 수 없다는 것이 당국의 견해이다. 여하간 이번 법령은 공창 제도, 즉 영업 허가권과 관계는 없으나 인신매매와 이에 따라 일어나는 사회 죄악을 일소하는 의미에서 획기적인 사실이 아닐 수 없다.[84]

이렇게 여론이 법령 제70호를 공창제 폐지로 받아들이자 5월 28일 러치 장관이 기자단과의 회견에서 "인신매매 금지가 공창의 폐지는 아니다. 물론 사창에는 아무런 관계가 없다. 따라서 창기를 제3자가 팔아먹는 것도 아니고 자기 자신이 자진해서 맺은 계약 아래 종사하는 것은 무방하다."라고 말하면서 사태는 새로운 국면으로 들어섰다.[85]

여하튼 법령 제70호가 발표되자 유곽의 대좌부貸座敷조합장, 포주, 유곽의 여성들은 새롭게 부는 바람에 대해 이렇게 심정을 토로했다.

> **최류성(신정 정회장, 대좌부조합장)** | 2~3개월 전부터 응당 이렇게 될 것이라고 각오는 하고 있었다. 그러나 27일부터 실시라 하는데 아직

관계 당국으로부터 아무런 지시, 연락도 없어 앞으로의 대책도 결정하지 못하고 있다. 현재 업자 수는 신정, 병목정 도합 126이며, 포기抱妓는 약 8백 명인데 앞으로의 그 생활 문제가 큰 문제이다. …… 지금 우리로서 고려하고 있는 갱생 방법으로는 사창 제도로 전환하든지 또는 현재 시설을 이용하여 적당한 영업을 하든지 할 방침으로 당국에 교섭 진정을 할 생각이다.

최일화 | 해방된 기쁨을 우리로서는 비로소 알게 되었습니다. 지금 8천 원 채금債金이 있는데 이제는 자유의 몸이 되어 시골집으로 갈 생각을 하니 가슴이 울렁거립니다. 하루 빨리 집으로 가고 싶은 생각뿐입니다.[86]

5월 28일, 신정 유곽의 공창 8백 명은 대표로 이숙자, 이태순, 김옥희 3명을 선출했다.[87] 오전 11시, 대표자 3인은 부총을 방문하여 그들의 실정을 호소했다.

법령 제70호로 인하여 우리들은 자유의 몸이 된 줄 알고 있었는데 포주는 경찰에서 아직 지시가 없으니 종전대로 영업을 계속하라 하며 차금借金도 말소된 것이 아니니 너희들이 도망을 하면 법에 걸린다고 위협을 하고 또 '갑자기 나가면 어떻게 사느냐? 수천 원, 수백 원씩 팁을 받던 년들이 어떻게 살려고 나간다고 그러느냐?'라며 사창으로 전환할 터이니 남아 있으라고 꾀고 합니다. …… 27일 신문 기사를 보고 우리는 단결했습니다. 대차 관계가 말소된 것이라면 우리는 당장 나가렵니다. …… 오늘은 이로부터 군정장관을 찾아가 뵙고 진정을 할 작정입니다.[88]

부총을 방문한 이숙자 외 대표 3인은 또다시 종로경찰서를 방문하고 자신들의 입장을 밝혔다. 이런 분위기를 더 들뜨게 했던 것은 경찰의 발표였다.

한성경찰처 고 보안과장 | 상사의 지시가 없어서 어떻다고 할 수 없다. 그러나 법령 제70호로 종래의 대차 관계는 소멸되었으므로 앞으로 그들 여성이 유곽으로부터 벗어나 자유로운 몸이 될 수 있게 되었다.[89]

이런 발표는 여러 오해를 낳았다. "18,000원, 14,000원의 차금은 탕감되었다 치더라도 바깥빚(포주와의 차금은 아니고 외부와의 대차 관계를 말함)을 어떻게 갚느냐고 고개를 외로 꼬고 앉아 있다. 그러나 최 대좌 부조합장의 말에 의하면 그네들의 '바깥빚'도 조합 측에서 잘 선처해 주겠다고 하니 이것도 문제는 되지 않는다. …… 이 날 아랫집, 윗집 모두 같은 집에서 똑같은 극적 광경이 벌어졌다."[90]

5월 말의 신정 거리에는 그야말로 봄바람이 불었다.

이들은 경찰과 부총에 진정하는 한편 5월 30일, 회의를 열어 어떤 구속이라도 뛰어나올 결의를 했다. 5월 31일 아침, 800여 명의 창기들은 이숙자의 지휘로 유곽에서 나왔다. 부총에서도 "성북동에 이들의 숙소를 준비하여 놓고 트럭을 가지고 구원"하기도 했다.[91] 그러나 봄바람도 잠시, 또다시 신정에는 찬바람이 불었다.

포주 외의 다른 사람에게서 세탁비, 바느질값, 기타 용돈으로 꾸어 쓴 돈이 매인당 평균 2천~3천 원씩은 되므로 그 빚의 굴레를 벗어나지 못하여 그들은 또 다시 그 지긋지긋한 생활을 계속하고 있는 것인데 현재 병목정, 서사헌정의 277명 창기를 조사한 결과 바로 귀향하겠다는 사람이 102명에 지나지 않고 그 외에는 전부 결정을 못 짓고 헤매는 여자와 다른 사람에게 꾸어 쓴 빚에 허덕이는 창기들이다. 이들에게 직업과 일을 주어 경제적 구호의 손을 뻗치기 전에는 이 비극을 근본적으로 해결할 수가 없다.[92]

법령 제70호인 인신매매 금지령과 유곽의 현실은 이렇게 괴리가 깊었다. 법령 제70호는 공창의 영업 허가권의 폐지가 아니었으므로 인신매매에 의한 계약을 파기하고 다시 계약을 하면 되는 것이었다. 포주와 '창기'의 새로운 계약은 "(가) 포주는 일종의 하숙 주인에 불과하고 창기는 매월 1,500원씩 밥값을 내고 영업을 계속한다. (나) 만약 (가)의 계약이 아닌 경우에는 창기의 침식대 일절은 포주가 부담하고 창기의 수입은 반분한다. (가) (나)가 아닌 경우에는 창기 수입에서 유흥세만을 제하고는 창기는 6할, 포주는 4할의 배당을 하는 형식으로 이루어졌다."[93]

법령 제70호에서 제시된 차금 말소는 현실에서 큰 효과가 없다는 점이 알려졌고, 법령만 발표됐을 뿐 '창기'의 새로운 삶에 대한 전망과 기대는 점점 사라졌다.

법령 제70호 발표 뒤, 여러 단체의 활동

공창 폐지와 관련해 여러 단체들이 이에 대해 성명서를 발표하고 공창 폐지 뒤의 대책을 마련했다. 부총, 폐업공창구제연맹, 희망원의 활동이 여기에 포함된다. 1946년 5월 27일, 부총은 성명서를 발표했다.

> 우리는 여성을 모욕하고 천대하는 공·사창 제도 폐지를 20년 전부터 오늘에 이르기까지 부르짖었다. 북조선에서는 해방 직후 곧 폐지되었다. 우리 남조선에서는 우리 부총의 행동 강령의 하나로 공·사창 폐지, 인신매매 폐지 실시를 하도록 주장하고 하지 장군에게 누차 진정하였던 바 오늘 폐지되었다니 무한히 기쁘나 일체 여성 유린의 기관, 법률 등은 곧 철폐하여야 한다.[94]

부총은 1946년 3월 6일, '국제 여성의 날'을 맞이하여 "구미 선진 제국은 물론이거니와 벌써 일본에도 맥아더 장군의 의사로서 이를 폐지시켰다. 우리 조선에도 즉시 공·사창 제도를 폐지하는 법령을 발포하는 동시에 창부들의 전 채금을 그 이유 여하를 불구하고 소멸시켜 주기를 요청"한다는 담화를 발표했던 것처럼 일찍부터 공창 폐지를 제기했다.[95] 그리고 법령 제70호가 발표되자 그 어떤 단체보다 발 빠르게 움직였다. '창기' 대표자들은 부총을 찾아와 의논했고, 유곽의 여성들이 머물 수 있는 공간을 마련하기도 했다. 공·사창제 대책 좌담회를 개최해 러치 군정장관에게 공·사창제 철폐를 요구하는 건의문을 제출하기도 했다. 6월에는 '악덕 포주의 간악한 행동은 재판도 걸고 경찰에 호소할 점은 호소해 주마. 집에 갈 노자가 없으면 알선해 주마.'라며 '창기들'에게 호소했다. 또한 '이들을 집단적으로 수용해 직업과 병원 치료와 교화·선도하도록 당국과 사회에서 책임지라.'라고 주장했다.[96] 그 뒤 부총의 공창 폐지 활동은 1946년 8월 폐업공창구제연맹 참가 이외에 드러나지 않는다. 이는 좌익에 대한 탄압과 연관되어 있는 듯하다.

공창 폐지와 관련해 목소리를 낸 단체는 폐업공창구제연맹이다. 폐업공창구제연맹은 1946년 8월 10일 독립노동당 부인부 발기로 14개

여성단체가 참가해 결성됐다.[97] 위원장은 독립노동당 부인부장 김말봉이 맡았다. 김말봉은 폐업공창구제연맹 활동에 대해 이렇게 언급했다.

> 경기도 내만 하여도 2천 명을 돌파하고 있는 공창은 윤리적으로나 건국 도상의 우리 민족의 보건 상으로나 그냥 두고 볼 수 없어 폐창연맹에서는 공창 제도의 폐지를 열심히 운동하였다. 병균을 가지고 갈 곳이 없는 이 여성들을 폐창만 하고 방임할 수 없어 성병의 근치, 정신수양을 시키기 위하여 희망원을 설치하게 되었다. …… 병의 근치와 정신수양이 끝나면 자수, 조화, 염색, 세탁, 양재봉, 타이피스트, 간호부 양성, 가정부 양성을 하여 희망원의 가정부면 어떤 가정이나 사회에서라도 환영할 수 있게 만들 것이다. 만약 이 희망원을 싫어하여 도주하는 사람은 여자경찰서에서 철저히 조사하여 처단할 것이며 사회로 나가기를 원하는 사람은 병이 근치되도록 수용할 예정이다.[98]

폐업공창구제연맹은 공창 제도를 폐지하라는 건의안을 입법의원에 제출했다. 폐업공창구제연맹은 입법의원에서 공창 폐지안이 통과됨에 따라 1947년 8월 16일 임시 총회를 개최하고 원호 기관인 희망원을 구체적으로 실현시킬 것과 동 연맹의 발전적 해소 문제를 토의했다.

김말봉은 희망원의 대표이며 공창 폐지와 관련해 어떤 여성 활동가보다 꾸준히 활동을 전개했다. 그녀가 공창 폐지 활동을 한 목적은 어디에 있는가? 아래의 글은 공창 폐지에 대한 그녀의 생각을 이해할 수 있는 부분이다.

> 유곽의 존재는 죄악이다. 민족적으로 수치요, 인간적으로 용서할 수

> 없는 일이다. …… 남자의 성욕 만족은 사창으로 넉넉하다. …… 이 점에 있어서 사창은 상대자를 선택할 자유는 있는 것이다. 사창이 공창보다 낫다는 것이 아니나 공창이 사창보다 훨씬 못 하다는 말뜻을 이해하여 주기를 바란다. 앞으로 사창은 국가의 산업이 발달되는 대로 대다수가 공장, 회사, 기타 적당한 직장으로 전환할 것이니 사창 문제는 불원 그 해결이 올 듯도 싶다. …… 우리 전국 여성단체는 이 유곽의 철폐를 위하여 싸우는 중에 있다. 그리고 유곽에서 나오는 여자를 위하여 희망원을 건설하여 그들의 구제에 착수하련다. 뜻이 같으신 분은 다 같이 힘과 정신을 모아 진실로 건국의 일원이 되기를 바라는 바이다.[99]

김말봉을 비롯한 우익 여성 활동가들은 공창 폐지에만 관심을 두었다. 공창 제도가 민족의 수치이자 원만한 가정 건설과 국가 건설에 어긋나기 때문에(여자국민당),[100] 정조 관념에 위배되고 도덕관념이 허용되지 않기 때문이다.[101] 1948년 1월 28일, 입법의원에서 폐지 뒤의 준비 상태를 알아보자는 제안에 대해 박현숙은 "행정 기관에 물어볼 필요가 없다. 이 문제는 우리 남조선여성단체총연합회서 책임을 지기로 되었으니 우리는 가부를 정하는 것이 급선 문제"라고 답했다.[102]

공창 폐지로 일어날 수 있는 여러 상황들, '창기'의 사창화 따위는 폐지와 관련해 큰 관심의 대상이 아니었다. 김말봉은 사창을 두둔한 것이 아니라 자본주의 발전에 따라 여성들이 취업할 수 있기 때문에 사창은 사라질 것으로 전망했다. 그래서 김말봉은 가정으로 돌려보내기라는 전망 안에서 희망원의 강좌를 마련하고 그녀들을 교화시키는 일을 중요하게 여겼다.

이같은 생각은 공창제가 전근대의 잔재가 아니라, 아시아에서의 일본 제국의 확장 및 일제 자본의 축적과 긴밀한 관계에 있음을 간과했기 때문에 발생했다. 일제 자본은 전쟁과 영토 확장으로 성장했고, 그 성장의 최전선에는 병사들과 공창제가 공존했다. 따라서 공창제는 일제 자본과 군국주의 성장의 기반이었다. 해방 뒤 조선에서 공창제가 폐지되어야 하는 까닭은 여기에 있다.

공창제, 곧 국가에 의한 영업 허가가 없었을지라도 자본주의 체제에서 성의 상품화는 가속화될 것이다. 그녀들은 일자리를 구할 수 없어 몸을 팔아 살아갈 수밖에 없는 가난한 여성들의 현실을 외면했다. 이는 공창제 폐지와 관련된 담론 및 그와 관련된 정책의 마련(목표)은 어디에 있는지, 폐지라는 달콤한 성과만을 내놓을지, 폐지 뒤 발생할 복잡할 상황을 고려하고 이와 관련된 여러 대책을 꾸준히 내놓을지, 공창 폐지보다 더 중요한 이들 문제의 해결과 모색하는 과정이 얼마나 중요한지를 상실케 한 한국 사회의 기원이다. 공창제 폐지가 탈식민의 과제로 제기되긴 했지만 그 성과를 거두지 못한 까닭은 탈식민의 외형만을 중요하게 생각하고 일상생활에서 탈식민의 내용 또는 전망을 갖지 못했기 때문이다.

법률 제7호, 공창 제도 등 폐지령과 그 뒤의 실정

입법의원에서는 1947년 10월 1일, 공창 제도 등 폐지령을 제정해 10월 28일 군정장관에게 회부해 인준을 요청했다. 군정장관 대리 헬믹 준장은 28일 이를 인증했고, 윌리엄 딘 군정장관은 11월 14일 공포했다. 공창 폐지령은 3개월의 준비 기간을 거쳐 1948년 2월 14일로 효력이 발생했다. 그리고 1948년 3월 19일, 모든 유곽 및 가옥을 조사하고 폐쇄하라는 행정 명령 제16호가 발표됐다.

부녀국 기관지 새살림 편집부에서는 1948년 2월 14일 공창 폐지의 날, 묵정동을 답사했다.

> 유곽 이층 창문을 열어 제치고 '누가 공창 폐지를 시켜달라고 했나?', '누가 채금을 물어줄 테야?' 하고 포악을 쓰는 그네들, 길가에서 포악을 하는 그들을 순경이 몰아들이는 등 너무나도 음산한 거리였다. …… 기쁨에 날뛰고 있을 그네들이며 환희와 희망에 호흡이 파도칠 거리였건만 이외에도 나는 그네들의 포악 소리를 슬프나마 듣지 않을 수 없었다. …… '오늘 얼마나들 기쁘시오?' '기쁘긴 무엇이 기뻐요? 무얼 기쁘게 해주었고?' 톡 쏘는 듯한 소리는 내 몸에 와 저리는 듯 아팠다. …… 누가 배워준 말인지. 그네들은 자기의 말조차 잃어버린 가엾은 여성들이었다. 그네들 배후에서 선동하고 있는 그 무엇이 그러는지, 포주들은 아직도 미련이 있어 유곽이라는 윈도에 공창이라는 인육을 걸어 놓고 한 점 한 점 저며서 팔고 싶어 그네들에게 전에 없는 포악과 마음에 없는 소리를 시켜 몸부림을 치게 하는가. …… '안 기쁘시오?' 하고 대답을 재촉하자 그는 '안 기쁠 리가 있소. 누가 좋아서 그런 업을 하였겠소. 사정이 피치 못하여서 하여온 것이 발을 빼지 못하고 왔지요.' 이 얼마나 듣고 싶었던 소리였든가. 이 말이야말로 500여 명 그네들의 마음의 소리일 것이다. …… 그네들은 세상에 두 번 탄생한 여성들일 것이다. 첫 번째 탄생은 어머니의 배 밖으로, 둘째 번은 공창이라는 탈 밖으로. 이렇게 탄생된 새 여성들은 어제까지의 웃음을 팔아서 눈물로 살던 추악한 과거는 지구 밖으로 굴려 내버리고, 땀으로 일하며 그러므로 건국일로를 행진하는 나라의 일꾼으로

> 이렇듯 새 여성들이 탄생한 2월 14일 그네들의 생일날로 여성 만대를 전하여 기쁘고 이의 있는 날이라고 생각하였다.[103]

공창 최후의 날, 유곽의 풍광은 유곽 밖 사람들이 생각했던 것처럼 명랑하고 밝지 못했다. 채금을 누가 갚아줄 것인지 고래고래 소리치는 그들을 경찰이 제지하는 모습은 음산하기까지 했다. 이런 상황을 기자는 '자기의 말조차 잃어버린 가엾은 여성들'이라 했지만 그들은 결코 자기 말을 잃은 여성들이 아니었다.

창기연맹 대표는 1948년 2월 16일, 시청에 나타나 항의했다. 2월 18일, 대좌부조합 사무소에서 김형민 서울시장, 변호진 서울시 후생국장, 장택상 수도경찰청장, '창기'와 포주 등 4백여 명이 모여 공창 폐지 뒤의 대책을 협의했다. 이 자리에서 '창기들'은 "첫째 매인 평균 1만 8천 원의 빚이 있는데 이를 국가에서 갚아줄 것, 둘째 취직 알선 그리고 취직이 될 때까지 구호를 해주는 동시에 가족의 생활을 보장해주며 현재의 건물을 여관 등으로 전업시켜 자기네들을 그곳 하녀로 전직시켜 달라."라고 요구했다.[104] 서울시와 경찰 관계자들은 개인 간의 채무는 갚아줄 수 없다고 말한 뒤 취직은 적극 알선하며 협력하는 자에 대하여서는 취직이 될 때까지 구호를 해주겠으나 가족의 생활까지는 보장할 수 없거니와 건물은 상부의 결정에 따라야 한다고 답했다.[105]

'창기'들은 현실적인 문제에 부딪쳤다. 공창 폐지령과 행정 명령에 따르면 유곽에 거주하던 모든 사람들은 그 공간에서 머물 수가 없었다. 이런 상황에서 '창기'의 오랜 생활 터전이었던 유곽을 벗어나 생활할 수 없었던 현실적 고민을 털어 놓았다.

최순자 | 좌우간 우리가 자유로운 몸이 된 것은 기쁩니다. 그러나 우리는 이 집이 재산이요, 이 방은 내가 들어 있을 권리가 있습니다. 우리들이 쓰던 경대나 침구 등은 전부 우리의 소유물입니다. 우리는 대부분이 의지할 곳이 없는 몸이니 우리는 이곳에서 죽이라도 끓여 먹고 살아야지요. 우리는 갈 길이 정해질 때까지 이곳에 있어야겠어요.

……

창녀들은 침구와 방을 쓰겠다고 주장하고 포주 측에서는 침구와 방을 내어 주어야 여관이든 무엇이든 할 것이 아니냐고 주장하고 있는데 당국의 방침도 강제로 축출은 못할 것이라 한다.[106]

유곽에서의 생활, 방 한 칸에 있는 세간에 대한 소유권의 주장에서부터 부채뿐만 아니라 살아갈 공간까지 몸 이외에 그 어떤 것도 소유하지 못한 현실은 창기들을 벼랑 끝으로 내몰았다. "이 영업을 그만둔다고 하여서 남의 부채를 안 갚을 수는 없게 되고 또 갈 곳, 올 곳 없는 우리는 내일부터의 일이 아득합니다. 부득이 주인의 폐를 끼치는 수밖에 없는 게고 결국 우리에게 생활 문제를 책임져 주지 않는 이상 사창의 길을 갈 수밖에 없습니다. 이 의견은 나 개인의 의사가 아니고 전 창기의 의사입니다."[107]

그들의 이런 염려가 공창 폐지령 발표 뒤에 처음 제기된 것은 아니었다. 인신매매 금지령인 법령 제70호 발표 때에도 지적된 문제였다. 그 뒤 1년여가 지났지만 현실은 크게 달라지지 않았다.

그들이 계속 제기했던 문제 가운데 하나는 빚을 어떻게 처리할 것인가, 폐지 뒤에 어떤 일을 해야 하는가였다. 이에 대해 어느 누구도 대답을 하지 않았다. 폐지 뒤의 대책을 묻는 질문에 관계자들은 이렇게 대답했다.

> **서울시 후생국장 변호진** | 제일 큰 문제가 어떻게 하면 그들의 생활이 안정될 것인가 하는 것인데 이에 대한 적극적인 대책이 별로 없고 다만 그들의 소질, 성격 등을 보아 그에 적당한 취직을 알선해주는 길밖에 없다. 그리고 또다시 그들의 전락을 방지하기 위하여 갈 곳이 없는 그들을 모아 일주일에 한두 번씩 명사의 강의로 교화 지도를 할 방침(이다).
>
> **부녀국장 고황경** | 폐지 후에 따라야 할 그 대책에 있어 충분한 준비와 방법이 세워지지 않고 있으므로 …… 이에 그들에게 한 마디 보내고자 하는 말은 지금 조선은 어느 모로 보든지 만족한 부분이 없으므로 이 사회에서 냉혹하게 대하여 준다 하여 서러워 말라는 것입니다.[108]

공창은 폐지됐지만 그 뒤의 대책은 없다며 관계자들은 한목소리로 말하고 있다. 부녀국장은 '서러워 말라.'라고 위로 아닌 위로를 했다.

남조선민주여성동맹(여맹)은 이러한 무대책에 대해 공창 폐지의 의미를 이렇게 지적했다.

> 공창 폐지는 여맹에서 내놓은 남녀평등 법령 조목 중에 있는 바와 같이 여성해방의 구체적 조건의 하나이다. 이제 이 법령 실시에 제하여 이들에 대한 확고한 대책이 있어야 할 위정 당국에서 행정 기관이 이들을 구제할 법적 근거가 없다(2월 7일부 서울신문 게재 서울시장 담)는 무책임, 무성의한 태도를 보이고 있어 해방의 날을 맞이하여 당연히 기뻐해야 할 창기들은 포주에 대한 채무와 가족의 부양 문제, 자신의

진로 등의 암담함을 느끼고 고민하는 모순된 현상을 일으키고 있다. …… 창기에 대한 채무를 무조건 포기하게 하고, 위정 당국은 창기를 위한 교화 기관과 직업 기술 양성소 등의 설치, 책임 있는 직업 알선 등으로 그들의 진로를 열어 주어야 할 것이다. 이러한 하등의 대책이 없이 형식적으로 폐지 법령만을 실시한다는 것은 사창으로 전환시킬 우려가 있으며 창기를 비롯한 여성 전체를 기만·우롱하는 것이다. 그러므로 이에 대한 완전한 해결은 남녀평등권 법령이 속히 실시되어야 할 것이요, 제 민주개혁을 실시할 수 있는 남북통일 민주 정부가 수립되어야 할 것을 다시 한 번 강조하는 바이다.[109]

여맹은 공창 폐지는 여성해방의 조건 가운데 하나지만, 대책 없는 형식적 폐지 법령의 실시는 사창을 번성시키는 꼴이라는 점을 지적했다. 공창은 폐지됐지만 사창으로의 전환은 가장 큰 문제였다. 따라서 여맹은 그 해결 방안으로 남녀평등권 법령의 실시를 제안했다.

다른 한편 사창의 번성은 창기의 마음가짐에 달려 있다며 위협적이고 고압적 자세로 여성에게 훈계하며, 그 책임을 여성 개인에게 돌리는 경우도 있었다.

오늘부터 폐업된 창기들이 만약 '사창으로 먹자.' 하는 자포자기의 마음을 가진다면 그들의 갱생은 절망일 뿐 아니라 모처럼 여권을 회복시킨 조국에 대한 반역이요, 조선 여성에 대한 배반이다. 하필 밥걱정을 사회와 당국에만 문책할 것인가? 그들이 야단스레 변명하는 '가족부양'이란 썩은 도덕은 오늘부터 그들 자신이 깨트려 버리고 당국의 지도를 달게 받아 갱생의 길을 개척해야 할 것이다. 그들 갱생의 힘은 사회도 아니요 당국도 아니요, 결국 그들 자신에 있다. 한편 사회에서도, 당국에서도 그들에게 따뜻한 인도의 손을 뻗쳐 꾸준히 선도, 교화함으로써 자른 뿔 상처를 고치기에 노력해야 할 것이다.[110]

공창폐지대책위원회와 카페나 바로의 직장 알선

부녀국 또는 서울시 당국이 공창 폐지 뒤에 어떠한 정책을 취했는지 공창폐지대책위원회와 직장 알선의 상황을 통해 알아보자.

1947년 10월부터 11월까지 부녀국은 공창이 있던 지방을 방문해 지역 유지와 회담을 하고 그 지역에 공창폐지대책위원회를 조직했다.[111] 서울시에서는 11월 22일 시청 후생국장실에서 황신덕, 고황경, 박순천, 김분옥 등을 초대해 공창제도폐지대책위원회 준비회를 개최했다.[112]

1948년 1월 15일에는 서울시 부녀과가 주관해 후생국장실에서 중부경찰서장, 수도청 보안과장, 중앙청 부녀국 관계자, 김말봉 등 각계 대표가 모여 제2차 공창폐지대책위원회를 개최했다. 이 자리에서 공창에 대한 조사, 건물의 주선, 국고 보조, 재정 확립 따위의 문제가 토의됐다.[113]

이렇게 전개된 공창폐지대책위원회는 각 지방에도 조직돼 각 도 도지사가 위원장으로 추대됐다.

> 경기도에서는 이들의 생활과 직업 선도를 목적으로 공창폐지대책위원회를 오는 11일 인천시청에서 조직하리라 한다. 경기도 내의 공창 수는 280명이나 되는데 대책위원회에서는 이들을 도내 각 공장과 여관 등에 취직을 알선할 예정이라 한다.[114]

공창폐지대책위원회는 12일 도내(전북) 관계 당국자, 후생협회 및 도내 업자, 기타 약 2백여 명 참석 하에 개최되었는데 동 석상에서 다음과 같은 요강을 수립하였다 한다.

1. 공창 폐지 후의 전직 부녀 중에 보균자에 한하여서는 일정한 장소에 강제 수용하여 완쾌하도록 국고로 치료할 것,

2. 기타의 부녀들은 국고 지출의 여비를 주어 각각 희망지에 귀가시켜 전직 희망자는 관계 당국에서 직업을 알선할 것 등이라 한다.[115]

부산부 당국에서는 공창폐지대책위원회를 조직하고 현재 경남 일대에 있는 창기 650명에 대한 생활 개선의 지도, 직업 알선, 결혼 소개, 성병 치료 등에 전력을 다하여 20일부터 2월 24일까지 성과를 얻을 예정이라고 하는데 우선 창기 550명에 대한 생활 보증금 165만 원을 거출하여 기일 내로 사업을 진행한다고 한다.[116]

부녀국은 지방을 방문해 공창폐지대책위원회를 조직할 때 '성병 치료, 교화 지도, 직업 보도'라는 세 가지 지침을 강조했다. 그렇지만 "국가 정책은 오로지 성병 환자에 대하여 국가 보건 상 만전의 치료를 하여 주는 데 그치고 속히 정상 생활로 돌아가는 것을 희망하고 있으며 고향이 멀어서 여비가 없는 자에게는 요구에 의하여 필요한 한도 내에서 원조를 하고, 살 수 없어 구호를 구할 때는 일반 구호자로 취급하여 국법에 의한 구호를 하게 되었다. …… 나머지 문제는 이들의 교화 지도와 직업 보도이다. 이것에 대하여는 이미 조직되어 있는 공창폐지대책위원회에서 적당히 취급하여야 할 숙제라"며 성병 치료에 중점을 두었다.[117]

그러나 공창폐지대책위원회는 1948년 2월 5일에 갑자기 해산됐다. 그 까닭은 "그의 모든 선후책을 서울시 당국에서 맡아 보기로 되었다 하는데 시 당국에서는 국고 보조금 100만 원을 보건후생부에 요구하고 있을 뿐으로 기타 이렇다 할 구제책은 강구되지 않았다 한다. …… 그들의 교화 사업을 주안으로 현재의 유곽을 5~6가호 불하할 것을 신청하였으나 시 당국에서는 유곽의 관리권은 포주에게 있고 폐창 후는 대부분이 여관업을 경영한다 하므로 그들의 직업을 막을 수 없다 하여 이를 알선하지 않은 것이 주인이라"며 서울시가 포주를 옹호했기 때문임을 밝히고 있다.[118]

그러나 현실은 이러한 구상과 맞물리지 않았다. 안재홍은 공창폐지대책위원회의 실행 예산이 나오지 않는 현실에 대해 말했다.

> 서울의 현실을 들어보더라도 공창폐지대책위원회니 무엇이니 하는 것은 구성되었으나 기일이 박두한 현재 아무런 대책도 없다 하며 시 후생국의 말을 들어보면 약 3천만 원의 예산이 있어야 폐업 후의 창기들을 처리할 수 있다 하는데 예산은 전무 상태이고 …… 그저 한탄만 하고 있다. 이렇게 되고 보면 창기들은 당장 어떻게 할 것인지 지금부터 사태가 매우 크게 우려되고 있을 뿐더러 아무리 입법 정신이 좋다 해도 혼란과 역효과를 나타내는 결과를 초래한다면 차라리 그대로 두는 것이 낫다는 비난까지 일어나고 있는데 여하간 앞으로 얼마 남지 않은 기일을 생각할 때 신중한 긴급 대책 수립이 통렬히 요청되고 있다.[119]

부녀국은 서울시와 지방에 공창폐지대책위원회를 조직해 이의 사업을 준비하려 했지만 수행할 건물과 비용이 책정되지 않아 결국 공창폐지대책위원회는 해산되고 말았다.

한편 1948년 2월 6일, 서울시장은 공창 폐지 뒤의 서울시 정책을 밝혔다. "서울시에서는 아직껏 680명의 공창이 있었으나 현재 575명으로, 법령이 공포되자 많이 도주하여 버렸다. 그런데 서울시로서는 이들에 대한 검진을 시행하여 유병자에게는 전부 국비로서 치료하기로 되어 있으며 취직 알선을 적극적 노력하고 있으나 영등포 몇 공장에 알아 보니 이들을 수용하면 능률이 저하할 것이므로 도저히 안 된다고 하고 있다. 그런데 시는 행정 기관으로 이를 구제해야 할 하등의 법적 근거도 없으므로 확고한 시책을 하지 못하고 있다."[120]

서울시장은 성병 치료는 국비로 가능하지만 직업 알선은 불가능하다고 말하고 있다. 또한 이들에 대한 대책 마련이 법적 근거가 없다고 강조하고 있다.

아무런 대책이 없기는 지방도 마찬가지였다. "이 문제에 대하여는 아직도 중앙에서의 지시는 없다. …… (경북)도에서도 예산의 여유는 없고 또 이제까지는 이러하다는 대책은 없었다. 그 사람들은 집단적인 곳의 직업 기관을 요망한 것인데 이 점도 그다지 용이치는 않다."[121] "전북도 당국에서는 폐지를 앞두고 하등의 구호책도 없을 뿐 아니라 전주부내 유곽업자들과 100여 명에 달하는 창기들은 지금까지 부 당국이나 경찰 당국으로부터 공창 폐지에 대하여 하등의 통고도 받은 일이 없어 도무지 알 수 없는 일이다."[122]

아무런 대책도 없이, 아니 대책을 마련할 의지도 없는 상태에서 이재민을 수용하느니, 공창의 갱생 기관으로 쓰느니 요란하게 떠들어댔으나 대부분의 적산 유곽은 이미 포주들의 소유가 된 상태였다.[123]

직업 알선과 관련해 '창기'들을 상대로 희망 사항을 조사했다. 그 결과 "인천에 현재 유곽 22호, 모두 118명의 아가씨들의 동향을 조사한 결과 공장 취직 희망이 40명, 출가 희망 12명, 귀가 희망 11명으로 재생하려는 아가씨가 단연 5할 이상이고 그냥 화류계로 나가 웃음을 팔겠다는 아가씨가 3할, 아직 미정이 2할 가령으로" 공장 취직을 원하는 경우가 가장 많았다.[124] 그러나 정부 기관에서 이들의 취업을 소개한 곳은 카페, 바, 여관의 고용녀 또는 '작부'였다.

> 시에서는 107호의 전 유곽에 대하여 창기들의 실태 조사를 실시하였었는데 78세대의 143명을 조사한 결과 130명은 취직을 희망하였고 13명은 귀향을 희망하였다 하며 나머지 29세대는 창기들이 1명도 없었다는데 100여 명의 창기들은 조사를 거부하였다 한다. 그런데 13명의 귀향 희망자는 2~3일 내에 여비를 지급하여 고향에 돌아가도록 할 것이라 하며 130명의 취직 희망자는 여관, 음식점, 카페, 바 등에 취직을 알선할 예정이라 한다.[125]

> 서울시에서는 취직 알선을 하여 3일까지 중앙요식업조합에 14명, 남부조합에 25명, 용산조합에 25명, 종로조합에 17명 도합 79명을 작부로 알선하였다 한다. 그리고 시내 10개소의 조합 중 나머지 6개소에도 계속 알선할 것이라 하며 여관에도 주선하리라 한다.[126]

"시 당국의 여사한 큰 공덕(?)으로" 카페와 바 그리고 여관으로 취업시켰다며, "직업 소개, 후생 사업이든 하던 구호"는 어디로 사라졌는지 "창기들의 갈 길은 암담하다."라는 비난이 일었지만 크게 문제가 되

지는 않았다.[127]

'창기'들은 관계 기관이 마련한 수용소도 거부했다. 서울의 경우 1948년 3월 29일, 묵정동 유곽에 남아 있는 280여 명 가운데 4명만이 서울시가 마련한 수용소에 들어왔다. 이에 대해 서울시는 대개 사창으로 전환할 것이라고 예견했다.[128] 공창의 사창화는 예정된 것이었으며 암묵적 동의 과정이었다. 1947년 공창은 2,124명이었고,[129] 인가를 받은 업태부는 1948년 3,000명, 1949년 6,871명으로 증가했다. 1949년 6,871명의 구성은 기생 1,740명, 여급 1,106명, 작부 3,459명, 고용녀 586명이었다.[130] 국가 기관에 등록한 업태부는 1949년 이전에 비해 2배 이상 증가했고 여기에는 등록되지 않은 사창은 제외됐다.

검진, 국가에 의한 몸의 관리

주일미군과 '특수위안시설협회'의 조직[131]

> 점령군이 상륙하면, 여성은 가능한 한 외출하지 말 것. 부득이하게 외출할 경우에는 속바지를 두 겹 세 겹으로 입고 그 위에 몸빼를 입어 군인들의 폭행에 대비할 것.[132]

1945년 8월 하순 도쿄의 도나리구미隣組 회람판에 게시된 주의 사항이다.[133] 패전 뒤, 일본의 미군에 대한 공포심은 아시아에서 행한 일제의 역사에서 비롯됐다.[134] 곧 19세기 말부터 20세기 중반까지 조선과 중국, 동남아시아에서 자행된 일본군의 범죄—강간, 살인, 방화, 집단학살, 고문—는 역설적으로 일본인에게 미군이 일본 여성들을 강간할 것이라는 생각을 갖도록 했다.

미군이 진주하거나 지나가는 길목으로 예상되는 지역에서 대규모의 피난 행렬이 이어졌다. 후쿠오카에서는 8월 15일 오후에 열린 군·관 합동의 '종전처리협의회' 자리에서 군 참모가 미군 선발대가 상륙하기 전에 부녀자와 노약자들의 피난 문제를 제기했고, 현청의 직원들까지 포함한 민간인이 피난했다.[135] 다른 지방에서도 수많은 피난민이 신사神祠 등 안전 지역으로 몰려들었다. 도시의 70~80%가 군사 기지였던 요코하마는 공습이 심했던 전쟁 때보다 패전 뒤에 더 많은 주민을 소개시켰을 정도였다.[136]

미군 진주에 대한 두려움은 8월 17일 발족한 신 내각으로 하여금 국민의 동요를 막고 미군 병사의 성욕으로부터 일반 여성을 보호한다는 구실, 곧 일부 여성을 미군에게 제공하여 성적 서비스를 제공함으로써 다수의 여성을 보호한다는 명분 아래 '특수위안시설협회特殊慰安施設協會'를 조직하도록 강제했다.[137] 일본군의 사기를 앙양하고 점령지에서의 성범죄를 예방한다는 목표로 설립된 '일본군위안소'를 연상시키는 '특수위안시설협회'는 1945년 8월 18일, 내무성이 '외국 주둔군 위안 시설 등 정비 요령'을 각 지방 기관에 통첩하면서 본격화됐다.

> 1. 외국 주둔군에 대한 영업 행위는 일정 지역을 한정해서 이전의 취체 표준에도 불구하고 이를 허가할 것.
> 2. 전 항의 구역은 경찰서장이 설정하고 일본인의 시설 이용은 금지할 것.
> 3. 경찰서장은 다음의 영업에 대해 적극 지도하고, 설비를 빠른 시일 내에 충실히 할 것. — 성적 위안 시설性的慰安施設, 음식 시설, 오락장.
> 4. 영업에 필요한 부녀자는 예기, 공·사창, 여급, 작부, 상습 밀매음범 등에서 우선적으로 충원할 것.[138]

내각의 지시로 도쿄경시청은 8월 18일 요시와라吉原 대좌부조합장의 의견에 따라 유곽을 비롯한 현존하는 성매매 시설을 이용하기로 결정했다.[139] 이에 따라 8월 21일, 경시청과 경찰청은 전국예기옥연합회 도쿄지부全國藝妓屋聯合會東京支部, 도쿄대합업조합연합회東京待合業組合聯合會, 도쿄대좌부조합東京貸座敷組合, 도쿄도접대업조합회東京都接待業組合會, 도쿄도위안소연합회東京都慰安所聯合會, 도쿄도연기장조합연맹東京都練技場組合聯盟(마작업자조합), 도쿄도요음식업조합東京都料飮食業組合 등 7개 단체 대표와 회합하고, 8월 23일 '특수위안시설협회'를 결성했다. 경시청은 8월 28일 이를 정식으로 인가했다. '특수위안시설협회'는 한 달 뒤 RAARecreation and Amusement Association로 명칭을 바꿨다.

이러한 과정을 거쳐 설립된 RAA의 설립 취지서는 '일부의 여성을 방파제로 양가의 부녀자를 보호한다.'라는 내각의 구상을 이렇게 표현했다.

> 1억의 순혈純血을 보호함으로써 국체호지國體護持의 대 정신에 입각하여 먼저 당국의 명령을 받아 …… 특수위안시설협회를 구성하여 관동 지구 주둔 부대 장사의 위안 시설을 완비하기 위해 계획을 추진했다. 본 협회를 통해 양국 국민의 의사소통을 도모하고, 동시에 국민 외교의 원만한 발전에 기여하고, 함께 평화 세계 건설에 일조하려는 것이 본 협회의 본의이다.[140]

그러나 약 30만 명에 이르는 미군에 비해 기존 성 판매 여성의 수는 절대적으로 부족했기 때문에 RAA는 대대적으로 성 판매 여성을 모집했다. 성 판매 여성의 모집은 공식적으로 '위안부를 모집한다.'라는 광고물로 게시됐고, 신문에 여사무원 혹은 '신 일본 여성'을 모집한다는 기만적인 광고를 싣기도 했다.

> 신 일본 여성에게 고함.
>
> 전후 처리의 국가적 긴급 시설의 하나로서 진주군 위안의 대 사업에 참가하고 신 일본 여성의 솔선 협력을 구한다.
>
> 연령 18세 이상 25세까지. 숙사宿舍, 의복, 식료 등 일체 지급.[141]

이러한 기만적인 광고에도 불구하고 RAA의 정보과장 가부라기 세미치鏑木青一는 당시 RAA에 응모했던 여성들에 대해 "신 일본 여성은 …… 충분한 숙사, 피복, 식량 등 당시의 귀중품 모두를 제공하는 것을 보고 위안부가 된다는 것을 알면서도 응모한 여성이 많았다."라고 언급했다.[142] 전후의 피폐한 경제 상황과 어려운 생활 속에서 이전부터 성매매업에 종사했던 여성 이외에도 많은 여성들이 생계를 위해 미군을 상대로 한 성매매업에 뛰어들었다. 특히 '전쟁미망인', 종전 이전에 중국이나 조선에 거주하다 귀국한 여성引揚女性들, 공습으로 가족을 잃은 여성들과 생계 유지에 어려움을 겪던 가난한 여성들은 의식주를 제공받을 수 있다는 사실만으로도 성 판매 여성이 되는 것을 마다하지 않았다.[143]

최초의 '위안소'는 도쿄 오모리大森의 요정 코마치엔小町園이 선택됐고 연합군의 선발 부대가 가나가와 현의 아쓰기 비행장에 도착한 8월 28일부터 미군을 상대로 영업을 시작했다. RAA는 위안소(13개소), 고급 위안소(1개소), 카바레 위안소(4개소), 카바레(5개소), 비어홀, 댄스홀, 여관, 호텔, 일본 요리점(3개소), 요리점, 비어홀장, 카페, 후생료, 병원, 사무소 등의 시설을 갖추고 있었다. 처음 RAA의 사업 형태는 식당부, 카바레부, 위안부, 유기부, 예능부, 특수 시설부 따위로 구성하고 위안부 안에는 제1부(예기), 제2부(창기), 제3부(작부), 제4부(댄스홀, 여급)를 둔 방식으로 성 판매 외에도 다양한 형태의 서비스를 미군에게 제공하도록 계획됐다. 이처럼 미군을 위한 광범위한 성적 서비스 및 오락의 제공처였던 RAA는 가장 번창할 때에는 약 7만 명의 여성이 종사하고 있었으며, 1946년 3월 미군의 출입이 금지될 때에도 약 55,000명의 여성이 소속돼 있었다.[144]

한편 RAA 이외에도 미군을 위한 성적 유흥은 도처에서 제공됐다. 도쿄도 민생국 예방계장이었던 요사노 히카루與謝野光은 1945년 9월 주일미군 군의총감 웹스터로부터 '장교용과 백인 병사용, 흑인 병사용의 3개소 휴식 장소를 분리하여' 성적 서비스 시설을 준비할 것을 요구받고 장교에게는 예기藝妓를, 백인 병사에게는 공창을, 그리고 흑인 병사에게는 사창을 각각 추천했다.[145]

대규모의 성매매는 성병의 증가를 가져왔다. 미군(제8군)의 성병 감염률은 1945년 9월 6일 26.8%였던 것이 10월 12일 56.0%, 10월 26일 56.4%로 일본 진주 뒤 급격하게 증가했다.[146] 이러한 성병의 확산에 대응하여 연합군 최고 사령부는 경시청에 RAA 소속 여성들에 대한 강제연행과 성병 검진을 지시했다. RAA는 9월 25일 위안소별로 일제히 성병 검진을 실시했다. 그 결과 예기의 약 4할, 기타 여성 약 2할이 성병에 감염된 것으로 나타났다. 이에 따라 연합군 최고 사령부는 1945년 10월 16일 '화류병 대책에 관한 스루 각서'(SCAPIN-153)를 발표하고 매독, 임질, 연성하감을 예방 대상 전염병으로 지정하는 등 성병 예방 체제의 강화를 일본 내각에 요구했다.

그러나 검진과 치료만으로는 미군 내에 만연한 성병을 근절시킬 수 없었다. 결국 1946년 3월 27일, 연합군 최고 사령부는 성병 만연을 이유로 미군의 RAA 출입을 금지시켰고 21개소의 위안소를 폐쇄시켰다. RAA 폐쇄에는 미국 신문에 보도된 RAA 관련 기사를 접한 미국의 여성단체와 종교단체가 연합군 최고 사령부에 항의한 것도 영향을 미쳤다.

RAA의 해산 뒤 RAA에서 일했던 성 판매 여성의 상당수는 가창街娼이나 적선赤線의 성 판매 여성이나 미군 기지 주변의 성 판매 여성이 됐다.[147] 이에 대해 스기야마 아키코杉山章子는 RAA는 해체 뒤 '기지촌 매춘으로 이어져 미군 상대의 매춘으로 정착'됐고, '적선의 탄생은 곧 공창제도의 온존으로 이어졌다.'라고 지적했다.[148]

일본 RAA의 역사는 첫째, 국가 권력이 어떻게 일반 여성과 성 판매 여성을 구분하고 국가의 필요 또는 일반 여성을 보호한다는 명목으로 (성 판매)여성을 강자에게 제공하는가를 잘 보여준다. 곧 RAA 성 판매 여성은 미군으로부터 가해질 것으로 예상되는 자신의 피해를 최소화하기 위해, 미군을 즐겁게 해주기 위한 수단으로 여성의 성을 제공한 셈이다. 둘째, 권력에 의해 공인되거나 묵인된 성 판매가 근본적으로는 권력(국가 또는 경찰)과 자본(매춘업자) 사이의 유착에 의해 형성됨을 알려준다. RAA의 경우 그 성립에서부터 경시청과 기존 매춘업자 사이의 유착 구조였으며, 이러한 유착은 지속됐다. 셋째, 미군을 상대로 하는 성매매에서 미군 당국의 관심은 인권도, 정의도 아닌 오직 미군 병사들의 성병 증가에만 있었다. RAA의 역사에서 연합군 최고 사령부는 RAA로 인한 인권 문제나 정의는 전혀 제기하지 않고 단지 성병에 감염된 미군의 증가에 따라 단속을 강화하거나 성 판매 여성에 대한 성병 검진을 실시했다.

미군을 위한 유흥 시설과 성매매의 증가

일반적으로 미군정의 여성 정책, 특히 성매매와 관련하여 높게 평가받는 정책은 인신매매 금지와 공창 제도 폐지이다. 이들 법령으로 남한에서 국가가 개입하거나 공인한 가운데 이루어지는 성매매나 성매매를 매개하는 행위는 불법이었다. 그러나 역설적으로 인신매매 금지와 공창 폐지는 미군을 상대하는 성 판매 여성과 미군을 소비자로 하는 댄스홀, 카바레, 카페, 바 따위의 시설이 증가하는 계기가 됐다.

미군을 위한 성적 서비스와 휴양 시설의 제공은 미군이 본격적으로 진주하기 전부터 제기됐다. 조선총독부는 일본으로 철수하는 자국 여성을 보호한다는 명분으로 인천과 서울에 성매매가 가능한 댄스홀을 개설했다. 또한 미군 선발대의 요구에 따라 규모가 큰 건물들과 삼척 해안과 온양온천을 비롯한 유명한 휴양지들이 미군 전용의 휴양 시설로 제공됐다.[149] 1945년 11월 13일, 경기도 경찰부장 조개옥은 "명월관, 국일관을 서양식 요리점으로 개조하"고 "연합국 군인에게 사교 여성과 가정 여성을 구별시킬 편의"를 제공하기 위하여 "기생 등 음식점에 드나드는 여자들은 복장을 양복으로 하되 흉하지 않은 완장이나 휘장을" 붙이도록 지시했다.[150] 군정청은 명월관, 국일관, 송죽원, 동명관 등 요리점을 미군들이 사용하기 편리하게 개조하라고 지시했다. 이러한 조치들은 시행 여부를 떠나 미군들에게 성적 서비스를 포함한 편의를 제공하기 위함이었다.

그러나 일본과 다르게 남한에서는 RAA 같은 미군을 상대하기 위한 성 판매 여성 조직이 만들어지지는 않았으며 더구나 미군을 위한 충분한 유흥·휴양 시설이 제공되지 않았다. 그 까닭은 첫째, 남한에 미군이 만족할 만한 시설이 거의 존재하지 않았다. 둘째 조선인에게 미군은 점령군이 아닌 해방군으로 여겨졌고, 정의로운 미군이 성적 서비스를 요구할 것이라고 생각할 수 없었으며 이에 따라 기존의 요릿집을 서양식으로 고치거나 일반 여성을 보호하기 위해 기생들에게 표식을 부착하자는 경찰 관료의 제안은 오히려 여론의 강력한 반대에 부딪쳐 좌절됐다.[151]

이와 같은 상황에서 진주 초기의 미군은 사냥과 등산을 즐기는 휴양 시설에 만족해야 했다. 그러나 대부분의 병사들은 이에 만족하지 못하고 "근무 시간에도 술과 카드놀이를 찾기 일쑤였으며 병영에 어둠이 깔리면 떼 지어 외출을 나가 그들이 필요로 하는 것을" 찾아다녔다.[152] 거리로 나온 미군들은 폭행, 살인 등 각종 범죄를 저지르고 종종 여성들을 희롱하거나 강간했는데, 이로 인해 미군 부대에 인접한 민가에서는 한낮에도 대문을 닫고 지내야만 했다.[153]

그러나 미군 병사들의 성적 욕구에 대해 미군정이 무조건 억제 조치만을 취할 수는 없었다. 미군정은 병사들의 불만을 해소하기 위해 성매매를 묵인하는 이중 정책을 취했다. 미군정의 이중적인 성매매 정책은 군정청 법령 제70호의 모순점에도 잘 드러난다.

공·사창을 존속시킨 상태에서의 인신매매 철폐란 단지 선언적 의미에 불과했다. 포주가 얼마든지 농간을 부려 성 판매 여성을 구속할 수 있었다. 오히려 인신매매 폐지와 공창 폐지 사이에 일정한 시차(약 1년 9개월)를 두어 사창 양성을 초래했다. 성매매는 불법이 아니었다. 자발적(그 실제 내용이 무엇이든 간에) 선택으로 행해진 성매매는 법에 저촉되지 않았다.

일본의 경우 연합군 최고 사령부가 1946년 1월 21일 "민주주의의 이상에 위반하여 전국 민간에 의한 개인의 자유 발달에 상반한다."라는 이유로 공창을 폐지(SCAPIN-642)한 사실과 비교할 때 미군정의 인신매매 폐지령과 공창 폐지령이 각각 1946년 5월과 1947년 11월에 공포된 것은 상당한 의미를 함축하고 있다.[154] 곧 일본에서는 1946년 1월에 공창을 폐지하더라도 미군만을 상대하는 7만 명에 가까운 성 판매 여성들이 RAA로 조직되어 있었던데 반해 남한에서는 공창을 폐지할 경우 이를 대체할 조직이 없었다. 따라서 미군의 성적 욕망의 배출구가 필요한 미군정으로서는 최대한 공창 폐지를 늦추었는데 이 기간 동안 사창의 팽창이 진행됐다.

그렇다고 미군정이 성매매를 무조건 인정한 것은 아니었다. 1947년에 들어서 미군정은 성 판매 여성을 강력하게 단속하기 시작했다. 특히 용산, 부평, 부산 등을 중심으로 한 지역에서 강력한 단속이 시행됐다. 일례로 부평이 포함된 인천의 경우 제1관구 경찰청은 1947년 6월 11일부터 25일까지 성 판매 여성을 대대적으로 단속했는데, 이는 미국인 고문으로부터 다음과 같은 의견서가 전달되면서부터였다.

> (가) 인천부 내의 비합법적 매음부를 소탕하기 위한 제1단계로 제1관구 경찰청장과 검찰관으로부터 성명서를 발표할 것.
>
> (나) 전 항의 성명서는 6월 15일까지 인천부 내로부터 밀매음부가 퇴거하여야 된다는 경고문의 양식이 되어야 할 것.
>
> (다) 형사 혹은 정복 경관으로 하여금 6월 15일이 지난 이후에라도 수시로 수사를 계속하도록 할 것.
>
> (라) 6월 15일 이후에는 혐의자에 대하여 구속 수사(의사를 불러 신체검사를 할 수 있음을 포함함)를 할 수도 있을 것.[155]

이에 제1관구 경찰청과 검찰청은 "오는 15일부터 인천시내에서 비합법적으로 매음하는 밀매음부는 총퇴각할지어다. 그렇지 않으면 일망타진으로 체포 엄벌하겠다."라는 포고문을 인천시내에 게시했다.[156] 인천경찰서와 여자경찰서, 미군 공안 장교는 미군을 상대하는 성 판매 여성들을 단속해서 "금후 절대로 그러한 행동을 계속치 못하도록 삭발과 최고형의 형벌을 단행하겠다."라고 밝혔다.[157] 그런데 이들의 단속 대상은 '비합법적' '밀매음부'였다.

또한 군정청은 1947년 11월 3일 법령 제153호를 공포했는데, 이 법령은 "미국 육군 군인의 출입 금지를 선언한 시설을 소유하고 있는 자가 미군인 및 군속을 출입시키거나 또는 매음을 제공하는 경우에는 재판소의 판정에 의하여 소정 형벌에 처한다."라고 규정되어 있었다.[158]

그러나 이러한 단속에도 미군 상대의 성매매는 증가했고, 다양한 방식으로 이루어졌다. 미군만을 상대하는 댄스홀, 카바레, 바, 카페 따위의 유흥업소가 증가했다. 1946년 8월 말 현재 서울시내의 허가를 받은 유흥업소는 카바레 14개, 바 59개, 고급 요리점 31개, 카페 12개, 일반 음식점이 322개로 조사됐는데[159] 그해 연말에 정식 허가받은 유흥업소는 카바레 29개, 바 81개, 카페 32개, 1종 요리점 35개, 댄스홀 5개로 증가했다.[160] 유흥업소의 증가는 댄서나 여급 등 여성 종업원의 증가로 나타났다. 이들은 대부분 미군을 상대했으며 이를 거부하는 종업원들은 아래의 사례에서 보는 것처럼 주인(포주)에 의해 성 판매를 강요당했다.

미군인만을 전문으로 맞아들이는 댄스홀 춘향각에 사건이 발생했다.

지난 14일 '우리는 하루 티켓료 80매 이상을 벌어야 하며 이 숫자에 달하지 못하면 해고당하는데 도저히 하루에 이 숫자를 달하기에 곤란한바 주인은 에로 서비스를 해야만 너희들도 또 주인도 수입이 좋으니 그것을 팔라고 권하므로 그것은 도저히 팔 수 없다고 거절한즉 결국은 성적 불량으로 해고를 당하였으니 이러한 흉악한 모리를 일삼는 악덕배를 규탄하는 동시에 억울한 사정을 살펴 달라.'라는 진정서가 해고 당한 댄서 일동에게서 소관 본정경찰서에 들어왔다.[161]

주로 미군을 소비자로 하는 댄스홀이나 카페, 바 등의 종업원으로 고용된 것을 계기로 미군과 성매매가 이루어지거나 언어가 통하지 않았기 때문에 중개자를 통해서 이루어지기도 했다. 또한 "기생들 중에서 자신의 한국인 '부인'을 택하는 습관은 중대 수준에서는 흔한 일이었다. 어떤 장교는 그의 신부와 가구들을 지프와 짐차에 싣고 새로운 임지에 도착하기도 했다."라는 지적처럼 일정 기간 미군과 동거하는 여성들도 나타났다.[162]

이 시기 가장 일반적인 성매매 장소는 기지 내 막사나 부대 근처의 풀밭 등이었다. 기지촌은 한국 전쟁을 계기로 본격적으로 나타나지만 인천의 부평, 서울의 용산, 부산의 범전동은 미군정기부터 일정 규모의 기지촌이 형성된 지역이었다. 특히 부평은 1945년 9월 8일 미군이 남한에 진주하면서 형성된 한국 최초의 기지촌이다. 일제 강점기에 건립된 대규모의 조병창 건물이 있어 인천항에 하역되는 미군 물자를 보관하고 서울 등 경기도 일대에 보급할 수 있는 여건을 갖추고 있던 부평은 미군의 보급 수송 본부로 선택되어 4,000여 명이 주둔하며 남한 주둔 전 미군 부대에 대한 병참·보급·수송 업무를 담당했다. 또한 군정

초기 이곳은 남한에 배치되는 모든 미군정 요원들이 주둔에 앞서 한국 실정을 배우는 교육 장소로 활용됐고, 신병 보충대의 역할을 담당하기도 했다.[163] 신촌이라 불리는 미군 기지 정문 앞 마을은 미군 진주 이후 몇 개월 만에 10호의 작은 마을에서 수백 호의 간이 주택이 자리 잡은 기지촌으로 발전했고, 이곳에 거주하는 1,000여 명의 성 판매 여성들은 철조망이 쳐진 정문 앞 초소 부근을 오가며 미군들과 거래를 했다.[164] 서울의 용산과 부산의 범전동 일대도 규모는 작았지만 사정은 부평과 비슷했다.

성병으로부터 미군의 보호

공창 폐지는 유곽의 여성들에게 자유를 주지 못했다. 1947년 10월 20일 현재, 부녀국 조사 통계에서 이들이 공창에 들어서게 된 계기는 생활 곤란이 99%, 유인이 1%였다.[165] 생활 곤란이 해결되지 않은 상태에서 빚까지 남았다면 '사창'으로 전환될 수밖에 없었다.

공창 폐지와 함께 다른 삶을 살고자 했던 여성들의 희망은 좌절됐지만, 여성들의 몸을 관리하려 했던 검진 제도는 성공적으로 한국 사회에 안착됐다. 어떻게 성병 검진 제도만이 성공적으로 자리 잡았을까? 이는 미군정의 보건 위생 정책과 긴밀한 연관이 있다.

미군은 진주가 예상되는 지역의 하나인 한반도의 위생 체계와 전염병 발생 상황을 파악하기 위해 노력했다. 이미 1941년 4월부터 민정 요원의 훈련과 기획에 사용할 목적으로 의료정보부Medical Intelligence Division와 예방의학과Preventive Medicine Service가 작성한 의료기술통보Technical Bulletin 시리즈에 한반도의 보건 상황이 보고되기 시작했다. 그리고 1945년 4월에 육·해군 합동 정보처는 한반도의 보건 상황에 대한 보고서를 작성했다.[166] 이들 보고서는 성병을 아메바성·세균성 이질, 설사 및 장염, 말라리아, 발진티푸스, 피부병, 참호족, 동창 따위와 함께 한반도에 진주할 미군에게 유해하고 군사적으로 치명적인 전염병에 포함시켰다.[167] TB 시리즈는 성병에 대해 아래와 같이 지적했다.

> 조선에서 특히 주의를 기울여야 하는 문제이다. 성병은 매우 만연되어 있으며 감염 가능성이 높다. 예방 기구를 충분히 공급해야 하며, 쉽게 이용할 수 있는 예방 시설을 제공해야 한다. 성병에 대한 이해하기 쉬운 교육 프로그램을 실시해야 하며 적절한 레크리에이션을 적극적으로 개발해야 한다. 성병 관리의 성공 여부는 충분한 예방 기구의 보급과 적절한 예방 시설의 제공 여부에 달려 있다.[168]

미군은 한반도에 미군이 진주했을 때 성병의 감염 가능성이 높다고 여겼다. 한반도에 진주한 미군들은 한반도가 "청결함과 위생 관념의 부재 때문에 …… 서양에서 보기 힘든 끔찍한 병으로 뒤덮여 있다."라고 생각했다.[169] 미군 진주 뒤 "한국 의사가 조사한 바에 의하면 성병이 유행하고 있으며, 인구의 10% 이상이 매독에 걸려 있다."라고 보고받았다.[170] 한국인의 생활에 비위생적인 부분이 많았다는 점을 인정하더라도 성병이 만연되어 있다거나 전 인구의 10%가 매독에 감염되어 있다는 보고는 현실적으로 불가능했다. 전 인구의 80% 이상이 외부와의 접촉이 제한적인 농촌에 거주하고 있었고, 유곽에서 일하는 일부 여성들을 제외하고 성병이란 일반적 질병이 아니었다.

그렇지만 미군의 이러한 예견은 미군정으로 하여금 미군에게 성병이 감염되지 않도록 하는 데 주력하도록 했다. 미군정의 성매매 정책은 성병 감염의 예방이었다. 이러한 기본 인식을 바탕으로 출발한 미 군정의 보건 정책은 공중보건후생국을 통해 실현됐다. 1945년 10월 2일, 연합군 최고 사령부의 명령(일반명령 제7호)을 기초로 경찰의 위생 업무를 인계하여 설치된 공중보건후생국은 미 국무성이 맥아더사령부에 보낸 기본훈령에 나타난 대로 '점령군의 임무 수행 원활'과 '점령군의 위험 방지'를 목표로 하고 있었다.[171]

미 국무성과 연합군 최고 사령부, 미군정은 점령지 주민의 공중 보건에 관심을 가졌지만 그 관심은 기본적으로 '군사 작전에 방해가 되는 질병 및 정치 불안의 대처'에 한정됐다. 특히 성매매와 관련된 성병 대책은 미군정의 이런 정책을 반영하고 있었다.

미군정의 성병 정책은 미군의 성병 감염을 낮춘다는 기본 목표를 가지고 있었다. 1946년 5월 14일, 발표된 군정청 법령 제72호는 82항목에 달하는 군정 위반에 대한 범죄를 규정했다. 그 가운데 제70조는 성병 및 성 판매 여성과 관련된 내용이다. 이 조항은 "전염 화류병을 가진 부녀가 주둔 군인에 대한 성 관계의 유혹"을 했을 경우 군정재판소에 회부되어 처벌하도록 규정했다.[172] 법령에 따르면 성병을 가지고 있는 성 판매 여성이 미군을 유혹하는 것만으로도 범죄가 형성됐다. 이 조항은 반대로 성병 감염과 관련 없는 모든 행위는 합법적임을 의미하기도 했으므로 주둔군이 성매매를 방조하고 성 판매 여성의 성병 검사 기피 등을 방지하는 효과를 가져왔다.[173]

법령 제70호인 인신매매 금지령의 이중성이 오히려 '사창'을 증가시켰던 것처럼 법령 제72호 제70조 역시 성매매에 대한 미군정의 이중적 태도를 분명하게 드러냈다. 곧 미군에게 성병만 감염시키지 않는다면 성매매는 얼마든지 인정됐다.

일본에서도 RAA 해체의 직접적 동기는 군대 성매매의 부당성이 아니라 성병에 감염된 미군이 증가한 데 있었다. 미군을 성병 등 질병으로부터 보호한다는 정책과 미군의 급속한 성병 증가에 따라 미군정은 성 판매 여성을 비롯한 미군과 접촉의 가능성이 있는 여성들에 대한 강력한 성병 검진을 실시했다.

검진, 몸의 관리

군정청 보건후생국은 성병의 기본적 조사를 할 목적으로 성병보고카드를 각 지방 의료 기관에 배부했다.[174] 미군정이 실시한 최초의 성병 검진은 1946년 4월부터 5월까지 보건후생국 방역과에서 서울시내 4개소 권번에 소속된 기생들을 상대로 한 채혈 검사였다.[175]

기생들의 성병 감염률은 〈표 3〉에 나타난 바와 같이 45.4%로 상당히 높게 나타났다. 같은 해 7월 한성권번에서 성병 검사를 다시 실시했는데 그 결과는 아래와 같다.

> 경기도 보건후생부에서는 일제히 검사하기로 결정하고 제1차 착수로 6일 시내 본정서 관내 150명의 기생을 경기도 보건소에서 검사한 결과 의외로 반수 이상이 화류병에 걸린 것이 판명되었다. 그 내역을 보면 150명 중 매독이 49명, 임질이 21명, 매독과 임질을 겸한 것이 7명, 합계 77명이 보균자인 것이 판명되었다.[176]

검사 뒤 보균자들은 무료로 치료받도록 했다. 경기도 보건후생부에서는 미군의 지시에 따라 경찰 당국과 협력해 종로경찰서 관내 기생들의 검진을 시행했지만 그 뒤에는 진행되지 못했다. 이는 기생들의 검

〈표 3〉 미군정기 유흥업 종사 여성에 대한 성병 검사 결과(단위 : 명)[177]

검사 시기	검사 대상	검사자 수	보균자 수	보균률
1946년 4월	서울시내 4대 권번 기생	482	219	45.4
1947년 5월	서울시내 기생과 여급	1,700	1,010	59.4
1947년 11월	서울시내 기생	567	269	47.4
1947년		16,874	12,662	75.0
1948년		42,567	24,549	57.7
1949년		53,664	27,919	52.0

진 반대 시위와 파업 때문이었다. 이로 인해 1946년에는 더 이상 성병 검진이 진행되지 않았다. 성병 검진은 1947년 다시 실시됐다. "검진 받은 기생 567명 중 감염자는 269명으로 47.4퍼센트였으며 병별로 보면 임질이 97명, 매독이 172명으로 되어 있다."[178] 이와 같이 보균자 수는 1946년보다 증가했는데, 다른 조사에서는 75%로 나타났다.

이에 따라 미군정은 1947년 11월 순화병원을 국립성병치료소로 지정하고 서울, 대구, 인천, 부산, 청주, 수원, 광주 등에서 성병에 대한 임상 강좌를 개설했다.[179] 한편 검진 대상을 기생뿐만 아니라 여급, 댄서, 접객부 등으로 확대했다. 그리고 보균자증명서를 갖고 있으면 남한 각지에서 무료 치료를 받을수 있도록 조치했다. 또한 1947년 12월에는 국립성병원을 신설했다.[180] 미군정은 성병을 치료할 수 있는 기관을 확대해 "광주, 부산, 대구에 각각 한 개의 성병 클리닉과 각 지역 보건소에 성병 클리닉"을 설치했고 이와 별도로 "서울, 부산, 대구, 인천에 있는 여자경찰서에 4개의 시약소"를 설치했다.[181] 경찰로부터 허가받은 접객부들은 2개월에 한 번씩 이들 진료 기관에서 성병 검사를 받고 성병에 감염되지 않았음을 확인받은 뒤에야 영업을 계속할 수 있었고,

여자경찰서에 검거된 성 판매 여성들 역시 반드시 성병 검사를 받아야 했다. 또한 미군 의무 장교는 미군 출입 금지 구역이었던 집창 지역을 매주 방문하여 성병 감염 여부를 검사했다.[182]

이러한 성병 대책의 결과 미군의 성병 감염은 최소화됐고,[183] 〈표 3〉에 나타난 대로 성병 검사 및 진료 기관의 공식 기록인 『보건사회통계연보』의 기록에 따르면 접객업에 종사하는 여성들의 성병 감염률은 1947년 75.0%에서 1948년 57.7%, 1949년 52.0%로 낮아졌다. 성병 감염을 최소화하기 위한 미군정의 노력이 일정 정도 성과를 거둔 것이다. 또한 미군정기에 정립된 성병 관리책은 한국 전쟁 뒤 한국에 주둔하는 주한미군에 대한 성병 대책으로 이어졌다.

성병 검사에 대한 기생들의 총파업

미군정의 보건 정책은 조선인의 생명을 위협했던 결핵과 같은 질병보다는 콜레라나 성병과 같이 미군이 감염될 우려가 있는 질병에 우선순위를 두었다. 특히 성병에 대한 예방 조치는 미군이 주둔하고 있는 국가들에서 성 판매 여성뿐만 아니라 미군과 접촉하고 있는 모든 여성들을 대상으로 강제적인 방법까지 동원하면서 실시됐다. 미군정의 성병 검진 대상은 공창, 기생, 댄서, 여급 따위로 접객업에 종사하는 여성들과 함께 병원의 간호사들까지 포함되어 있었다. 그러나 미군정의 이러한 정책은 검사 대상 여성들의 저항에 부딪혔다.

미군정의 성병 검진 정책에 처음 맞선 이들은 기생들이었다. 검진 거부와 몸에 가해진 폭력에 대한 반응은 기생들의 총파업으로 나타났다. 기생의 검진 반대는 근대 의학이 인간의 몸에 가하는 폭력을 거부하는 지점이다. 기생들이 검진 자체를 거부한 것은 아니다. 다만 폭력적인 검진 방식을 거부했다.

1946년 3월 16일, 경기도청 방역과로부터 매월 한 번씩 정기적으로 신체 검사를 시행한다는 통지를 받은 서울시내 4대 권번에 소속된 기생 800여 명은 "이는 조선 기생을 모독하는 것으로 800여 명의 기생이 총 폐업을 하는 한이 있더라도 당국의 통고에는 절대로 응하지 않을 것"을 결의했다.[184] 중앙경찰청 보안과는 17일 시내 요리업조합장, 삼화三和, 한성漢城, 서울 등의 기생조합장을 소집해 기생의 소질, 품격, 풍기, 권번 흡사 행위 금지, 기생에 대한 권번업자들의 의무와 책임, 정기 건강 진찰 따위의 문제를 따졌다.[185] 이 자리에서 기생에 대한 성병 검사는 조선 기생을 모독하는 것이라는 지적이 있었지만 "권번은 다만 수요자의 요구에 따라 출화시킬 뿐만 아니라 나아가 기생의 생활면에 있어서도 감시의 의무와 책임을 가져야 한다."라는 경찰청의 주의가 있었다.[186]

성병 검사를 둘러싼 미군정과 기생들의 충돌은 1946년 7월 재현됐다. 종로경찰서가 낙원정, 예성사(삼화권번) 소속 기생들에게 매월 2회씩 전신 건강 진찰(성병 검사)을 실시할 것이며 우선 7월 9일부터 3일간 제1차 성병 검사를 실시하겠다고 통보했다.[187] 그러자 기생들은 기생 영업 면허를 허가할 때 춤과 노래를 시험 보아 허가를 받았는데, 월 2회 전신 검진은 기생을 모독하고 순풍미속을 해치는 것이라며 반발했다.[188] 서울기생조합 소속 기생들이 긴급 대회를 열어 이 조치가 철회될 때까지 파업하기로 결의하고 종로경찰서와 제1관구 경찰청에 진정서를 제출했다.[189] 그러나 기생들의 진정은 받아들여지지 않았다. 이에 예성사 소속 기생 400여 명이 7월 22일과 23일 총파업을 단행하는 한편 영업허가증을 모아 경찰에 반납했다.[190] 한성사 기생 160명도 이에 호응했다.[191] 25일 아침 10시, 한성사는 기생 전체 회의를 열었는데 검진의 기본 방침을 변경한다는 소식에 당국의 태도에 따라 대책을 세우기로 하고 일단 산회했다. 그리고 25일, 예성사 총지배인과 기생 박귀희가 대표로 민정장관 대리 커넬 중령과 회합해 대책을 토의했다. 이에 대해 박귀희는 이렇게 말했다.

> 방금 민정장관 대리와 대면하였는데 그의 말이 '한 달에 두 번씩 검진을 받으라는 것은 취소하겠으나 각자의 건강을 위하여 당국에서 지정한 병원(세브란스)에서 지정한 기간에 개인이 가서 한 번만 검진을 받으면 좋을 것이며, 그 후 병자가 생기면 각자가 자숙하여 병을 완치하여 가지고 나와 주기를 바란다.'[192]

이 사태는 7월 25일 기생들과 종로경찰서 사이에 한 달에 두 번씩 검진 받는 조치를 취소하는 대신 기생들 스스로 경찰이 지정한 병원에서 지정한 기간에 검진 받는 것으로 합의를 보면서 해결되는 듯했다. 그러나 7월 27일, 서울시내 각 권번과 인천·수원·개성 지역의 기생 대표가 참석한 '기생 임시 총회'에서 일체의 성병 검사를 거부하기로 결의하고 서울의 기생들이 동맹 휴업을 단행했다.

동맹 휴업의 의도는 "전쟁 뒤 화류병이 유행한다는 것은 자타가 인정하는 바이다. 이에 대하여 후생 당국은 대중을 상대로 한 기생인 만큼 건강한 신체를 보유하라는 것이지 기생을 모욕하려는 의도는 결코 안 될 것이다."라며 성병 검진이 아닌 건강 검진이어야 함을 밝혔다.[193] 이에 대한 각 관계자의 말을 들으면 다음과 같다.

김金 시 위생과장 | 파업 상태에 들어갔다는 진상에 대하여서는 아직 자세히 듣지 못하였으나 하여튼 시 당국으로서는 도 보건후생부장의 명령이므로 이대로 건강 진단을 실시할 수밖에 없는 것이다.

문文 도립병원장 | 이 건강 진단은 극히 지당한 일이라고 생각한다. 단순히 해당자 자신만의 문제가 아니고 이것은 본 사회의 문제이다. 결핵, 임질, 매독 등 무서운 병의 전염을 방지하여 사회의 해독을 없애는 것은 너무도 명백한 필요건이다. 일제 시대에 없었다고 해도 정말 좋은 일이면 얼마든지 하여야 할 것이다.

권번 소속 기생 대표 백운학 | 아무리 우리가 이런 천한 기생 생활을 할지언정 전례도 없는 이런 검진까지 받아야 하겠습니까? 모두 각자 의사에 따라 결정하기로 하였는데 벌써 거의 전부가 다 영업허가증을 환부하였고, 기생질을 못했으면 못했지 진단은 받지 못하겠다는 것이 우리 전부들의 결의입니다.[194]

기생들의 동맹 파업에 맞서 경찰은 8월 8일부터 신규 기생 모집 공고를 내는 등 단호하게 대응했다.[195] 이러한 경찰과 기생들 사이의 충돌은 결국 서울시내의 병원을 지정해서 기생들이 자발적으로 진단을 받는 것으로 귀결됐다.[196]

1946년 12월, 서울특별시 승격에 따라 이 사무가 서울시 보건위생국으로 이관됨에 따라 기생 성병 검진 문제가 또 다시 불거졌다. 곧 서울시 보건위생국에서 1개월 2회의 정기 진료를 하겠으니 시내 각 권번의 기생들은 이에 따르라는 통첩을 내리자 예성사의 3백여 명이 검진 거부 의사를 밝혔다.

예성사 대표 최연연 | 기생 전부를 매음부로 취급한다는 것은 있을 수 없는 일입니다. 도 보건후생부에서도 이 문제가 났을 때 우리는 총파업으로서 이를 거부하고 결국 한 번만 하라고 해서 이를 승낙하고 검진을 받아 영업장을 받았던 터인데 또다시 이 문제가 나니 우리로서는 영업을 못하더라도 한 달에 두 번의 검진을 못 받겠습니다. 앞으로 기생들이 의논하여 당국에 건의도 하고 본의 아닌 총파업이라도 해서 이를 거부해나갈 생각입니다.

서울시 보건위생국장 박승목 | 기생 검진은 성병 박멸에 절대 필요하다. …… 기생들이 검진을 거부하는 의도가 어디 있는지 이해하기 곤란하며 시 당국으로서는 철저히 실시해 나갈 방침이다. 기생에 대한 모독 또는 조선 여성에 대한 모독이라고 말을 하나 국민 보건상 또는 문명인으로서 검진을 받는 것이 무엇이 그리 문제가 될 것인가? 각 권번에 잘 설명하여서 검진을 받도록 노력하겠으며 만약 끝내 검진을 거부하는 기생은 영업 허가를 취소할 것이다. 그리고 **이것은 미군정의 방침이라는 것을 알아주기 바란다.**[197]

이때도 검진을 건강 진단이라고 이름을 고치고, 시내의 큰 병원 몇 군데를 지정해서 기생이 자발적으로 진단을 받기로 결정됐다.[198]

서울시 보건위생국에서는 이번에 시내에 있는 7백여 명의 기생에 대하여 검증을 단행하였는데 그 결과 검사에 합격한 기생에 한하여 보건증명서를 교부하기로 되었다. 이 증명에는 사진을 첨부하기로 되어 있으며 기생은 상시 이것을 가지고 다녀야 한다.[199]

검진 문제는 1947년 9월 또다시 벌어졌다. 시청 보건후생국은 중앙청 지시에 따라 접객업자의 검진을 댄서는 매달 2회, 여급은 두 달에 1회, 작부는 두 달에 1회, 기생은 9월에 다시 하겠다고 발표했다.[200] 검진 대상자도 미용사, 이발업자, 여관업자 따위로 확대했다.[201]

이에 대해 예성사 기생들은 9월 1일 총회를 열어 검진을 절대 반대하고, 검진을 강행하면 총파업하기로 결의했다. 그리고 이미 1947년 1월에 1년에 1회 검진 받기로 당국과 합의를 보았는데 재차 검진은 그 약속에 위반하는 것이라며 당국을 비난했다. 또 미용사, 이발사들도 전염병은 모르되 성병 검사는 부당한 조치라며 항의했다.[202]

9월 17일 보건후생부는 "성병자는 물론 결핵, 기타 전염성 질환자에 대하여 접객업자의 취업을 불허하고 검진을 철저히 시행하라."라고 지시했고, 시 당국은 동 지시에 따라 검진을 추진할 뜻을 밝혔다.[203] 9월 20일, 서울시내 기생 8백여 명이 총회를 열어 "일 년에 한 번이라더니 두 번 검진이 웬 말이냐."라며 검진 반대 결의안을 채택하고 총파업을 단행했다.[204] 그날 밤 이능파 외 10여 명의 기생이 파업 선동 혐의로 수도청에 구금되어 하룻밤 유치 당한 뒤 석방됐다.[205] 9월 22일, 기생대회에서 기생들은 종전에는 연 한 차례의 정기 집단 검진을 했으나 금번 문제는 연 한 차례의 불시 검진이라고 주장했다. 기생들은 검진을 거부하는 것이 아니고 불시 검진, 더욱이 집단 검진에 대하여 반대하는 것이므로 보건 후생을 위한 타협안으로 연 한 차례 정기 검진, 연 한 차례 개별 검진을 하는 것으로 결정하면서 파업은 정리됐다. 그 결과 9월 30일까지 기생들은 검진서약서에 서명하고, 검진 여부는 이후 정식 통첩이 있을 때까지 기생 각자의 임의에 따르기로 했다.[206]

기생들의 파업, 몸에 대한 결정권은 누구에게?

1947년 9월, 기생들이 총파업으로 얻어낸 성병 검진 실시는 1년에 정기 검진 1회와 개별 검진 1회였다. 그런데 기생들이 총파업을 끝낸 다음날인 23일 경무부와 보건후생부의 연석회의에서 기생 검진을 추진함과 함께 그 결과에 따라서 1년간의 검진 횟수를 결정하기로 논의됐다.[207] 결국 1946년, 1947년 기생들의 검진 반대 총파업의 결과는 큰 진전 없이 끝났다. 오히려 성병 검진은 확대, 강화, 정례화됐다.

1948년, 성병 검진은 여성 노동자나 간호사들에게도 시행됐다. 전주 전매국에서는 150명의 여성 노동자들에게 검진을 받지 않으면 파면한다며 검진을 감행하려 했다.[208] 이에 대한 비난 여론이 일자 전주 전매국은 '국장의 지시 없이 담당 의사의 변태적 악취미에서 나온 처사'라며 유야무야 처리했다.[209]

1948년 7월 5일, 미군정은 간호 실습회에 참석한 간호사들을 대상으로 성병 검사를 실시했다. 곧 미군과 자주 접촉하는 여성들에 대해서는 그녀들이 성 판매 여성이건 아니건 관계없이 성병 검사를 실시해야 한다는 미군정의 의지가 현실화된 것이다. 이러한 사실이 알려지자 국립서울대학교 의과대학 제1부속병원 간호사 130여 명은 이러한 미군정의 조치는 '인권 모욕'이라는 호소문과 함께 아래와 같은 요구 조건을 발표했다.

> 첫째 관계 당국이 성의 있는 설명과 사과를 할 것. 둘째 차후 절대로 이러한 모욕을 가하지 말 것. 우리들은 이 요구 조건이 관철되지 않는 한 차기 미육군병원 간호 실습회에 참가하지 않을 것입니다.[210]

한편 남조선민주여성동맹에서도 "간호사에 대한 강제 검진은 조선 여성에 대한 민족적 모욕이므로 본 동맹은 조선 여성의 이름으로써 이러한 악질적인 신체검사의 즉시 철폐와 공개적 사죄를 요구하며 양군이 이 땅에서 물러갈 때까지 일체 단결하여 구국 투쟁의 전열에서 싸울 것을 굳게 맹세한다."라는 요지의 담화를 발표했다.[211] 이 외에도 세브란스의과대학 부속병원 간호사 및 고급 간호학교생, 서울 순화병원 간호사, 사범대학 여학생, 서울 적십자병원 간호사 등이 이에 항의하는 성명을 발표했다.[212]

미군정의 성병 정책은 여성의 건강이 아니라 미군의 성병 감염 가능성을 낮춘다는 목표를 두고 진행됐다. 따라서 간호사에 대한 강제 검진에서 나타나듯이 성병 관리 정책은 미군과 접촉하는 남한의 모든 여성을 잠재적인 성 판매 여성으로 여기면서 강제적인 방법을 동원해서 수행됐다. 곧 미군정의 성병 관리 정책은 점령군의 우월적 지위와 함께 여성의 성을 군사적 도구로 인식하고 병사들의 위안을 위해 성매매를 조장했다.

성병 검사를 둘러싼 기생들과 미군정 사이의 긴장은 미군정이 성병 검사를 실시할 때마다 반복됐다. 이는 다른 접객업에 종사하는 여성들의 성병 검사에서는 볼 수 없는 현상으로, 기생들이 다른 접객업에 종사하는 여성들과 다른 위치에 있다는 생각에서 비롯됐다. 1946년 7·8월 동맹 휴업 때, 기생들은 기생들에 대한 성병 검사가 "기생과 창기의 한계를 분별치 못하"는 당국의 태도에서 비롯됐다고 주장했으며,[213] 1947년 미군정의 성병 검사에 불응하면서 기생들은 "준 가정부인적 입장에 있다."라고 주장했다.[214] 곧 자신들을 댄서, 여급, 공창, 사창 등과 동일하게 취급하지 말라는 것이었다. 이러한 기생들의 주장은 다른 접객업에 종사하는 여성들보다 우월하다고 여기는 인식의 반영이었다.

비록 차별 의식에서 비롯됐지만 기생들은 두 가지 점에서 성병 검진을 거부하고 총파업을 단행했다. 하나는 강제 검진의 거부였다. 국가가 접객부의 몸을 관리·통제하는 방식이 아닌 여성들 개인이 자율적으로 검진하는 방식을 요구했다. 그런 까닭에 기생들은 지정 병원에서 자발적으로 성병 검사를 받겠다고 타협안을 내놓거나 "검진을 강압적으로 하려거든 매음 허가를 말라."라고 주장했다.[215] 다른 하나는 성병 검진카드가 아닌 건강검진카드, 곧 건강 검진을 요구했다.

간호사 성병 검진에서 여론이 들끓었던 이유는 '처녀'에게 가해진 치욕적 행위와 "미리 그런 사실을 본인에게 의사를 물어가지고 타진하는 것이 지당한 일일 것이지 순박한 처녀들을 그런 전율할 만한 환경에다 집어넣고 나서 그렇게 진찰하였다는 것은 도저히 참을 수 없는" 미군정의 강제 검진이었다.[216] 이는 기생들이 그토록 성병 검진을 거부했던 까닭이기도 하다. 기생들의 성병 검진 반대, 총파업은 몸에 대한 결정권은 국가가 아닌 여성 개개인에게 있음을, 처녀성을 떠나 모든 여성에게 적용돼야 함을 알렸다.

또한 기생들의 검진 거부는 미군정의 정책에 일정한 영향을 주었다. 맥아더사령부는 1946년 1월, 일본에서 공창 제도를 폐지했다. 공창 폐지는 전후 일본의 민주주의 실현이라는 과제의 가시적 효과였다. 따라서 조선에서도 공창 폐지는 조선인에게 일제 잔재의 청산을 알릴 수 있는 기회였다. 그런데도 미군정은 법령 제70호(1946년 5월 공포), 법률 제7호(1947년 11월 공포, 1948년 2월 효력 발생)로 그 폐지를 늦추었다. 왜 조선의 공창제 폐지는 일본과 달랐는가?

이에는 기생들의 성병 검진 반대 총파업도 영향을 미쳤을 것으로 짐작된다. 일본의 경우, 점령 기간 동안 접객업에 종사하는 여성들의 성병 검진 반대는 없었다. 오히려 맥아더사령부에 의한 성병 검진은 일본 전 지역에서 체계적으로 수행됐다. 성병 검진은 성 판매 여성들을 군정의 감시와 통제 아래 둘 수 있는 장치였다. 그런데 일본과 다르게 조선의 경우, 접객업에 종사하는 여성들을 미군정의 통제와 감시 아래 둘 수 없었다. 기생들의 성병 검진 반대 총파업은 이같은 현실을 보여주는 지표였다. 그래서 성병 검진을 받아들였던 공창을 존속시킴으로써 성병 검진 정책의 정당성을 보여주는 장치로 삼은 것은 아니었을까?

1947년 9월, 기생 검진의 강행은 일본에 주둔하고 있는 미군보다 조선에 주둔하고 있는 미군이 성병에 더 많이 걸렸다는 보고에서 연유했다.[217] 1948년 7보병사단은 「성병 통제에 관한 보고서」에서 병사들의 성병이 증가하고 있음을 염려하여 성병 발생률을 줄이기 위한 수단으로 모든 댄스홀을 폐쇄하고 공식적인 성매매 장소만 열 것(공창만 허용한다는 의미인 듯하다)을 제안했다.[218]

기생들이 검진 거부를 하지 않았더라면 미군정은 공창 폐지를 늦출 까닭이 없었다. 왜냐하면 공창 폐지로 변화될 상황은 아무것도 없었기 때문이다. 기생의 검진 거부의 영향 속에서 갑종 요리점이 없어졌고, 술집·음식점 등지에서 일하는 여성은 '접객부'라는 명칭으로 통일됐다. 접객부接客婦로의 통칭과 함께 접객 여성은 미군정이 제시한 성병 검진 규칙과 관련 규정에 적용받았다.

접객부는 계출제屆出制가 아닌 허가제로 바뀌었고 이 업무는 경찰이 아닌 보건부에서 주관하게 됐다.[219] 보건후생부의 「접객부(기생, 작부, 여급) 허가에 관한 건」에 따르면 접객부 허가를 받으려면 반드시 '서울시장, 부윤府尹, 군수가 지정하는 병원 또는 의원에서 발행한' 건강진단서를 제출해야 했다. 검진 항목에는 급성 전염병, 만성 전염병, 정신병과 함께 화류병花柳病, 곧 성병이 포함되어 있었다.[220]

제5장

거리로 나선 여성들

해방공간의 일상은 분명 일제 강점기와 달랐다. 거리에는 날마다 좌판과 행상, 요리점이 늘었고 어느 곳이든 사람들로 북적였다. "그만하면 놀기도 많이 놀았고 흥분에 뛰논 것도 그칠 때가 되었다."라며 일해야 한다고 채근하기도 했다.[1] 연일 집회와 대회가 열렸다. 사람들은 집회와 대회를 쫓아다니며 해방공간의 정치 공간으로 깊숙이 빠져들었고 이를 통해 정치적 인간으로 바뀌어갔다. 또한 집회와 대회에서 해방의 기쁨과 격정을 호흡하기도 했다.

인천의 전기공 I씨의 일기에도 그런 해방공간의 변화가 기록되어 있다.[2] 그는 자주 서울 나들이를 했다. 그의 서울행에는 백화점을 둘러보고 거리를 걸으며 근대적인 서울의 분위기를 느끼고 싶다는 마음이 있었을지도 모르지만, '3·1운동 독립 선언 기념일', '8·15 해방 기념일', '전남 조선 농악 대회', '고 몽양 여운형 선생 장의식'은 모두 해방과 관련된 일들로, I씨는 축제로서의 조선 해방을 체감하는 것을 보다 중시했던 것으로 판단된다. 해방 직후 I씨는 조선에 들어온 미군을 환영하고, 정치적 이벤트에 참가하며 조선 해방을 기뻐하고 조선 독립을 기원했다.

이처럼 "집회 및 시위와 함께 날이 시작되고 날이 저물었"고, 사람들은 해방기 거리에서 오랜 시간을 보냈다.[3] 거리의 정치가 개인에게 미친 효과는 무엇일까? "그것은 일상과 비일상의 경계를 재편하고 주체성을 변화시킨다. 자발적인 거리 정치의 주역들은 평범한 일상인의 삶에서 나와 행동의 주체가 됨으로써 다른 존재가 된다. 자발적으로 거리의 정치에 참가함으로써 '해방'을 체험하고 '민족'을 인지하기도 했던 수많은 민중이 해방기의 정치적 주체였다."[4]

> 그날이 올 줄만 알았다. 허나 그렇게 갑자기 오리라고는 생각지 않았다. …… '어머니 전쟁은 끝났어요!' 그제야 어머니는 활짝 등잔불을 돋은 듯한 희망의 빛이 두 눈에 어리었다. 다음 순간 그 눈에서는 야들야들한 눈물이 솟았다. 나는 그 희망의 불빛, 그 눈물을 어머니에게서 처음 볼 수 있었다. …… 8월 16일 서대문 감옥에서부터 거리(로) 나온 우리는 종로로 나와 휘문학교로 달려갔었다. 점심 때 우리는 연합군을 환영하러 나가는 많은 사람들 틈에 끼어 정거장으로 달려갔다. 나는 종로로부터 남대문통에 이르는 길에 나부끼는 시뻘건 깃발을 보고 또 보고 마치 나의 심장의 한쪽을 떼어 거기 달라붙은 듯이 따라갔다. 어머니는 그 깃발이 무엇인지 몰랐다. 몰라도 좋았다. 그 열광한 민중에 뒤섞여 내가 말려도 듣지 않고 따라왔다. 어머니는 기뻐할 자격이 있었다.[5]

「혜란의 수기」는 갑자기 찾아온 해방의 기쁨을 이렇게 묘사하고 있다. 여성 노동자들도 "8월 15일 …… 공장의 인솔 아래에 수천 명이 시가로 시위 행렬을 하고 조선 독립 만세를 부르며 해방의 기쁜 눈물"을 흘렀다.[6] 여성에게도 해방의 거리는 정치의 거리이자 설렘의 거리였고 행동의 주체로 거듭나는 장소였다. 여성들은 여러 단체들을 조직하면서 거리의 정치에 합류했다. 특히 2~3일에 걸친 결성 대회는 전국 각지에서 몰려든 새내기 또는 노련한 여성 활동가들로 활기찼다. 정당·사회단체들은 이러한 결성 대회에 대표를 파견해 축사로 한마디씩 거들었다. 여기에서는 여성 거리 정치의 대표적 결성 대회로 조선부녀총동맹과 독립촉성애국부인회의 결성 대회를 소개하고자 한다.

조선부녀총동맹 결성 대회

1945년 8월 16일 오후 1시, 견지동 여자중앙상과학교에서 건국부인동맹의 결성 준비위원회가 열렸다. 그리고 다음날인 17일 오전 10시, 건국부녀동맹은 종로 중앙기독청년회관 강당에서 결성식을 거행했다.[7] 건국부녀동맹은 '현재의 여성 문제는 일제의 영향을 없애고 전 국민 해방을 목표로 나아가야만 해결될 수 있다.'라고 전단에서 알렸다. 그리고 이를 실행하기 위해 전국 부녀단체 대표자 소집 준비위원회를 구성하고 대회를 준비했다.[8] 전국 부녀단체 대표자 대회는 1945년 12월 22일부터 24일까지 사흘 동안 열렸다.

전국 부녀단체 대표자 대회 제1일, 1945년 12월 22일

전국 부녀단체 대표자 대회는 남북한 전체의 194단체(부녀동맹 참가 단체 48, 각 지방 단체 68, 그 외 78), 대의원 500여 명과 내빈·방청자 수천 명이 참석해 22일 오전 11시 서울시 안국동 풍문고등여학교 강당에서 열렸다.[9] 장내 벽에는 '미신을 타파하자.', '문맹을 퇴치하자.', '경제적 자주성을 획득하자.', '부부는 일부일부一夫一婦.', '일제 잔재를 깨끗이 쓸자.' 따위의 현수막과 전단이 나부꼈다.[10]

정칠성이 사회를 맡았다. 프로음악동맹이 개회를 알리는 '애국가', '독립의 아침', '해방의 노래'를 불렀고, 조선 혁명 운동에서 희생된 선배에 대한 묵상을 했다.[11]

위원장 유영준은 "우리들 여성은 언제나 맑은 양심을 가졌기 때문에 판단이 정확하다. 그러므로 우리 여성은 정신적으로, 사회적으로, 경제적으로 해방되어야 하고 또 성스러운 건국 사업에 이바지하여야 한다. 그리하여 세계 여성과 어깨를 겨누고 후일에 다시 전쟁이 일어나지 못하도록 우리들 여성의 과감한 헌신적 투쟁을 이 자리에서 약속하지 않으면 안 된다."라는 개회사를 했다.[12]

이어 조원숙이 대의원 자격 심사를 진행한 뒤 부녀동맹의 깃발에 대한 설명이 있었다.[13] 그리고 유금봉이 조선 여성운동의 역사와 의의에 대한 설명과 준비위원회의 그동안 경과를 보고했다.[14] 그 뒤 임시 집행부를 선출했다. 그때 용산 대표의 긴급동의로 연합국에 감사의 메시지 발송을 결의한 뒤 평양 대의원 현금란이 전하는 서북 여성의 실정을 보고받았다.[15]

임시 집행부 선거에 들어가 의장으로 유영준, 정칠성, 허하백, 이명덕(대구), 권복해(진주), 김광호(충북)의 6명과 서기 9명, 사찰 11명, 진행계 11명이 선출됐다.[16] 명예의장에 차미리사, 코튼 루즈벨트, 송경령, 박정애를 선출했다.[17] 그 뒤 각 단체에서 온 인사들의 축사를 들었다.

중앙인민위원회의 김계림은 "여성의 진실한 해방이란 뚜렷한 정치적 견식과 공정한 노선에 서서 자기를 파악하며 맡김이 없이 발휘하는

것을 이름일 것이다."라고 격려했다.[18]

안미생(김구의 비서이자 며느리)은 아래와 같은 축사를 했다.

> 8월 15일 제2차 전쟁이 끝나고 왜놈이 연합군에게 항복을 하므로 우리 조선은 자유의 해방을 얻었으나, 우리 부녀에 대해서는 이중 삼중으로 중한 날입니다. 여성은 과거 봉건주의 제도와 자본주의의 착취에서 해방을 한 것입니다. 조선 여성뿐 아니라 세계 여성이 함께 해방이 된 것입니다. 이 해방은 부녀에게 말하면 세계 역사가 한 10여 년 뛰었다고 볼 수 있습니다. 건국 단계에 있어서 우리 부녀의 책임은 중합니다. 그것은 한 나라가 잘 되려면 한 집안이 잘 되어야 하고, 한 집안이 잘 되려면 부녀의 노력 여하에 있기 때문입니다.[19]

뒤이어 서울시 인민위원회 나동욱, 조선인민당 이걸소, 조선공산당 주동원, 전평 한철, 전국농민조합총연맹(전농) 이구훈, 청년총동맹(청총) 이호제, 문학가동맹 김남천, 혁명자후원회 이백산 등의 축사가 이어졌다.[20] 축사 뒤엔 선언, 강령, 규약을 통과시켰다.

조선공산당 대표 주동원의 축사 요지는 아래와 같다.

> 여자는 현 사회에 있어서 일종의 피압박 계급이다. 부녀들은 지금까지 정치적 무권력 상태에 있었다. 금후는 부녀자에게도 광범한 정치적 자유의 길이 열릴 것이고 남녀 18세 이상 선거·피선거권 획득, 부녀의 정당한 정치적·경제적 이익을 위하여 노동자, 농민과 그리고 앞으로 모든 인민의 생활의 안정을 도모하여 조직될 협동조합 등에 남자와 협력하여 적극적 활동을 전개함으로써 부녀들의 해방을 전취할

수 있으며 따라서 조선 민족의 진실한 해방이 구체화할 것이다.[21]

이날 대회 풍경은 어린아이를 안고 참석한 대의원, 함북 경성鏡城에서 이틀 길을 온 대의원들과 육순이 넘은 백발의 노부인도 끼어 있어 "건국과 부녀운동에 바치는 전국 여성의 깨끗하고도 아름다운 정열과 성의를 유감없이 발휘했다."라고 묘사됐다.[22]

전국 부녀단체 대표자 대회 제2일, 1945년 12월 23일

오전 11시부터 풍문고녀 강당에서 대회가 속개됐다. 먼저 권복해는 경남 양산군 인민위원장 전혁이 옥중에서 보낸 메시지를 대독했다. 그때 조선인민당 여운형이 박수 소리와 함께 입장해 "(저는) 여성 숭배자입니다. 나는 어머니의 아들이며 모성을 숭배합니다. 제 어머님의 참혹한 생활을 회고할 때 눈물을 금할 수 없습니다. 여러분들은 그러한 야만스런 시대에 나지 않고 오늘을 맞이한 것을 축복합니다. 우리들은 남녀의 협동 전선을 결성합시다. 다 같이 힘을 합하여 남녀 동권의 진보적 민주주의 국가를 건설합시다. 건전한 국가는 건전한 어머님이 있어야 합니다. 나는 남녀 동권을 부르짖는 탓으로 '너는 죽어야 한다.'라는 투서를 받았습니다만 남녀 동권을 위해서 싸우는 것이 죽을 죄라면 죽어도 좋습니다."라는 내용의 축사를 했다.[23]

중앙위원에 선출된 위원장 유영준, 부위원장 정칠성·허하백, 위원 김조이 등 96명의 이름이 발표됐다. 최옥희가 '연합국 여성에 보내는 메시지'를 낭독했다.

그 뒤 국제 정세를 박종옥이, 국내 정세를 이순금이 각각 보고했다. 허하백의 '부녀운동의 당면 문제'라는 주제의 연설이 있었다. 그녀는

"조선 민족의 완전한 해방 없이는 조선 부녀 대중의 해방은 절대로 이룰 수 없고 또한 부녀 대중의 해방 없이 조선 민족의 완전 해방도 있을 수 없다."라며 조선 혁명과 부녀해방운동의 불가분의 상호 관련을 강조했다.[24]

허헌이 보낸 축사를 김순실이 대독하고, 최옥희가 '모스크바에서 열린 3국 외상 회의에 보내는 메시지'를 낭독했다. 또한 전농과 전평, 청총과 함께 3국 외상 회담에 부총의 요구를 첨부해서 이 메시지를 보내자고 긴급동의로 결의했다. 특별 초청으로 연안 팔로군 장군 김명시로부터 연안 부인운동의 실정을 들었다.[25] 김명시는 허정숙, 주세죽 등의 근황을 설명하고 전선과 후방에서 여자들이 남자들과 함께 어떻게 용감하게 싸웠는지를 실감나게 설명했다.[26] 아래는 김명시의 연설 내용의 일부이다.

> 내가 여러 동무들과 더불어 피로 기록된 연안 생활을 회상할 때 일상 골수에 박힌 소원은 어떻게 하면 조국의 농민, 근로대중의 심고를 덜게 할 수 있으며 그들과 함께 남과 같은 보람 있는 생활을 할 수 있는가 하는 것이었다. …… 우리 조국의 현세는 여성들의 남녀평등, 부인참정권 운운할 시기에 이르지 않았다고 볼 수가 있다. …… 우리들의 현 단계에 있어서의 책무는 먼저 농민, 근로대중을 토대로 한 민족 해방과 아울러 진보적 민주주의 위에 선 건국의 의의부터 뿌리를 깊이 파악하여 나가지 않으면 안 될 것이다. …… 우리들 여성들에게는 권리 획득의 의욕보다 한 걸음 더 나아가서 의무를 다한다는 정신에서 힘차게 출발하지 않아서는 안 된다. 그렇게 함으로써 오히려 우리 여성들의 진정한 자유 해방을 차지할 수 있을 것이다.[27]

이어서 함북 대표 이간난, 강원 대표 이정순, 강릉 대표 임춘자, 서울 대표 고명자 등의 지방 실정 보고가 있었다.

전국 부녀단체 대표자 대회 제3일, 1945년 12월 24일

오전 11시부터 풍문고녀 강당에서 대회가 속개됐다. 먼저 중앙인민위원회에 보내는 메시지를 통과시키고, 이승만의 행동에 대한 반박 성명 발표에 이어서 조선공산당 박헌영에게 보내는 메시지를 결의했다.[28]

토의 사항은 조직에 대한 설명, 선전과 문맹 퇴치, 재정 방침, 협동조합, 생활 개선의 방향 따위였다. 조직은 각 도에는 도 연맹, 군에는 군 지부, 면에는 면 분회, 마을에는 반회를 두기로 했다. 문맹 퇴치 문제는 중앙에서 발간하는 기관 잡지의 보급과 야학·강연·강좌회를 열어 가기로 결의했다. 생활 개선 문제는 가정생활의 간편화, 과학화, 집단화에 필요한 과학적 시설이 없이는 여성의 정치적·경제적·사회적·문화적·시간적 해방이 없으므로 그같은 시설을 신설해야 한다는 주장이 강조됐다. 그리고 공동 탁아소와 공동 세탁소를 설립하고, 일상생활품은 협동조합을 통하여 구입하자고 결의했다.[29]

그리고 각 지방 대의원 건의가 있었다. 김천 최돈임은 '이승만 박사는 통일전선에서 제외하자.'라고, 부산 홍순남은 '연합군에 구금된 우리 혁명 투사를 구출하자. 친일파, 민족반역자들이 방치되고 있는 오늘날 우리 혁명 투사가 구금되어 있음은 만부당한 일이니 대회의 이름으로 즉시 석방을 요구하자.'라고 건의해 가결·채택했다. 안성 박문선은 '우리들의 부녀운동을 방해하는 어떠한 단체라도 불가하다. 다만 우리들의 옳은 노선을 매진하자.'라고 제의했다. 전북 임부득의 '부인운동에 있어서 극좌적 경향을 청산하고 진보적 견지에서 전 부녀를 부총에

총망라하자.'라는 건의에 이어 서울 문분란의 재일 조선 동포 구원에 대한 구체적 제안이 가결 통과됐다. 서울지부 배종삼은 "① 공·사창, 카페, 댄스홀, 고급 요정의 즉시 철폐, ② 기생, 창기, 여급 대회를 개최하고 인권 대차 관계를 폐지할 것, ③ 국내 여론을 환기하여 풍기를 진숙할 것"의 내용을 군정청에 제안하자고 건의했다. 또 전북 임부득의 제의로 동 대회를 경호한 국군 준비대에 대한 감사 기부금으로 즉석에서 2,730원을 모아 기부했다.[30]

조선부녀총동맹은 1947년 2월 10일 제2회 전국 대회를 열고, 규정 개정과 함께 남조선민주여성동맹(여맹)으로 이름을 변경했다.[31]

독립촉성애국부인회 전국 부인 대표 대회

조선여자국민당은 1945년 9월 11일, 임영신을 위원장으로 해 조직됐는데 1946년 5월 31일(제1일)과 6월 1일(제2일)에 제1회 대의원 대회와 전국 여성 대회를 개최했다. 전국 여성 대회라 이름 붙였지만 1946년 6월 18~20일에 개최된 독립촉성애국부인회 전국 부인 대표 대회에는 못 미쳤다.

1946년 4월 5일, 승동예배당에서 독립촉성부인단과 한국애국부인회는 조직을 통합하면서 독립촉성애국부인회라는 새로운 이름으로 합동 대회를 개최했다. 독립촉성애국부인회는 1946년 6월 18일부터 20일까지 사흘 동안 종로 기독청년회관에서 전국 대회를 개최했다.

전국 부인 대표 대회 제1일, 1946년 6월 18일

독립촉성애국부인회 주최 전국 부인 대표 대회는 6월 18일 오전 10시부터 종로 기독청년회관에서 개막됐다. 대회는 전국 지방 부인 대표 730명과 방청인 수백 명, 기타 내빈 다수의 참석 아래 열렸다.

사회는 회장인 박승호가 맡았다.[32] 대한연주가협회의 연주로 '조선독립만세', '건국행진곡', '애국가'를 합창했고, 순국선열에 대한 묵념이 있었다.

박승호는 "반만년 역사를 자랑하던 우리 강토, 우리 겨레의 흥망성쇠의 일대 위기에 처하여 우리 여성도 해방만을 부르짖을 때만이 아니라 한걸음 나아가서 조선의 자주 독립 촉성에 전심전력하지 않아서는 안 될 것."이라는 내용의 개회사를 했다.[33] 이어 이승만, 김구, 하지 중장,[34] 버치 중위, 신익희, 방응모, 이종형의 축사가 이어졌다.[35]

이승만은 "나는 여자의 힘(이) 남자의 힘보다 더 크다고 생각한다. 오늘 이 자리에 모여 있는 여러분을 대하니 아무 말도 나오지 않고 감격할 뿐이다. 여성들도 개인의 주의, 주장을 버리고 한데 뭉쳐서 한국을 찾는 것밖에 아무것도 없다고 생각한다."라며[36] "우리는 정치와 경제에 있어 주의, 주장을 버리고 일시 정쟁을 정지하고 독립을 취득한 후에 주의, 주장을 내세우자. 나와 김구, 김규식 세 사람이 모여 대한민족통일총본부를 계획 중이며 이 안에는 부녀부도 끼일 것으로 우리의 지휘로 각각 통일한 행동을 취해 주기 바란다."라고 강조했다.[37]

김구는 "나라를 세우는 데 남녀의 구별이 있으랴. 한데 뭉쳐 조국광복의 기둥이 되어야 한"다고 했다.[38] 버치 중위는 "미국 정부와 미국민은 여러분의 자유와 독립의 조선을 건설하는 데 최대의 장애가 되어 있는 38선을 철폐하는 데 전 능력을 기울이겠다. 우리는 카이로 회담

에서 결정된 공약을 다만 충실히 이행해야 할 뿐이"라고 강조했다.[39]

신익희도 "남녀는 평등이다. 국가의 독립, 민족의 자유는 남자나 여자나 서로 같이 돕고 같이 협력을 해야 할 것이다. 만약 이렇지 않는다면 3천만을 운운함은 거짓이다. 남녀를 물론하고 전 국민이 자유와 평화를 찾는 데는 다 같이 권리가 있고 의무가 있는 것이다. 우리 일은 우리가 해야 한다."라는 내용의 축사를 했다.[40]

이채로운 점은 대동신문사 사장 이종형의 축사다. 이종형의 부인이 운영했던 『가정신문』은 긴 지면을 할애해 그 내용을 아래와 같이 소개하고 있다.

> 나는 오늘 이 자리에 와서 생각되는 것은 결혼식장입니다. …… 오늘 이 자리 결혼식장은 틀림없는 연애결혼식장인 것을 확실히 파악할 수 있습니다. 이 결혼은 육체적 문제를 전제로 한 것이 아니라 애국이라는 우리들의 고귀한 정신과 정신과의 불가결의 결합인 것은 더욱 분명합니다. (박수갈채) 산뜻하고 가벼운 차림은 오랫동안 그리워하고 사모하는 신랑을 맞으려는 신부의 애틋한 마음의 표현이 아니고 무엇입니까? 여러분께서 과거 오랫동안 사모하고 그리워하던 우리들의 민족적 최고 영도자이신 애국 화신 이승만 박사님과 애국 여성 여러분과 결혼하는 것입니다.
>
> 여러분이 오랫동안 사랑하시던 애국혼의 남편과 만났으나 결혼의 기쁨만을 즐길 것이 아니라 결혼 후에 오는 중대한 의무를 반드시 이행하셔야 합니다. 이 의무는 무엇이냐? 말할 것 없이 해산의 수고입니다. 이제 여러분은 3천만이 한결같이 고대하고 바라는 자주 독립이라는 귀한 아기 신 대한을 해산하셔야 합니다. 이 해산이란 남자만도 여

자만도 하는 것이 아니라 부부가 일치되어야만 이루어질 수 있는 사실입니다. 그런데 한 가지 우스운 일은 50년 전 소위 마관조약이라고 해가지고 집안 식구도 모르는 남자만이 남의 힘을 빌려 가지고 대한이라는 아기를 낳기는 낳았으나 …… 이 아이는 생명을 가진 아이가 아닌 것은 너무나 명백한 일입니다. 그래 이 인형적 존재인 아기 대한 독립은 러시아 사람도 가지고 놀고 중국 사람도 가지고 놀고, 별별 놈들이 다 가지고 놀던 중 지난 36년 동안은 왜놈들이 혼자 가지고들 까불다가 8·15에 할 수 없이 집어 내던진 것입니다. 이제 세월이 바로 잡느라고 숭고한 이상을 가지신 아버지와 피와 땀을 아는 건실한 어머니의 사이에서 환생될 신 나라는 반드시 좋은 소질을 가진 영특한 아기, 신 대한일 것을 우리는 믿을 수 있습니다. …… 원래 우리 한국 여성은 그 일생이 봉사의 생활이니 더 부탁드릴 것 없지만 과거 밥 짓고, 옷 짓고, 걸레 치던 의식주 3요소의 물질적 봉사와 아울러 아비더러 동무라는 병신 아기는 아주 한 놈이라도 낳지 않고 기르지 않도록 진정한 한국 혼을 파악하여 정신적 봉사에 더욱 ○중하여 주시기 바랍니다.[41]

대회는 오후 1시 반 재개되어 대의원 자격 심사가 있었고 채선엽의 독창이 이어졌다. 그 뒤 임시 집행부 선거에 들어가 황기성 이하 5명의 임시 의장과 4명의 서기를 선정했고 총무부장 박순천의 경과 보고가 있었다.[42] 임원으로 회장 박승호, 부회장 황기성, 총무 박봉애 등이 선출됐다.[43] 규약 통과를 한 뒤 연합군에게 보내는 메시지가 결의됐다. 각 도별 지방 정세에 대한 종합 보고와 총본부 위원 선정의 건에 관하여 도별 분과위원회가 있었다.[44] 7시부터는 설의식의 국내외 정세에 대한 강연이 있었다.

이날 대회에 참석한 각 도 대표는 감상을 이렇게 표현했다.

황해 대표 김상애 | 저는 38선 접경에서 상경하여 오늘 이 자리에 참석하니 남달리 기쁘고 감격됩니다. 우리 여성들도 앞으로 독립 운동의 한 수레바퀴가 되어 전진할 수 있다는 신념과 결심을 더 한층 굳게 하였습니다. 여성의 힘을 키워 조국 재건에 이바지하렵니다.

전북 대표 강옥전 | 오랫동안 출가했던 딸들이 친가에 모여서 부모님 앞에서 훈화를 듣는 그런 감으로 반가운 눈물이 앞섭니다. 이 시간의 감격을 보강제로 해서 건국 운동에 분골쇄신(하여) 이 박사, 김구 주석의 뒤를 받들어 우리 독립을 전취하고야 말겠습니다.

경북 대표 강정애 | 규중에서 철문을 박차고 나선 서투른 발걸음이나마 남성들과 보조를 같이하게 된 기분에 넘칩니다. 국부 이승만 박사, 김구 주석을 모시고 독립을 촉성하는 결심을 새롭게 하고 앞으로는 애국가의 1절 '괴로우나 즐거우나 나라 사랑하세'를 이 몸 바쳐 실천하려 합니다.

경남 대표 한신광 | 우리 민족사상에 가장 빛날 오늘 1천 5백만 여성을 대표하여 출석한 감상은 이루 다 표현하기 어렵습니다. 그러므로 우리는 여성 지도자의 책임을 완수해야 합니다. 우리가 똑바른 길을 걸어 전국 여성의 옳은 노선을 밝혀주고 인도해나갈 결심입니다.[45]

이날의 풍경은 "강당 아래위 층에 송곳 하나 꽂을 틈 없는 청중은 혹은 가벼운 부채로 더위를 날리며, 나비 같은 손수건으로 흐르는 땀을 씻으면서 산뜻한 차림새로 가벼운 모시치마를 감싸고 입은 자태는 흡사

조선의 천사인 듯 아름답고 또한 신선해 보였다."라고 표현됐다.[46]

전국 부인 대표 대회 제2~3일, 1946년 6월 19~20일

독립촉성애국부인회 전국 부인 대표 대회 제2일은 오전 9시 반부터 종로 기독교청년회관에서 임시 의장 유각경의 사회로 속개됐다. 이범석이 유각경의 소개로 등단해 30여 년간 중국에서 일본 군대와 싸워 온 투쟁사를 말하고 다시 조선 자주 독립에 한 몸을 바치겠다는 의사를 알렸다. 김자경의 독창을 듣고 조신성, 이희경, 황애시덕, 백신영, 이신애 등의 소개가 있은 뒤 지방 대표들의 경과 보고를 진행했다.[47]

경과 보고를 한 지방 대표는 경남 대표 한신광, 경북 대표 김호순, 전남 대표 조아라, 전북 대표 강옥전, 충남 대표 조배세, 충북 대표 조윤순, 강원 대표 신연애, 황해 대표 이화선, 경기 대표 박창화, 서울 대표 김순화였다.[48]

> **경남 대표 한신광** | 우리 여성의 좌우 단체가 급속히 합작한다면 자연히 남성들도 따라 오게 될 것이니, 중앙에 있어서 좌우 여성단체가 합치도록 노력해 주기 바란다. 그리고 부녀동맹이 좌익 단체라 하지만 그들에게서 취하고 배울 점은 배워야 한다.[49]
>
> **황해 대표 이화선** | 황해도 부인회는 …… 부인동맹으로 개칭하자는 소리가 높아가서 결국 부인동맹으로 개칭하였으나 그 후 황해도 부인들이 다시 궐기하여 오직 자주 독립 완성을 목적하고 돌진하는 독립촉성애국부인회의 이름을 떠나서는 안 된다는 소리에 부인회를 재조직하여 지금은 전 부녀자가 우리 부인회의 산하에서 죽음으로써 독립 전취 투쟁을 전개하고 있다.

충북 대표 조윤순 | 지금은 전 부인들의 마음이 하나로 뭉치어 다만 조선 자주 독립뿐이다. 어떤 반동 부인은 지금에 와서 자기의 잘못을 깨닫고 우리 부인회에 가입하여 활동하는 사람도 있다.

강원 대표 신연애 | 강원도는 반을 북조선에 갈러 놓았으나 이남에 접한 강원도의 부인은 전부가 조선 자주 독립 전취를 위해 싸우고 있다. 우리도 배우고 알아야 완전 독립에 힘이 되어야겠기에 곳곳에서 강습회를 열고 문맹 퇴치에 노력 중인데 벌써 5백여 명의 졸업생을 냈다.[50]

김구가 잠시 찾아와 식생활에 대한 제안과 전국 부인에게 전하는 말을 하고, 정훈모의 독창이 있었다.[51] 그 뒤 평양 대표 김일순의 북한 실정에 대한 보고가 있었다. 어린아이를 업고 등단한 김일순은 "우리 여성들은 …… 오로지 독립 전취에 바쳐 독립 운동의 수레바퀴가 되어 뼈와 살이 부서지더라도 독립을 얻지 않으면 안 되겠습니다."라고 연설했다.[52] 그 뒤 집행위원 선거에 들어갔고 5시경 주간 식순을 마쳤다. 밤에는 7시 반부터 백낙준과 박인덕의 '민주주의와 여성'이라는 제목의 강연이 있었다.[53]

제3일째 전국 부인 대표 대회는 6월 20일 오전 9시부터 역시 기독청년회관에서 개최됐다. 먼저 독립 촉성, 조직 확대 강화, 경제 진흥, 신생활 전개, 계몽 사업, 기관지 발행, 직업 소개소 설치, 탁아소 설치, 전재 동포 구호 사업, 연중 행사표 작성 따위의 안건이 제출되어 각 도 대표의 의견 개진이 있었다.[54] 특히 소비조합 설립과 가정 경제 문제가 집중 토의됐다.

차정순의 독창, 박금우의 하와이 동포에 대한 보고, 차미리사의 '여성 투쟁사' 강의가 있었다. 오후에는 각 도 부인 대표 환영회가 개최돼

무궁화삼천리회와 삼화무용연구소의 무용, 노래, 촌극, 만담 등으로 즐거운 하루를 보내고 '연합국에 보내는 메시지'를 결의한 뒤 오후 5시경에 마쳤다.[55]

여성대회에 대한 논평

여성들은 해방공간의 각종 집회와 시위에 적극적으로 참가하거나 또는 동원됐다. 3·8 여성대회(국제부인대회)는 언제나 여성들로 붐볐고 여러 여성단체들이 전개한 강연회, 강습회, 작은 집회들도 마찬가지였다. 그 와중에서 그 조직 역량을 보여준 전국 수준의 집회는 1945년 12월, 조선부녀총동맹(이하 부총으로 줄임)의 전국 대회와 1946년 6월 독립촉성애국부인회(이하 독촉애부로 줄임)의 전국 대회였다. 이들 집회는 여성운동사와 해방공간에서 어떤 위치를 차지하는가?

여론은 '조선 여성은 단합하자! 해방의 전위들 부녀총동맹 결성'(자유신문), '여성들 애국의 기염, 전국부녀총동맹 결성식 성대'(조선일보), '오늘 부녀총동맹 결성식'(조선인민보)', '일부일부一夫一婦를 원칙으로 경제적 자주를 획득하자'(신조선보) 따위로 부총의 결성 대회를, '여성의 역량 집결, 전국 부인 대표 대회 개막'(동아일보), '전국 부인 대표 대회, 730명 회합 성대리 개막'(조선일보) 따위로 독촉애부의 전국 대회를 알렸다. 다음은 부총 결성 대회를 다룬 신문 사설의 내용이다.

> 현재 사회에 있어서 그 비참한 경우에서 해방될 수 있다는 자각을 갖게 되며 남자와 함께 그 정치적, 경제적 투쟁의 실제적 훈련과 조직을

통하여 적극적인 협력이 있을 때에 조선의 역사는 새로운 광명을 향하여 중대한 전진을 하고 있는 것이라 할 것이다. 바라건대 본 대회의 결성이 조선의 역사적 발달 단계에 있어서 주어진 특수한 임무에 과오를 범함 없이 정확, 강력한 운영이 있을지어다.[56]

이 대회는 부인해방의 중요성과 부인운동의 가치를 깊이 인식시켰다. …… 오늘날 부인해방의 문제를 등한히 함은 비민주주의적 태도이며 부인운동이 하여야 할 역할에 대하여 충분한 가치를 인식치 못함은 민족통일전선에 있어 반봉건주의 투쟁을 거부하는 자라 아니할 수 없다. 이러한 의미에 있어 이 대회가 부인운동을 진보적 민주주의 투쟁전선의 일익으로서 자기의 운동을 높였음은 지극히 정당하였다. …… 이 대회에 대하여 진보적인 민주주의 제 단체가 열렬한 우정과 공동군의 연대를 기했음은 부인의 해방이 진보적 민주주의 연합전선에 일익인 때에만 비로소 운동의 목표를 당할 수 있음을 천명한 것이다.[57]

여성의 사회 활동은 사회 발전의 요소이므로 그런 역할을 위해 여성단체가 필요하고 여성들을 훈련하고 조직하기 위한 단체 결성으로서 의의를 갖고 있다고 했다. 그런데 조선의 역사 발전 단계에 비추어 특수한 임무를 수행해야 한다는 전제를 두고 있다. 그리고 '남성의 일반 운동과의 공동한 투쟁 없이는' 성과를 거둘 수 없다고 지적했다.

한편 1946년 6월 개최된 독촉애부의 전국 대회에 대한 평가는 이러하다.

1) 해방된 지 열 달이로되 조선 독립이라는 얘기가 순산되지 아니하

니 삼천만 가족이 민망하고 암담한 생각을 금치 못하는 이때에 조선의 어머님, 조선의 누님, 조선의 따님들이 모여서 오늘부터 서울서 전국 부인단체 대표 대회를 연다고 하니 순산이 덜 된데 대하여 아낙네가 걱정을 더함은 당연한 일이다. 2) 그러면 이 모임에서는 무엇을 하여야 할 것인가? …… 해방된 후 오늘날까지 우리나라의 현상은 사분오열로 나눌 뿐이요 조금도 단합하는 기색이 보이지 아니하니 이것은 거의 전부가 남자 편의 허물이라 할 것이나 다시 한 번 생각하면 아낙네 편에도 아주 책임이 없다고 할 수 없으니 어머니로서, 아내로서 그 아들, 그 남편을 좋은 길로 인도하지 못한 점도 잊어서는 안 될 것이다. 3) 한 집안의 아내를 가리켜서 주부라 하거니와 오늘 대회에 모이는 여러분, 여러분 어머님, 누님, 따님들은 모두 조선의 주부로서 큰 직책을 느끼고 많은 일을 하여 하루바삐 독립의 순산을 보도록 하여야 할 것이다.[58]

'1천 5백만 여성의 총본영 결성을 단행'하여 전국 여성이 한데 뭉치어 국민의 아내로서, 민족의 어머니로서 아니 스스로 전사가 되어 이 땅의 독립 전취의 일익의 임무를 완수한다 할진대 어찌 조국 광복의 앞에 서광이 되지 않으리오. '전국 여성의 총의를 묶어서 건국에 이바지하라.'라는 금번 대회를 개최한 기회에 …… 대표 제위의 경일층 노력을 바라는 바이다.[59]

'전국의 여성 대표가 한 자리에 모이게 됐다는 것만으로도 역사 이래로 처음 보는 사실'이라며, '조선의 해방은 여성의 해방이 없이 완전한 해방이 있을 수 없는 것'이라고 대회의 의의를 강조했지만[60] 구체적 내용은 여성 계몽 운동에 힘쓰며 국민의 아내로서, 민족의 어머니로서 독립 전취의 임무를 완수해야 한다고 강조하고 있다. 또한 조선의 주부로서 큰 직책을 느끼고 아들이나 남편을 좋은 길로 인도하고 독립의 순산에 이바지해야 함을 강조하고 있다.

부총의 결성 대회와 독촉애부의 전국 대회에 대한 논평은 여성해방이 시대의 발전에 따라 필요하다고 전제하고 있다. 그렇지만 전자는 부인해방, 특히 노동 부인의 해방은 노동대중 일반과 공동 투쟁 없이는 불가능하기 때문에 부인해방은 진보적 민주주의 연합전선과 결합할 때에만 그 목표를 이룰 수 있다고 했다. 또한 후자는 조선의 딸, 어머니로서 여성들은 국민으로서 자각을 갖고 독립 전취에 나아가야 가능하다고 했다. 둘 다 여성해방을 내세우고 있지만 여성해방은 다른 목표를 완성한 뒤에야 올 수 있다고 강조했다. 그러나 여성 문제는 다른 문제를 해결하기 위한 앞뒤의 문제가 아니라 함께 견지해야 한다. 이 지점이 해방공간 여성단체들의 한계이다. 이들 여성단체의 운동은 여성해방과 여성 문제보다 다른 것을 앞세워 여성운동의 독자성을 잃어 버렸던 것이다.

그렇다면 부총과 독촉애부가 대회에서 통과시킨 선언문이나 결의안, 강령, 행동 강령을 통해 그들의 주장을 구체적으로 살펴보자.

부총은 선언문의 서두에 "(조선의)어머니는, 아내는, 딸 된 사람은 안방에서, 부엌에서, 농촌에서, 공장에서, 거리에서, 우리들이 받아온 모든 면에서의 차별은 세계 어느 나라를 돌아보아도 유례없는" 것이었다고 규정하면서 여성해방을 위해 "여성은 조선 민족의 완전 자주 독립을 위하여 여기에 민족통일전선 결성에 진정한 판단과 인식을 가지고 적극적으로 참여할 것을 선언"했다. 행동 강령(당면 과제)은 "남녀평

〈표 1〉 부총과 독촉애부 선언문 비교[61]

	부총	독촉애부
선언문 결의안	8월 15일 이후 이제 우리는 해방된 조선의 여성 주인공들이다. …… 전 인류를 반역의 구덩이 속에 끌어넣으려는 파시즘과 …… 일본 제국주의 세력과 그의 주구들 및 우리 민족에게 의식적으로 무지와 퇴보와 암흑을 강행하던 봉건 제도의 잔재에 대한 완전 소탕 없이는 전 민족이 갈망하는 진보적 민주주의의 국가 건설은 도저히 불가능한 일이며 따라서 우리 여성들 자신의 완전 해방도 얻을 수 없는 것이다.	1) 좌우와 남북이 통일된 자유 정부 수립에 우리 여성은 피로써 맹세하고 적극 협력하려 한다. 2) 일천오백만 우리 여성은 총 단결하여 국산품을 애용하고 생산에 적극 협력함으로써 조국 경제 건설에 공헌하고자 한다. 3) 근로·질서·간편·청소의 신생활을 전개하여 건설 국민의 문화 향상을 도모하려 한다.
강령	조선 여성의 정치적, 경제적, 사회적 완전 해방을 기함. 진보적 민주주의 국가 건설과 발전에 적극적으로 활동하기를 기함. 조선 여성의 국제적 제휴를 도모하고 세계 평화와 문화 향상에 노력함.	국가의 자주 독립을 촉성함. 여성의 지위 향상을 도모함. 세계 평화의 공헌을 기함.

등의 선거권·피선거권 획득, 남녀 임금 차별제 폐지, 8시간 노동제 확립, 근로 부인의 산전·산후 각 1개월간의 유급 휴양제 확립, 사회 시설(탁아소, 산원, 공동 식당, 공동 세탁소, 아동 공원)의 완비, 공·사창제와 인신매매 철폐, 봉건적 결혼 제도 철폐, 모자보호법 제정" 따위의 15가지를 내걸었다. 부총의 행동 강령에는 근대 국민 국가가 지향해야 할 대표적 여성 정책들이 포함됐다.

독촉애부는 1946년 4월 5일, 합동 대회 때 강령과 규약을 통과시켰다고 했지만 그 내용은 정확하게 알려져 있지 않다. 다만 '자유 정부 수립의 맹세, 조국 경제 건설에 공헌, 근로·질서·간편·청소의 신생활 전개와 국민의 문화 향상 도모'라는 결의안으로 독촉애부의 여성 문제에 대한 전망을 어느 정도 파악할 수 있다. 부총처럼 행동 강령이 있다면 독촉애부가 지향했던 정치를 좀 더 확인할 수 있겠지만, 독촉애부의 행동 강령은 없는 듯하다. 강령은 부총과 독촉애부 사이에 큰 차이가 없다.

특이한 점은 부총은 '연합국 부인들에게 보내는 메시지'를, 독촉애부는 '연합국에 보내는 메시지'를 대회에서 채택해 미국, 소련을 비롯한 국제관계에 관심을 보였다는 사실이다.

> 일본 제국주의의 야만적, 강도적 식민 정책 밑에 그 중에도 우리 부녀들에게는 중세기적 봉건 유습을 강요하여 현모양처의 미명 하에 일체의 사회생활을 허락하지 아니하고, 교육 시설의 불충분으로 인하여 거의 전부가 문맹의 영역을 벗어나지 못하고, 공·사창 제도의 성행으로 말미암아 여성은 일종의 상품으로서 취급하는 중세기적 야만 행위가 법률의 보호 하에서 공연히 존재하고 있었습니다. 그러나 우리들은 이제 일어섰습니다. 봉건 제도를 철저히 파괴하기 위하여, 문화의 정도를 힘껏 높이기 위하여, 직장에서 남자들과 같이 모든 중세기적 압박과 착취를 근절하는 싸움에 발자국을 같이 하며 손에 손을 굳게 잡기를 맹서하는 바입니다.
>
> 1945년 12월 23일 조선부녀총동맹 결성 대회 전국 대의원 일동[62]
>
> 1) 세계 인류의 정의와 인도를 위하여 많은 생명과 물질을 희생하면서 잘 싸운 연합군에 대하여 축하와 사례의 뜻을 표함.

2) 카이로·포츠담 선언에서 조선에 자주 독립을 약속하고 이제까지 우리 국가 재건에 협력하여 주는 연합 제국에 감사함.

3) 우리에게 공약된 완전 독립이 하루 빨리 실현되도록 원조하여 주기를 갈망함.

4) 우리 삼천만 민족은 다 같이 생명을 걸고 신탁 통치에 반대함.

5) 38선은 우리나라에 경제 재건과 민족 통일을 방해하여 자주 독립 실현을 지연시킬 뿐더러 국가와 민족의 생명을 분단하는 사선이므로 빠른 철폐를 고대함.

6) 민주주의 원칙에 의하여 우리 정부는 우리 손으로 수립하게 하고 이 정부를 세계에서 승인하도록 원조하기 위하여 미·소·영·중·불 등 5대 연합국은 솔선 조인하여 주기를 열망함.

7) 미소공동위원회를 속히 열어 조선 독립과 경제 부흥을 조장하는 동시에 그 주권에 불가침을 보장하는 서약 협정을 공동으로 발표하여 주기를 요망함.

8) 우리도 세계 안전보장이사회에 참석하여 우리 민족의 독특한 평화성을 세계 평화에 제공케 할 것.[63]

위 메시지만 비교한다면 부총이 여성 문제와 관련된 제반 문제를 제기하고 있는 반면 독촉애부는 신탁 통치 반대·좌우 합작·38선 즉시 철폐·미소공동위원회 재개 요망 등 정치 문제를 내용으로 하고 있음을 알 수 있다. 독촉애부는 한국애국부인회보다 자주 정치적 입장을 고수했고, 여성 문제 제기는 그 순위에서 밀려난 듯하다. 물론 부총 또한 이런 점에서 크게 다르지 않지만 '호남선 열차 성폭행 사건' 이나 공창 폐지를 앞두고 '창기'들이 부총을 찾아와 호소한 사실로 미루어

짐작컨대 해방공간 여성들에게 부총이 여성단체로 다가왔던 듯하다.

부총과 독촉애부 대회 모두 외부 인사의 축사 행렬이 이어졌는데, 이들 축사의 내용 또한 양 단체의 성격을 드러내는 데 한몫했다.

부총의 대회에는 중앙인민위원회 김계림, 조선공산당 주동원을 비롯해 전평, 전농, 청총, 문학가동맹 등의 대표가 참가해 축사를 했다. 이런 점에서 부총이 조선공산당 및 그 외곽 단체들과 깊은 연대를 맺고 있었으며, 나아가 부총이 단순한 여성운동 조직이 아니라 조선공산당의 외곽단체의 성격을 가졌음을 알 수 있다.[64] 부총은 진보적 민주주의 국가의 건설이라는 당시 사회의 일반적 과제와 여성의 완전 해방이라는 여성의 특수 과제를 여성운동의 입장에서 수용하고, 조선의 통일된 자주 독립 국가 건설이라는 전체 운동 속에서의 부분 운동이라고 스스로의 위상을 설정했다.[65]

독촉애부의 대회에는 이승만, 김구, 하지 중장, 버치 중위, 신익희, 방응모, 이종형 등이 참가해 축사를 했다. 독촉애부는 이승만, 김구를 비롯한 우익 진영과 긴밀히 밀착되어 미군정으로부터 호응을 받고 있었다.[66] 독촉애부의 경우 운동의 구체적인 실천 과제를 알 수 있는 행동 강령이 채택되지 않았으므로 이 단체가 추구한 여성운동의 과제는 명확하지 않다.

독촉애부 전국 대회에서 행해진 축사는 여러 지면에 소개되어 있어 그 내용을 가늠할 수 있는데 특이한 점은 이종형의 축사이다. 『가정신문』은 이종형이 경영한 『대동신문』의 자매신문으로 사장 이취성은 이종형의 부인이었다.

이종형은 독촉애부의 결성을 결혼식장으로 표현했다. 그는 신랑은 이승만, 신부는 애국 여성(들)이라 소개한다. 독립촉성중앙부인단은

1946년 1월 10일에 반탁국민대회에 참가하기 위해, 곧 정치 정세와 맞물려 창립됐지만 한국애국부인회는 그렇지 않았다. 한국애국부인회는 일제 강점기부터 여성운동과 독립 운동을 해왔던 역사와 경험을 갖고 있다. 부총 중앙위원 고명자는 "애국부인회는 역사가 제일 오랜 것인데 기미년 만세 운동 때에 여성운동의 유일한 모체로 결성되었다. 일본 정치의 탄압으로 해산되면서 정치 정세의 변전에 따라 민족주의와 사회주의의 두 파로 나뉘어서 지하 운동을 해오다가 그 후 다시 광범한 민족통일전선의 필요로 근우회로 통일되었다. 이 역시 탄압으로 해산된 후 지하 운동을 해왔다. 그 한 줄기인 민족주의 색채의 조직이 이번 해방 이후 다시 애국부인회로 나오게 되(었다)"며 해방공간의 여성운동과 단체를 설명했다.[67] 주도적 인물들 또한 여성 지식인 집단에서 핵심 역할을 하고 있었다. 그런데 어떻게 이종형의 이같은 축사가 가능했을까?

이종형은 독립촉성국민회 선전부장을 역임했으며 1945년 11월 25일 대동신문사 사장으로 취임했고, 자매지인 『가정신문』도 운영했다. 이종형은 반민족행위자로 지목되어 반민특위 재판을 받았던 인물이다. 그는 박흥식에 이어 1949년 1월 10일 체포되어 반민특위의 조사를 받고 기소됐다. 그때 검찰관이 밝힌 이종형의 죄목은 이러하다.

만주에서 길림성장 장쭤상張作相에게 등용된 뒤 동만 연길 일대의 토공군討共軍 사령부의 고문과 재판관으로 앉아 혁명 투사 250여 명을 체포·투옥시켰는데 이 가운데 17명이 사형당했다. 국내로 돌아와 경무국 보안과장 야쓰기 노부오八木信雄, 동 경무과장 후루가와 기네히데古川兼秀, 조선군 참모장 다키하시高橋, 헌병사령부 특고과장 노다野田 등의 끄나풀이 되어 돌아다니는 한편 태평양 전쟁 중에는 교회를 박해하는 데

앞잡이가 됐다.[68]

그는 지주나 자본가는 아니었다. 그런데 어떻게 『대동신문』과 『가정신문』을 운영할 수 있는 재력이 있었는지 궁금하다. 여기에서는 단정할 수 없기에 질문으로만 남겨두겠다.

이종형이 독촉애부의 결성식을 신랑(이승만=국부)과 신부(애국여성들)의 결혼식으로 비유해 개인이나 사회단체를 국가와 일체화시킨 발언은 우익 여성단체 활동가들에게도 익숙한 말이자 생각이었다. 독촉애부회가의 3절과 후렴구는 "우리들은 조국을 위해 몸을 바친 전위대다 …… 나아가세 너도 나도 우리나라 여성들아, 몸과 맘을 다 바쳐서 죽기까지 싸워보세."로 되어 있다.[69] 이러한 인식은 일제 강점기의 경험과 깊게 밀착되어 있다. 여성의 국가와의 일체화는 메이지 정부의 국민 통합의 논리였다. "메이지 정부는 국가적 통일을 달성하고 민중에게 국민으로서 통합 의식을 갖게 하기 위해, 바꿔 말하면 사적 영역 또한 궁극적으로는 국가 구성을 위해 '이에家' 제도를 정비하고 법제화한 것이다. 결국 전체주의 국가의 권위 구조 근저에 존재하는 것은 가족 제도의 기반인 가부장제라고 할 수 있다. 군국주의 체제는 가족이라는 작은 단위로 출발하여 국민들의 정신적 지지를 받으며 지탱해 온 것이다."[70] 그리고 식민지 조선에서도 여성 개인이 아닌 어머니 또는 아내로서의 '이에'의 정비화가 이루어졌고, 이는 일제의 식민지 통제의 대표적 논리이기도 했다. 따라서 국가와의 일체화 논리는 식민지 여성에게 익숙한 경험이었다.

이러한 경향은 전국 대회에 참가했던 여성들의 참관기에도 잘 드러나 있다.

> 나는 민주주의와 공산주의의 분간을 알지 못하겠다. 오직 남의 지배는 받기 싫고, 아첨이 밉다. 남의 덕도 그리 반갑지 않을 정도의 자존심도 가졌다. 개개인의 사리와 사욕을 탐하는 자는 더럽다. 다만 이 나라는 우리의 힘으로 찾아야 할 것과 이 나라의 각 기관을 지배, 운영하는 이가 내 동포라야만 될 것을 확신한다. …… 독립 외에는 급선무가 없다. 독립이 되고야 지금 말하는 그 무슨 주의든지 실현되거나 말거나 할 것이다.[71]

> 여기 모인 여성들은 그렇다고 해서 남녀평등을 먼저 부르짖지 않는다. 결혼 자유, 이혼 자유를 목표로 시위 행렬을 하지 않는다. 남녀평등도 결혼 자유도 또는 이혼 자유도 계급투쟁도 먼저 살 자리를 마련해 놓고 하자는 엄연한 철학 아래 그들은 뭉치고 한데 움직인다. 진정한 남녀평등의 실현을 소망하는 까닭에 그 첫 조건으로 독립을 해야 한다는 것이 그들의 일치단결의 모토다.[72]

이 지점이 독촉애부와 부총의 차이였다. 부총은 여성해방의 과제가 단계적 절차에 따른다고 주장했고 국가 건설, 근로인민의 해방이라는 과제 안에서도 끊임없이 여성 문제를 제기했다. 따라서 국가 건설 안에서 당면 과제인 행동 강령을 구체적으로 정리해 제시할 수 있었다. 반면 독촉애부는 오직 '독립 전취'라는 과제가 전부였다. 여성해방이나 여성 문제를 제기하는 것은 개인의 이익만을 따지는 행위로 여겼다. 따라서 독촉애부는 국가 건설 안에서 여성으로서의 구체적인 행동 강령을 내놓지 못했다. 이 때문에 여성운동, 여성 문제를 국가 전략에 포섭시켜 국가 건설 뒤에도 전망과 대안을 내놓지 못한채 쉽게 가정으로 돌아갈 가능성이 많았던 것이다. 곧 '가정으로 돌아가라.'라는 요구와 쉽게 타협했고 실제로도 그러했다.

대한민국 수립 뒤, "남한 전역의 부인단체를 한 뜻과 한 힘으로 총집결시켜 정부 시책에 응하여 유기적 조직체로서 흔연히 관민 일체의 부인운동을 강력히 추진시키"라는 요구에 1949년 2월 24일 모든 여성단체는 대한부인회로 통합됐다.[73] 다음은 1949년 5월 11일 대한부인회 제1회 전국 총회의 풍경을 묘사한 기사이다.

> 대한부인회 제1회 전국 총회는 이李 대통령 부인·이李 사회부 장관·임任 상공부 장관·명제세 씨 등 국내 각계 명사 다수와 남한 각 군·면 대표 800여 명이 참석한 가운데 11일 상오 10시부터 부녀국장 박승호 씨 사회로 숙명여중 강당에서 성대히 거행되었다. 먼저 국기 경배, 순국열사에 대한 묵념, 애국가 봉창 등이 있은 다음 대통령 부인·이 사회부 장관·임 상공부 장관·명제세 씨 등의 축사가 있었고 이어 다음과 같은 총재·회장을 비롯한 임원 선임을 본 다음 생활 간소화, 애림 강조, 한글 신술어 제정 반대 등에 관한 것을 관계 당국에 건의할 것을 결의한 다음 하오 4시경 성황리에 폐회하였다.[74]

대한부인회 전국 총회는 '성대히' 거행되고 '성황리'에 끝났다고 소개됐지만 해방공간에서 전국의 대의원들이 올라와 2~3일씩 대회장을 뜨겁게 달구었던 열정은 더 이상 느껴지지 않는다.

여성단체와 활동 연표

건국부녀동맹, 조선부녀총동맹, 남조선민주여성동맹, 기독여성동지회, 한국애국부인회, 조선여자국민당, 독립촉성중앙부인단, 독립촉성애국부인회, 조선과학여성회, 조선여자청년동맹, 조선애국부녀동맹, 전국여성단체총연맹, 서울보건부인회, 문화여성회, 국제여자기독교청년회, 여성문제연구회 따위로 해방공간에서는 많은 여성단체들이 조직됐다가 사라졌다. 이들 단체가 어떤 활동을 했는지 알려져 있지 않고 단체를 조직했던 주체들이 남겨 놓은 기록도 거의 없다. 〈표 2〉는 신문이나 잡지에 소개된 여성단체의 활동을 정리한 것이다. 〈표 2〉은 여성단체의 활동 일부만 소개됐으므로 한계가 있음을 밝혀둔다. 다만 주요한 여성단체의 활동의 흐름을 짐작하는 데 어느 정도 도움이 된다.

해방공간에서 '부녀의 해방 없이는 조선의 해방이 없다.'라고 할 정도로 여성해방이라는 말은 유행어였다.[75] 따라서 여성해방을 표방했던 여성단체가 조직됐음은 물론이다. 〈표 2〉는 모든 여성단체 그리고 여성단체의 모든 활동을 조사한 것은 아니지만 해방공간의 주요한 여성단체들이 어떤 활동을 했는지는 알려준다.

〈표 2〉에 근거해 〈표 3〉과 〈표 4〉는 여성단체의 활동을 정리한 것이다. 여성단체의 활동은 강연·강좌 개설, 조직의 결성과 운영, 성명서·건의안 발표, 시위나 (군정청) 방문, 구호·위안 활동으로 구분할 수 있다. 1945년과 1946년에 조직 운영과 결성이 가장 많았다. 이는 새로운 조직이 만들어지고 주요 여성단체의 지부 조직과 활동이 활발하게 전개됐기 때문이다. 여성들을 계몽하고 조직하는 여성단체의 주요한 활동 방식인 강연과 강좌 개설은 1946년과 1947년에 많이 이루어졌다.

〈표 2〉 여성단체의 활동[76]

1945년

일자	주관 단체	내용
8. 16	건국부녀동맹	견지동 여자중앙상과학교에서 결성 준비위원회 개최
8. 17	건국부녀동맹	건국부녀동맹 결성식 거행. 위원장 유영준, 부위원장 박순천
9. 9	건국부녀동맹	가두 선전대 조직
9. 10	한국애국부인회	오후 3시, 인사동 승동예배당에서 약 51명이 모여 유각경을 임시 의장으로 추대, 한국애국부인회 발회식 거행
9. 12(?)	조선여자국민당	조선여자국민당 조직. 위원장 임영신, 부위원장 김선·이은혜[77]
9. 23	건국부녀동맹	1주일간 중앙여자상과학교에서 정치 강좌 개최
10. 2	건국부녀동맹	오후 2시, 경성기독교청년회 대강당에서 경성지회 창립 대회 개최
11. 11	조선여자청년동맹	조선기독교청년회관에서 조선여자청년동맹 결성
11. 25	건국부녀동맹	안성 인민위원회 지부 요청으로 안성에서 강연회 개최 강사는 정칠성, 조원숙, 최옥희
11. 25	조선여자청년동맹	건국부녀동맹 청년부와 합동
11. 27	건국부녀동맹	오후 1시, 종로 YMCA 강당에서 부녀 시국 대강연회 개최 여성운동의 연혁(정칠성), 부인 지위의 역사적 변천(김지한), 조선 여성의 정치적 임무(최옥희), 가정부인의 외침(유금봉), 청년의 임무(신금옥), 여성의 후생 운동(유영준), 신시대의 교육(허하백), 우리의 요망하는 정부는(홍종희), 노동 부인의 실정(이경선), 부인운동의 전망(고명자)
11. 29	조선여자청년동맹	건국부녀동맹, 서울시 청년단총동맹, 조선프롤레타리아예술연맹의 후원을 받아 조선여자청년동맹, 건국부녀동맹 청년부 합동 기념 축하 음악회 개최
12. 15	조선여자국민당 한국애국부인회	'전국 부녀단체 대표자 대회는 건국부녀동맹 단독 행위로 소집한다.'라는 내용의 성명 발표
12. 15	건국부녀동맹	신설교회에서 지식·근로 부녀층 100여 명 참석 아래 서울 지회 동부 분회 결성
12. 16	건국부녀동맹	인천 지부, 인천 창영학교 강당에서 5백여 명이 참석한 가운데 결성 대회 개최

12. 22 ~24	건국부녀동맹 조선부녀총동맹	전국 부녀단체 대표자 대회 개최
12. 28	조선여론사	오후 3시, 종로 기독교청년회관에서 시국 대강연회 개최 중국 여성의 애국 운동(김명시), 연안의 조선 여성(박진홍), 여성의 당면 임무(허하백), 협동조합과 조선 여성(이간난), 현 단계의 정치적 비판(황운), 혁명과 청년의 진로(이호제), 파쇼를 배격한다(백원흠)
12. 30	조선여자국민당	오전 11시, 조선여자국민당 본부에서 긴급 위원회를 열고 '신탁 통치 반대' 결의 성명 발표

1946년

1. 1		오후 2시, 신탁 통치 배격 여자 대회가 안국동 풍문고녀 강당에서 개최
1. 3	여자국민당, 한국애국부인회	기독청년회관에서 강연 대회 역사적 순간(김분옥), 당면 문제의 재인식(임영신), 자주 독립 완성으로(황신덕), 수시우감隨時愚感(김선)
1. 5	조선부녀총동맹	삼상 회의 지지 성명 발표
1. 6	조선애국부녀동맹	조선애국부녀동맹 조직 신탁 통치 절대 반대를 목표로 건국 대업에 매진하기로 결의
1. 9	조선애국부녀동맹	반탁과 임정 지지 선언문 발표
1. 9	독립촉성중앙부인단	창립 대회 개최
1. 10	독립촉성중앙부인단	발족. 12일 개최될 신탁 통치 반대 국민대회 참가 결의
1. 11	조선부녀총동맹	오후 1시, 종로 기독교청년회관에서 부녀 시국 강연회 개최 유영준, 정칠성, 허하백, 박진홍, 이경선, 이계순, 유금봉 참가
1. 13	여자청년동맹	대구 공회당 대홀에서 여자청년동맹 결성 대회
1. 17	독립촉성중앙부인단	신탁 통치 배격 강연회 개최
1. 18	독립촉성중앙부인단	산하 40여 단체 회원과 각 동 부인들, 미소공위회장인 군정청 앞에 모여 신탁이 아닌 자주 독립의 의사를 양 대표들에 전달, 시위함
1. 24	조선애국부녀동맹	'학생의 애국적 활동 찬양' 전단 살포
1. 31	조선여자국민당	전북 군산 지부 대표, 김구와 이승만 방문해 애국 헌금을 함

3. 8	독립촉성중앙부인단, 조선여자국민당, 한국애국부인회	경성방직 외 시내 각 공장에서 일하는 여직공들을 찾아 강연과 만담을 함. 연사는 박순천, 만담은 김윤심
3. 23	조선애국부녀동맹	'민족 진로 구명' 강연회 거행
3. 24	조선부녀총동맹	오전 11시, 충남 지부 결성 대회 개최 각 군 대의원 100여 명 참석
4. 5	독립촉성애국부인회	하오 1시, 승동예배당에서 독립촉성부인단과 한국애국부인회가 독립촉성애국부인회라는 명칭으로 합동 대회 개최
4. 8	조선부녀총동맹	2시, 미소공동위원회 환영 대강연회 YMCA 강당에서 거행 임시 정부 수립에 대한 부녀의 참가 권리 주장(김원주, 구무선) 강연 뒤 공동위원회에 보내는 감사 메시지를 전달하기로 결의
4. 16	조선애국부녀동맹	2시, 정동예배당에서 강연회 개최 매국노와 그 조종자(박은성), 공산주의자의 전술을 폭로함(홍만길), 지도자들의 심장에 격함(나신애)
4. 27	조선부녀총동맹	집행위원회 개최 각 반에 메이데이에 대한 강좌를 개최함과 함께 메이데이 기념을 적극 후원하기로 결의
4. 28	독립촉성애국부인회	임영신, 독립촉성애국부인회의 초빙으로 통영 방문 '완전 독립을 위하여 힘써 일하자.'라는 내용의 강연함
5. 14	조선애국부녀동맹	2시, 종로 기독교청년회관에서 연설회 개최 연합국에 묻노라(박은성), 조국에 고함(홍만길)
5. 15	조선여자국민당	제2회 당원 대회 및 임시 총회 개최
5. 15 ~16	조선부녀총동맹	4월 20일 임시 집행위원회를 열고 5월 15~16일 양일간 시천교당에서 전국 확대위원회를 소집 준비위원장 유영준 외 30명의 준비위원 선정
5. 23	조선애국부녀동맹	2시, 정동예배당에서 '조선공산당 반역 행위 성토 대회' 개최 위폐 사건의 이면을 폭로함(홍만길), 지도자들의 심장에 격함(나신애), 한민족의 결의 성언(박은성)
5. 31 ~6. 1	조선여자국민당	전국 여성 대회와 제1회 대의원회 개최
6. 4	조선부녀총동맹	공·사창 제도 철폐 요망

6. 6	조선여자국민당	제1회 조선여자국민당 대의원회와 전국 여성 대회, 전국여성총연맹 조직 결의
6. 12	독립촉성애국부인회	가회동 지부, 전재민 수용소에 떡 배부
6. 17	조선여자국민당	중앙교회에서 문맹 퇴치 운동으로서 시국 강좌를 격주로 운영 17일 '정치와 조선 여성'(설의식)
6. 18	조선부녀총동맹	서울 지부, 하오 2시 부총 본부 회관에서 각 반 대표 50여 명 및 내빈 참석 아래 동·구 분회 결성 대회 개최
6. 19	독립촉성애국부인회	중앙위원 유각경·한신광, '여성단체 통일' 관련으로 부총 위원장 유영준을 방문
6. 21	조선애국부녀동맹	하오 2시, 종로기독청년회관에서 '민족주의와 공산주의의 대담판' 변론 대회 개최
6. 21	조선부녀총동맹	독촉애부의 세 가지 조건을 내건 통일 제의에 대한 견해 발표
6. 22	조선부녀총동맹	오후 1시 30분, 관철동 백합원에서 '공창 폐지와 사회 대책' 에 관한 좌담회를 개최
6. 24	조선부녀총동맹	중앙위원회, 이앙원조반 활동 방침을 각 지부에 보내 활동 전개. 탁아소의 개설, 가사와 위생적인 생활 지도를 중심으로 농촌 부녀의 계몽, 이를 통해 조직의 확대와 강화 도모
6. 28	조선부녀총동맹	수해 구제 임시위원회의 지휘 아래 긴급 위원회를 열고 수해 구제 대책을 강구한 뒤 시내 각 반을 통해 식량, 의료, 금품을 모집하는 한편 조사대, 구호대를 각처에 파견
6. 30	조선부녀총동맹	오전 11시, 용산·마포 지부 대회를 용산 유한상공회사 강당에서 회원 대표 5백여 명이 모여 개최
7. 8	조선부녀총동맹	중앙집행위원회 개최. 독촉애부와 여자국민당 등과 합동해 8·15 기념 행사 준비 논의. 교섭 예정
7. 2	조선부녀총동맹	서울시 지부 중구 분회, 수재민 구호 활동
7. 10	조선부녀총동맹	홍제동 서울피혁공장에서 서대문구 분회 결성 대회 개최 미소공동위원회 속개 촉진을 결의한 후 조선화물, 정판사 쟁의단 가족 위문금으로 750원을 거둠
7. 11	조선여자국민당	수해 동포를 구원하고자 11일부터 3일 동안 시내 14개 극장에서 막간을 이용하여 동정금 모집
7. 16	조선여자국민당	오전 10시, 창덕궁 비원에서 귀국한 광복군 장교 위안회 개최

7. 16	독립촉성애국부인회	긴급 중앙위원회를 개최, 부총의 강연에 대해 '타 단체의 공격·비방을 위주로 하는 야비하고 저속한 중상적 언사'로 규정하고 성토문 발표, 성토 강연회 개최를 결정
7. 20	조선부녀총동맹	'테러에 관한 여론' 담화 발표 수해 현장 구호·복구 작업에 맞춰 의연금품 모집
7. 21	조선부녀총동맹	경남 일대의 각 민주주의 단체의 활동 상황을 시찰하고자 12일 서울을 출발했던 부총 부위원장 정칠성은 장기간의 순회를 마치고 21일 상경
7. 26	조선부녀총동맹	광주 지부, 무료 산파부 운영
8. 1	독립촉성애국부인회	8·15 기념 행사 계획
8. 5~6	조선부녀총동맹	서울 지부, 기독청년회관에서 당면한 문제와 조직의 강화를 위해 제2차 대회 개최. 사회 허하백
8. 9	독립촉성애국부인회	수재 구제 활동 전개
8. 10	조선여자국민당	임영신의 도미를 앞두고 긴급 중앙위원회 개최
8. 13	조선부녀총동맹	'미국 차관 설정에 대한 여론' 담화 발표
8. 15	독립촉성애국부인회	미군 전승 기념으로 미군 장교에게 자수 수예품 선사
8. 19	조선부녀총동맹	정칠성, 조원숙, 이규영, 고명자 등의 인솔 아래 60명의 맹원들이 해방 1주년 기념 위로 사업으로 감자 100관을 쪄서 장충단 전재민 수용소 방문, 전재민들 위로함
8. 23	조선부녀총동맹	창립 1주년 기념식 거행
8. 24	대한독립촉성 여자청년단	상오 11시, 종로 기독교청년회관에서 시국 강연회 개최 독립과 신념(이용주), 자주 독립을 앞에 둔 우리의 자각(김덕순), 자주 독립은 굶주린 민족의 식량 해결로(원금순), 삼천만이여 무엇으로 이 난관을 극복할까(임영애), 자주 독립은 여성의 피로(김해신)
8. 26 ~29	조선애국부녀동맹	종로 기독청년회관에서 특별 강연회 개최. 민족의 비극을 학도들에게 호소함(박은성), 공산주의 제3차 해부-맑스 혁명론을 중심으로(홍만길)
8. 29	조선부녀총동맹	'국치일 관련' 성명 발표
9. 6	조선부녀총동맹	2일 본정서에 피검된 '위원장 유영준을 내놓으라.'라는 담화 발표

9. 21	조선애국부녀동맹	미곡 문제 등에 관해 하지 중장에게 건의안 제출
10. 22	독립촉성애국부인회	전재 동포에 침구 배부하기로 결정. 서울 시가市街 청소 실행
11. 13	조선부녀총동맹	UN 총회에서(임영신), 만국 기독교 대회에서(박인덕) 조선 부녀 대표라 칭한 것을 비난
11. 13	독립촉성애국부인회	분회 통해 전재민에게 보낼 이불, 의류 모집
11. 15	전국여성단체총연맹	오후 2시, 전국여성단체총연맹 결성식을 중앙청년회관 대강당에서 개최 조선여자국민당 총본부, 여자기독교청년연합회, 불교여성총연맹, 가톨릭여자청년연합회, 천도교 내수회, 조선부녀애국동맹 본부, 독립촉성애국부인회 총본부, 독립촉성대한여자청년단 본부 등 참가
11. 18	전국여성단체총연맹	제1회 위원회 개최. 집행위원 선거. 위원장 황애덕, 부위원장 황기성
11. 30	조선부녀총동맹	'정판사 사건 판결'에 대한 담화 발표
12. 9	전국여성단체총연맹	임영신을 통해 유엔 총회에 조선 독립을 요청하는 메시지를 보내기로 결정
12. 17	조선애국부녀동맹	인천 지부, 대한노총의 순회강연에 호응하여 12월 17~27일까지 전 인천의 공장에서 순회강연을 실시
12. 17	독립촉성애국부인회	'조중 여성은 결합하자.'라는 송미령의 메시지 전달식 거행
12. 21	조선부녀총동맹	'남조선 인민 항쟁의 전사 16명의 사형 선고에 대하여'라는 제목의 담화 발표
12. 26	조선부녀총동맹	오전 11시, 천도교 강당에서 창립 1주년 기념식 거행

1947년

1. 3	전국여성단체총연맹	입법의원에 '남녀평등 보장 입법' 등의 건의안 제출
1. 16	전국여성단체총연맹	생활필수품 외 물자의 수입 금지를 군정청에 건의
1. 18	전국여성단체총연맹	공위 속개와 민중이 요망하는 바의 실천 요구
2. 10 ~11	조선부녀총동맹	제2회 전국 대회 정칠성의 사회로 개회 남조선민주여성동맹으로 개칭
3. 8	남조선민주여성동맹	12시, 천도교 강당에서 국제 여성의 날 기념 대회 개최

3. 8	독립촉성애국부인회	연예 위문대를 조직해 영등포 방직공장과 태창방직공장을 방문하고 종업원 위문
3. 20	남조선민주여성동맹	중앙상임위원회, '남녀평등권에 관한 법령 초안'을 러치 장관에게 건의하기로 결의
3. 26	남조선민주여성동맹	군정장관 러치와 사법부장 김병로를 방문하고 '남녀평등권에 관한 의안' 제출
3. 27	남조선민주여성동맹	'22일의 24시간 총파업 요구 조건 정당하다.'라는 성명 발표
4. 5	독립촉성애국부인회	경기도 지부 결성식 거행. 위원장 박순천
4. 8	남조선민주여성동맹	유영준 외 대표, 러치 장관 방문해서 민전 의장단 김원봉 이외의 간부들을 군정 재판에 회부한 것을 항의
4. 17	남조선민주여성동맹	위원장 유영준 등 관계자, 하지 중장을 방문하고 '남녀평등권 법령의 실시' 요청
4. 19	남조선민주여성동맹	메이데이 기념 준비위원회를 만들어 활동
4. 22	남조선민주여성동맹	'테러단 숙청을 요망한다.'라는 담화 발표
4. 26	조선여자국민당	중앙집행위원회, 조선 여성의 법률적 지위의 개정 제안을 토의 결정한 뒤 입법의원에 제출 헌법(婦選에 관하여), 민법(처의 능력에 관하여), 친족법(혼인, 이혼, 내연 관계, 호주 제도의 철폐 등), 상속법(가족 상속, 유산 상속), 인사조정법(가사심판소에 관하여), 형법(간통죄, 중혼죄의 실제 활용), 특별법(산모보호법, 공창 폐지 문제).
4. 27	남조선민주여성동맹	오전 11시 용산 분회, 시마야장유공장 운동장에서 노동자 위안회 개최
5. 2	독립촉성애국부인회	제2회 전국 대회를 계동 중앙중학 대강당에서 개최
5. 4	남조선민주여성동맹	모자 원유회, 창경원에서 개최
5. 5 ~15	전국여성단체총연맹	지도자 양성을 위한 신생활 지도자 강습회 개최 과목 : 국문 보급 중요성과 그 속성 교수법, 국사를 통한 자아 발견, 국내외 정세와 우리의 견해, 상식(선거법 외 8항목)
5. 12	남조선민주여성동맹	메이데이 행사 참가 학생 처벌은 부당하다는 담화 발표
5. 14	조선애국부녀동맹	오후 2시, 종로 기독청년회관에서 강연회 개최 연합국에 묻노라(박은성), 조국에 고함(홍만길), 사회 강기의 숙청(홍진옥)

5. 18	조선애국부녀동맹	인천 지구 위원회, 미소공위 속개와 보통선거 실시를 앞두고 제2공회당에서 시국 대강연회 개최 연합국에 묻노라(박은성), 조국에 고함(홍만길)
5. 21	독립촉성애국부인회	장호원 지부, 5월 21일~7월 21일 지방 성인 교육 개최 연안 지부, 5월 15일~8월 30일 지방 성인 교육 개최 임진면 지부, 5월 26일부터 계몽 강습회 개최
6. 2	남조선민주여성동맹	김명시와 홍종희, 덕수궁으로 미소공위 양측 대표들을 방문해 감사의 뜻으로 꽃다발과 건의문 전달
6. 2	독립촉성애국부인회	용인 지부, 여성운동 강화를 위한 강연회 개최
6. 11	조선애국부녀동맹	미소공위 성공에 대한 성명 발표
6. 11	독립촉성애국부인회	부산 지부, 창기 200여 명을 모아 놓고 '조선 여성의 나아갈 길' 강연회 개최
6. 12	독립촉성애국부인회	광주 지부, 남하 동포에 밥과 곰국 대접
6. 17	남조선민주여성동맹	오전 10시, 민전 회관에서 중앙확대집행위원회 개최 공위 참가를 결정. 공위 참가 대표로 유영준 결정. 공위 자문서의 회답 작성. 지방 지시 등을 토의
6. 17	독립촉성애국부인회	천안 성환 지부, 성환읍 광장에서 그네 대회 개최. 야학 개최
7. 1	독립촉성애국부인회	천안 성환 지부, 모심기를 위한 근로 작업대를 조직
7. 6	조선애국부녀동맹	'3천만 민족은 친일파, 민족반역자의 집단인 한국민주당의 간계를 단연 분쇄할 것'이라는 내용의 성명 발표
7. 6	남조선민주여성동맹	중앙상임위원회 개최. 맹원 2백만 명 획득 운동 전개를 결의. 민생 문제 해결을 진정코자 유영준, 원명순, 김명시를 대표로 선출
7. 9	독립촉성애국부인회	부회장 회의 개최. 계몽 강습, 회원 증가 등을 논의
7. 11	남조선민주여성동맹	각 도 대표들, 지방 소산품과 진정서를 가지고 미소공위 대표인 브라운 소장과 스티코프 대장 방문
7. 12	남조선민주여성동맹	한민당 담화에 대해 '조선 인민을 기만하는 것'이라며 비판
7. 18	독립촉성애국부인회	후원으로 제작한 영화 「윤봉길 의사」가 완성되어 시사회 개최
7. 22	남조선민주여성동맹	여운형 서거를 애도하는 성명 발표
7. 25	남조선민주여성동맹	오전 11시, 부위원장 정칠성을 비롯한 홍종희 등이 미소공동위원회 방문

7. 28	서울문화여성회	7월 28일~8월 1일, 8월 4~13일, 동덕여자중학교에서 율동·음악·수예·양재·생활 문화 강습회 개최
7. 30	독립촉성여자청년단	7월 30일~8월 19일, 학생 계몽대와 협력해 각 지방을 순회하며 지방 계몽 운동 전개
8. 1	독립촉성애국부인회	부산 지부, 8월 1~30일 양재 강습회 개최
8. 15	독립촉성애국부인회	박승호, 박순천, 모윤숙, 한소제 등, 미군 장성을 방문 경축 화환을 증정
8. 19	남조선민주여성동맹	8·15 기념 행사장에서 반 삼상 결정, 반 공위, 반 연합국적인 선동에 대한 반박 성명 발표
8. 25	독립촉성애국부인회	대표자 회의 개최, 보통선거법에 대처하는 부인운동의 방향에 대해 토의
8. 26	독립촉성애국부인회	서울시 지부, 웨더마이어 특사를 방문해 꽃다발 증정
9.1~ 10. 30	독립촉성애국부인회	서울 지부, 성인교육협회와 공동 주최로 시내 각 초등학교에서 '부녀자 계몽의 밤' 개최
9. 12	독립촉성애국부인회	개성 지부, 3·8경비대 위문
9. 18	독립촉성애국부인회	인천 지부, 시국 강연회 개최 여성의 법적 사회적 권리(박승화), 보선법(박순천)
9. 27	조선애국부녀동맹	'미소 양군의 동시 철퇴를 제안한 스티코프 대장 성명에 찬의를 표한다.'라는 성명 발표
10. 2	조선애국부녀동맹	미군정의 교육 정책 과오를 지적하는 성명 발표
10. 21	독립촉성애국부인회	광주 지부, 순천 송광사에서 조미 부인 친선 도모
11. 6	남조선민주여성동맹	'창기의 생활 보장, 남녀평등권 법령의 실시, 여성의 생활 향상'에 대한 담화 발표
12. 3	전국여성단체총연맹	2시, 훈련원에서 생활 보장과 총선거의 실시를 요구하는 여성 대회 개최. '생활 보장 요청 결의문', '총선거 촉진 결의문'
12. 8	전국여성단체총연맹	'고 설산 선생에게 드리는 애도사' 발표
12. 22	남조선민주여성동맹	중앙위원회, 2주년 기념일을 맞아 '맹원 동지들에게 드림'이라는 담화 발표

1948년

1. 12	남조선민주여성동맹	국제민주여성동맹 가입에 대한 기념 담화 발표
1. 30	남조선민주여성동맹	UN 임시 조선위원단에 보내는 정당·단체 성명 발표
2. 14	남조선민주여성동맹	하지 중장의 성명에 대해 '단선·단정의 음모를 결사 반대'한다는 반박 성명 발표
2. 17	남조선민주여성동맹	2·7 총파업 관련 성명 발표
2. 22	기독여성동지회	결성 대회 개최. 위원장 송경섭, 부위원장 현혜영
2. 23	남조선민주여성동맹	위원장 유영준, 'UN 조위 협의 초청에 불응한다.'라는 성명 발표. 남조선 사태를 시정해 달라고 하지 중장에 건의
2. 29	남조선민주여성동맹	3·1절 관련 성명 발표
2. 29	전국여성단체총연맹	여성을 위한 강연회 개최(강사: 방순원, 문선호, 김말봉)
3. 8	남조선민주여성동맹	'국제 부인의 날을 맞이하여'라는 성명 발표
3. 11	남조선민주여성동맹	UN 조선위원단과 양군의 철퇴를 요구하는 24,722명의 연판장을 덕수궁 조선위원단에 전달
3. 18	남조선민주여성동맹	'남조선 선거를 반대하고 UN 조위에 항의한다.'라는 내용의 성명 발표
3. 18	자주여성동맹 외	자주여성동맹, 근민당 부녀부, 애국여성동맹, 한독당 부녀부, 건민회 부녀부, ○정부인회, 기독교여성연맹 등 7단체가 회합. 단선 반대에 합의. 자주여성동맹, 근민당 부녀부, 한독당 부녀부, 건민회 부녀부 등 4단체만의 합의로 19일 성명서 초안을 검토한 후 20일경 발표 예정
3. 19	남조선민주여성동맹	UN 조선위원단에 항의문 제출
3. 25	기독여성동지회	'남조선 단독 정부 수립을 반대한다.'라는 성명 발표
3. 26	독립촉성애국부인회	인천 지부, 제1공회당에서 부녀 시국 강연회를 개최 총선거와 여성의 입장(황애덕), 여성 정신 계몽에 대하여(유각경)
3. 27	남조선민주여성동맹	'조국의 민주 독립 없이, 단선을 거부 분쇄함이 없이 여성 자체의 해방이 있을 수 없다.'라는 성명 발표 '신한공사 토지 불하'에 대한 반대 담화 발표
3. 30	한독당 부녀부 외 5개 단체	한독당 부녀부, 근민당 부녀부, 건민회 부녀부, 민족대동회 부녀부, 민독당 부녀부, 자주여성동맹 등 단체,

		'단선·단정을 반대하고 양군 철퇴, 남북 회담을 환영한다.'라는 성명 발표
3. 31	남조선민주여성동맹	남북연석회담 지지 담화 발표
4. 8	남조선민주여성동맹	유영준 외 대표들, 러치 장관을 방문하고 검거된 민전 의장단 김원봉 이외의 간부들을 군정 재판에 회부한 것에 관해 항의하고 테러 박멸을 요구
4. 9	기독여성동지회	위원장 송경섭, 하지 중장을 방문하고 미군정 하의 남조선의 현 사정을 솔직히 지적·공개하는 장문의 서한 전달
4. 10	남조선민주여성동맹	서울시 위원회, '식량 문제와 선거 등록 강요'에 대한 성명 발표
4. 15	남조선민주여성동맹	'백성은 굶어죽을 지경, 3합 5작씩 쌀을 주오.'라는 성명 발표
4. 16	남조선민주여성동맹	'정치범 석방하라.'라는 담화 발표
4. 17	남조선민주여성동맹	일본의 재일조선인 교육 기관에 대한 시책과 관련한 '반일' 성명 발표
4. 22	남조선민주여성동맹	박헌영의 '인민에게 고하는 호소문'을 절대 지지한다는 성명 발표
4. 26	남조선민주여성동맹	19일 민전서 발표한 '남북조선인민대회' 개최에 관해 26일 이를 절대 지지, 참가한다는 성명 발표
4. 28	조선애국부녀동맹, 기독여성동지회, 후생여성동지회	대표 박은성, 박정신, 이순섬 등이 미군의 철퇴와 정권을 인민에게 넘기라는 서한을 하지 중장에게 전달
4. 29	남조선민주여성동맹	전평 주최의 '메이데이 기념 대회를 성원한다.'라는 성명 발표 '제주도 인민 살상'에 대한 항의 성명 발표
5. 3	남조선민주여성동맹	전정全政 결정서를 지지, 실천하겠다는 내용의 성명 발표
5. 4	남조선민주여성동맹	남조선 단선단정반대전국투쟁위원회 조직할 것을 결의
5. 5	남조선민주여성동맹	어린이날 맞아 담화 발표
5. 14	남조선민주여성동맹	서울시 위원회, 단정 반대 성명 발표
5. 14	자주여성동맹	단정 반대 성명 발표
5. 19	남조선민주여성동맹	미·소 양군 철퇴 주장

〈표 3〉 여성단체의 주요한 활동 정리

내용	1945년	1946년	1947년	1948년
강좌, 강연	4	16	13	2
결성, 운영	9	22	10	2
성명서, 건의안	2	14	21	29
시위, 항의 방문		3	5	3
위안, 구호 등	1	13	9	

〈표 4〉 연도별 활동 주체에 대한 분류

단체명	1945년	1946년	1947년	1948년
건국부녀동맹	8			
조선부녀총동맹		29	1	
남조선민주여성동맹			21	25
한국애국부인회	2	2		
독립촉성중앙부인단		5		
독립촉성애국부인회		12	18	1
조선여자국민당	2	10	1	
조선애국부녀동맹		11	6	1
조선여자청년단	4	1		
전국여성단체총연맹		3	6	
기타	1	1	2	6

〈표 3〉에 따르면 1947년과 1948년, 여성단체의 주요한 활동은 특정 사안과 여성 문제에 대한 성명 발표와 건의안 제출이었다. 1948년에는 성명 발표가 주요한 활동이었다. 이는 대한민국 정부 수립과 관련된 정치 정세가 급박하게 돌아갔고, 여맹의 중앙이나 지부의 공개적 활동

이 어려워진 상황 때문으로 추측된다. 여맹 활동가에 대한 검거와 탄압, 테러 때문에 강연이나 강좌 개최의 활동 방식은 1948년에는 거의 불가능해졌다.

> 서대문경찰서에 피검되어 취조를 받고 있는 남조선민주여성동맹 부위원장 정칠성 씨는 지난 25일 치안관으로부터 29일간의 구류 처분을 받았다. 또한 종로서에 피검되었던 여맹 위원장 유영준 씨의 석방설은 허보라고 하며, 여맹 간부 문옥선·남궁희·이계순 씨 등과 함께 계속 취조를 받고 있다 한다.[78]

> 8·15 폭동 음모 사건 제2차 송청자 중 홍중식 씨 외 27(18명은 미체포)명은 내란죄 혐의로 취조를 받고 있었는데 20일 불기소 처분을 받고 석방되었다. 불기소 : 유영준. 소재 불명으로 기소 중지 : 김명시, 유금봉, 정칠성, 김온.[79]

더욱이 1948년 4월 9일 남북 제 정당·사회단체 연석회의에 참가하려 월북한 민전 산하 정당 단체 대표자들이 모두 평양에 도착했다는 민전의 발표에 유영준을 비롯한 여맹의 간부도 포함되어 있었는데, 이들은 그 뒤 그곳에서 활동했다.[80]

여하튼 여성단체들이 여러 방면에서 고르게 활동한 시기는 1946년이다. 〈표 4〉는 활동 주체에 따른 분류이다. 건국부녀동맹, 조선부녀총동맹, 남조선민주여성동맹으로 이어지는 좌익 여성단체가 해방공간에서 가장 활발한 활동을 펼쳤음을 알 수 있다. 그 다음은 독촉애부이다. 독촉애부는 전국 대회를 3일 동안 개최할 만큼 그 위용을 자랑했지만 지부의 조직 활동을 소개하는 것 이외에 그 활동이 잘 드러나지 않았다. 아마도 우익 여성단체가 여러 개로 분산되어 있고 인물 중심으로 운영된 경향 때문일 것이다. 그 다음으로 활발한 활동을 벌인 단체가 조선애국부녀동맹이다. 조선애국부녀동맹은 1946년 1월 6일 '신탁통치 배격'이라는 목표를 두고 결성됐는데 4월 16일에 '매국노와 그 조종자, 공산주의자의 전술을 폭로함' 등의 내용으로 강연을 했고, 5월 23일에는 조선공산당 반역 행위 성토 대회를 개최했듯이 반공에 분명한 목표를 두고 활동을 했다.[81] 그러나 1948년 남한 단독 정부 문제가 제기되자 조선애국부녀동맹 대표자는 "해방 후 3년 동안 미군정과 타협하고 미국의 의도를 선의로 해석하려고 노력하여 온 김구 선생과 김규식 박사까지도 미국과 항쟁할 것을 결의하고 결연히 남북 협상에 참가한 것입니다. 이리하여 단선·단정을 추진시켜보겠다고 하고 있는 자는 오직 극소수밖에 없는 것입니다. 미군은 하루 바삐 조선에서 철퇴할 것과 군정을 철폐하고 정권을 우리 인민의 손에 넘기라는 것입니다."라는 내용의 공개편지를 하지 중장에게 전달했다.[82]

여자국민당의 활동은 1946년 8월 이후 거의 소개되지 않았다. 8월 2일 당수 임영신의 방미로 긴급 중앙집행위원회를 개최했는데, 이 자리에서 "8월 15일 해방 기념행사는 미군 방침에 협력할 것, 고 루즈벨트 부인과 트루먼 대통령 부인에게 기념품을 보낼 것"을 결의했다.[83] 그 뒤 여자국민당의 활동이 활발하게 소개되지 않은 것은 임영신의 방미 활동 때문일 것이다.

〈표 4〉에 따르면 여성단체는 정치 정세에 민감하게 반응해 조직됐다가 사라졌다. 그리고 활동도 꾸준히 전개되지 않았음을 짐작할 수 있다. 좌·우라는 정치적 경향과 관계없이 여성단체 활동의 특징은 여

성 일반의 문제보다 정치 정세에 따른 개입과 이에 대한 문제의 제시였다. 성명서나 건의안은 이런 정치 정세에 따른 여성단체의 입장 표명이었다. 그런 까닭에 인신매매 금지와 공창 폐지, 미군 집단 성폭행 사건과 관련한 여성단체의 다양한 의견을 들을 수 없지만 특정 사안에 대해 그들의 의견을 들을 수는 있다. 미소공동위원회 11호 성명 발표와 관련한 여러 정당·단체의 움직임이 활발하게 전개됐는데 『여성신문』의 「공위 진전과 여성단체의 대책」이란 꼭지에 실린 여자국민당, 독촉애부, 조선애국부녀동맹, 남조선민주여성동맹 대표자들의 의견을 들어보자.

> **여자국민당 서기국** | 공위에 참가 여부는 아직 보류하고 있으나 만일 공위에 들어간다 하더라도 그 속에 들어가 우리의 주장인 자주 독립을 부르짖을 것이며, 신탁을 반대하기 위해서, 또 우리의 지도자 이 박사를 추대하기 위한 전술로서 들어갈 것이다. 좌우간 23일까지는 모든 것을 결정할 것이다.
>
> **독촉애부 상무 허영순** | 여러 번 중앙상무위원회를 열어서 토의했으나 결정치 못했으며, 결정이 되기까지 매일 상무위원회를 열 것이다. 우리 회는 지금도 반탁투쟁위원회의 산하 단체인 만큼 동일한 보조를 취할 것이며, 어제 결정된 임정수립대책협의회에도 참가하였으니 앞으로 충분히 토의해서 결정하겠다.
>
> **애국부녀동맹 홍만길** | 우리는 공위 성공을 처음부터 빌어온 만큼 이번 11호 성명을 두 손을 들어 환영한다. …… 그리고 반탁 진영에 우리가 참가치 않은 것은 그들이 반탁이란 미명 하에 그릇된 노선을 걷고 있기 때문이다. 그리고 한민당이나 공산분자의 참가를 배제할 것을 주

장한다. 우리들의 지도자는 김규식 박사이다.

민주여성동맹 정칠성 | 삼상 결정을 총체적으로 지지하여 오던 우리 단체는 이 삼상 결정 원칙을 토대로 열린 공위가 결정한 이번 11호 성명이 우리 민족에게 자주 독립의 길을 가져 오는 것을 확신하고 적극적으로 협력할 것을 맹서한다. 우리는 물론 전 여성 맹원을 대표하여 여기에 참가하고 진정한 민주 건국에 정신하고 여권 옹호자가 될 것을 자임한다.[84]

미소공동위원회 참가와 관련해 여자국민당은 보류, 독촉애부는 미결정, 애국부녀동맹은 공위 성공을 환영, 여맹은 적극 참가와 협력을 밝혔다. 여성단체들은 정치 정세에 따라 입장을 밝혔고, 그 방향은 독자성을 견지하기보다는 다른 단체, 정당과의 연관 아래 활동했다. 따라서 여성 관련 문제는 항상 부차적으로 처리됐다. 독자성의 결여와 다른 단체, 정당과의 연관 아래에서의 활동은 여성단체가 정치 정세에 민감하게 했고, 유관 단체의 쇠퇴와 함께 해당 여성단체도 쇠퇴하게 됐다.

운동의 젠더화

해방, 여성 좌담회

해방공간에서 여성 활동가들은 '부엌에서 나오라.', '여성도 국가 건설에 참가하라.'라는 요구 때문만이 아니라 적극적으로 단체를 만들고 목소리를 냈다. 그들의 목소리는 단체 조직과 활동, 좌담회, 강연회, 대담, 여성을 독자로 하는 신문이나 잡지의 발간 따위로 광범위하고 다양했다. 이념적 범위가 넓고, 정치 정세에 따라 입장의 변화가 잦은데다 다른 단체와 연계 안에서 활동했기 때문에 해방공간에서의 여성 활동가들의 주장을 분석하는 문제는 쉽지 않다. 여성 활동가의 목소리는 좌담회나 대담을 통해 현실 인식과 대안을 제시하고 있으므로 이를 통해 어떤 문제들이 논의됐는지 짐작할 수 있을 뿐이다.

여성문화사는 1945년 12월, 「해방 여성 좌담회」를 개최했다. 이 자리에 건국부녀동맹 위원장 유영준, 여자국민당 문화부장 서영채, 한국애국부인회 위원장 유각경이 참석했다. 좌담회의 주제는 '독립과 여성', '여성해방은 집단생활로부터', '여성해방과 그 대책', '신세대와 여성의 모럴 문제', '여자가 희망하는 국가 형태' 따위였다.

〈독립과 여성〉

유영준 | 급진적 여성은 대개 젊은 여자들로서 과거의 구식 제도를 타파하고 적극적으로 새로운 사회 국가 제도와 질서를 건설하자는 축들입니다. 완진적緩進的 여성은 40세 이상 보통 완고한 여성들로서 과거의 가족 제도나 도덕관념만을 존숭하려는 사람들입니다. …… 완진 여성은 직접적으로 향상을 꾀하나 급진 여성은 정치적으로 여자해방을 도모합니다. 그러나 현재는 무엇보다도 이승만 선생님이 말씀한 바와 같이 대동단결이지요.

서영채 | 어떤 주의라도 그것이 국가 건설을 진정으로 가져올 수 있는 것이면 우리는 그리로 따라 일하겠습니다. 조선에는 8할이 노동자, 농민이니까 이 8할을 무시한 주의나 정부는 성립될 수 없겠지요.

〈여성해방은 집단생활로부터〉

유영준 | 조선 여성이 진정한 해방과 자유를 갖자면 현재의 생활양식과 제도를 버리고 집단생활, 공동생활을 하지 않으면 절대 불가능할 것입니다. …… 경성만은 근본적으로 공동생활, 집단생활을 한번 실천해 보았으면 합니다. 그러면 나 자신부터 아무 데나 나다니면서 활동할 수 있을 것이니까.

유각경 | 가정 제도, 의복, 음식 같은 것을 무엇보다 먼저 개혁해야만 여자의 해방이 비로소 현실적으로 효과를 거둘 수 있을 것입니다.

서영채 | 결국 형편에 따라서 공동생활을 할 사람은 하고, 개인 가정을 가질 사람은 가져야지요.

〈여성해방과 그 대책〉

유각경 | 여자로서 독립생활의 경제적 여유와 기회가 있어야 합니다.

서영채 | 무엇보다 직업을 줄 것과 직업에 충실할 수 있는 몸의 자유가 있어야겠지요. …… 어쨌든 조선에선 가옥 양식, 가족 제도, 생활양식을 모조리 일신할 필요가 시급합니다.

유영준 | 이런 분들의 적당한 직업과 육아와 탁아를 할 수 있는 기관이 반드시 있어야지요. 무엇보다 여자에 대한 사회적 대우로 평등해야 할 것입니다.

〈여성에게 부탁 몇 가지〉

유영준 | 조선 여자는 전부 '퍼머넌트'를 없애고 입붉이칠을 금해서 실질적 생활을 해야겠습니다.

서영채 | 좌우간 생활의 간소는 꼭 필요합니다. 요새 몸뻬를 입고 다니니까 욕들을 하나봅니다만 활동상 여간 편치 않아요.

유각경 | 밤중에 여자가 돌아다닌다는 말을 듣는데, 내가 밤에 안 나

가니까 모릅니다만 정말 그렇게 난잡하다면 이런 여자들을 모두 없앨 강경한 대책이 있어야 하겠어요.[85]

유영준은 현실 인식이나 요구 사항에서 여성들 사이의 세대별 차이가 있지만 단결을 강조했다. 서영채도 노동자, 농민을 무시한 주의나 정부는 성립될 수 없음을 지적했다. 이 시점에서 '독립'과 관련해 여성들은 단결을 중요한 원칙으로 제시하고 있다.

여성해방의 전제 조건으로 집단생활(공동생활), 가정 제도와 생활의 개선을 제안했는데, 이는 모두 생활의 간소화로 여성들이 사회 활동을 할 수 있는 시간을 확보하는 데 목적이 있었다. 생활의 간소화는 이미 생활 개선 좌담회에서도 논의됐던 것처럼 좌·우익 여성 활동가들이 제안한 방법은 조금 다르긴 했지만 그 의도는 "가정생활의 번쇄에서 해방되어야만 보다 더 자신의 사회적 지위 향상과 남녀평등을 위해 활동할 수 있는" 근거라고 생각했다.[86] 여성해방을 위한 대책으로는 독립생활을 할 수 있는 기회의 부여나 직업 선택의 자유, 육아나 탁아소의 설치 따위가 제시되었다. 그러나 대책을 마련할 수 있는 국가 형태는 거의 논의되지 않았다. 여성과 (성)도덕과 관련해서 '나쁜 여자'를 모리배로 규정해 사회에서 매장하거나 격리해야 한다는 주장으로 모아졌다. 이러한 (성)도덕관은 '여성의 생산성을 높이자.', '그만 놀고 노동하자.', '파마 등의 사치 생활을 하지 말자.', '밤에 돌아다니지 말자.' 따위의 구호를 외치며 여성들에게 부탁했다.

이 좌담회는 건국부녀동맹, 한국애국부인회, 여자국민당의 대표들이 모인 처음이자 마지막 좌담회라는 데서 그 의의가 있다. 또한 좌·우익 여성들 사이에 대립이 표면화되기 전의 여성단체의 모습을 확인할 수 있다.[87] 소속 단체에 따라, 여성 활동가의 성향에 따라 차이가 있지만 대체로 여성해방의 조건과 대책 그리고 성도덕에 대한 이중 잣대와 엄격성에 대해 비교적 한목소리로 문제를 제기하고 있다.

그러나 모스크바 삼상 결정이 발표된 뒤 좌·우익 여성 활동가들의 대립도 서서히 본격화되기 시작했다. 부총의 고명자는 안미생과의 대담에서 "제 생각으로 덮어 놓고 합치자는 것은 틀린 소리인 것이 지금도 불순분자들은 버젓이 높은 자리에 앉아서 활동하고 있는 것이 실정이니 되겠습니까? 아직도 그런 실례가 얼마라도 있습니다. 이러한 실정을 무시하고 그대로 통일이 되겠습니까? 이런 사실이 있는데도 불구하고 그대로 뭉치자는 이들의 심사를 알 수 없습니다. 그런즉 이런 불순분자를 제외하고 민중의 진정한 요구에 의한 진보적 민주주의 원칙으로서만 통일되겠으니 여성단체의 통일도 이 원칙으로서만 될 것입니다."라고 밝혔다.[88]

이 좌담회에서는 여성들 사이의 여성해방, 구체적 대안, 국가 형태에 대한 본격적인 토론이 전개되지 않았다. 그렇다면 여성해방과 관련해 어떤 논의들이 제기됐는지 살펴보자.

경제적 독립과 가정의 사회화

"해방의 전모를 통하여 특이한 것은 여성들의 민활한 활동"으로 "이제는 완전히 여성해방은 한 정당한 여론이 되(었다)"는 지적은[89] 해방이 여성들에게 가져다 준 열매였다. 남녀평등, 여성해방이란 주장과 용어는 일상생활에서 자연스럽게 사용됐다. 이들 용어는 비록 이에 찬성하지 않더라도, 불쾌하더라도 크게 반발하지 못할 정도로 시위나 구호로 흔하게 들을 수 있었고 요구되었다.

따라서 해방공간에서 여성들의 요구 가운데 하나는 '남녀평등', '여성해방'이란 용어였다. 그러나 이 용어의 용례와 뜻은 정치적 입장에 따라 규정과 방법은 달랐고, 그 내용도 다양했다.

> 여성해방에 있어 여성의 경제적 자주성이 없이는 완전한 여성의 해방은 사실상 무의미한 일이 될 것이다.[90]

> 여성도 직업을 갖고 경제적으로 독립할 수 있게 되자 여자의 권리를 말하게 될 것이요 여권운동이 발전하게 된 것입니다. 경제적 독립이 없이 정치적·사회적·도덕적 평화는 있을 수 없음은 말할 것도 없습니다. …… 모든 여성이 직장을 갖고 생산할 수 있는 사회, 이 생산을 담당할 때 경제적인 독립이 있는 것이요 여성도 완전한 인권을 남자와 같이 가지게 되는 것입니다. 그러면서도 또한 어린아이를 잘 길러 낼 수 있는 사회 이러한 사회를 건설함으로써만 완전한 여성의 해방은 있을 것입니다.[91]

> 우리 손으로 생산을 하여야 경제 자립을 하고 경제권을 얻어야 남녀평등을 부르짖게 될 터인즉 전국 여성 동지들이 궐기를 할 이때이니 남편이 벌어 주는 금전을 가지고 나만 편안이 살면 ○○이 아니라 우리 민족을 위하여 우리 국가를 위하여 노력하지 않으면 국민 된 자격이 없다고 볼 수 있습니다.[92]

> 여성의 경제적 독립 없이 여성의 지위가 향상될 수 없고, 여성의 지적 수준이 높지 않고 여성의 지위를 높일 수 없는 것이요, 여성의 사

회적 활동 없이 여성의 사회적 지위를 얻을 수 없는 것은 당연한 이치입니다.[93]

이상의 글들은 모두 여성의 경제적 독립 또는 자주성을 주장하고 있다. '가정에서 가두로'라는 구호까지 외치며 여성의 경제 활동이 사회적 지위, 지적 수준을 향상시키는 방법이고 경제권을 확립해야 남녀평등, 남녀 동권을 부르짖을 수 있는 기반이라는 것이다.

그렇다면 경제적 독립은 어떻게 가능한가? 경제적 독립과 함께 사회적 기반을 갖추어야 가능하다는 점이 강조됐다.

> 정치의 한 행사로서 여성해방을 위한 시설—탁아소, 공동 취사장, 공동 세탁장, 식료품 생산, 피복의 제작 등의 설비가 전국적으로 시설되어야 할 것이다. …… 이 전체적 여성의 해방을 위해서는 그것을 이해하고 실천하는 정부의 수립으로써 속히 실현할 수 있다는 것이다.[94]

> 여성해방의 사회적 기반은 무엇보다도 가정의 사회화이다. 가정의 사회화란 여성의 전면적인 부담인 가사·육아 등의 일절의 가정적 직무를 국가에서 부담하는 것이다. 즉 재봉, 세탁, 요리 등의 공동화와 탁아소, 유아원의 국가적 설비다. 이러한 가정의 사회화는 여성이 가정을 버리거나 남편에게 반항하지 않아도 필연적으로 여성의 가정적 해방을 의미하는 것이다. 여성의 가정적 해방은 역시 필연적으로 여성의 사회적 활동과 실천의 자유를 보증하는 것이다. 봉건적 인습도 도덕도 이러한 사회적 조건으로서만 자연히 소멸되는 것이다.[95]

좌익과 중도파 여성 활동가들은 여성해방을 재생산의 사회화로 여성이 생산자로서 기능할 때 가능하다 했다. 재생산의 사회화란 가정의 사회화를 의미하는데 가정의 사회화로 여성은 생산을 담당하는 노동력으로 여겨질 수 있고, 자연스럽게 여성의 경제적 독립이 이루어지고 여성도 남성과 동등한 권리를 누릴 수 있다는 것이다. 이런 생각은 앞의 해방, 여성 좌담회에서도 건국부녀동맹 위원장 유영준이 도시에서의 집단생활을 제안했던 것과 비슷한 흐름이다.

그러나 조선의 현실은 이들의 주장처럼 가정의 사회화를 꿈꿀 수 없다면서 여성해방은 "진보적 민주주의, 즉 근로대중을 토대로 하는 근로대중의 이익을 위한 민주주의요 자본의 독재를 쳐부순 참된 민주주의 사회를 건설함이 여성해방의 길이요 독립 국가 완성의 길"이라고 강조했다.[96] 곧 진보적 민주주의 사회 건설이 곧 여성해방이요, 독립 국가 완성의 길이라는 것이다. 또한 여성해방은 진보적 민주주의에 바탕한 독립 국가가 세워진 뒤에 이루어진다는 논리로 귀결됐다.

순차적 해방과 운동의 젠더화

좌익 여성 활동가들은 여성의 지위 향상 또는 남녀평등의 길은 경제적 독립과 사회 활동이라 생각했다. 따라서 그들은 "사회 구조의 변혁이 없이는 완전한 해방을 얻을 수 없는 것"이므로 사회적 조건으로 세탁, 요리, 재봉의 공동화와 탁아소 및 유아원의 국가화를 제시했다.[97] 그들은 이를 가정의 사회화라 주장했다. 그런데 가정의 사회화를 위해서는 이를 실현시킬 국가가 건설되어야 하므로 해방공간의 우선적 과제는 국가 건설이었다. 곧 그들은 사회적 기반 마련에 근거한 순차적 해방을 강조했다.

인류의 질서 단위로 '민족'만이 가장 자연이요 가장 합리적인 것이다. 민족으로 해방되고도 민족 속에 권리를 독점하는 계급이 남는다면 그때는 계급 타파가 있어야 할 것이다. 계급의 차별마저 없어진 연후에 의당 당장 할 것은 여성 문제일 것이다. …… 첫째 민족의 완전 해방, 둘째 계급의 완전 해방, 셋째 여성의 완전 해방. 이 순서가 없이 덤비면 서로 뒤죽박죽이 되고 말 것이다.[98]

여성의 진정한 해방을 위해서는 생산 수단 및 생활 수단을 일부 사람이 독점하는 일이 없고 따라서 착취 없는 사회 건설을 궁극의 목표로 하는 일련의 사회 개혁 운동을 전개하여야 한다. …… 일단 신사회를 건설하였으면, 이 기초 위에서 여성의 독자적인 문제를 해결하여야 된다.[99]

민족통일(전선) 결성 문제, 민주주의 정권 수립 문제를 중심으로 하여 각각 자체의 힘으로써 그 계층의 특수한 문제를 해결하려 하고 있다. 우리 부녀 대중도 이에 적극 참여하여 민족통일전선에 강고한 일을 형성하며 타방으로 우리는 거국일치의 태세를 취하여 부녀 대중의 특수한 모든 구체적 문제를 해결함으로 하여 전 민족의 해방과 함께 우리 부녀 대중의 당면한 임무를 수행하여야 할 것이다.[100]

부녀의 해방 운동은 결코 개개인의 참정과 개개인의 화려한 정치 유희에서 가능한 것이 아니고 전 피압박·피착취 인민들과 혼연일체의 연합 전선이 형성되어 과감한 정치 투쟁이 있어야만 이 목적을 달성할 수 있는 것이다. 부녀가 해방이 되려면 전 인민이 해방되어야만 해방되는 것은 부동의 철칙이거니와 전 인민이 해방이 되는 길은 오직 모든 권력이 인민에게로 귀속되는 이 밖에는 길이 없는 것이다. 이 접근은 무의식한 민중의 속으로 흡입됨이 아니고 민중과 같이 그들이 요청하는 모든 욕구를 정치 투쟁에로 유도·집결하는 안내자가 되어야 할 것이다. …… 그러므로 우리는 부청도 부인회도 가릴 것이 없는 것이다.[101]

여성해방의 단계적 절차와 순차적 해방의 주장에 따라 우선 "새 조선의 요구하는 바 실천에 참여"하라고 다그쳤다.[102] 이들이 생각한 국가를 세우는 데서 여성의 일은 "각 사회단체에 적극적으로 참가하며 신 국가 건설에 힘을 제공"하거나[103] "노동운동은 그의 큰 힘으로서 여성운동을 절대로 지도하며 원조하고, 여성운동은 노동운동을 전체적으로 조력하고 또는 혁명적 파업 투쟁을 할 때나 희생된 혁명가의 가족들이나 전력을 혁명 운동에 경주한 혁명가의 사생활 등을 정신적으로 물질적으로 원호하여 물심양면에 있어서 그들의 기력을" 돋우는 일이었다.[104] 이것이 여성운동의 진정한 의의이며, 여성해방의 과학적 방법이라 강조했다. 해방 뒤 아직 민족의 해방도, 국가도 세우지 못했기 때문에 모든 여성은 혁명을 조직하고 지도하거나, 여성해방을 위해 일하기보다는 우선 (남성)혁명가들을 도와 자주 독립 국가를 위해 전력을 다하고 혁명가의 조력자가 되라고 강조하고 있다.

단계적 해방의 논리는 결국 운동의 젠더화 또는 혁명의 젠더화로 이끌었다. 여성 활동가들이 할 일을 제시할 때도 거리 청소나 (혁명)유가족 돌보기 또는 위안하기 따위였다. 그런데 이 논리는 선 성장, 후 분배라는 개발 국가의 논리와 크게 다르지 않다. 개발 국가의 논리는 언제나 먼저 성장하고 나중에 분배하겠다는 기준을 제시했는데, 한국 역사를 돌이켜 생각하면 이 기준은 지켜지지 않았다. 성장과 분배는 동시적 문제이지 결코 분리된 과정이 아니다.

여성해방도 마찬가지이다. 민족해방 뒤 계급해방 그리고 여성해방이 아니다. 민족·계급·성별 모순은 양파껍질처럼 켜켜이 쌓여 있는 것이 아니라 중첩되어 있다. 따라서 이에 대한 답을 얻는 과정인 운동은 중층·충첩된 형식이어야 하고 이를 위해 합동과 연대가 이루어지는 과정을 이해하는 것이 필요하다. 중앙에서 모든 것을 관리·운영하는 것이 아니라 전체와 부분이 자율적 움직임과 운영이 필요하고 보장되어야 하고 부분의 자활적인 과정을 담보해야 할 필요성이 있다. 공동으로 연대할 문제는 함께 행동할 수 있지만 각 부문의 독자성은 유지해야 하는, 곧 유연성과 독자성을 견지하는 것이 운동의 민주주의 원칙을 지켜나가는 것이다.

현모양처, 성별 분업 운동

우익 활동가들은 민주주의라고 해서 여성의 타고난 임무와 사명을 잊어서는 안 된다면서 "모든 것이 건국의 여성으로서 가정 정돈은 물론이거니와 한걸음 앞으로 나가서 건국 대업에 반분의 힘이라도 다하기를 바라는 바이라. 여자의 본분 즉 현모양처 됨은 물론이거니와 본분을 지나쳐서 빈계신명牝鷄晨鳴의 과오는 조심치 않으면 안 된다. …… 주책없이 여기도 기웃, 저기도 기웃하고 아주 새로운 여성으로서의 본분을 벗어나면 안 될 것"이고,[105] "앞으로 내놓고 날뛰는 것, 그것이 옳지 않다는 것이다. 그 교양, 그 지성을 속에 불어넣는 것, 그것만이 자기를 살리고 가정을 살리는 가장 좋은 길이라는 것을 잊지 말아야 한다."라

며 여성의 타고난 직분은 현모양처임을 주장했다.[106]

여성들이 떠들고 주장하지 않아도 이 나라를 재건하는 데 있어서 여성 문제를 어떻게 취급해야 할 것쯤은 연구하여야 할 것이오, 건전한 국민을 기르고 참된 제2세를 양육하는 어머니를 어떻게 하겠느냐는 문제는 여성 자체의 문제가 아니라 남성들이 국가 백년대계를 계획하면서 제일 먼저 생각할 문제라고 생각합니다. 여성의 힘을 기르고 못 기르는 것이 국가 건설에 어떠한 영향이 미치겠느냐는 생각쯤은 해야 할 것으로 생각됩니다. 어떻게 하면 남녀가 다함께 같은 보조로 전진하고 발전하고 향상할 수 있을까 하고 계획 연구하는 것이 이 나라 재건에 큰 힘이 될 것입니다.[107]

진정한 여성해방이란 여성적 시각에서부터 출발한다. 자각 있는 순종에서만 여성의 위신과 여성의 권리와 여성의 미를 보장할 수가 있다. 우리는 첫째, 자각 있는 주부가 되어 부모를 존경하고 남편을 독려하고 자식에게 전한 애국심을 육성시킬 수 있어야 한다. 밥을 짓고 빨래를 하고 마당을 쓸고 하는 곳에 우리는 제일 ○○적인 여성해방을 발견해야 할 것이다.[108]

남녀평등이란 '아내', '어머니'된 임무를 남편에 전가하는 데 있는 것이 아니라 본무를 훌륭히 완수하는 동시에 정치, 경제, 사회, 문화적인 모든 문제를 사회인으로서 진정 사고하고, 판단하고, 처리할 권리와 책임이 있다.[109]

그들은 여성에게 가정을 고아원으로 만들지 말고 가정생활의 최고 책임자가 될 능력을 기르라고 충고했다. '부드러움', '깨끗함', '상냥함' 같은 덕성을 갖춘 여성은 가정 관리에 필요한 지식과 어머니로서의 교양을 갖추어야 하기 때문이다.

어머니의 교양이란 "적어도 그 시대, 그 민족, 그 나라의 안도성으로서 어느 정도 깨우침과 책임감과 교양을 가지고 그 자녀들을 단순한 자기의 한 아들이나 딸로만 여기는데 그치지 않고 크게 한 국민, 세계 인류의 한 사람으로서 떳떳한 한몫 사람이 되도록 그 인격적 도야와 공민적 연성에 부단히 유의 노력"하는 태도를 뜻했다.[110]

이는 여성이 국가의 구성원이 될 수 있는 길은 어머니의 지위를 갖기 때문임을 뜻했다. 현모양처라는 여성의 타고난 역할을 분명히 깨닫고 이를 훌륭하게 실천할 때에 비로소 여성은 사회의 어머니이자 아내로, 더 나아가서 민족(나라)의 어머니이자 아내로 불릴 수 있는 것이다. 다음의 내용은 이러한 시각을 분명히 하고 있다.

> 현모양처의 직분과 영역을 이같이 사회적으로 벌여야만 …… 남녀평등도 실속이 있는 것입니다. …… 당초에 여성의 사회적 진출이란 그 진출 목표가 근본적으로 폐해인 것입니다. …… 사회의 어머니, 사회의 아내, 이것이 현모양처의 새로운 방향이라고 나는 믿습니다.[111]

> 선천적으로 여성은 자녀 생산과 자녀 육성의 신성한 임무를 남성보다도 더 한 가지 붙은 것이다. 여기에 이르러 여성은 진실로 민족의 어머니요, 나라의 어머니인 것이다. 어머니는 우리 민족의 제2대를 생장·육성시키는 커다란 의무를 가진 것이다. …… 너무 지나친 평등은

이 나라를 좀 먹게 하는 것임을 깨닫고 진실로 나라의 어머니, 민족의 어머니로의 길을 찾아야 할 것이다.[112]

> 우리 여성은 직접 운동에 나서는 것보다도 주부로서의 역할을 완수함으로써 남편의 건국 사업에 전심하도록 내조의 힘을 발휘하는 것이 가장 현명한 길이라고 생각된다. …… 우리 여성은 이때를 당하여 모름지기 가정을 지킴으로써 우리 남편과 우리 자식이 조국 광복의 사업 성취에 각기 참된 일꾼이 되도록 해야 할 것이다.[113]

따라서 해방공간의 우익 인사들은 여성해방이란 중요하지 않다고 단언했다. 여성의 직분이 현모양처이기 때문에 이것만 잘 수행한다면 국민 국가의 구성원, 곧 공민公民으로서 자격을 갖게 된다. 국민의 자격을 갖는 순간, 여성해방이란 슬로건을 외칠 필요가 없었다.

> 여자참정권 문제는 결코 일부 여성참정권을 반대하는 사람들의 말과 같이 허영에서 소위 여자의 직책을 버리고 탈선하는 것이 아니라 오히려 현모양처의 직책을 더 잘하기 위하여 좀 더 이상적인 국가 사회를 건설하는 데에 직접 국민의 자격을 가지고 참가하는 당연한 일이라고 아니할 수 없다. 아니 그렇게 함으로써, 즉 여자가 직접 정치·사회 각 부문에 들어가 활동함으로써 여자의 지위가 향상되고 일반 국민의 문화가 발달되는 것이다.[114]

> 우리에게는 국가에 대업을 어깨에 메일 국민을 길러내기에 유능하고 권위 있는 어머니의 책임과 난국을 수습하기에 노심초사하는 남편을

> 협조하기에 떳떳한 아내로서의 책무가 있으니 만일 우리가 이러한 책임을 감당치 못한다면 이야말로 이 땅에 살아 있을 필요도 없고 권리도 없는 존재가 그 아니고 무엇이리까. 그러므로 우리는 국민 된 의무를 다하고 아내 된 도리와 어머니 된 책임을 완수하기 위하여 우리의 최선을 다하지 않으면 아니 될 것이요, 이것을 하기 위하여서는 우리의 자리와 권리를 가져야 할 것입니다. 이러한 필요에서 여권을 주장하는 것이요, 또 선거에 참여하고자 하는 것이며 여성 대의원을 선거하자는 것이다.[115]

따라서 여성의 직분이 현모양처라고 주장한 우익의 담론에는 여성해방에 대한 고민이 담겨 있지 않았으며, 여성해방에 대한 전망 또한 없었다. 그것은 여성해방을 주장하면서도 오히려 남녀 불평등을 온존시키는 기능을 했다. 여성해방은 뒤로한 채 국가 건설이라는 대의명분 아래 여성들을 다시 가정에 묶어 두려는 담론이었던 것이다.[116] 이러한 담론은 총력전 체제 아래에서 여성 지식인의 현모양처론과 닮아 있다. 일제 강점기 현모양처의 국가화는 조선 여성에 위한 내선일체의 생활양식의 창출과 황국신민을 낳아 기르는 역할로 귀착됐고, 여성 지식인들의 현모양처론은 그러한 식민지 지배 측의 논리에 회수됐다.[117] 따라서 우익 여성 활동가들은 국가의 젠더 구상(현모양처의 국가화)에 크게 모순을 느끼지 않았고, 현모양처론-근대화된 주부와 어머니-민족의 어머니-국민의 어머니라는 국가 권력의 젠더 구상으로 흡수됐다.

해방공간, 여성들의 이름 부르기

여성 노동자	기생들	미군 성폭행	좌익	중도파	우익
허균	이월희	김금옥	유영준	김순애	유각경
김정애	박귀희	김월녀	정칠성	안미생	임영신
현경순	최연연	이북향	정종명	김말봉	박순천
박순희	허난엽	정 아무개	이순금	신의경	박승호
김정순	김소산	……	고명자	박은성	고황경
김숙화	김송죽		김명시	송경섭	황애덕
신홍례	최순자		유금봉	……	황신덕
이재희	이숙자		이경선		황기성
현옥순	이태순		허하백		모윤숙
이희숙	이옥희		김조이		김활란
……	……		……		……

이들 가운데 들어본 이름이 몇이나 되는가? 아마도 익숙한 이름은 우익 여성 활동가 2~3명에 지나지 않으리라. 위의 명단은 극히 일부에 지나지 않는다. 부총, 여맹, 독촉애부 등 여성단체가 전국 대회를 할 때 400~500명이 넘는 여성 활동가들이 대회장을 가득 메웠다. 아이를 업고 온 여성, 이틀 걸리는 먼 길을 온 여성, 백발의 여성까지 방청객은

그 몇 배에 달했다. 이름은 기록되지 못했지만 열정을 갖고 활동했던 여성들. 그 열정으로 목숨을 잃기도 했던 여성들.

해방공간에서 일상을, 사회를 바꾸고자 했던 그들의 이론도, 활동도, 자료도 거의 남아 있지 않다. 그렇지만 그들은 여러 곳에서 자기 목소리를 내고 가부장제와 일제 자본과 군국주의에 균열을 냈던 여성 주체들이었다.

> 정애는 12시간 일을 마치고 기숙사로 돌아왔다. 친구 경순이와 고향 이야기를 나누고 싶었지만 같은 방이 아니라서 할 수 없었다. 기숙사에서는 사감의 허락 없이 마음대로 돌아다니지도, 친구들과 어울릴 수도 없다. 사실 몸이 파김치가 돼 이야기할 여력도 없다. 주간반인 숙자가 펴놓은 이부자리에 그대로 몸을 맡겼다. 공장은 24시간 가동되기 때문에 주간반 12명, 야간반 12명인 24명이 기숙사의 좁은 방을 함께 썼다. 담요 1장을 두 사람이 함께 사용했다.
>
> 지난 주 일요일, 시골에서 올라오신 아버지를 사감이 못 만나게 해 정애는 아직도 눈물이 나고 억울했다. 그렇지만 사감이 무서워서 아무 말도 못하고 눈물만 삼켰다.

일제 강점기 종연방직, 경성방직, 조선방직, 동양방직 등 조선 최대의 방직 공장 어느 곳에서나 흔히 볼 수 있는 풍경이다.

일제가 '대동아'를 외치면서 만주로, 중국으로, 동남아시아로 전쟁을 벌이면서 공장의 규율은 더 심해졌다. 공장의 규율은 일을 하면 할수록 심해져 노동자들은 하루빨리 이곳에서 벗어나고 싶었다.

잡담 금지, 기숙사에서의 이동 금지, 휴일 외출 금지, 잦은 몸 검사와 기숙사 뒤지기, 손찌검과 체벌, 이름이 아닌 '이 년'으로 불리기, 무식한 '년'이라는 폭언…….

하루 종일 쉬지 않고 일해도 노동자에게 떨어진 몫은 이런 대우였다. 수치감, 모멸감, 무시와 냉대의 경험은 모두 하찮은 존재로 여겨지게 하는 일상의 장치들이고 규율이다. 이런 공장의 규율로 노동자들의 자존감은 낮았다.

일제 강점기 공장은 감옥이자 군대였기 때문에 공장에서의 일상생활도 공장이나 군대나 비슷했다. 2015년 공장의 일상생활은 이런 측면에서 많이 달라졌다. 이런 환경과 노동조건의 변화는 사회가 발전해서 자연스럽게 얻어진 것은 아니다. 2015년 작업장에서의 당연한 일상생활은 1940년에는 자명한 현실이 아니었다. 이 일상을 바꾸기 시작한 것은 해방공간 작업장에서의 여성 노동자들이었다. 그들의 용기로부터 시작된 긴 싸움과 변화의 시간이 2015년 작업장에서의 자명한 현실을 만들었다. 이동의 자유, 외출 금지의 거부, 체벌의 감소는 결코 자본이 준 시혜가 아니었다.

해방공간의 거의 모든 작업장에서 여성 노동자들이 임금 인상, 8시간 노동, 동일 노동 동일 임금, 산전·산후 휴가와 함께 외쳤던 주장은 일상생활에서 노동자를 얽매었던 다종다양한 규율과 감시의 거부였다. 그녀들은 작업을 마친 뒤 친구들과 수다 떨기를, 기숙사에서의 감시에서 벗어난 자유로운 이동을, 휴일 자유 외출을 요구했고, 자주 자행되는 몸 검사와 폭언을 거부했다. 그들이 요구했던 일상의 변화는 아주 미미하고 사소했다. 곧 30분 동안의 점심시간 뒤 15분 휴식과, 10분 동안 하늘을 바라볼 짧은 여유를, 1년에 한 번 정도의 소풍을, 기쁨과 슬픔을 함께 나눌 친구와의 교감을 요구한 것이 전부였다. 이런 행위들은 모두 일상을 변화시키는 기초들이었다. 정면을 똑바로 쳐다보는 행위는 단지 고개만 들면 되는 행동이 아니라 평등한 인간이라는 자존감의 표시이다. 이 과정은 노동자에게 여유·교감·자존감을 가져오는, 역사 주체로 나아가는 과정이기도 했다.

해방공간 여성의 목소리와 주장이 작업장에서만 울려 퍼진 것은 아니었다. 미군정 군사 재판정에서도 울려 퍼졌다. 판사, 검사, 변호사가 모두 미군인, 영어로 진행된 재판정에서 피해자 김금옥은 결코 주눅 들지 않았다. 물론 그녀는 법정에서 피해자에게 요구하지 말아야 할 것들, 성폭행 당할 때와 같은 자세를 취해달라는 요구, 복잡하고 반복적 질문으로 불리한 대답을 유도하는 변호사의 태도들로 힘들어 했다. 그런데도 그녀는 멈추지 않았다. 그녀의 발언은 통역을 통해 전달됐지만 그녀가 용기를 내지 않았다면 결코 그렇게 오랜 시간 법정에 서서 자신의 피해 사실을 말하지 못했을 것이다.

파업의 여파는 '홍등가'에도 일었다. 기생들은 미군정의 강제 성병 검사를 거부했다. 그들은 성병 검사가 아닌 건강 검진을, 미군정의 관리들이 정해 놓은 공간에서 일시에 하는 검진이 아닌 1년에 1회 정기 검진과 1회 부정기 검진을 자발적으로 행할 것을 요구했다. 기생들은 이 요구를 관철하기 위해 몇 차례에 걸쳐 총파업을 단행했다. 이들의 강제 성병 검진 반대 총파업은 공창 폐지의 지연에까지 영향을 미쳤다.

또한 '유곽의 창기'들은 공창 폐지에 앞서 미군정에 유곽이 자신들의 생활 터전이므로 침구며 세간 도구의 이동과 적산인 유곽의 이용을, 직업 알선을 요구하며 일방적 정책 시행을 거부했다. 그들의 요구는 어느 하나도 받아들여지지 않았다. 예전의 포주는 여관이나 대중음식점으로 업종을 전환했지만 몸 이외에 아무것도 가지고 있지 않았던 대부분의 유곽 여성들은 그들이 그토록 원했던 공장이 아닌 여관·목로주점·카페·바의 여급·작부·고용녀로 취직하거나 사창으로 전환됐다.

이들의 행위는 해방공간 일상생활에서 일제의 강제와 규율이 계속되는 현실을 거부한 것이다. 일제 규율의 거부는 한편에선 일제 자본의 거부요, 다른 한편에선 탈식민과 새로운 사회에 대한 전망의 제출이었다.

탈식민의 과제와 새로운 사회, 국가 건설과 관련해 여성 이론가 또는 활동가들은 다양한 대안을 제시했다. '남녀평등'과 '여성해방'의 구호가 사회 유행이었을지라도 이를 주장하는 주체가 없다면 그 효과가 오래가지 않는다.

유영준, 정칠성, 정종명, 고명자 등 좌익 여성 활동가들은 강연과 강습 활동을 통해 자신들의 생각을 전파했다. 그들은 경제적 독립과 가정의 사회화가 여성해방의 전제 조건이라 했다. 가정의 사회화는 국가가 주도하는 탁아소나 유아원의 설립, 재봉·세탁·요리의 공동화, 소비자협동조합 따위로 실현될 수 있다고 했다. 그런데 1945년 현재, 조선은 그러한 기반을 마련할 국가 건설을 하지 못했기 때문에 진보적 민주주의를 원칙으로 하는 사회를 건설할 단계이므로 여성들은 이 활동에 힘써야 함을 주장했다. 비록 새로운 국가 건설 안에서 여성 문제 해결의 전망을 내놓긴 했지만 그들은 운동의 젠더화로 나아갔다. 따라서 혁명가 유가족 돕기, 구속자 위문하기, 여성 계몽이 주요한 활동 과제로 제기됐다. 이들 좌익 여성 활동가들은 운동의 젠더화를 자연스럽게 받아들였다.

순차적 해방론은 역사의 단선적·단계적 발전론에서 기원한 것으로 역사에서 순차적 해방으로 사회 모순이 제대로 해결된 적은 없었다.

모순은 결코 단순하지 않으며 복잡하고 다층적이며 다면적이므로 한 부분이 해결되면 다른 부분이 나타나 대기하고 있는 것이 아니다. 곧 장애물달리기처럼 한 장애물을 넘으면 다른 장애물이 기다리고 있는 것은 아니다. 좌익 여성 활동가들은 국가 안에서 여성해방을 기약하면서 헌신적으로 활동했다. 그런데 이러한 인식은 여성운동의 독자성을 상실하는 계기였다. 해방공간의 좌익 여성 활동가들은 건국부녀동맹에서 조선부녀총동맹 그리고 남조선민주여성동맹으로 조직을 변경시켰고, 이들 조직은 정치 정세에 민감하게 움직였다. 그리고 국가 권력의 탄압이 있을 때, 여성운동의 독자성과 유연성을 유지하지 못한 채 흔적 없이 사라졌다.

우익 여성 활동가들은 남녀평등이나 여성해방을 주장하기보다는 '독립 전취'라는 과제에 쏠렸다. 이런 인식은 독촉애부로 통합하면서 강화됐다. 따라서 우익 여성 활동가들은 미군정의 국가기구 안에 포섭됐으며, 그 기구 안에서 여성 문제를 활성화시키는 과제보다 국가기구의 젠더화라는 틀에 맞추어 활동했다.

미군정은 여성을 일반 여성과 '불량' 여성으로 구분하고 부녀국과 여자경찰서가 이를 담당하도록 했다. 우익 여성 활동가들이 부녀국과 여자경찰서에서 활동했다. 부녀국은 여성 문제를 조사하고, 기록하고, 그 조사를 토대로 대안과 전망을 마련할 수 있는 기회를 만들 수 있었다. 그런데도 부녀국은 '현모양처' 역할론과 성병 예방 강습에 치중했으며 모든 여성단체를 부녀국 아래에 통합하려는 활동에 무게를 두었다. 여성단체의 통합이 중요한 것이 아니라 다양한 여성단체가 자활과 독자성을 유지하도록 견인해야 하는 것이 국가기구인 부녀국의 임무에 적합했을 것이다. 그리고 여자경찰서(제도)는 폐지와 무용론에 시달리면서 '선장은 남자 경찰'만이라며 '결코 여자 경찰은 남자 경찰의 자리를 탐내지 않는다.'라는 고백으로 국가기구 안에서의 성 역할에 분명한 선을 그었다.

우익 여성 활동가들은 '독립 전취' 이외에 어떠한 전망도 내놓지 않았다. 따라서 독립 전취의 과제가 실현되자 '가정으로 돌아가라.'라는 요구에 쉽게 포섭 당했다. 현모양처는 이 요구에 적합한 이데올로기였으며 우익 여성 활동가들은 사회 활동을 했지만 자신이 어머니와 아내의 역할을 훌륭하게 이행하고 있음을 고백하곤 했다. 그들의 활동은 대개 거기에 머물러 있었다.

이론가들은 일상생활에서의 다양한 행위와 실천에 접목하지 못했고, 이론을 기반으로 한 여성단체와 운동으로 발전하지 못했다. 그런데도 해방공간에서 여성 이론가와 활동가 그리고 여성단체의 활동은 사회에 큰 파장을 일으켰다. 여성단체는 3·8 부인 대회, 크고 작은 독자적인 전국 대회를 치러냈으며, 2~3일 동안 모든 지방의 활동가들이 한자리에 모여 활발한 토의 자리를 마련했다. 그 대회가 형식적인 자리일지라도 전국 대회에 참가한 지방 대표 또는 활동가들의 경험은 결코 하찮은 것이 아니었다. 그 경험은 다른 삶을 살아갈 수 있는 기회였으며 생각의 변화를 가져 오는, 동료를 만나 고민을 함께 터놓을 수 있는 자리였다.

이들 여성들이 용기와 열정과 희망이 없었다면, 두려움을 버리고 모험을 갖지 않았다면, 일상을 바꾸고자 하는 희망을 품지 않았다면 이 모든 행위는 불가능하다. 따라서 그들의 목소리를 담아내고 경험을 듣고 역사 자원으로 삼는 것은 후배 연구자의 몫이다. 스타이넘이 '완전히 새로운 전술도 없고, 완전히 구식인 전술도 없다.'라고 주장했듯이 먼저 살아간 사람들의 이야기는, 역사는 현재를 살아가는 사람들에게 길을 안내하는 역사 자원이다. 따라서 '자학사'라며 '그만하자.'라는 주장은 기록하고 분석하고 해석해야 할 역사 자원을, 그리고 그 자원을 토대로 한국 사회의 전망을 내놓을 수 있는 가능성을 없애는 것과 같다. 비극이 희극보다 생명이 긴 까닭은 사람을 생각하게 만들기 때문이다. 희극은 한바탕 웃으면 스트레스를 날려 버리지만, 비극은 인간의 존재·가치·삶을 고민하게 만든다. 역사도 마찬가지이다.

머리말

1 저자는 패트리샤 그림쇼(Patricia Grimshaw), 마릴린 레이크(Marilyn Lake), 앰 맥그라드(Ann McGrath), 마리안 쿼틀리(Marian Quartly)로 영국계 백인 남성들로 이루어진 호주 역사를 여성사적 입장으로 서술한 책이다.

2 배인철(裵仁哲), 「인종선(흑인쫀슨에게)」, 조선문학가동맹 편, 『1946년판 조선시집』, 아문각, 1947, 65~67쪽; 배인철(1920~1947)은 1940~1942년 니혼대학에서 영문학을 전공했다. 1945년에 '신예술가협회' 결성을 주도했고, 인천중학교(현 제물포고교) 영어 교사를 맡기도 했다. 1947년 인천에서 연 해양대학교 영어 교수도 했다. 그러나 이 해에 남산공원을 걷던 중 총상을 당해 사망했다. 배인철이 흑인을 주제로 시를 쓰게 된 계기는 해방 뒤 인천에 진주한 미군부대의 흑인 병사와 가깝게 지내면서다. 「노예해안」, 「쪼 루이스」, 「흑인부대」 따위의 시가 있다(정진오, 「배인철의 흑인시」, 『경인일보』, 2014년 6월 12일).

제1장

1 「시간과 사회상」, 『조선중앙일보』, 1949년 5월 26일~5월 29일, 6월 1일~6월 4일.

2 오장환, 『병든 서울』, 미래사, 2003, 83쪽.

3 오장환, 「벽보」, 『신조선』 제4호, 1947, 30~31쪽.

4 서중석, 「해방후 좌우합작에 의한 민족국가건설운동」, 서울대학교 국사학과 박사학위논문, 1990.

5 팀 에덴서 지음, 박성일 옮김, 『대중문화와 일상, 그리고 민족정체성』, 이후, 2008, 55쪽.

6 팀 에덴서 지음, 박성일 옮김, 앞의 책, 65쪽.

7 알프 뤼트케, 「일상사의 중간보고」, 『일상사로 보는 한국근현대사』, 책과함께, 2006, 44쪽; 알프 뤼트케 외 지음, 이동기 외 옮김, 『일상사란 무엇인가』, 청년사, 2002.

8 실비아 페데리치, 『캘리번과 마녀』, 갈무리, 2011, 56~57쪽.

9 데틀레프 포이케르트 지음, 김학이 옮김, 『나치시대의 일상사 - 순응, 저항, 인종주의』, 개마고원, 2003, 27쪽.

10 「男女討論 女子斷髮이 可한가 否한가」, 『별건곤』 제18호, 1929, 128~130쪽(국사편찬위원회 역사정보 사이트).

11 김활란, 『그 빛 속의 작은 생명』, 이화여자대학교 출판부, 1999(제1판 1965), 132~134쪽.

12 「조선 각계 인물 온 파레드」, 『혜성』 1-6, 1931, 83쪽(국사편찬위원회 역사정보 사이트).

13 글로리아 스타이넘 지음, 양이현정 옮김, 『일상의 반란』, 현실문화연구, 2002, 285쪽.

14 니라 유발-데이비스 지음, 박혜란 옮김, 『젠더와 민족』, 그린비, 2012, 20~21쪽.

15 고미숙, 『한국의 근대성, 그 기원을 찾아서 - 민족, 섹슈얼리티, 병리학』, 책세상, 2001, 96~100쪽.

16 니시카와 나가오 지음, 윤대석 옮김, 『국민이라는 괴물』, 소명출판, 2005, 318쪽.

제2장

1 「사설 : 애국운동을 전개하자」, 『조선인민보』, 1945년 11월 17일.
2 「사설 : 정권과 보수」, 『조선인민보』, 1945년 12월 5일.
3 『조선인민보』, 1946년 4월 1일~4월 6일.
4 「민전의 신정부 설계(6)」, 『조선인민보』, 1946년 4월 8일.
5 「나 잘 산다 자랑 말고 이웃을 도웁자, 방탕한 부인도 민족반역자」, 『민주일보』, 1946년 7월 14일.
6 『매일신보』, 1945년 10월 9일; 「國恥娘을 일소. 보안서도 풍기철저 취체키로」, 『자유신문』, 1945년 10월 23일.
7 「사설 : 부녀자의 풍기문제」, 『매일신보』, 1945년 10월 15일.
8 「미군과 젊은 여자의 同伴散策은 可하나, 오해 없도록 풍속 존중할 일」, 『매일신보』, 1945년 10월 22일.
9 「朝鮮 女性 自重하라, 우리나라 수립에 역할이 지대함을 알라」, 『매일신보』, 1945년 10월 29일.
10 니라 유발-데이비스 지음, 박혜란 옮김, 『젠더와 민족』, 그린비, 2012, 116쪽.
11 「朝鮮 女性 自重하라, 우리나라 수립에 역할이 지대함을 알라」, 『매일신보』, 1945년 10월 29일.
12 「거울」, 『여성신문』, 1947년 6월 15일.
13 「적신호 - 천박한 자기소개, 껌 씹고 담배 피는 여성미의 적」, 『우리신문』, 1947년 6월 18일.
14 崔忠誠, 「해방 후 나의 소감과 기원(4)」, 『가정신문』, 1946년 6월 14일.
15 「미군인이 본 美軍人 行狀 - 미군장교와 사병이 조선인을 적으로 만든다(2) : 노만 프리쉬 記」, 『독립신보』, 1947년 1월 18일.
16 홍효민, 「여성과 화장미 - 창녀형 파편을 버리라」, 『생활문화』 제1권 2호, 1946, 33~34쪽.
17 「여급에게 洋裝 제도, 趙도경찰부장 치안방침을 천명」, 『조선인민보』, 1945년 11월 14일; 「거리의 毒花 이번엔 삭발」, 『독립신보』, 1947년 9월 9일; 『부인신보』, 1947년 9월 7일.
18 「여성의 소리 - 불량여자들 이웃에서 감시하자」, 『여성신문』 1947년 5월 21일.
19 김주천, 「해방 조선을 좀먹는 자들」, 『생활문화』 제1권 1호, 1946, 30~31쪽.
20 니라 유발-데이비스 지음, 박혜란 옮김, 앞의 책, 2012, 91~92쪽.
21 니라 유발-데이비스 지음, 박혜란 옮김, 앞의 책, 2012, 53쪽.
22 「사설 : 조선의 젊은 어머니들에게」, 『자유신문』, 1945년 11월 9일.
23 「사설 : 독립과 부녀의 사명」, 『대동신문』, 1946년 2월 8일.
24 이경선, 「조선 여성에게 호소함」, 『개벽』 제8권 1호, 1946, 88쪽(김남식, 이정식, 한홍구 엮음, 『한국현대사 자료 총서』 6, 돌베개).
25 이순금, 「조선 여성에게」, 『여성공론』 창간호, 1946, 15~16쪽.
26 황현숙, 「여성들의 임무」, 『생활문화』 제1권 2호, 1946, 50쪽.
27 소오생, 「노리개집, 조선의 노라는 누구?」, 『동아일보』, 1946년 3월 16일; 소오(小梧)는 설의식의 호이다.
28 「독립전취에 대한 신념 : 전국 여성은 꾸준히 독립의 길을 닦자」, 『가정신문』, 1946년 9월 3일.
29 百結, 「時評 - 獨立戰線과 女性의 地位」, 『부인신보』, 1947년 7월 25일.
30 김송, 「여성들에게 보내는 말 - 여성의 위치」, 『부인신보』, 1947년 5월 22일.
31 「여성과 봄 - 아내에게 주는 글(하)」, 『중외신보』, 1947년 3월 26일~3월 27일.
32 「良妻가 되는 진실한 내조」, 『부인신보』, 1947년 10월 5일.
33 박지영, 「여성 혁명가의 귀환, 그 이후 - 해방기 여성 혁명가의 형상과 가족 서사」, 『여성문학연구』 제24호, 2010, 216쪽.
34 「논설 - 여성과 국가」, 『부인신보』, 1947년 10월 5일.
35 배상명, 「새 조선의 어머니」, 『생활문화』 제1권 1호, 1946, 44쪽.

36 황애덕, 「조선 여성의 애국운동 회고담」, 『새살림』 2·3월 특대호, 1947, 68쪽.
37 이승원, 「근대적 신체의 발견과 위생의 정치학」, 『국민국가의 정치적 상상력』, 소명출판, 2003, 49쪽.
38 안호상, 「건국여성의 각오」, 『여학원』 창간호, 1946, 4~7쪽.
39 설의식, 「여성운동의 신 방향과 신현모양처주의의 제창」, 『재건』 제1권 3호, 1947, 12~14쪽.
40 박선미, 『근대여성, 제국을 거쳐 조선으로 회유하다』, 창비, 2007, 207쪽.
41 양미림, 「모성으로서의 주부」, 『부인』, 제2권 7호, 1947, 35~37쪽.
42 이승원, 앞의 글, 2003, 62쪽.
43 김지혜, 「해방기 소설에 나타난 여성 연구」, 동국대학교 국어국문학과 석사학위논문, 2006, 47쪽.
44 이상록, 「미군정기 새교육운동과 초등학교 규율 연구」, 『역사와 현실』, 제35호, 2000, 138~140쪽.
45 유열, 『현대 학생 우리말 사전』, 현대사, 1949, 127쪽(임종명, 「해방 공간의 스파이 이야기와 정치적 함의」, 『역사학연구』 제41집, 151쪽 재인용).
46 나라 유발-데이비스 지음, 박혜란 옮김, 앞의 책, 2012, 130쪽.
47 「市民의 公民證」, 『대동신문』, 1947년 2월 13일.
48 「사설 : 성인교육문제 - 그 필요와 목적성(1)」, 『동아일보』, 1946년 2월 7일.
49 생활문화 편집부, 「생활문화를 말하는 좌담회」, 『생활문화』 제1권 2호, 1946, 23~32쪽.
50 부인 편집부, 「가정생활개선좌담회」, 『부인』 제1권 2호, 1946, 28~32쪽.
51 이 좌담회에는 최성은의 사회로 전복려, 현덕신, 김성현, 방춘화, 이경화, 조아라 등이 참석했다(『동광신문』, 1947년 3월 9일).
52 부인 편집부, 「좌담회 - 생활의 개선」, 『부인』 제5권 1호, 1950, 18~20쪽.
53 신천지 편집부, 「신생활을 말하는 좌담회」, 『신천지』 제4권 7호, 1950, 164쪽; 이 자리에는 조동식, 유자후, 나병기, 박종화, 오종식 등이 참석했다.
54 윤덕상, 「가정부인과 시간」, 『한보』 제25호, 1948, 22쪽.
55 김온순, 「가정과 능률 - 생활론」, 『새살림』 4·5월 합병호, 1947, 31~34쪽.
56 박순천, 「정부수립과 여성임무」, 『대조』 제3권 3호, 1948, 66~67쪽.
57 최명숙, 「생활개선에 대한 소감」, 『새살림』 5·6월호, 1948, 56쪽.
58 「가정과 문화 : 知와 愛의 「計量器」」, 『한성일보』, 1947년 3월 16일.
59 이진경, 『근대적 시·공간의 탄생』, 푸른숲, 2005, 61쪽.
60 석주선(국립과학박물관 공예학연구실), 「부인들 의복 개선에 대하야」, 『부인』 제1권 3호, 1946, 15쪽 : 1. 의복의 고름을 없이 할 것. 우리 조선 의복에는 분화가 절대로 필요합니다. 외출복, 평상복, 작업복으로 나누어 조절할 것입니다. 2. 다듬이질 안하고 만들 수 있게 할 것. 3. 겨울옷도 여름옷과 같이 일일이 뜯지 말고 세탁하고 취급할 수 있도록 할 것. 4. 솜을 빨아도 떨어지지 않도록 연구할 것 5. 조선 의복에도 여러 가지 포켓을 붙이도록 할 것. 6. 색의에 대하여 연구할 것.
61 조현경, 「여성과 생활문화」, 『부인』 제2권 3호, 1947, 15~16쪽.
62 황기성, 「새해와 여성의 각오」, 『부인』 제4권 1호, 1949, 12쪽.
63 「사설 : 생활윤리의 발양」, 『자유신문』, 1946년 1월 19일.
64 「愛國班 폐지코 신생활운동」, 『동아일보』, 1948년 1월 7일.
65 하갑기, 「생활민주화의 과제」, 『신천지』 4권 6호, 1949, 180~182쪽.
66 내무부 치안국, 『미군정법령집』, 병학사, 1956, 186쪽.
67 「女性援護의 총본영, 군정청 내에 부녀국 설치」, 『조선일보』, 1946년 8월 29일.
68 『민주일보』, 1946년 9월 1일; 『동아일보』, 1946년 8월 29일; 『조선일보』, 1946년 8월 29일.

69 황정미, 「해방 후 초기 국가기구의 형성과 여성(1946-1960) - 부녀국을 중심으로」, 『한국학보』 제28권 4호, 2002, 167쪽.
70 헬렌·닉슨, 「머리말」, 『새살림』 창간호, 1947, 1쪽.
71 이용설, 「축사」, 『새살림』 창간호, 1947, 4쪽.
72 주병환, 「부녀국의 발족에 제하여」, 『새살림』 창간호, 1947, 5~6쪽.
73 고황경, 「부녀국 설치에 대하여」, 『새살림』 창간호, 1947, 9쪽.
74 편집부, 「부녀국 지방조직 강원도 춘천 부녀국 설치 좌담회」, 『새살림』 창간호, 1947, 43쪽.
75 편집부, 「경남 부녀과 설치에 대하여」, 『새살림』 2·3월 특대호, 1947, 46~47쪽.
76 편집부, 「경북 부녀과 설치에 대해서」, 『새살림』 2·3월 특대호, 1947, 54쪽.
77 김용련, 「부녀국장의 지방방문」, 『새살림』 11·12월호, 1947, 19쪽.
78 김용련, 「드디어 부녀계는 탄생하였다」, 『새살림』 2월호, 1948, 50~53쪽.
79 김용련, 앞의 글, 50~51쪽.
80 김용련, 앞의 글, 52쪽.
81 『영남일보』, 1948년 2월 3일(경북여성정책개발원, 『신문으로 읽는 경북여성사』, 2006, 488쪽 재인용).
82 『동아일보』, 1947년 2월 14일; 『대동신문』, 1947년 2월 13일; 『조선일보』, 1947년 2월 19일; 『여성신문』, 1947년 6월 10일(38호); 『동아일보』, 1948년 7월 10일; 『동아일보』, 1948년 8월 24일; 『동아일보』, 1947년 12월 9일; 『동아일보』, 1947년 12월 11일; 『우리신문』, 1948년 3월 18일; 『동아일보』, 1948년 3월 16일.
83 새살림 편집부, 「새살림소식」, 『새살림』 8·9월 합병호, 1947, 49쪽.
84 「직장소녀들을 교육, 부녀국이 현지 출장 강습」, 『여성신문』, 1947년 6월 10일.
85 새살림 편집부, 「새살림소식」, 『새살림』 10월호, 1947, 17~18쪽; 「성병은 무섭다」는 캐나다 여군 교육용 필름이다.
86 새살림 편집부, 「부녀국뉴-쓰」, 『새살림』 5·6월호, 1948, 33쪽.
87 「여경36년의 회고」, 『경우신보』, 1982년 6월 20일.
88 대한민국재향경우회 여경회, 『한국여자경찰 50년』, 서울, 2000, 55쪽; 그런데 『동아일보』 1946년 5월 24일자에는 16명으로 나와 있고 인명도 약간 다르다. 『동아일보』에 나온 인명은 '양한나, 고봉경, 김용제, 김윤정, 안맥결, 정재운, 김현숙, 김부덕, 곽경봉, 황남숙, 최명숙, 김영희, 전창신, 현진복, 이경혜, 이용순' 등이다.
89 「여자 경관 신청 답지, 전문 출신 40명」, 『독립신보』, 1946년 6월 6일.
90 김태선, 「남기고 싶은 이야기들 - 국립경찰 창설」, 『중앙일보』, 1974년 10월 29일.
91 오효철, 「경찰24시 - 6·25와 여경」, 『경우신보』 1983년 6월 26일.
92 김태선, 앞의 글, 『중앙일보』, 1974년 10월 29일.
93 「여경관 교습 책임자 김현숙씨 담」, 『동아일보』, 1947년 2월 26일.
94 「여자 경관 각서에 배치」, 『가정신문』, 1946년 7월 16일.
95 대한민국재향경우회 여경회, 앞의 책, 106쪽.
96 민주경찰 편집부, 「여자 경찰관의 좌담회」 『민주경찰』 제2권 5호, 1948, 105쪽.
97 한국경찰사편찬위원회 편, 『한국경찰사 1』, 1973, 961쪽.
98 「여자 경찰 탐방기」, 『부인신보』, 1948년 8월 14일.
99 「私娼 일소코자 여경후원회를 조직」, 『조선일보』, 1947년 11월 1일.
100 1947년 2월 17일 경무부장이 수도관구경찰청장 앞으로 보낸 공문이다(한국경찰사편찬위원회 편, 앞의 책, 961쪽).
101 메리 E. 위스너-행크스 지음, 노영순 옮김, 『젠더의 역사』, 역사비평사, 2006, 195~196쪽.
102 황정미, 앞의 글, 169쪽.
103 황정미, 앞의 글, 170~171쪽.

104 HQ USAMGIK, History of the Department of Public Health and Welfare, Exhibit 3(신좌섭, 「미군정기 보건의료 정책」, 서울대학교 의사학과 석사학위논문, 2000, 76쪽 재인용); Summation of United States Army Military Government Activities in Korea, GHQ Commander-in-Chief, Far East, No 22, July 1947, Part IV, section I(박인순, 「미군정기의 한국보건의료행정에 관한 연구」, 경남대학교 행정학과 박사학위논문, 1994, 64쪽 재인용).
105 HQ USAMGIK, History of the Department of Public Health and Welfare in the History of the United States Army Military Government in Korea, September 1945-30 June 1946, 3 Volumes, 1947, Exhibit 1-3(신좌섭, 앞의 글, 75쪽 재인용).
106 새살림 편집부, 「부녀국뉴-쓰」, 『새살림』 5·6월호, 1948, 33쪽.
107 이배용, 「미군정기 여성생활의 변모와 여성의식, 1945-1948」, 『역사학보』 제150호, 1996, 166쪽.
108 이배용, 앞의 글, 167쪽.
109 기무라 료코는 『주부의 탄생』의 지면 구성을 형식과 내용으로 분류했는데 어떻게 말할지는 형태에 대한 분류로 여기에는 평론 기사, 실용 기사, 대담·좌담회, 독자 수기, 소설, 그라비아, 기타, 광고로 분류했다. 무엇을 말할지는 테마별 분류로 일반 사회, 문화 교양, 가정생활, 미용·패션, 여성의 삶, 남녀 관계, 주부·가정론, 각종 여성론, 기타로 분류됐다(기무라 료코 지음, 이은주 옮김, 『주부의 탄생』, 소명출판, 2013, 75~76쪽).
110 리숙자, 「의무가 없는 곳에 권리가 없다」, 『새살림』 2·3월 특대호, 1947, 64쪽.
111 박승호, 「우리 여성의 진로」, 『부인』 제4권 1호, 1949, 14~15쪽.
112 새살림 편집부, 「경남 부녀과 설치에 대하여」, 『새살림』 2·3월 특대호, 1947, 49쪽.
113 전창신, 「여자 경찰관과 그 임무」, 『민주경찰』 제2권 4호, 1948, 224쪽.
114 민주경찰 편집부, 「여자 경찰관의 좌담회」, 『민주경찰』 제2권 5호, 1948, 101쪽.
115 민주경찰 편집부, 「제2회 여경 좌담회」, 『민주경찰』 제3권 1호, 1949, 104쪽.
116 최정옥, 「국가의 행운은 남녀협조에서」, 『민주경찰』 제2권 5호, 1948, 94쪽.
117 민주경찰 편집부, 「문화적이며 인간적인 경찰관이 되라 - 언론인의 좌담회」, 『민주경찰』 제2권 6호, 1948, 81~84쪽; 참석자는 동아일보 사회부장 서정주, 국제신문 사회부장 김현제, 경향신문 문화부 차장 정인준, 평화일보 사회부장 안준, 현대일보 사회부 기자 곽송암, 민주경찰 주간 김일수, 민주경찰 편집계장 조능식 등이었다.
118 김윤정, 「남녀의 협력」, 『민주경찰』 제2권 1호, 1948, 75쪽.
119 정복향, 「여경의 호소」, 『민주경찰』 제2권 4호, 1948, 222쪽.
120 민주경찰 편집부, 「여자 경찰관의 좌담회」, 『민주경찰』 제2권 5호, 1948, 106쪽.
121 전삼조, 「여자 경찰관에 대한 일고찰」, 『민주경찰』 제2권 3호, 1948, 64쪽.
122 전창신, 「여자 경찰관과 그 임무」, 『민주경찰』 제2권 4호, 1948, 223~224쪽.

제3장

1 여기에서 작업장이란 용어를 사용한 것은 해방공간에서 파업이 공장뿐만 아니라 백화점, 철도국, 전매국, 전화국, 유곽 등지에서도 일어났기 때문이다.
2 「사설 : 건전한 노동교육의 필요」, 『동아일보』, 1946년 5월 9일.
3 이종형, 「이렇게 독립을 전취하자 - 노동자 : 하나라도 더 만들자, 모든 것은 우리들의 것이다 파괴하면 우리들의 손해다」, 『여성신문』, 1947년 5월 10일.
4 유재성, 「조선공업의 근본문제」, 『실업조선』 제1권 1호, 1947, 11쪽; 유재성은 용산공작 이사장이다.
5 박창일, 「생산의 익로와 그 타갯책 - 자력으로 나아가련다」, 『실업조선』 제1권 1호, 1947, 36쪽; 박창일은 태평상공주식회사 전무이다.

6 「사설 : 식량난과 임금」, 『조선일보』, 1946년 3월 22일.
7 「사설 : 산업재건과 노동조합운동」, 『조선인민보』, 1945년 11월 27일.
8 「과거와 현상 - 조선 노조운동의 당면 임무(中)」, 『해방일보』, 1945년 11월 24일.
9 「노조운동의 당면임무(下)」, 『해방일보』, 1945년 11월 27일.
10 조선은행 조사부, 『경제연감』, 1949, IV-184.
11 「사장 이하 간부를 배척, 화신 종업원의 투쟁 일기」, 『조선인민보』, 1945년 10월 14일.
12 「爭議日記」, 『조선인민보』, 1945년 10월 14일.
13 「화신상회 접수는 허언, 막을 닫은 군정당국 관리극」, 『조선인민보』, 1945년 10월 22일.
14 「화신상회 접수는 허언, 막을 닫은 군정당국 관리극」, 『조선인민보』, 1945년 10월 22일.
15 「화신백화점원 총사직, 해고반대 과동비지불 등을 요구」, 『조선인민보』, 1945년 11월 29일.
16 「화신 종업원 총궐기 - 강제해고 절대반대, 회사측 배신을 통격」, 『전국노동자신문』, 1946년 2월 16일.
17 「和信에도 분규, 영업은 계속 중」, 『조선일보』, 1946년 1월 30일 ; 『해방일보』, 1946년 2월 10일.
18 「화신 쟁의단에 격려문과 기금 전달」, 『해방일보』, 1946년 2월 10일.
19 「민족반역자에 대하야 화신 종업원은 이렇게 싸운다」, 『해방일보』, 1946년 4월 1일.
20 「민족반역자에 대하야 화신 종업원은 이렇게 싸운다」, 『해방일보』, 1946년 4월 1일.
21 「화신 종업원 쟁의 재개, 목적 관철에 전원 단결」, 『중외신보』, 1946년 4월 22일.
22 「去益 격화되는 화신 쟁의, 頑迷한 중역·경찰의 출동에도 불굴투쟁」, 『전국노동자신문』, 1946년 4월 26일.
23 박흥식과 박병교는 폭리 취체와 배임죄로 서울법원 검사국에 기소당했다. 해방 뒤 일반 서민에게 배급할 포목, 잡화를 부정 매매하여 400만 원의 폭리를 취득하고 비행기 회사 청산 정리 자금으로 일본 육군성에서 받은 5,000만 원 가운데 2,000만 원을 횡령했다는 이유였다. 박흥식은 징역 3년에 벌금 200만 원을 구형받았다.
24 「박흥식을 단연 처벌하라! 강제해고를 즉시 취소하라! - 화신 쟁의단 법정 前서 절규」, 『해방일보』, 1946년 5월 5일.
25 「결사적 농성으로 철저 투쟁, 화신 신입사 종업원 또 쟁의단과 악수」, 『전국노동자신문』, 1946년 5월 10일.
26 「해고 종업원 농성, 종식 안 되는 화신쟁의」, 『독립신보』, 1946년 5월 7일.
27 「투쟁은 승리를 가져온다 - 난항의 화신쟁의 해결, 피에 얽힌 협정서의 한 조목 한 조목」, 『전국노동자신문』, 1946년 5월 17일.
28 「화신쟁의 오늘 해결? 張경찰부장 출마에 크게 기대」, 『중외신보』, 1946년 5월 8일.
29 「화신쟁의 드디어 개가, 4개조항 외 휴직 중 월급도 지급」, 『조선인민보』, 1946년 5월 16일.
30 『독립신보』, 『매일신보』, 『전국노동자신문』, 『조선일보』, 『조선인민보』, 『중외신보』, 『해방일보』에서 정리.
31 「무장경관 포위 중에 쟁의단의 단결 견고 - 張경찰부장 조정에 出馬」, 『해방일보』, 1946년 5월 9일.
32 「군정 행사 불참하면 처단, 화신 이사 종업원에게 강요」, 『조선인민보』, 1946년 8월 14일.
33 「화신에 또 말썽, 노동 강요코 임금 不給」, 『동아일보』, 1947년 6월 10일.
34 「용감한 인천 동방 노동자 - 반동노조 모략을 분쇄」, 『전국노동자신문』, 1946년 5월 10일; 『해방일보』, 1946년 5월 17일.
35 「해고를 즉시 취소하라 - 인천 동방 철저 투쟁」, 『전국노동자신문』, 1946년 5월 17일.
36 『청년해방일보』, 1946년 6월 14일; 『대중일보』에는 1번 항목을 제외하고 나머지 항목은 같다.
37 「인천방분쟁의의 진상」, 『현대일보』, 1946년 6월 7일(한국노동자조합총연맹, 『한국노동조합 운동사』, 1979, 317쪽에서 재인용).

38 「인천 동방쟁의, 천여 직공에 해고 선언」, 『조선인민보』, 1946년 6월 2일.
39 「우리의 요구 관철을 확신 – 女工 金貞愛 담」, 『중외신보』, 1946년 6월 4일.
40 「남녀 兩 工員 담」, 『독립신보』, 1946년 6월 8일.
41 「東紡工場 쟁의 속보, 군정청 방침 강경, 미취업 다수 공원 실직?」, 『대중일보』, 1946년 6월 5일.
42 「산업건설을 파괴하는 이승만도당의 죄상 – 인천 東紡사건의 내용」, 『청년해방일보』, 1946년 6월 10일.
43 「동방 여공들 상경 本社서 농성」, 『중외신보』, 1946년 6월 7일.
44 「탈출 여공 김종순 담」, 『조선인민보』, 1946년 6월 7일.
45 「인천 동방 쟁의단 투쟁 중에 참가, 여공대표 눈물의 호소」, 『조선인민보』, 1946년 6월 11일.
46 「회임 중인 女工 무리 끝에 유산」, 『중외신보』, 1964년 6월 12일.
47 「비인도적 만행으로 여자는 낙태까지 하였다」, 『청년해방일보』, 1946년 6월 12일.
48 「동방 쟁의단의 6·10투쟁록 – 질서정연 本社 앞에 포진, 군정당국의 온정적 출마로 수습」, 『조선인민보』, 1946년 6월 12일.
49 「동방쟁의 해결에 서광, 미군정당국의 교섭 진척」, 『조선인민보』, 1946년 6월 13일.
50 「전평을 단체교섭권자로 정식 인정, 노동쟁의에 일대 거보, 인천 동방은 요구 관철코 복직」, 『중외신보』, 1946년 6월 15일.
51 「동방 공장 관리인의 무성의, 노동자 대표의 분개는 당연 – 인천 동방 쟁의의 그 후 경과」, 『청년해방일보』, 1946년 6월 17일.
52 「건설적 해결은 유쾌, 전평서 노동국장 등에 감사」, 『조선인민보』, 1946년 6월 14일.
53 「공장으로 돌아가면서 – 인천 동방 쟁의단」, 『청년해방일보』, 1946년 6월 18일; 『독립신보』 1946년 6월 16일.
54 「어디까지든지 악질인 인천 동방의 관리인 – 교활한 노동자 이간책」, 『청년해방일보』, 1946년 6월 21일.
55 「어디까지든지 악질인 인천 동방의 관리인 – 교활한 노동자 이간책」, 『청년해방일보』, 1946년 6월 21일.
56 「교활한 노동자 이간책을 감연히 반대하야 일어서다 – 영등포 동방 노동의 투쟁」, 『청년해방일보』, 1946년 6월 28일.
57 「가증한 동방 관리자, 괴악한 음모 또 탄로」, 『청년해방일보』, 1946년 6월 25일.
58 「인천 동방쟁의 해결에 당국의 무성의를 지적 – 전평서 성명서 발표」, 『청년해방일보』, 1946년 8월 15일.
59 「사설 : 東紡쟁의에 대하여」, 『독립신보』, 1946년 6월 8일.
60 「사설 : 東紡쟁의에 대하여」, 『독립신보』, 1946년 6월 8일.
61 「주장 – 동양방직 쟁의단을 적극적으로 성원하자」, 『청년해방일보』, 1946년 6월 14일.
62 「동방쟁의 전모, 工員 勞銀의 低廉은 사실이나 생필품 염가공급으로 補足, 3백 해고공원 경성 全評서 농성중」, 『대중일보』, 1946년 6월 13일.
63 「용감한 인천 동방 노동자 – 반동노조 모략을 분쇄」, 『전국노동자신문』, 1946년 5월 10일.
64 「노동자를 노예시하는 악덕 공장장을 추방하라 – 인천 동방 여공은 이렇게 싸우고 있다」, 『해방일보』, 1946년 5월 17일.
65 임송자, 『대한민국 노동운동의 보수적 기원 – 1945년 해방–1961년까지』, 선인, 2007, 122쪽.
66 임송자, 앞의 책, 123쪽.
67 「인천 동방 告訴 內訌」, 『독립신보』, 1946년 8월 3일.
68 「인천 동방쟁의 해결에 당국의 무성의를 지적 – 전평서 성명서 발표」, 『청년해방일보』, 1946년 8월 15일.
69 『전국노동자신문』, 『해방일보』, 『중외신보』, 『자유신문』, 『조선인민보』, 『대중일보』, 『동아일

보』, 『청년해방일보』, 『독립신보』, 『민주일보』 등을 참조해서 정리.

70 서문석, 「1950년대 대규모 면방직공장의 기술인력 연구」, 『경영사학』 제25집 4호, 2010, 398쪽.

71 서문석, 앞의 글, 398쪽.

72 「야근을 철폐하라, 최종의 요구는 공장자치관리, 京紡 工員들의 부르짖음」, 『조선인민보』, 1945년 10월 11일.

73 「야근을 철폐하라, 최종의 요구는 공장자치관리, 京紡 工員들의 부르짖음」, 『조선인민보』, 1945년 10월 11일.

74 「야근을 철폐하라, 최종의 요구는 공장자치관리, 京紡 工員들의 부르짖음」, 『조선인민보』, 1945년 10월 11일.

75 「우리 전민족의 반역자 김연수를 매장하라 - 경방파업을 적극적으로 성원」, 『해방일보』, 1945년 10월 25일.

76 「야근을 철폐하라, 최종의 요구는 공장자치관리, 京紡 工員들의 부르짖음」, 『조선인민보』, 1945년 10월 11일.

77 「우리 전민족의 반역자 김연수를 매장하라 - 경방파업을 적극적으로 성원」, 『해방일보』, 1945년 10월 25일.

78 「우리 전민족의 반역자 김연수를 매장하라 - 경방파업을 적극적으로 성원」, 『해방일보』, 1945년 10월 25일.

79 「지구전에 들어간 경방 투쟁 - 공장관리 확보 중」, 『전국노동자신문』, 1945년 11월 1일.

80 『해방일보』, 1945년 11월 30일; 노동자들은 "1. 전 재고품의 4분지 1은 공장 운영 자금으로 현품으로 보관할 것, 2. 나머지 4분지 3은 이를 팔아서 4분지 1은 회사 사업에 쓰기로 하고, 다른 4분지 1은 전 종업원의 생활 유지비에, 나머지 4분지 1은 본사 측에 주어 회사의 채무를 정리하는 데 쓰라."라고 제시했다.

81 「산업조선의 심장 타진 - 경방 편」, 『중외신보』, 1946년 4월 26일.

82 「산업조선의 심장 타진 - 경방 편」, 『중외신보』, 1946년 4월 26일.

83 「포악한 도전에 총반격전 개막 - 야수적 착취와 테로 跳梁에 경방 노동자 1,500 궐기, 전국적으로 응원운동을 전개하라!」, 『전국노동자신문』, 1946년 8월 30일.

84 「포악한 도전에 총반격전 개막 - 야수적 착취와 테로 跳梁에 경방 노동자 1,500 궐기, 전국적으로 응원운동을 전개하라!」, 『전국노동자신문』, 1946년 8월 30일 ; 당시 광목은 쌀과 함께 가장 중요한 생필품으로 시장에서 곧장 현금화가 가능했다. 다른 직종과 비교해 임금이 낮은 방직공장에서는 매월 일정량의 광목을 배급해 낮은 임금을 보충했다.

85 「포악한 도전에 총반격전 개막 - 야수적 착취와 테로 跳梁에 경방 노동자 1,500 궐기, 전국적으로 응원운동을 전개하라!」, 『전국노동자신문』, 1946년 8월 30일.

86 「정자옥에 명도령, 건물을 미군 PX가 사용」, 『조선인민보』, 1946년 5월 16일.

87 「중앙백화점에 명도령, 미군이 PX로 사용」, 『독립신보』, 1946년 5월 16일.

88 「중앙백화점 간부 군정청에 진정」, 『조선일보』, 1946년 5월 18일.

89 「'중앙'의 철거문제 심각화, 전종업원 직장고수를 결의」, 『중외신보』, 1946년 5월 19일.

90 「전종업원 농성으로 진정, 구 정자옥은 어디로」, 『조선인민보』, 1946년 5월 21일.

91 「조선의 상업기관은 어디로 가나? 울면서 쫓겨난 5백 점원, 舊 丁子屋 명도명령에 전도 암담」, 『중외신보』, 1946년 5월 21일.

92 「전종업원 농성으로 진정, 구 정자옥은 어디로」, 『조선인민보』, 1946년 5월 21일.

93 「직장을 사수하자 - 구 정자옥 종업원 분투」, 『전국노동자신문』, 1946년 5월 24일.

94 「종업원 4-50명 피검, 중앙 명도에 의외의 불상사」, 『중외신보』, 1946년 5월 22일.

95 「중앙명도 사건, 직장은 우리가 선택, 장부장 안에 종업원 다시 타협」, 『중외신보』, 1946년 5월 23일.

96 「중앙명도 사건, 직장은 우리가 선택, 장부장 안에 종업원 다시 타협」,『중외신보』, 1946년 5월 23일.
97 「商品은 일부 讓受, 명도 후의 舊 정자옥」,『중외신보』, 1946년 6월 6일.
98 「구 정자옥 삼월과 합류, 상품이전 종업원 120명 채용」,『중외신보』, 1946년 6월 21일.
99 「사설 : 식량난과 임금」,『조선일보』, 1946년 3월 22일.
100 「야전피복 투쟁, 노조분회도 확립」,『전국노동자신문』, 1945년 12월 1일.
101 「야전피복 투쟁, 노조분회도 확립」,『전국노동자신문』, 1945년 12월 1일.
102 「폐쇄한 공장문 점령코 싸운 三中井피복 파업 대승리」,『전국노동자신문』, 1946년 8월 30일.
103 「폐쇄한 공장문 점령코 싸운 三中井피복 파업 대승리」,『전국노동자신문』, 1946년 8월 30일.
104 「德富양행 직물공장 여공들이 조업계속 투쟁」,『해방일보』, 1946년 2월 6일.
105 「德富양행 직물공장 여공들이 조업계속 투쟁」,『해방일보』, 1946년 2월 6일.
106 「조업중지면 전원을 종방에 편입하라 - 서울 정모쟁의」,『전국노동자신문』, 1946년 3월 1일.
107 「조업중지면 전원을 종방에 편입하라 - 서울 정모쟁의」,『전국노동자신문』, 1946년 3월 1일.
108 「태양피복에 강제 明渡령, 백여 직공은 공장 사수 결의」,『전국노동자신문』, 1946년 9월 24일.
109 「생활안정에 각성을, 謀利를 버리고 직장으로 돌아가라」,『조선일보』, 1945년 12월 6일.
110 일본 기류고공(桐生高工) 방직과를 마친 후 일본방직과 경성방직, 수원방직, 대구동아방직 등에서 작업했고 여수 홍영방직, 수원 선일방직, 영등포 홍화견사 등을 건설한 조선 방직계의 중진으로 해방 6개월 전에 은퇴했다. 해방 뒤 다시 중앙청 방직과장을 비롯하여 부산 한일실업공사 관리인에 취임했다.
111 「대구 郡是 재건설, 부산지사 김기자 방문기」,『공업신문』, 1947년 7월 16일.
112 「전원 해고에 반대코 대구방직 총궐기」,『전국노동자신문』, 1947년 7월 25일.
113 「여공 120명 해고, 임금 헐하다고 죄수 채용」,『우리신문』, 1947년 6월 17일.
114 「郡是 종업원 전부 해고, 복구공사엔 죄수 500명을 동원」,『남선경제신문』, 1947년 6월 12일.
115 「소녀들을 혹사코 임금은 중세기적, 홍한피복 쟁의사건」,『우리신문』, 1947년 6월 3일.
116 「끝까지 싸울 터 - 홍한 쟁의단의 철 같은 결의」,『전국노동자신문』, 1947년 6월 27일.
117 「공전의 대량해고음모에 4만 철도종업원 동요, 열차 식당에선 出産으로 결근해도 해고!」,『전국노동자신문』, 1946년 4월 12일.
118 「부정사실 적발했다고 종업원을 축출, 동양제사 노동자 철저 항쟁」,『전국노동자신문』, 1946년 5월 17일.
119 「폭행 끝에 해고 - 森永제과 종업원 투쟁에 궐기」,『전국노동자신문』, 1946년 5월 24일.
120 『공업신문』,『국제신문』,『남선경제신문』,『독립신보』,『수산경제신문』,『여성신문』,『우리신문』,『전국노동자신문』,『조선인민보』,『조선일보』,『조선중앙일보』,『중외신보』,『해방일보』 등에서 참조하여 작성.
121 실비아 페데리치, 앞의 책, 200쪽.
122 「동방 파업공 〈러〉장관에게 진정」,『자유신문』, 1946년 6월 10일.
123 『중외신보』, 1946년 5월 26일.
124 「東棉섬유노조분회서도 승리」,『해방일보』, 1945년 12월 28일.
125 「서울피복 풍운 急 - 7백여 종업원의 전투 태세」,『전국노동자신문』, 1947년 6월 27일.
126 「편창제사 소녀공들 농성 단식」,『독립신보』, 1947년 8월 12일.
127 다다미방을 일컫는데, 인터넷에 소개된 호텔 투숙객의 정보에 따르면 12첩(352×522㎝) 방은 최대 6인이 머물 수 있다고 소개했다.
128 「야근을 철폐하라, 최종의 요구는 공장자치관리, 京紡 工員들의 부르짖음」,『조선인민보』, 1945년 10월 11일.
129 다까이 또시 지음, 편집부 옮김,『나의 여공애사』, 백산서당, 1984, 21~22쪽.

130 「東紡 여공합숙소서 수류탄·소총탄 발견」, 『대중일보』, 1947년 3월 15일.
131 「가증한 동방 관리자, 괴악한 음모 또 탄로」, 『청년해방일보』, 1946년 6월 25일.
132 「노동자의 문제는 전평과 상의하라 - 노동국 할라웨이씨 동방에서 훈시」, 『청년해방일보』, 1946년 6월 26일.
133 「鍾紡 전남공장 직원 女工들을 구타, 사소한 풍설이 원인」, 『동광신문』, 1947년 3월 20일.
134 「鍾紡 전남공장 직원 女工들을 구타, 사소한 풍설이 원인」, 『동광신문』, 1947년 3월 20일.
135 「鍾紡 전남공장 직원 女工들을 구타, 사소한 풍설이 원인」, 『동광신문』, 1947년 3월 20일.
136 「종방 여공사건 진상을 재조사」, 『동광신문』, 1947년 3월 27일.
137 「해고 취소코 일 시키라고 영등포 종방 궐기」, 『전국노동자신문』, 1946년 5월 10일.
138 「해고 취소코 일 시키라고 영등포 종방 궐기」, 『전국노동자신문』, 1946년 5월 10일.
139 「건설의 여투사는 경관의 농락물이 아니다 - 목포 전화교환양 궐기」, 『해방일보』, 1946년 4월 5일.
140 리베카 솔닛 지음, 김명남 옮김, 『남자들은 자꾸 나를 가르치려 든다』, 창비, 2015, 94쪽("폭력의 이면에는 피해자를 통제하고 처벌할 권리가 가해자에게 있다고 보는 가정이 깔려 있다는 점, 그가 그럴 목적으로 폭력을 사용했다는 점이다.").
141 대한방직협회, 『방협10주년 기념지』, 1957, 144~145쪽.
142 「메-데-에 참가 했다고 공장입문을 거절, 영등포 전 鍾紡의 처치」, 『중외신보』, 1946년 5월 3일.
143 「메-데-에 참가 했다고 공장입문을 거절, 영등포 전 鍾紡의 처치」, 『중외신보』, 1946년 5월 3일.
144 『중외신보』, 1946년 5월 8일.
145 「朝實(鐘紡)공원 파업, 이유불명의 해고에 반대」, 『조선인민보』, 1946년 5월 8일.
146 『청년해방일보』, 1946년 6월 28일.
147 『전국노동자신문』에는 김금옥이 김종옥으로, 이덕선이 이직선으로 나와 있다.
148 「무단 집회 했다고 해고, 동양방적 복직을 완강히 거절」, 『중외신보』, 1946년 4월 25일.
149 「동방 종업원 해고 절대 반대 - 정부수립촉진을 요구하는 것은 노동자의 정당한 권리다」, 『해방일보』, 1946년 4월 26일.
150 「시민대회 참가했다고 노동자를 해고, 工都 영등포에 비민주 공장」, 『조선인민보』, 1946년 4월 25일.
151 「무단 집회 했다고 해고, 동양방적 복직을 완강히 거절」, 『중외신보』, 1946년 4월 25일.
152 「동방 종업원 해고 절대 반대 - 정부수립촉진을 요구하는 것은 노동자의 정당한 권리다」, 『해방일보』, 1946년 4월 26일.
153 「시민대회 참가했다고 노동자를 해고, 工都 영등포에 비민주 공장」, 『조선인민보』, 1946년 4월 25일; 『중외신보』, 1946년 4월 25일.
154 『전국노동자신문』, 1946년 8월 30일.
155 「京紡 女工 농성 파업」, 『조선일보』, 1947년 8월 1일.
156 「군정 행사 불참하면 처단, 화신 이사 종업원에게 강요」, 『조선인민보』, 1946년 8월 14일.
157 「해고 취소코 일 시키라고 영등포 종방 궐기」, 『전국노동자신문』, 1946년 5월 10일.
158 『조선중앙일보』, 1948년 8월 15일.
159 「생활물자를 공평하게 다고」, 『해방일보』, 1946년 3월 26일.
160 「생활물자를 공평하게 다고」, 『해방일보』, 1946년 3월 26일; 『전국노동자신문』, 1946년 3월 29일.
161 「사무원과 일치 공장장 배격」, 『전국노동자신문』, 1946년 8월 23일.
162 『청년해방일보』, 1946년 6월 18일.
163 「해고와 검속 절대 반대, 집회와 결사의 자유를 다오 - 광주 도시제사공장 노동자 승리」, 『해방일보』, 1946년 3월 21일.

164 「강제축출에도 不屈, 道是공장 여공 동무 감투」, 『전국노동자신문』, 1946년 3월 22일.
165 「해고와 검속 절대 반대, 집회와 결사의 자유를 다오 - 광주 도시제사공장 노동자 승리」, 『해방일보』, 1946년 3월 21일.
166 「끝까지 싸울 터 - 흥한 쟁의단의 철 같은 결의」, 『전국노동자신문』, 1947년 6월 27일.
167 「말할 수 없는 생활 - 검찰청 次席검찰관 엄상섭씨 담」, 『독립신보』, 1947년 2월 1일.
168 「飯米요구운동」, 『전국노동자신문』, 1946년 4월 12일.
169 『해방일보』, 1946년 2월 19일.
170 「자칭 애국자에게 충고함」, 『전국노동자신문』, 1946년 5월 24일.
171 「생활난의 근로자층, 당국의 강력한 물가대책을 요망」, 『조선일보』, 1946년 1월 27일.
172 「노동조사로 나타난 생활이면상」, 『조선중앙일보』, 1949년 4월 6일.
173 「1936년 기준으로 물가 7만 배, 임금 2만 배 상승해 생활난 가중」, 『조선중앙일보』, 1949년 7월 29일; 조선은행 조사부, 『경제연감』, 1949, IV-157.
174 「동방쟁의 전모, 工員 勞銀의 低廉은 사실이나 생필품 염가공급으로 補足, 3백 해고공원 경성全評서 농성중」, 『대중일보』, 1946년 6월 13일.
175 「동방쟁의 전모, 工員 勞銀의 低廉은 사실이나 생필품 염가공급으로 補足, 3백 해고공원 경성全評서 농성중」, 『대중일보』, 1946년 6월 13일.
176 「동방쟁의 전모, 工員 勞銀의 低廉은 사실이나 생필품 염가공급으로 補足, 3백 해고공원 경성全評서 농성중」, 『대중일보』, 1946년 6월 13일.
177 「방직공업의 진로」, 『공업신문』, 1947년 6월 6일.
178 「우리의 소리 - 노동임금을 높여라」, 『우리신문』, 1948년 3월 24일.
179 『군산신문』, 1948년 11월 30일.
180 「영등포 東紡, 인민대회 참가하였다고 여공 3백 명의 입소를 거절」, 『국제일보』, 1947년 8월 1일.
181 「소녀들을 혹사코 임금은 중세기적, 흥한피복 쟁의사건」, 『우리신문』, 1947년 6월 3일.
182 「사설 : 東紡쟁의에 대하여」, 『독립신보』, 1946년 6월 8일.
183 「주장 - 동양방직 쟁의단을 적극적으로 성원하자」, 『청년해방일보』, 1946년 6월 14일.
184 「감격 넘치는 응원 활동, 삼화 동무들의 열성」, 『전국노동자신문』, 1946년 5월 10일.
185 「전남방직공장 참관기(3) - 기계처럼 날랜 손, 경탄치 않을 수 없다」, 『동광신문』, 1947년 7월 22일.
186 조선은행 조사부, 『조선경제연보 1948년』, 1948, I-6; 조선은행 조사부, 『경제연감』, 1949, I-47-48.
187 조선은행 조사부, 『조선경제연보 1948년』, 1948, I-6.
188 조선은행 조사부, 『조선경제연보 1948년』, I-5.
189 이재석, 「부인문제에 대하여」, 『여성공론』 창간호, 1946, 27쪽.
190 한철, 「근로여성의 사회적 지위에 대하야」, 『여성공론』 창간호, 1946, 32~33쪽.
191 허균, 「나의 지나 온 생활」, 『여성공론』 창간호, 1946, 63쪽.
192 정민우, 「싹트는 힘」(단편소설), 『여성공론』 창간호, 1946, 114~120쪽.
193 여성공론사 편집부, 「근로여성 좌담회 - 우리들의 당면임무」, 『여성공론』 창간호, 1946, 51쪽.
194 임송자, 『대한민국노동운동의 보수적 기원 - 1945년 해방-1961년까지』, 선인, 2007, 68~69쪽.
195 許永淳, 「時評 : 국제부인의 날을 당하여」, 『대동신문』, 1946년 3월 8일.
196 「여성일기 : 전매청 공장 鄭都理事양」, 『가정신문』, 1946년 7월 27일.
197 이승만, 「생산전사란 - 노동자여 단결하여 생산하라」, 『실업조선』 제1권 1호, 1947, 42쪽.
198 조광섭, 「생산전사란 - 전국 애국노동자에게 고함」, 『실업조선』 제1권 1호, 1947, 43쪽.
199 이학주, 「생산전선에서 싸우는 비장한 우리의 결의 - 오직 독립만 바래고 꾸준이 싸웁니다」,

『실업조선』 제1권 1호, 실업조선사, 1947, 58쪽; 이학주는 대한노총 동양방직 분회장이다.
200 최효선, 「생산전선에서 싸우는 비장한 우리의 결의 - 다른 공장과 지지 않을 결의다」, 『실업조선』 제1권 1호, 1947, 59쪽; 최효선은 대한노총 대한방직 분회장이다.
201 실업조선사 편집부, 「방직공장 여직공 좌담회」, 『실업조선』 제1권 2호, 1947, 52~53쪽.
202 김창식, 「우리는 이렇게 생활합시다」, 『실업조선』 제1권 1호, 1947, 75~78쪽.
203 『가정신문』, 1946년 3월 27일.
204 『가정신문』, 1946년 7월 14일.
205 이성균, 「미군정기 노동운동의 전개과정에 관한 일 연구」, 한국사회사연구회 논문집 제15집, 『한국 근현대의 민족문제와 노동운동』, 문학과 지성사, 1989, 157, 159쪽(이옥지 지음, 한국여성노동자협의회 기획, 『한국여성노동자운동사』, 한울, 2001, 62쪽에서 재인용).
206 이옥지, 위의 책, 62쪽.
207 안태정, 『조선노동조합전국평의회』, 현장에서 미래를, 2002, 94쪽; 이 수는 북한 지역의 조합원 259,375명을 포함하고 있다.
208 안태정, 위의 책, 111쪽.
209 조선경제사, 『조선경제통계요람』, 1949, 156쪽(여강출판사, 영인본 1985).
210 『전국노동자신문』, 1947년 4월 8일.
211 『전국노동자신문』, 1947년 4월 8일.
212 안태정, 앞의 책, 225쪽.
213 『해방일보』, 1946년 5월 4일.
214 여성공론 편집부, 「근로여성 좌담회 - 우리들의 당면임무」, 『여성공론』 창간호, 1946, 46~48쪽.
215 여성공론 편집부, 위의 글, 51쪽.
216 「발포·살상·검거 폭압공포의 도시 영등포」, 『전국노동자신문』, 1947년 4월 8일.
217 이재희, 「어리고 여자라도 투쟁할 줄 안다」, 『전국노동자신문』, 1947년 5월 9일.
218 현옥순, 「대구인민항쟁 수기, 철도파업투쟁이가 난 것」, 『전국노동자신문』, 1947년 1월 28일.
219 이희숙, 「우리 여직공은 다시는 종노릇하기 실혀요」, 『해방일보』, 1946년 4월 15일.
220 김순남, 「투고란 : 여자라도 싸우면은」, 『전국노동자신문』, 1947년 5월 23일.
221 루이스 A. 틸리·조앤 W.스콧 지음, 김영·박기남·장경선 옮김, 『여성 노동 가족』, 후마니타스, 2008, 13쪽.
222 여성공론 편집부, 「근로여성 좌담회 - 우리들의 당면임무」, 『여성공론』 창간호, 1946, 50쪽.
223 실업조선 편집부, 「방직공장 여직공 좌담회」, 『실업조선』 제1권 2호, 1947, 51~53쪽.
224 여성공론 편집부, 「근로여성 좌담회 - 우리들의 당면임무」, 『여성공론』 창간호, 1946, 51쪽.
225 실업조선 편집부, 「방직공장 여직공 좌담회」, 『실업조선』 제1권 2호, 1947, 51~53쪽.

제4장

1 「미군 관계자들 체포, 흥분한 승객들로 일시 대혼란」, 『독립신보』, 1947년 1월 10일.
2 『조선일보』, 1947년 1월 11일.
3 『독립신보』, 1947년 1월 12일.
4 『동아일보』, 1947년 2월 18일; 『조선일보』, 1947년 2월 18일; 『독립신보』, 1947년 2월 18일.
5 『대중일보』, 1947년 2월 18일; 『독립신보』, 1947년 2월 18일; 『조선일보』, 1947년 2월 18일.
6 『대중일보』, 1947년 2월 19일.
7 『자유신문』, 1947년 2월 19일.
8 『독립신보』, 1947년 2월 20일; 『자유신문』, 1947년 2월 20일.
9 신문에는 보도된 피해자 동생의 이름은 金月禮, 김월녀, 김월희 등이다.
10 『독립신보』, 1947년 2월 20일; 『자유신문』, 1947년 2월 20일.

11 다른 곳에는 김북향으로 나와 있다.
12 『자유신문』, 1947년 2월 21일; 『독립신보』, 1947년 2월 21일.
13 『독립신보』, 1947년 2월 22일.
14 『독립신보』, 1947년 2월 23일.
15 『중외신보』, 1947년 2월 25일.
16 『독립신보』, 1947년 2월 25일.
17 『중외신보』, 1947년 2월 26일.
18 『동아일보』, 1947년 2월 27일.
19 『대중일보』, 1947년 2월 28일; 『조선일보』, 1947 2월 28일; 『중외신보』, 1947년 2월 28일.
20 『동아일보』, 1947년 3월 1일; 『한성일보』, 1947년 3월 1일.
21 『독립신보』, 1947년 3월 12일.
22 『독립신보』, 1947년 3월 12일; 『동아일보』, 1947년 3월 12일; 『조선일보』, 1947년 3월 12일; 다른 신문에는 '의복이 오랜 것이고 찢어지기 쉬운 것이었다.'라고 나왔다.
23 『자유신문』, 1947년 2월 21일.
24 「2명의 미군이 윤간 후 현금과 시계 등 강탈한 사실 진술」, 『독립신보』, 1947년 2월 19일.
25 「남편 잃고 자식 잃고 다시 봉변까지. 기구한 팔자 김금옥 여사의 탄식」, 『자유신문』, 1947년 2월 22일.
26 「거리에는 벌써 동사자 있고 요정은 불야성 이룬다」, 『조선중앙일보』, 1947년 11월 23일.
27 「남편 잃고 자식 잃고 다시 봉변까지. 기구한 팔자 김금옥 여사의 탄식」, 『자유신문』, 1947년 2월 22일.
28 서울신문사 편, 『주한미군 30년』, 행림출판사, 1979, 44쪽.
29 서울신문사 편, 앞의 책, 45쪽.
30 송남헌, 『해방 3년사 1』, 까치, 1985, 92쪽.
31 『조선인민보』, 1945년 9월 19일.
32 『중앙신문』, 1945년 11월 6일.
33 『조선일보』, 1945년 11월 27일.
34 『중앙신문』, 1945년 11월 27일.
35 『자유신문』, 1946년 2월 28일.
36 「미군인의 차중 만행」, 『독립신보』, 1947년 1월 10일.
37 『조선일보』, 1947년 1월 14일.
38 『독립신보』, 1947년 1월 11일.
39 「미군능욕사건에 하지 중장 담화」, 『동아일보』, 1947년 1월 15일; 『민주일보』, 1947년 1월 15일; 『조선일보』, 1947년 1월 15일; 『대동신문』, 1947년 1월 15일; 『독립신보』, 1947년 1월 15일.
40 『조선일보』, 1947년 3월 12일.
41 『대중일보』, 1947년 3월 19일.
42 『조선일보』, 1947년 3월 12일.
43 『조선일보』, 1947년 3월 12일.
44 『독립신보』, 1947년 1월 18일.
45 『독립신보』, 1947년 1월 18일.
46 『독립신보』, 1947년 1월 17일.
47 Gook은 미군들이 동남아시아, 동아시아인들을 가리키는 비속어로 20세기 초에 필리핀에 복무하는 미국 해병들은 gook이란 말은 썼고, 1920년 아이티에 근무했던 미해병들은 아이티족을 가르킬 때 gook이란 단어를 사용했다. 한국어에서 나라를 뜻하는 '국(國)'에서 유래했다는 설도 있다.

48 『독립신보』, 1947년 1월 17일.
49 『자유신문』, 1946년 3월 3일.
50 그란트 미드 지음, 안종철 옮김, 『주한미군정 연구』, 공동체, 1993, 116쪽.
51 서울신문사 편, 앞의 책, 47쪽.
52 그란트 미드 지음, 안종철 옮김, 앞의 책, 116쪽.
53 이 부분은 필자가 2004년 『동아시아와 근대 : 여성의 발견』(청어람 미디어)에 실은 「미군의 동아시아 주둔과 섹슈얼리티」를 바탕으로 수정·보완해 재구성했다.
54 『독립신보』, 1947년 1월 11일.
55 『독립신보』, 1947년 1월 11일.
56 『조선일보』, 1947년 1월 12일.
57 『독립신보』, 1947년 1월 14일.
58 『입의속기록』 제16호, 1947년 1월 20일(국사편찬위원회, 『자료대한민국사』 4권, 1971, 29쪽).
59 『동아일보』, 1947년 1월 11일.
60 『전국노동자신문』, 1947년 1월 28일.
61 『경향신문』, 1947년 1월 10일(국사편찬위원회, 『자료대한민국사』 4권, 1971, 32쪽).
62 「민족의 우월감이냐, 인종적 차별행위냐 – 婦總 담」, 『독립신보』, 1947년 1월 11일.
63 「사설 : 美軍人의 蠻行」, 『독립신보』, 1947년 1월 10일.
64 「신사적으로 해결하라. 조선청년당 선전부 담화」, 『대동신문』, 1947년 1월 15일.
65 Barbarism of American Soldier(한림대학교 아시아문화연구소, 『미군정기정보자료집-시민소요·여론조사보고서』 2, 1993, 130쪽).
66 『부녀일보』, 1947년 2월 23일.
67 「천박한 부녀에 경고. "타지 마라 미군 자동차, 거리에서 껌 씹지 마라"」, 『대동신문』, 1947년 1월 21일; 『조선일보』, 1947년 1월 21일.
68 표양문, 「조선 여인의 치맛자락(하)」, 『대중일보』, 1947년 1월 19일.
69 『독립신보』, 1947년 1월 15일.
70 『독립신보』, 1947년 1월 15일.
71 『독립신보』, 1947년 1월 16일.
72 크리스티나 폰 브라운, 「젠더, 성, 역사」, 『젠더연구』, 나남출판사, 2002, 49쪽.
73 「여성풍기문제 좌담회 記(1) – 교양부족 허영심도 원인」, 『대중일보』, 1947년 1월 23일.
74 「여성풍기문제 좌담회 記(2) – 해외서 들어온 직업여성과 모리배, 의복과 화장도 유죄」, 『대중일보』, 1947년 1월 25일.
75 「여성풍기문제 좌담회 記(3) – 자유교제와 성관계, 혼혈아문제는 어떻게 처리」, 『대중일보』, 1947년 1월 26일.
76 『대중일보』, 1947년 1월 27일.
77 이겸, 「진보적 처녀도」, 『도덕』 제1호, 1946, 21쪽.
78 김이식, 「열녀각과 갈보」, 『적성』 창간호, 1946, 45쪽.
79 「國風을 준수하며 미군을 접대 위안하자」, 『가정신문』, 1946년 6월 30일.
80 「사설 : 공창제도철폐령의 공포」, 『동아일보』, 1946년 6월 27일.
81 『가정신문』, 1946년 5월 28일.
82 『독립신보』, 1946년 5월 27일.
83 「사설 : 공창 폐지의 쾌거」, 『조선인민보』, 1946년 5월 27일.
84 「부녀자의 매매만 금지, 공창제도 폐지는 아니다, 군정청법령 제70호의 한계성」, 『자유신문』, 1946년 5월 28일.
85 『한성일보』, 1946년 5월 29일; 『조선인민보』, 1946년 5월 29일.

86 『조선인민보』, 1946년 5월 27일.
87 『자유신문』, 1946년 5월 30일.
88 「법령 무시한 포주들의 음모, 사창전환으로 유혹질, 장안 8백 창기 법적 제재를 요망」, 『조선인민보』, 1946년 5월 30일.
89 「자유로 나갈 수 있다 - 漢城警察處 高보안과장 談」, 『독립신보』, 1946년 6월 1일.
90 『조선인민보』, 1946년 5월 28일.
91 『중외신보』, 1946년 6월 1일.
92 『자유신문』, 1946년 6월 10일.
93 「창기는 그 후 어찌 되었나」, 『중외신보』, 1946년 7월 12일.
94 「사창 재기를 방지하자 - 婦總 담」, 『조선인민보』, 1946년 5월 28일.
95 『서울신문』, 1946년, 3월 9일(국사편찬위원회, 『자료대한민국사』 2권, 1969, 187쪽).
96 『자유신문』, 1946년 6월 10일.
97 『조선일보』, 1946년 8월 11일; 여기에는 여자국민당, 애국부인동맹, 불교부인회, 천도교부인회, 대한독립촉성애국부인회, 부녀총동맹, 여자기독교청년회, 여자국민회, 한민당부인회, 여자청년단, 천주교여자청년회, 성병예방협회 등의 단체가 참여했다.
98 「폐창은 어디로 가나? 새사람을 만들다. 희망원에서 수용한다」, 『대동신문』, 1946년 8월 11일.
99 「유곽의 존재는 과연 사회적 죄악이냐?」, 『가정신문』, 1946년 9월 7일.
100 『가정신문』, 1946년 5월 28일.
101 「사설 : 공창제도철폐령의 공포」, 『동아일보』, 1946년 6월 27일.
102 『부인신보』, 1948년 1월 31일.
103 새살림 편집부, 「공창 최후의 날」, 『새살림』 3·4월호, 1948, 42쪽.
104 『동아일보』, 1948년 2월 20일.
105 『우리신문』, 1948년 2월 24일.
106 「40여 년의 죄악사, 血淚에 얽힌 그들의 과거」, 『동아일보』, 1948년 2월 14일.
107 『우리신문』, 1948년 2월 14일.
108 『경향신문』, 1948년 2월 14일(국사편찬위원회, 『자료대한민국사』 6권, 1973, 304쪽).
109 『조선중앙일보』, 1948년 2월 14일.
110 「여성굴욕사에 종지부! 오늘 공창 드디어 폐지」, 『조선일보』, 1948년 2월 14일.
111 김용련, 「공창이 없어지는 그날까지」, 『새살림』 3·4월호, 1948, 22쪽.
112 『부인신보』, 1947년 11월 25일.
113 『부인신보』, 1948년 1월 17일.
114 「공창폐지대책위원회를 결성」, 『자유신문』, 1947년 11월 25일.
115 『군산신문』, 1948년 2월 14일.
116 『서울신문』, 1948년 1월 21일(국사편찬위원회, 『자료대한민국사』 6권, 1973, 119쪽).
117 김용련, 「공창이 없어지는 그날까지」, 『새살림』 3·4월호, 1948, 25~29쪽.
118 『대동신문』, 1948년 2월 12일.
119 『경향신문』, 1948년 1월 21일(국사편찬위원회, 『자료대한민국사』 6권, 1973, 119쪽).
120 『서울신문』, 1948년 2월 7일(국사편찬위원회, 『자료대한민국사』 6권, 1973, 251쪽).
121 『남선경제신문』, 1948년 1월 25일.
122 『조선중앙일보』, 1948년 2월 15일.
123 『우리신문』, 1948년 1월 8일.
124 『조선일보』, 1948년 2월 6일.
125 「고향 가는 창기에 시에서 여비를 준다」, 『대동신문』, 1948년 2월 28일; 『부인신보』, 1948년 2월 26일.

126 「酌婦로 알선」, 『조선중앙일보』, 1948년 3월 5일.
127 『우리신문』, 1948년 3월 4일.
128 『조선일보』, 1948년 3월 31일.
129 새살림 편집부, 「공창분포상황」, 『새살림』 11·12월호, 1947.
130 『조선중앙일보』, 1949년 3월 23일.
131 이 부분은 필자가 2004년 『동아시아와 근대 : 여성의 발견』(청어람 미디어)에 실은 글 「미군의 동아시아 주둔과 섹슈얼리티」를 바탕으로 수정·보완해 재구성했다.
132 山田盟子, 『日本國策慰安婦』, 光人社, 1996, 10쪽.
133 도나리구미(隣組)는 제2차 세계대전 당시 일본이 국민 통제를 위해 만든 최말단의 지역 조직으로 일제 강점기의 애국반과 같은 조직이다.
134 山田盟子, 앞의 책, 11쪽 ; 井上節子, 『(占領秘史)占領軍慰安所 - 國家による 賣春施設』, 新評論, 1995, 13쪽.
135 山田盟子, 앞의 책, 10쪽.
136 井上節子, 앞의 책, 12쪽.
137 藤野豊, 『性の國家管理』, 不二出版社, 2001, 172쪽.
138 井上節子, 앞의 책, 13쪽.
139 국가에 의해 공인된(公娼) 집창 지역의 매춘업소로 대좌부조합(貸座敷組合)은 유곽업자들의 결사체이다.
140 井上節子, 앞의 책, 16쪽.
141 山田盟子, 앞의 책, 21쪽 ; 井上節子, 앞의 책, 18쪽.
142 井上節子, 앞의 책, 20쪽.
143 RAA 매춘 여성을 대상으로 한 조사는 아니지만 1947년 5월에서 8월 사이 경보국(警保局)에 의해 검거된 매춘 여성을 상대로 조사한 결과에 따르면 총 검거자 13,502명 중 전재자(戰災者 : 전쟁미망인과 전쟁고아 등) 2,898명, 인양자(引揚者) 732명으로 전쟁과 직접 관련된 성매매 여성이 전체의 26.9%에 달했으며, 1947년 3월부터 7월까지 도쿄 등지에서 성매매 여성 139명을 상대로 조사한 결과 62.6%인 87명이 전재자였다(今岡健一郎·坊榮子, 「特殊婦人の生活と問題」, 大河內一男 編, 『戰後社會の實態分析』, 日本評論社, 1950, 265~271쪽). 또한 전후 약 56만 명에 이르는 전쟁미망인들의 직업으로는 대개 행상, 노점상, 접객부, 잡역부, 식모, 보험회사 외판원 등이 전형적이었다고 한다(北河賢三, 『戰後の出發 - 文化運動·青年團·戰爭未亡人』, 青木書店, 2000, 169~171쪽).
144 井上節子, 앞의 책, 34쪽.
145 藤野豊, 앞의 책, 176쪽.
146 井上節子, 앞의 책, 29~30쪽.
147 일본 경시청은 집창 지역 특히 미군 기지 주변에 형성된 매춘 시설 집중 지역을 '특수 음식점 지역'으로 칭하며 관내 지도에 이 지역을 붉은색 선으로 표시하고 외부와 격리시키면서 적선이라고 불렀다(吉田秀弘, 『日本賣春史考 - 變遷とその背景』, 自由社, 2000, 162~163쪽). 이러한 일본 경시청의 정책은 한국 정부가 1950년대 이래 기지촌이나 집창 지역에서 실시한 격리 정책을 연상시키는데 한국 정부는 기지촌 지역에 "내국인 출입 금지"라는 간판을 붙이고 내국인의 출입을 금지했다.
148 藤野豊, 앞의 책, 173쪽.
149 『중외신보』, 1946년 5월 9일.
150 『중앙신문』, 1945년 11월 14일 ; 그러나 이를 반대하는 여론이 형성되어 이 지시는 철회되고 제안자인 조개옥은 11월 17일 해임됐다(한국경찰사편집위원회 편, 『한국경찰사 1』, 내무부 치안국, 1973, 990쪽).
151 당시 조선인이 가지고 있던 이러한 의식은 한 신문이 "타도 일본을 고대하던 불쌍한 조선인들

은 오랫동안의 소원을 이루어준 은인이라는 의미에서 그리고 친일계와 반미론자들을 벌하지 않는다."라는 의미에서 "미국은 무차별 박애 정책을 가지고" 있다고 한 표현에서 잘 알 수 있다(「(사설) 반미론자가 없는 이유」, 『현대일보』, 1946년 6월 14일).

152 서울신문사 편, 앞의 책, 430쪽 ; 이에 대해 하지 중장은 "젊은 병사들의 공통된 불만은 데이트를 즐길 만한 상대를 찾지 못하는 데 있었다."라고 술회했다(서울신문사 편, 앞의 책, 48쪽).

153 서울신문사 편, 앞의 책, 430쪽.

154 藤野豊, 앞의 책, 177쪽.

155 「여성계의 흠 매춘부 건설조선엔 없어야 할 것, 제1관구청에서 철저히 단속」, 『부인신보』, 1947년 6월 13일.

156 『중외신보』, 1947년 6월 18일 ; 『광명일보』, 1947년 6월 13일.

157 『부인신보』, 1947년 9월 7일.

158 한국법제연구회 편, 『미군정법령총람 : 1945-1948』, 1971, 405쪽.

159 『자유신문』, 1946년 9월 3일.

160 『자유신문』, 1946년 12월 13일.

161 『대동신문』, 1946년 8월 22일; 『중외신보』, 1946년 8월 25일.

162 그란트 미드 지음, 안종철 옮김, 앞의 책, 122쪽.

163 서울신문사 편, 앞의 책, 433쪽.

164 유태희·정유진 편, 『위대한 군인, 위대한 아버지 - 주한미군에 의한 여성과 어린이의 인권유린에 관한 보고』, 두레방 외, 1995, 30쪽.

165 새살림 편집부, 「공창분포상황」, 『새살림』 제1권 7호, 1947

166 신좌섭, 앞의 글, 34쪽.

167 C.L. 호그 지음, 신복룡·김원덕 옮김, 『한국분단보고서』, 풀빛, 1992, 88쪽.

168 Medical Inteligence Division, Preventive Medicine Service, TB MED 208, Medical and Sanitary Data on Korea, AGO 2417A. Microfiche.(신좌섭, 앞의 글, 34쪽 재인용)

169 그란트 미드 지음, 안종철 옮기, 앞의 책, 1993, 278~279쪽.

170 Summation of Non-Military in Japan and Korea, GHQ Supreme Commander for the Allied Powers, No. 2, November 1945, Part V, Section 3(박인순, 앞의 글, 139쪽에서 재인용).

171 신좌섭, 앞의 글, 38쪽.

172 내무부 치안국, 『미군정법령집, 1945-1948』, 1956, 74쪽.

173 신좌섭, 앞의 글, 44쪽.

174 『조선일보』, 1946년 1월 21일.

175 『중외신보』, 1946년 8월 6일.

176 「홍등가에 적신호, 후생부서 기생검진 실시」, 『독립신보』, 1946년 7월 9일.

177 ⓐ 『조선일보』, 1946년 5월 7일; ⓑ 『중외신보』, 1947년 5월 9일; ⓒ 『경향신문』, 1947년 11월 26일; ⓓ, ⓔ, ⓕ 보건사회부, 『(단기 4288~90년 합병호) 보건사회통계연보』, 1958, 209~210쪽. 보건사회부 통계는 연인원 검진 수이다.

178 『경향신문』, 1947년 11월 26일(국사편찬위원회, 『자료대한민국사』 제5권, 1972, 734쪽); 『우리신문』, 1947년 11월 26일.

179 『대동신문』, 1947년 11월 19일.

180 『조선일보』, 1947년 11월 29일.

181 신오성, 「한국전쟁 전후의 보건의료에 대한 연구 : 1945~1959 - 한국전쟁기를 중심으로」, 서울대학교 보건대학원 석사학위논문, 1989, 58쪽.

182 그란트 미드 지음, 안종철 옮김, 앞의 책, 280~281쪽.

183 그란트 미드 지음, 안종철 옮김, 앞의 책, 280~281쪽.

184 『조선일보』, 1946년 3월 19일; 삼지(三知)·한성(漢城)·서울·한강(漢江) 기생 측 위원 최난난(崔姸姸)·허난엽(許蘭葉)·김소산(金笑山)·박귀희(朴貴姬)·김송죽(金松竹).
185 『조선인민보』, 1946년 3월 20일.
186 『조선인민보』, 1946년 3월 20일.
187 『중외신보』, 1946년 7월 10일.
188 『독립신보』, 1946년 7월 24일.
189 『중외신보』, 1946년 7월 10일.
190 『독립신보』, 1946년 7월 24일.
191 『중외신보』, 1946년 7월 25일.
192 「한 달에 한번씩 - 기생 대표의 말」, 『중외신보』, 1946년 7월 26일.
193 『중외신보』, 1946년 8월 2일.
194 『대중일보』, 1946년 8월 3일.
195 『중외신보』, 1946년 7월 10일, 7월 24일, 7월 26일, 8월 9일.
196 『경향신문』, 1946년 12월 25일.
197 「예성사 등 권번소속 기생들이 서울시의 검진통첩 거부」, 『경향신문』, 1946년 12월 10일(국사편찬위원회, 『자료대한민국사』 3권, 1970, 1036쪽).
198 『경향신문』, 1946년 12월 25일(국사편찬위원회, 『자료대한민국사』 3권, 1970, 1167쪽).
199 「기생에 健康証 시 후생국에서 교부」, 『중외신보』, 1947년 3월 15일.
200 『조선일보』, 1947년 9월 16일.
201 『조선일보』, 1947년 9월 4일.
202 『독립신보』, 1947년 9월 4일.
203 『부인신보』, 1947년 9월 19일.
204 『조선일보』, 1947년 9월 20일.
205 『독립신보』, 1947년 9월 23일.
206 『조선중앙일보』, 1947년 9월 24일.
207 『부인신보』, 1947년 10월 9일.
208 『조선중앙일보』, 1948년 2월 21일.
209 『조선중앙일보』, 1948년 2월 21일; 『군산신문』, 1948년 2월 21일.
210 「간호부 검진 문제 의대부속병원 간호부도 분격」, 『조선중앙일보』, 1948년 7월 8일; 『조선일보』, 1948년 7월 14일.
211 『조선중앙일보』, 1948년 7월 8일.
212 『조선중앙일보』, 1948년 7월 10일, 7월 11일, 7월 16일.
213 『중외신보』, 1946년 8월 2일.
214 『부인신보』, 1947년 9월 19일.
215 『부인신보』, 1947년 9월 19일.
216 『부인신보』, 1948년 7월 10일.
217 『부인신보』, 1947년 9월 25일.
218 USAFIK Adjutant General, GENERAL CORRESPONDENCE 1945-1949, RG 554, Box 147.
219 경북여성정책개발원, 『신문으로 읽는 경북여성사』, 2006, 397쪽.
220 보건후생부 예방국, 「접객부(기생, 작부, 여급) 허가에 관한 건」, 1948년 2월 3일.

제5장

1 『매일신보』, 1945년 9월 23일.

2 오오타 오사무, 「해방 직후 어느 노동자의 일상생활 - 인천의 전기공 I씨의 일기로부터」, 『민족문화연구』 제57호, 고려대학교 민족문화연구원, 2012, 332~343쪽.
3 천정환, 「해방기 거리의 정치와 표상의 생산」, 『상허학보』 제26호, 상허학회, 2009, 58쪽.
4 천정환, 앞의 글, 80~97쪽.
5 김영석, 「혜란의 수기」, 『부인』 창간호, 1946, 50~52쪽.
6 실업조선 편집부, 「방직공장 여직공 좌담회」, 『실업조선』 제1권 2호, 1947, 52쪽.
7 『매일신보』, 1945년 9월 16일; 위원장은 유영준, 부위원장은 박순천이며 집행위원은 황신덕, 허하백, 조원숙, 서석전, 이각경, 황애덕, 박봉애, 전영애, 정양자, 신진순, 남소지, 임영신, 유각경, 이규영, 박승호, 김선 등이다.
8 『조선인민보』, 1945년 12월 9일; 대회 준비위원은 유영준, 조원숙, 서석전, 허하백, 황신덕, 박순천, 정칠성, 김순실, 이순금, 박정애, 김명시, 이종희, 김온, 고명자, 이계순, 홍종희, 이정숙, 이경선, 이연희, 임춘자, 이규영, 강정희, 정종명 외 70명.
9 『서울신문』, 1945년 12월 23일, 25일(국사편찬위원회, 『자료대한민국사』 1권, 1968, 650쪽).
10 『신조선보』, 1945년 12월 23일.
11 『조선일보』, 1945년 12월 23일.
12 『서울신문』, 1945년 12월 23일, 25일(국사편찬위원회, 『자료대한민국사』 1권, 1968, 650쪽).
13 『조선일보』, 1945년 12월 23일.
14 『조선일보』, 1945년 12월 23일.
15 『조선인민보』, 1945년 12월 22일.
16 『신조선보』, 1945년 12월 23일.
17 『서울신문』, 『동아일보』, 『경향신문』, 1947년 2월 11일(국사편찬위원회, 『자료대한민국사』 4권, 1971, 239쪽).
18 『조선일보』, 1945년 12월 23일.
19 『서울신문』, 1945년 12월 23일, 25일(국사편찬위원회, 『자료대한민국사』 1권, 1968, 650쪽).
20 『조선일보』, 1945년 12월 23일.
21 『조선인민보』, 1945년 12월 23일.
22 『조선인민보』, 1945년 12월 22일.
23 「부녀총동맹결성대회 제2일 성황 - 어머니의 힘 합쳐 건국, 여성을 살릴 길은 인민공화국뿐」, 『조선인민보』, 1945년 12월 24일.
24 『신조선보』, 1945년 12월 24일.
25 『조선인민보』, 1945년 12월 24일.
26 『신조선보』, 1945년 12월 24일.
27 「먼저 義務 완수의 정신을, 이것이 지금 조선여성의 나아갈 길 - 부총 결성대회 석상 金命時 여사 절규」, 『조선일보』, 1945년 12월 24일.
28 『서울신문』, 1945년 12월 23일, 25일(국사편찬위원회, 『자료대한민국사』 1권, 1968, 650쪽).
29 『신조선보』, 1945년 12월 25일.
30 『조선인민보』, 1945년 12월 26일.
31 『자유신문』, 1947년 2월 12일.
32 『조선일보』, 1946년 6월 19일.
33 『조선일보』, 1946년 6월 19일.
34 하지는 참석하지 않고 축사만 보냈으며, 박원이 대독했다.
35 『동아일보』, 1946년 6월 19일; 『조선일보』, 1946년 6월 19일.
36 『동아일보』, 1946년 6월 19일.
37 『중외신보』, 1946년 6월 19일.

38 『동아일보』, 1946년 6월 19일.
39 『민주일보』, 1946년 6월 19일.
40 『가정신문』, 1946년 6월 20일.
41 「독립촉성애국부인대회 전국대표대회를 보고(완)」, 『가정신문』, 1946년 6월 20일.
42 『민주일보』, 1946년 6월 19일.
43 『동아일보』, 1946년 6월 23일(국사편찬위원회, 『자료대한민국사』 2권, 1969, 794쪽).
44 『가정신문』, 1946년 6월 20일.
45 『동아일보』, 1946년 6월 19일.
46 『가정신문』, 1946년 6월 19일.
47 『민주일보』, 1946년 6월 20일.
48 『가정신문』, 1946년 6월 20일.
49 『서울신문』, 1946년 6월 20일(국사편찬위원회, 『자료대한민국사』 2권, 1969, 793쪽).
50 『동아일보』, 1946년 6월 20일.
51 『대동신문』, 1946년 6월 21일.
52 『대동신문』, 1946년 6월 21일.
53 『민주일보』, 1946년 6월 20일.
54 『동아일보』, 1946년 6월 21일.
55 『동아일보』, 1946년 6월 21일.
56 「사설 : 조선부녀총동맹의 결성」, 『자유신문』, 1945년 12월 24일.
57 「사설 : 부녀동맹 전국대회의 성과」, 『조선인민보』, 1945년 12월 25일.
58 「사설 : 전국부녀대회」, 『조선일보』, 1946년 6월 18일.
59 「사설 : 전국여성대표자대회」, 『동아일보』, 1946년 6월 19일.
60 「사설 : 전국여성대회의 의의」, 『동아일보』, 1946년 6월 1일.
61 김남식 편, 『남로당 연구 자료집 제1집』, 고려대학교 아세아문제연구소, 1974, 578~580쪽; 『동아일보』, 1946년 6월 23일.
62 「연합국 부인들에게 보내는 멧세지」, 『조선인민보』, 1945년 12월 24일.
63 「연합국에 보내는 멧세지」, 『조선일보』, 1946년 6월 21일; 『대동신문』, 1946년 6월 21일.
64 문경란, 「미군정기 한국의 여성운동에 관한 연구」, 이화여자대학교 석사학위논문, 1988, 55쪽.
65 문경란, 앞의 글, 59쪽.
66 문경란, 앞의 글, 67쪽.
67 여성문화사 편집부, 「해방 여성 좌담회」, 『여성문화』 창간호, 1945, 12~18쪽.
68 고원섭 편, 『반민자죄상기』, 백엽문화사, 1949
69 『가정신문』, 1946년 6월 19일.
70 와카쿠와 미도리 저, 손지연 역, 『전쟁이 만들어낸 여성상』, 소명출판, 2011, 35~37쪽.
71 박겸숙, 「전국부인대회를 열면서」, 『가정신문』, 1946년 6월 18일.
72 모윤숙, 「수필 – 5월의 여성대회(하)」, 『부인신보』, 1947년 5월 18일.
73 『군산신문』, 1949년 4월 29일.
74 『동아일보』, 1949년 5월 13일.
75 『동광신문』, 1946년 8월 15일.
76 『국제일보』, 『가정신문』, 『대동신문』, 『대중일보』, 『동아일보』, 『독립신보』, 『매일신보』, 『민주일보』, 『부인신보』, 『서울신문』, 『여성신문』, 『우리신문』, 『제일신문』, 『전국노동자신문』, 『조선인민보』, 『조선일보』, 『조선중앙일보』, 『중앙신문』, 『중외신보』 등에서 정리했다.
77 『매일신보』 1945년 9월 12일자에는 여자국민당의 조직 소식을 알리고 있다. 그러나 최은희 전집에는 1945년 8월 17일 발기인회를 열고 8월 18일 여자국민당 창당 대회를 열었다고 한다(최

은희, 『추계 최은희 전집 5-여성전진70년』, 추계최은희문화사업회, 2003, 270쪽).
78 『독립신보』, 1947년 8월 27일.
79 『독립신보』, 1947년 11월 22일.
80 『독립신보』, 1948년 4월 14일.
81 『동아일보』, 1946년 4월 15일, 4월 23일.
82 『우리신문』, 1948년 4월 28일.
83 『가정신문』, 1946년 8월 6일; 『중외신보』, 1946년 8월 5일.
84 「共委 진전과 여성단체의 대책 - 기로에 선 우익진영, 중간진영은 적극 참가의 기세」, 『여성신문』, 1947년 6월 18일.
85 여성문화사 편집부, 「해방 여성 좌담회」, 『여성문화』 창간호, 1945, 12~18쪽.
86 「건국도상 중대한 과제인 천오백만 여성의 나갈 길 - 대담(고명자, 안미생)」, 『자유신문』, 1946년 1월 1일.
87 제가 보기에 지금 국내의 여성운동은 세 개의 조직을 통해서 전개되고 있다고 봅니다. 애국부인회와 여자국민당과 건국부녀동맹의 세 단체라고 봅니다. …… 민족주의 색채의 조직이 이번 해방 이후 다시 애국부인회로 나오게 되고 진보적 민주주의를 주장하는 이들이 결성해서 나온 것이 건국부녀동맹입니다. 그리고 임영신 씨가 통솔하고 있는 것이 여자국민당입니다(고명자의 언급, 『자유신문』, 1946년 1월 1일).
88 「건국도상 중대한 과제인 천오백만 여성의 나갈 길 - 대담(고명자, 안미생)」, 『자유신문』, 1946년 1월 1일.
89 이각경, 「해방과 여성」, 『적성』 창간호, 1946, 32쪽.
90 이경희, 「여성해방에 대하여」, 『혁명』 1권 1호, 1946(김남식, 이정식, 한홍구 엮음, 『한국현대사 자료 총서』 9, 돌베개).
91 이경란, 「협동조합과 조선 여성」, 『부인』 창간호, 1946, 12쪽.
92 김순애, 「조선 여성의 나아갈 길」, 『부인』 제2권 1호, 1947, 11쪽.
93 함대훈, 「여성의 임무」, 『부인』 제3권 3호, 1948, 8쪽.
94 이각경, 「해방과 여성」, 『적성』 창간호, 1946, 35쪽.
95 유병묵, 「건국과 여성해방」, 『인민』, 1946, 58쪽(김남식, 이정식, 한홍구 엮음, 『한국현대사 자료 총서』 8, 돌베개).
96 이경란, 「협동조합과 조선 여성」, 『부인』 창간호, 1946, 12~13쪽.
97 이각경, 「해방과 여성」, 『적성』 창간호, 1946, 32쪽.
98 이태준, 「선후의 분별」, 『여성문화』 창간호, 1945, 10쪽.
99 최화성, 『조선여성독본』, 백우사, 1948, 33~34쪽(김남식, 이정식, 한홍구 엮음, 『한국현대사 자료 총서』 14, 돌베개).
100 허하백, 「부인운동의 당면임무」, 『부인』 창간호, 1946, 9~10쪽.
101 고명자, 「조선 부녀운동의 당면과제」, 『인민평론』 제2호, 1946, 71~72쪽.
102 이경희, 「여성해방에 대하여」, 『혁명』 제1권 1호, 1946, 5쪽(김남식, 이정식, 한홍구 엮음, 『한국현대사 자료 총서』 9, 돌베개).
103 이순금, 「조선 여성에게」, 『여성공론』 창간호, 1946, 16쪽.
104 주안, 「혁명과 여성」, 『여성공론』 창간호, 1946, 45쪽.
105 최규동, 「해방된 조선 여성의 각오」, 『부인』 창간호, 1946, 41쪽.
106 현석술, 「인테리 아내와 살림꾼 아내」, 『부인』 제2권 1호, 1947, 16쪽.
107 박승호, 「입법의원 한모퉁이에서」, 『새살림』 8·9월 합병호, 1947, 13쪽.
108 차영희(애국부녀동맹), 「조선 여성에게 격함」, 『민주일보』, 1946년 12월 1일.
109 장치환, 「남녀평등의 재검토」, 『민성』 제5권 6호, 1949, 41쪽.

110 양미림, 「모성으로서의 주부」, 『부인』 제2권 7호, 1947, 35쪽.
111 설의식, 「현모양처의 새방향」, 『부인』 제2권 6호, 1947, 20쪽.
112 박종화, 「민족의 어머니로서의 여성」, 『부인』 제5권 1호, 1950, 28-30쪽.
113 李有喜, 「UN위원단과 우리의 결의 - 여성의 건국사업은 내조의 사명을 다함에 있다」, 『대중일보』, 1948년 1월 20일.
114 황신덕, 「선거법과 부인」, 『새살림』 8·9월 합병호, 1947, 47쪽.
115 황애덕, 「총선거와 우리 여성의 입장」, 『새살림』 10월호, 1947, 7쪽.
116 윤선자, 「해방 직후(1945년 8월-1950년 6월) 여성지에 나타난 여성문화와 여가에 관한 담론」, 『호서사학』 제46집, 2007년 100쪽.
117 박선미, 『근대여성, 제국을 거쳐 조선으로 회유하다』, 창비, 2007, 222쪽.

〈1차 자료〉

1. 잡지

『개벽』, 『건국공론』, 『교육』, 『국학』, 『대조』, 『대중공론』, 『도덕』, 『동아정보』, 『무궁화』, 『문화』, 『문화창조』, 『민성』, 『민주경찰』, 『민주주의』, 『민중조선』, 『보육』, 『부인』, 『부인경향』, 『새동무』, 『새살림』, 『새한민보』, 『생활문화』, 『선구』, 『신세대』, 『신소녀』, 『신천지』, 『신태평양』, 『실업조선』, 『여성공론』, 『여성문화』, 『여학원』, 『인민』, 『인민평론』, 『재건』, 『적성』, 『조선교육』, 『주보』, 『학병』, 『한보』, 『혁명』

2. 신문

『가정신문』, 『강원일보』, 『공업신문』, 『광명일보』, 『국제일보』, 『군산신문』, 『남선경제신문』, 『노력인민』, 『대구시보』, 『대동신문』, 『대중일보』, 『독립신보』, 『동광신문』, 『동아일보』, 『매일신보』, 『민주일보』, 『부녀일보』, 『부인신문』, 『부인신보』, 『신조선보』, 『여성신문』, 『영남일보』, 『우리신문』, 『자유신문』, 『전국노동자신문』, 『제일신문』, 『조선인민보』, 『조선일보』, 『조선중앙일보』, 『중앙신문』, 『청년해방일보』, 『한성신문』, 『해방일보』, 『현대일보』

국사편찬위원회, 『자료 대한민국사』 1~15권, 1968~2001

경북여성정책개발원, 『신문으로 읽는 경북여성사』, 2006

3. 단행본

고원섭 편, 『반민자죄상기』, 백엽문화사, 1949

김남수, 『부부행진곡』, 갑문당, 1948

김남식 편, 『남로당연구 자료집』 제1집, 고려대학교 아세아문제연구소, 1974

내무부 치안국, 『미군정법령집 1945-1948』, 병학사, 1956

대한방직협회, 『방협10주년 기념지』, 1957

보건사회부, 『(단기 4288-90년 합병호) 보건사회통계연보』, 1958

선문사, 『방송소설 걸작집』, 선문사 출판부, 1946

양고봉, 『조선의 안해』, 평문사, 1948

윤백남, 『조선의 마음』, 1945

이만규, 『(현대문화) 가정교본』, 1946

조선문학가동맹 편, 『1946년판 조선시집』, 아문각, 1947

조선은행 조사부, 『조선경제연보 1948년』, 1948

조선은행 조사부, 『경제연감』, 1949

조선경제사, 『조선경제통계요람』, 1949(여강출판사, 영인본 1986)

최화성, 『조선여성독본』, 1949

최은희, 『추계 최은희 전집 5』, 최은희여기자상관리위원회, 2003

김남식, 이정식, 한홍구 엮음, 『한국현대사 자료 총서』 1~15권, 돌베개, 1986

이정박헌영전집편집위원회 엮음, 『이정 박헌영 전집』 1~9권, 역사비평사, 2004
한림대학교 아시아문화연구소, 『미군정기정보자료집-시민소요·여론조사보고서』 2, 1993
보건후생부 예방국, 「접객부(기생, 작부, 여급) 허가에 관한 건」, 1948. 2. 3

4. 잡지에 실린 글

_____, 「男女討論 女子斷髮이 可한가 否한가」, 『별건곤』 제18호, 1929
_____, 「조선 각계 인물 온 파레드」, 『혜성』 1-6, 1931
고명자, 「조선 부녀운동의 당면과제」, 『인민평론』 제2호, 1946
고황경, 「부녀국 설치에 대하여」, 『새살림』 창간호, 1947
김순애, 「조선 여성의 나아갈 길」, 『부인』 제2권 1호, 1947
김영석, 「혜란의 수기」, 『부인』 창간호, 1946
김윤정, 「남녀의 협력」, 『민주경찰』 제2권 1호, 1948,
김온순, 「가정과 능률-생활론」, 『새살림』 4·5월 합병호, 1947
김용련, 「부녀국장의 지방방문」, 『새살림』 11·12월호, 1947
김용련, 「드디어 부녀계는 탄생하였다」, 『새살림』 2월호, 1948
김용련, 「공창이 없어지는 그날까지」, 『새살림』 3·4월호, 1948
김이식, 「열녀각과 갈보」, 『적성』 창간호, 1946
김주천, 「해방 조선을 좀먹는 자들」, 『생활문화』 제1권 1호, 1946
김창식, 「우리는 이렇게 생활합시다」, 『실업조선』 제1권 1호, 1947
리숙자, 「의무가 없는 곳에 권리가 없다」, 『새살림』 2·3월 특대호, 1947
민주경찰 편집부, 「여자 경찰관의 좌담회」, 『민주경찰』 제2권 5호, 1948
민주경찰 편집부, 「문화적이며 인간적인 경찰관이 되라 - 언론인의 좌담회」, 『민주경찰』 제2권 6호, 1948
민주경찰 편집부, 「제2회 여경 좌담회」, 『민주경찰』 제3권 1호, 1949
박순천, 「정부수립과 여성임무」, 『대조』 제3권 3호, 1948
박승호, 「우리 여성의 진로」, 『부인』 제4권 1호, 1949
박승호,「입법의원 한모퉁이에서」, 『새살림』 8·9월 합병호, 1947
박종화, 「민족의 어머니로서의 여성」, 『부인』 제5권 1호, 1950
박창일, 「생산의 익로와 그 타객책 - 자력으로 나아가련다」, 『실업조선』 제1권 1호, 1947
배상명, 「새 조선의 어머니」, 『생활문화』 제1권 1호, 1946
부녀국 노동과, 「피복공장의 여직공을 위하여」, 『새살림』 10월호, 1947
부인 편집부, 「가정생활개선좌담회」, 『부인』 제1권 2호, 1946
부인 편집부, 「좌담회 - 생활의 개선」, 『부인』 제5권 1호, 1950
새살림 편집부, 「부녀국 지방조직 강원도 춘천 부녀국 설치좌담회」, 『새살림』 창간호, 1947
새살림 편집부, 「경북 부녀과 설치에 대해서」, 『새살림』 2·3월 특대호, 1947
새살림 편집부, 「경남 부녀과 설치에 대하여」, 『새살림』 2·3월 특대호, 1947
새살림 편집부, 「새살림소식」, 『새살림』 8·9월 합병호, 1947
새살림 편집부, 「새살림소식」, 『새살림』 10월호, 1947
새살림 편집부, 「공창분포상황」, 『새살림』 11·12월호, 1947
새살림 편집부, 「공창 최후의 날」, 『새살림』 3·4월호, 1948,
새살림 편집부, 「부녀국뉴-쓰」, 『새살림』 5·6월호, 1948
생활문화 편집부, 「생활문화를 말하는 좌담회」, 『생활문화』 제1권 2호, 1946
설의식, 「여성운동의 신방향과 신현모양처주의의 제창」, 『재건』 제1권 3호, 1947
설의식, 「현모양처의 새방향」, 『부인』 제2권 6호, 1947

신천지사 편집부, 「신생활을 말하는 좌담회」, 『신천지』 제4권 7호, 1950
실업조선사 편집부, 「방직공장 여직공 좌담회」, 『실업조선』 제1권 2호, 1947
안호상, 「건국여성의 각오」, 『여학원』 창간호, 1946
양미림, 「모성으로서의 주부」, 『부인』 제2권 7호, 1947
여성공론사 편집부, 「근로여성 좌담회 - 우리들의 당면임무」, 『여성공론』 창간호, 1946
여성문화사 편집부, 「해방 여성 좌담회」, 『여성문화』 창간호, 1945
오장환, 「벽보」, 『신조선』 2월호, 1947
유병묵, 「건국과 여성해방」, 『인민』, 1946
유재성, 「조선공업의 근본문제」, 『실업조선』 제1권 1호, 1947
윤덕상, 「가정부인과 시간」, 『한보』 제25호, 1948
이각경, 「해방과 여성」, 『적성』 창간호, 1946
이겸, 「진보적 처녀도」, 『도덕』 제1호, 1946
이경란, 「협동조합과 조선 여성」, 『부인』 창간호, 1946
이경선, 「조선 여성에게 호소함」, 『개벽』 제8권 1호, 1946
이경희, 「여성해방에 대하여」, 『혁명』 제1권 1호, 1946
이순금, 「조선 여성에게」, 『여성공론』 창간호, 1946
이승만, 「생산전사란 - 노동자여 단결하여 생산하라」, 『실업조선』 제1권 1호, 1947
이병환, 「부녀국의 발족에 제하여」, 『새살림』 창간호, 1947
이용설, 「축사」, 『새살림』 창간호, 1947
이재석, 「부인문제에 대하여」, 『여성공론』 창간호, 1946
이태준, 「선후의 분별」, 『여성문화』 창간호, 1945,
이학주, 「생산전선에서 싸우는 비장한 우리의 결의 - 오직 독립만 바래고 꾸준이 싸웁니다」, 『실업조선』 제1권 1호, 1947
장치환, 「남녀평등의 재검토」, 『민성』 제5권 6호, 1949
전삼조, 「여자 경찰관에 대한 일고찰」, 『민주경찰』 제2권 3호, 1948
전창신, 「여자 경찰관과 그 임무」, 『민주경찰』 제2권 4호, 1948
정민우, 「싹트는 힘」(단편소설), 『여성공론』 창간호, 1946
정복향, 「여경의 호소」, 『민주경찰』 제2권 4호, 1948
조광섭, 「생산전사란 - 전국 애국노동자에게 고함」, 『실업조선』 제1권 1호, 1947
조현경, 「여성과 생활문화」, 『부인』 제2권 3호, 1947
주안, 「혁명과 여성」, 『여성공론』 창간호, 1946
최규동, 「해방된 조선 여성의 각오」, 『부인』 창간호, 1946
최명숙, 「생활개선에 대한 소감」, 『새살림』 5·6월호, 1948
최정옥, 「국가의 행운은 남녀협조에서」, 『민주경찰』 제2권 5호, 1948
최효선, 「생산전선에서 싸우는 비장한 우리의 결의 - 다른 공장과 지지 않을 결의다」, 『실업조선』 제1권 1호, 1947
홍효민, 「여성과 화장미 -창녀형 파편을 버리라」, 『생활문화』 제1권 2호, 1946
하갑기, 「생활민주화의 과제」, 『신천지』 제4권 6호, 1949
한철, 「근로여성의 사회적 지위에 대하야」, 『여성공론』 창간호, 1946
함대훈, 「여성의 임무」, 『부인』 제3권 3호, 1948
허균, 「나의 지나 온 생활」, 『여성공론』 창간호, 1946
허하백, 「부인운동의 당면임무」, 『부인』, 창간호, 1946
현석술, 「인테리 아내와 살림꾼 아내」, 『부인』 제2권 1호, 1947
헬렌·닉슨, 「머리말」, 『새살림』 창간호, 1947

황기성, 「새해와 여성의 각오」, 『부인』 제4권 1호, 1949
황신덕, 「선거법과 부인」, 『새살림』 8·9월 합병호, 1947
황애덕, 「조선 여성의 애국운동 회고담」, 『새살림』 2·3월 특대호, 1947
황애덕, 「총선거와 우리 여성의 입장」, 『새살림』 10월호, 1947
황현숙, 「여성들의 임무」, 『생활문화』 제1권 2호, 1946

〈2차 자료〉

1. 단행본

고미숙, 『한국의 근대성, 그 기원을 찾아서 - 민족, 섹슈얼리티, 병리학』, 책세상, 2001
권명아, 『음란과 혁명 : 풍기문란의 계보와 정념의 정치학』, 책세상, 2013
경성방직주식회사, 『경성방직 50년』, 1969
기무라 료코 지음, 이은주 옮김, 『주부의 탄생』, 소명출판, 2013
김활란, 『그 빛 속의 작은 생명 - 우월 김활란 자서전』, 이화여자대학교 출판부, 1965(1999년 2판)
그란트 미드 지음, 안종철 옮김, 『주한미군정 연구』, 공동체, 1993
글로리아 스타이넘 지음, 양이현정 옮김, 『일상의 반란』, 현실문화연구, 2002
니라 유발-데이비스 지음, 박혜란 옮김, 『젠더와 민족』, 그린비, 2012
니시카와 나가오 지음, 윤대석 옮김, 『국민이라는 괴물』, 소명출판, 2005
다까이 또시 지음, 편집부 옮김, 『나의 여공애사』, 백산서당, 1984
대한민국재향경우회 여경회, 『한국여자경찰 50년』, 2000
데틀레프 포이케르트 지음, 김학이 옮김, 『나치시대의 일상사 - 순응, 저항, 인종주의』, 개마고원, 2003
루이스 A. 틸리·조앤 W. 스콧 지음, 김영·박기남·장경선 옮김, 『여성 노동 가족』, 후마니타스, 2008
리베카 솔닛 지음, 김명남 옮김, 『남자들은 자꾸 나를 가르치려 든다』, 창비, 2015
메리 E. 위스너-행크스 지음, 노영순 옮김, 『젠더의 역사』, 역사비평사, 2006
박선미, 『근대여성, 제국을 거쳐 조선으로 회유하다』, 창비, 2007
보건사회부, 『부녀행정30년사(안)』, 1975
보건사회부, 『부녀행정40년사』, 1987
서울신문사 편, 『주한미군30년사』, 행림출판사, 1973
서중석, 『한국현대민족운동연구』, 역사비평사, 1991
송남헌, 『해방 3년사 1』, 까치, 1985
실비아 페데리치, 『캘리번과 마녀』, 갈무리, 2011
안태정, 『조선노동조합전국평의회』, 현장에서 미래를, 2002
알프 뤼트케, 「일상사의 중간보고」, 『일상사로 보는 한국근현대사』, 책과함께, 2006
알프 뤼트케 외 지음, 이동기 외 옮김, 『일상사란 무엇인가』, 청년사, 2002
오장환, 『병든 서울』, 미래사, 2003
유태희·정유진 편, 『위대한 군인, 위대한 아버지 - 주한미군에 의한 여성과 어린이의 인권유린에 관한 보고』, 두레방 외, 1995
이승희, 『한국현대여성운동사』, 백산서당, 1994
이옥지 지음, (사)한국여성노동자협의회 기획, 『한국여성노동자운동사』, 한울, 2001
임송자, 『대한민국 노동운동의 보수적 기원 - 1945년 해방-1961년까지』, 선인, 2007
이진경, 『근대적 시·공간의 탄생』, 푸른숲, 2005

이혜숙, 『미군정기 지배구조와 한국사회 : 해방 이후 국가 - 시민사회 관계의 역사적 구조화』, 선인, 2008
와카쿠와 미도리 저, 손지연 역, 『전쟁이 만들어낸 여성상』, 소명출판, 2011
통계청, 『(통계로 본) 광복 전후의 경제, 사회상』, 1993
팀 에덴서 지음, 박성일 옮김, 『대중문화와 일상, 그리고 민족정체성』, 이후, 2008
한국경찰사편찬위원회 편, 『한국경찰사 1』, 내무부 치안국, 1973
한국노동조합총연맹, 『한국노동조합운동사』, 1979
C.L. 호그 지음, 신복룡·김원덕 옮김, 『한국분단보고서』, 풀빛, 1992
USAFIK Adjutant General, GENERAL CORRESPONDENCE 1945-1949, RG 554, Box 147
大河內一男 編, 『戰後社會の實態分析』, 日本評論社, 1950
吉田秀弘, 『日本賣春史考 - 變遷とその背景』, 自由社, 2000,
藤野豊, 『性の國家管理』, 不二出版社, 2001
北河賢三, 『戰後の出發 - 文化運動·青年團·戰爭未亡人』, 青木書店, 2000
山田盟子, 『日本國策慰安婦』, 光人社, 1996
井上節子, 『(占領秘史)占領軍慰安所 - 國家による 賣春施設』, 新評論, 1995

2. 논문

김득중, 「분명한 과거와 현재의 계속되는 싸움 : 여수 여맹위원장 정기순의 삶」, 『진보평론』 제8호, 2001
김점숙, 「미군정기, 국내산 생필품 통제 정책」, 『사학연구』 제105호, 2012
김지화, 「김활란과 박인덕을 중심으로 본 일제시기 기독교 여성 지식인의 친일적 맥락 연구」, 이화여자대학교 여성학과 석사학위논문, 2006
김태선, 「남기고 싶은 이야기들 - 국립경찰 창설」, 『중앙일보』, 1974년 10월 29일
김지혜, 「해방기 소설에 나타난 여성 연구」, 동국대학교 국어국문학과 석사학위논문, 2006
류진희, 「해방기 탈식민 주체의 젠더전략 : 여성서사의 창출을 중심으로」, 성균관대학교 동아시아학과 박사학위논문, 2015
문경란, 「미군정기 한국의 여성운동에 관한 연구」, 이화여자대학교 여성학과 석사학위논문, 1988
박용규, 「미군정기 여성신문과 여성운동」, 『언론정보학보』 통권 19호, 한국언론정보학회, 2002
박용재, 「해방기 신어사전의 문화정치학」, 『상허학보』 제37집, 2013
박은식, 「한국의 여성노동운동」 1~4, 『여성』 제271호~274호, 1990
박인순, 「미군정기의 한국보건의료행정에 관한 연구」, 경남대학교 행정학과 박사학위논문, 1994
박지영, 「여성 혁명가의 귀환, 그 이후 - 해방기 여성혁명가의 형상과 가족 서사」, 『여성문학연구』 제24호, 2010
박정미, 「한국 성매매정책에 관한연구 : 묵인-관리체제의 변동과 성판매여성의 역사적 구명, 1945-2005년」, 서울대학교 사회학과 박사학위논문, 2011
박찬표, 「한국의 국가형성 : 반공체제 수립과 자유민주주의의 제도화, 1945-48」, 고려대학교 정치외교학과 박사학위논문, 1995
서문석, 「1950년대 대규모 면방직공장의 기술인력 연구」, 『경영사학』 제25집 4호, 2010
서문석, 「해방이후 1950년대까지의 한국 면방직 공업에 관한 연구」, 『산업연구』 제21호, 1998
신오성, 「한국전쟁 전후의 보건의료에 대한 연구 : 1945~1959 - 한국전쟁기를 중심으로」, 서울대학교 보건대학원 석사학위논문, 1989
신좌섭, 「미군정기 보건의료 정책」, 서울대학교 의사학과 석사학위논문, 2000
예지숙, 「일제 시기 김활란의 여성론과 애일 협력」, 서울대학교 국사학과 석사학위논문, 2004
오오타 오사무, 「해방직후 어느 노동자의 일상생활 - 인천의 전기공 I씨의 일기로부터」, 『민족문화

연구』 제57호, 고려대학교 민족문화연구원, 2012
오효철, 「경찰24시 - 6.25와 여경」, 『경우신보』 1983년 6월 26일
양동숙, 「해방 후 우익 여성단체의 조직과 활동 연구 : 1945-50」, 한양대학교 사학과 박사학위논문, 2010
윤선자, 「해방직후(1945년 8월-1950년 6월) 여성지에 나타난 여성문화와 여가에 관한 담론」, 『호서사학』 제46집, 2007
윤정란, 「해방 후 국가건설과정에서 우익진영 여성들의 의회진출 운동」, 『역사문화연구』 제24집, 2006
이배용, 「미군정기 여성생활의 변모와 여성의식」, 『역사학보』 제150집, 1996
이상록, 「미군정기 새교육운동과 국민학교 규율 연구 - 일제말기 국민학교 규율과의 비교를 중심으로」, 『역사와 현실』 제35호, 한국역사연구회, 2000
이성균, 「미군정기 노동운동의 전개과정에 관한 일연구」, 『한국근현대의 민족문제와 노동운동 - 한국사회사연구회 논문집』 제15집, 문학과지성사, 1989
이송희, 「양한나(1893-1976)의 삶과 활동에 관한 일고찰」, 『여성연구논집』 제13집, 신라대학교, 2003
이승원, 「근대적 신체의 발견과 위생의 정치학」, 『국민국가의 정치적 상상력』, 소명출판, 2003
이영미, 「해방공간의 김광주 소설에 나타난 섹슈얼리티 연구」, 『한국문학이론과 비평』 제28집, 한국문학이론과 비평학회, 2005
이용기, 「미군정기의 새로운 이해와 '사회사'적 접근의 모색」, 『역사와 현실』 제35호, 한국역사연구회, 2000
이임하, 「해방 뒤 국가건설과 여성노동」, 『역사연구』 제15호, 역사학연구소, 2005, 선인
이임하, 「'여자경찰제도'의 창설과 폐지 사이에서」, 『2009년 한국여성학회 제25차 추계학술대회 - 페미니즘과 '사잇공간'』, 2009
이임하, 「미군의 동아시아 주둔과 섹슈얼리티」, 『동아시아의 근대 : 여성의 발견』, 청어람미디어, 2004
임종명, 「해방 공간과 신생활운동」, 『역사문제연구』 제27호, 2012
임종명, 「해방 공간의 스파이 이야기와 정치적 함의」, 『역사학연구』 제41집, 2011
정근식, 「해방직후 전남지역의 노동운동」, 『전남사회운동사연구』, 한울, 1992
정진오, 「배인철의 흑인시」, 『경인일보』, 2014년 6월 12일
크리스티나 폰 브라운, 「젠더, 성, 역사」, 『젠더연구』, 나남출판사, 2002
최민지, 「한국여성운동소사」, 『여성해방의 이론과 실제』, 창작과비평사, 1987
천정환, 「해방기 거리의 정치와 표상의 생산」, 『상허학보』 제26호, 상허학회, 2009
황정미, 「해방 후 초기 국가기구 형성과 여성(1946-1960) - 부녀국을 중심으로」, 『한국학보』 제28권 4호, 2002